Jahrbuch für die Geschichte des Protestantismus in Österreich

Band 131 (2015)

Jahrbuch für die Geschichte des Protestantismus in Österreich

Band 131 (2015)

Herausgegeben vom Vorstand der Gesellschaft
für die Geschichte des Protestantismus in Österreich

Jahrbuch für die Geschichte
des Protestantismus in Österreich

Band 131 (2015)

Schwerpunkt:

Gnesioluthertum und Flacianismus

Redaktion: Astrid Schweighofer

EVANGELISCHE VERLAGSANSTALT
Leipzig

Bibliographische Information der Deutschen Nationalbibliothek
Die Deutsche Nationalbibliothek verzeichnet diese Publikation in der Deutschen Nationalbibliographie; detaillierte bibliographische Daten sind im Internet über http://dnb.dnb.de abrufbar.

Printed in EU · H 7956

Das Buch wurde auf alterungsbeständigem Papier gedruckt.

Cover: Kai-Michael Gustmann, Leipzig
Satz: Jochen Busch, Leipzig
Druck und Binden: Hubert & Co., Göttingen

ISBN 978-3-374-04256-2
www.eva-leipzig.de

Inhaltsverzeichnis

Vorwort

Der vorliegende Band widmet sich mit seinem Schwerpunkt dem Gnesioluthertum und dem Flacianismus. Beide Strömungen des »strengen« Luthertums in der zweiten Hälfte des 16. Jahrhunderts waren von Beginn an in den österreichischen Ländern besonders virulent und auf vielfältige Weise mit den reformatorischen Entwicklungen im Reich verbunden. Gnesiolutherisch und flacianisch gesinnte Theologen, Adelige und hohe Beamte waren durch eine rege Korrespondenz miteinander in Kontakt und hielten sich über die Entwicklungen am Laufenden, sodass von einem regelrechten Netzwerk gesprochen werden kann. Charakteristisch sind die erzwungene hohe Mobilität und der häufige Pfarrwechsel der flacianischen Geistlichen, die ab den Siebziger-Jahren des 16. Jahrhunderts in die habsburgischen Erblande und ins deutschsprachige Westungarn strömten. Seit jeher hat deshalb die reformationsgeschichtliche Forschung zu Österreich hier einen wichtigen Schwerpunkt gehabt. Der vorliegende Band will an diese Tradition anschließen.

Die hier zum Schwerpunktthema versammelten Beiträge gehen auf ein Symposion »Gnesioluthertum und Flacianismus als Netzwerk« zurück, das im Herbst 2012 an der Evangelisch-Theologischen Fakultät in Wien stattgefunden hat. Ergänzt werden diese Aufsätze durch zwei wichtige zeitgeschichtliche Arbeiten: Günter Merz widmet sich dem Diakoniewerk in Gallneukirchen zur Zeit des Nationalsozialismus, Barbara Gugl der Integration der Heimatvertriebenen nach 1945 in Oberösterreich.

Für Hilfen bei den redaktionellen Arbeiten sei Thomas Müller herzlich gedankt.

Im Namen des Vorstandes
Rudolf Leeb

Mitarbeiterverzeichnis

Dr. Juliane Brandt, Ludwig-Maximilians-Universität München
Halskestraße 15, D-81379 München

Mag. Barbara Gugl
Anzengruberstraße 71/D/6, 1140 Wien

PD Dr. Johannes Hund, Johannes Gutenberg-Universität Mainz
Evangelisch-Theologische Fakultät, Kirchen- und Dogmengeschichte
Hinter der Kapelle 24, D-55128 Mainz

Prof. Dr. Ernst Koch,
Brandstraße 25, D-04277 Leipzig

Univ. Prof. DDr. Rudolf Leeb, Universität Wien
Institut für Kirchengeschichte, Christliche Archäologie und Kirchliche Kunst
Schenkenstraße 8–10, 1010 Wien

O. Univ. Prof.(emerit.) Dr. jur. Dres. theol. h.c. Christoph Link
bis 2001: Lehrstuhl für Kirchenrecht, Staats- und Verwaltungsrecht der Universität Erlangen-Nürnberg und Leiter des Hans-Liermann-Instituts für Kirchenrecht
Geisbergstraße 8, D-91056 Erlangen

Mag. Günter Merz,
Tegetthofstrraße 44/12, 40210 Linz

PD Dr. Stefan Michel, Universität Leipzig
Institut für Kirchengeschichte
Martin-Luther-Ring 3, D-04109 Leipzig

Dr. Vera von der Osten-Sacken, Humboldt-Universität zu Berlin
Theologische Fakultät, Lehrstuhl für Ältere Kirchengeschichte
Burgstraße 26, D-10187 Berlin

Mag. Andrea Ramharter-Hanel, Universität Wien
Fachbereichsbibliothek Alte Geschichte
Universitätsring 1, 1010 Wien

Min. Rat Ao. Univ. Prof. Dr. Karl W. Schwarz
Benjowskigasse 28/6, 1220 Wien

MMag. Dr. Astrid Schweighofer, Universität Wien
Institut für Kirchengeschichte, Christliche Archäologie und Kirchliche Kunst
Schenkenstraße 8–10, 1010 Wien

Zum Gedenken an Prof. Peter F. Barton (25.2.1935–4.7.2014)

Von Karl W. Schwarz

Die Gesellschaft für die Geschichte des Protestantismus trauert um ihr Ehrenmitglied Prof. Dr. theol. et phil. Peter F. Barton, der am 4. Juli 2014 ein halbes Jahr vor seinem 80. Geburtstag verstorben ist. Mit Professor Barton hat die Evangelisch-Theologische Fakultät in Wien nicht nur einen begnadeten und liebenswürdigen Lehrer verloren, sondern auch einen um die Historiographie des österreichischen Protestantismus hochverdienten Forscher, der seine Kompetenz seit 1970 auch im Vorstand der Gesellschaft einbringen konnte. 1979 übernahm er aus der Hand seines Lehrers Prof. Wilhelm Kühnert (1900–1980) die Präsidentschaft und richtete im Jahr danach deren Hundertjahrjubiläum aus und präsentierte die Festschrift, die Kühnert zum 80. Geburtstag gewidmet wurde. In die Annalen der Gesellschaft hatte er sich erstmals 1961 eingetragen, als er seinen ersten Beitrag publizierte, eine klärende Quellenanalyse zum Göllersdorfer Taufstreit (1566). 1963 gab er gemeinsam mit Karl Spitzer eine Bibliographie des Jahrbuchs heraus, die für lange Zeit ein wichtiger Kompass für die Benützung des Jahrbuchs gewesen ist, ehe sie 1973 durch eine von Barton herausgegebene maschinenschriftliche hektografierte Bibliographie und schließlich 1999 durch die umfangreiche »Bibliographie zur Geschichte der evangelischen Christen und des Protestantismus in Österreich und der ehemaligen Donaumonarchie« (StT VI/1) abgelöst wurde.

Peter F. Barton stammte aus dem sozialdemokratisch geprägten Milieu des XXI. Wiener Gemeindebezirks Floridsdorf.

> »Die Erfahrungen der Kindheit im nationalsozialistisch regierten Österreich und traumatische Erlebnisse der letzten Kriegsjahre legten den Grund für seine spätere pazifistische, überparteiliche Gesinnung und prägten ihn später als Kirchenhistoriker. Als Theologe ist er aus einer bemerkenswert lebendigen Jugendarbeit im Wien der Nachkriegszeit hervorgegangen.«

So charakterisierte ihn sehr stimmig die Parte der Evangelisch-Theologischen Fakultät, die auch die Anmerkung hinzufügte, dass ihm »die Lehre und der Kontakt zu den Studierenden immer ein Herzensanliegen« gewesen seien. Als sein Schüler kann ich bezeugen, dass ihn auch seine ständig bedrohende Krankheit, die ihn immer wieder niederwarf – und zwar im Wortsinn –, nie daran hindern konnte, seine Studierenden, Diplomanden, Doktoranden sowie die Vikarinnen und Vikare bei der Amtsprüfung mit vitalem Interesse zu begleiten.

Nach Studien der Theologie, Geschichte und Philosophie in Wien, Göttingen und Heidelberg von 1952 bis 1957 promovierte er in Wien mit einer von Professor Kühnert angeregten Dissertation über das Amtsverständnis eines Vertreters der lutherischen Frühorthodoxie, Tilemann Heshusius (1527–1588), für dessen Wirkungsepoche er allerdings den Begriff »Spätreformation« prägte, um den Zeitraum von 1555 bis 1585 zu umschreiben. Daraus ist zu ersehen, dass Bartons wissenschaftliche Anfänge im Bereich der Reformationsgeschichte lagen. Mit der Dissertation gelang ihm ein wichtiger Nachweis für die Entstehung des Gnesioluthertums.

Leider war es damals nicht möglich, für Barton eine adäquate Nachwuchsstelle in Wien zu schaffen, weshalb er dankbar die Möglichkeit annahm, 1958 nach Münster in Westfalen zu übersiedeln, wo ihm ein Assistentenposten bei Professor Robert Stupperich (1904–2003) angeboten wurde. Zwischen 1958 und 1962 konnte er sich, seinem Forschungsinteresse folgend, am dortigen Bucer-Institut an Bucer- und Melanchthon-Editionen beteiligen und mehrere Studien über Heshusius verfassen, der als einer der bedeutendsten lutherischen Theologen seiner Zeit galt. Dieser war seiner Kompromisslosigkeit wegen wiederholt vertrieben worden, stand aber mit Österreich in Kontakt und betrat einmal, wie Barton zeigen konnte, auch österreichischen Boden, nämlich 1574. Heshusius und sein Schüler Wilhelm Eccius Rhadensis, der in Österreich wirkte, lenkten Bartons Blicke auf die österreichische Kirchengeschichte.

Noch in Münster, wo er auch am Ostkircheninstitut forschen und publizieren konnte, erfolgte eine interessante Volte vom Reformationsjahrhundert ins 18. Jahrhundert, hervorgerufen durch den Burgenländer Ignatius Aurelius Fessler (1756–1839). Dieser Kapuzinerpater aus Zurndorf hatte sich der Aufklärung verschrieben und vom Barockkatholizismus über den Reformkatholizismus und Josephinismus 1791 zum Protestantismus gefunden. Sein Lebensweg führte ihn von Zurndorf über Wien, Lemberg, Berlin nach Saratov und Petersburg, wo er als lutherischer Generalsuperintendent starb. Barton widmete ihm nicht nur seine Habilitationsschrift (1966), die durch umfangreiche Aufsätze im Jahrbuch (1964, 1965) vorbereitet wurde, sondern er überarbeitete und erweiterte diese auch aufgrund neuer Quellenfunde (StT II/4 1978) und brachte diese in vier Bänden seiner »Roten Reihe« der »Studien und Texte zur Kirchengeschichte und Geschichte« (StT II/4; II/5,1 + 5,2; II/6) heraus, wobei es ihm sehr gut gelang, die Vielschichtigkeit und den Facettenreichtum Fesslers mit den jeweiligen Zeitströmungen in Beziehung zu setzen und ein bemerkenswertes Panorama an Ideen und Motiven zu dokumentieren. Mit dem Band über Fesslers Tätigkeit in Preußen (1788–1809) erwarb er zudem den Dr. phil. der Alma Mater Rudolphina (1980).

Die Rückkehr aus Münster war 1963 erfolgt, nicht zuletzt motiviert durch die Aussicht auf eine Assistentenstelle in Wien, aus der zu seinem großen Leidwesen nichts wurde – die Stelle wurde ihm, wie er wiederholt beklagte, vorenthalten. So war er gezwungen, seine kirchengeschichtliche Arbeit in Konkurrenz zum Religionsunterricht zu leisten, den er an fünf Wiener Gymnasien weit über das geforderte Ausmaß hinaus erteilte. Auch nach der 1966 erfolgten Habilitation wurde ihm eine besoldete Stelle an der Fakultät nicht zuteil, musste er sich in das Los eines Privatdozenten schicken, der zwar lehren, aber mit keiner Vergütung rechnen durfte.

Aus dieser Zwangslage befreite ihn erst jenes am 14. Februar 1973 in Wien eröffnete »Institut für Protestantische Kirchengeschichte«, das ihm den nötigen Raum, eine Bibliothek und bis 1996 eine Sekretärin und zeitweise einen Assistenten zur Verfügung stellte. Es war über Betreiben des Ostkirchenausschusses mit Mitteln der EKD finanziert worden. Peter F. Barton, dem 1972 der Bundespräsident den Berufstitel ao. Universitätsprofessor verliehen hatte, wurde als dessen Direktor bestellt. Das Institut im Gebäude des Evangelischen Oberkirchenrates verstand sich als Zwillingsgründung zum Ostkircheninstitut in Münster und verfolgte das Ziel, die Geschichte des Protestantismus in dem weiten Raum zwischen dem ehemaligen Vorderösterreich und Siebenbürgen, zwischen Galizien und Bosnien zu erforschen und darzustellen. Ein Symposion zum Thema »Brücke zwischen Kirchen und Kulturen« (StT II/1, 1976) stand am Beginn einer fruchtbaren Publikationstätigkeit des Instituts, über die eine 1999 herausgebrachte Bibliographie (StT VI/1) beredt Auskunft gibt. In der Institutsreihe »Studien und Texte zur Kirchengeschichte und Geschichte« sind bis 2012 mehr als vierzig Bände erschienen, die zum Großteil von Barton verfasst, herausgegeben oder redigiert wurden. Hervorzuheben ist sein Versuch, die Christentumsgeschichte in Österreich und Südmitteleuropa, angefangen bei der Alten Kirche (StT III/1) über das Frühmittelalter (StT III/2; 3,1; 3,2) und Hochmittelalter (StT III/4,1–3) bis zum Beginn der waldensischen Protoreformation (StT III/4,4) darzustellen. Als Sekretärin hatte Gerlinde Waltraud Barton großen Anteil, die weit über Sekretariatsarbeiten hinaus engste Mitarbeiterin und Organisationsmanagerin des Instituts gewesen ist, auch als die Finanzierung seitens der EKD 1996 eingestellt werden musste.

1980 wurde schließlich an der Fakultät jener Dienstposten eingerichtet, auf den Barton seit 1963 gehofft hatte, ein Extraordinariat, das er aber nicht auf Territorialkirchengeschichte eingeengt wissen wollte, auch wenn er nunmehr als Präsident der Gesellschaft die Redaktions- und Editionsarbeit am Jahrbuch übernahm und einen Lehrauftrag für Kirchengeschichte Österreichs wahrnahm, die er auch im Rahmen der kirchlichen Amtsprüfung (Examen pro ministerio) über viele Jahre zu prüfen hatte. Zur Prüfungsvorbereitung stellte er eine angenehm lesbare Überblicksdarstellung »Evangelisch in Österreich« (1987) zusammen (StT II/11). Auch als Direktor des Instituts war er bestrebt, die Kirchengeschichte dieses südostmitteleuropäischen Raumes, des Donau- und Karpatenraumes, in den Kontext der allgemeinen Kirchengeschichte einzufügen. Das ist in seiner Darstellung der Frühzeit der Reformation in diesem Raum von 1985 (StT II/10) ebenso gelungen wie mit den beiden Festschriften zum 200-Jahr-Jubiläum des Toleranzpatents von 1981 (StT II/8; II/9). Sie brachten die josephinische Toleranz nicht nur in territorialen Längsschnitten zur Darstellung, sondern sie ordneten diese auch in den allgemeinen Toleranzdiskurs ein. In dem aus Anlass seines 70. Geburtstages veröffentlichten Lebensbericht »Versuchter Brückenschlag« (Wien 2005; StT IV/4–5), der einen Rückblick auf ein Forscherleben mit seinen Höhepunkten und Tiefschlägen, Erfolgen und Niederlagen enthält (sie lagen oft dicht beieinander), benannte Barton die Gründe, warum er eine Festlegung auf Territorialkirchengeschichte vermied: Er hoffte auf einen Ruf auf eine Professur in Deutschland, wo er immer wieder (Heidelberg, Marburg/Lahn) zu Präsentationen eingeladen wurde, auch in Ternavorschlägen platziert wurde. Die Berufung blieb jedoch aus.

Das Toleranzpatentjubiläum 1981 und das Lutherjubiläum 1983 führten ihn in alle Nachfolgestaaten der Habsburgermonarchie, mit denen sein Wiener »Institut« und die »Gesellschaft« bestens vernetzt waren und sind – er bewegte sich zwischen Prag und Debrecen, Teschen/Cieszyn und Hermannstadt/Sibiu. Persönliche Genugtuung wurde ihm durch die Ehrenpromotion an der Reformierten Károli-Gáspar-Universität Budapest 1992 zuteil, weiters durch Festgaben zu seinem 60. Geburtstag (JGPrÖ 110/111, 1995) und 70. Geburtstag (JGPrÖ 121, 2005), die seine Tätigkeit würdigten. Mochte er auch 1995 als Beamter quiesziert worden sein, so hörte seine Lehrtätigkeit nicht auf, vielmehr setzte er diese bis 2013 fort, auch wenn die angeschlagene Gesundheit und die seit Kindestagen beklagten Nachwirkungen einer lebensbedrohlichen Krankheit immer wieder seinem Arbeitsfluss Grenzen setzten.

Peter Barton hat wiederholt autobiographische Studien verfasst, deren Überschriften seinen Lebensweg sehr anschaulich illustrieren. Die erste Skizze findet sich in dem Band »Brücke zwischen Kirchen und Kulturen«, ein sprechender Titel, der aber nicht nur für das neu gegründete Institut galt, sondern mit Fug und Recht auch für das wissenschaftliche Werk und organisatorische Geschick des Verewigten in Anspruch genommen werden darf, denn es gelang ihm unter bemerkenswerter Beteiligung des Ostkirchenausschusses der EKD, eine Plattform für den wissenschaftlichen Diskurs zwischen den Kirchen in dem apostrophierten Donau- und Karpatenraum zu bilden. Dieser Vernetzung sind eine Reihe hervorragender Darstellungen des Protestantismus zu verdanken. Erwähnt seien hier die Arbeiten von Mihály Bucsay (1912–1988) (StT I/3) und Oskar Wagner (1906–1989) (StT I/4), die beiden Jubiläumsbände zum josephinischen Toleranzpatent (1781) (StT II/8–9) sowie der Pilotband reformatorischer Bekenntnisse und Kirchenordnungen (StT V/3), der sich auf die Regierungszeit Maximilians II. (1564–1576) beschränkte und den Barton gemeinsam mit dem »Institutum Historiae Reformationis Europae Centro-Orientalis« in Debrecen unter dessen Direktor László Makkai (1914–1989) im Jahr 1987 realisierte. Es hat ihn ehrlich gefreut und berührt, als ich ihm im Krankenhaus noch im Sommer 2014 den Folgeband über die drei oberungarischen lutherischen Bekenntnisschriften, die Zoltán Csepregi in Budapest und Peter Kónya in Prešov/Eperies herausgegeben hatten, überreichen konnte.

Hervorgehoben zu werden verdient aber auch ein Tagungsband eines Kolloquiums in Debrecen (12. Februar 1976) (StT II/3), weil diese Forschungskooperation zu den ersten ihrer Art zählte – zu einem Zeitpunkt, wo noch rigide Visavorschriften den Kontakt und Austausch über die Grenze erheblich beeinträchtigten. Neben dem Debrecener Institut waren enge Kooperationspartner das »Institut für Reformations- und Kirchengeschichte der böhmischen Länder« in Kirnbach, später Bad Rappenau, unter seinem Leiter Erik Turnwald (1918–1990) bzw. die Johannes Mathesius-Gesellschaft und deren langjähriger Präsident Alfred Eckert (1934–2012), schließlich der Prager Kirchenhistoriker Amedeo Molnár (1923–1990), der eine Neubearbeitung der vergriffenen Protestantengeschichte von Rudolf Říčan (1899–1975) übernommen hatte. Eine enge Gemeinschaft bestand auch mit dem Bischof der Evangelischen Kirche in Österreich Oskar Sakrausky (1914–2006), dessen Truberedition als Gemeinschaftsproduktion mit der Slowenischen Akademie der Wissenschaften 1989 ebenfalls in der Institutsreihe (StT V/1) erscheinen konnte. Barton selbst lieferte eine Gesamtdarstellung der Frühzeit der Reformation in dem umrissenen Gebiet Südostmitteleuropas (StT II/10).

Als wegen Raumbedarf seitens der Kirchenleitung in Wien das Institut im Jahre 2000 nach Pressburg/Bratislava übersiedelte, wo es als Institut für die Kirchengeschichte des Donau- und Karpatenraumes (Inštitút pre cirkevné dejiny v oblasti Dunaja a Karpát) der Comenius-Universität angegliedert wurde, hat Peter F. Barton diese Schritte mitgetragen und zur Eröffnung des Instituts in der ulica Bartókova einen erinnerungsgesättigten Beitrag über die Beziehungen zwischen Pressburg/Bratislava und Wien abgeliefert. Diese Übersiedlung stellte nicht nur eine Lösung des Raumproblems dar, sondern verstand sich auch als inhaltlicher Impuls zur Stärkung der österreichisch/deutsch-slowakischen Kultur- und Wissenschaftsbeziehungen.

»Faszination Kirchengeschichte«, »Versuchter Brückenschlag« – unter diesen Stichworten lässt sich nicht nur Bartons Tätigkeit als Leiter des Instituts für Protestantische Kirchengeschichte (1973–1999) zusammenfassen, sondern auch sein langjähriger Einsatz im Vorstand (seit 1970) und als Präsident der Gesellschaft für die Geschichte des Protestantismus in Österreich (1979–1996). Als Theologieprofessor hat er den Ansprüchen dieser Substantiva, mögen sie die Faszination der Kirchengeschichte oder den Brückenschlag zwischen Kirchen und Kulturen, aber auch zwischen Generationen und politischen oder theologischen Lagern bezeichnen, selbstlos Rechnung getragen. Ihnen blieb er sein Leben lang verpflichtet. Leider hat das zuletzt erwähnte Buch »Versuchter Brückenschlag« (2005) nicht die gewünschte Resonanz gefunden, es wurde weder im Jahrbuch noch in einem anderen Organ rezensiert, wohl wegen mancher eingestreuter Polemik und Anklage, deren Ehrlichkeit verblüffen mag. Seine Lektüre ist aber für eine gerechte Würdigung der Persönlichkeit Peter F. Bartons unerlässlich und für die Fakultätsgeschichte in den 1950er, 1960er und 1970er Jahren aufschlussreich, auch wenn so manche Formulierung der subjektiven Betroffenheit des Autors geschuldet ist. Mir ist dabei erst der riesige Leidensdruck deutlich geworden, unter dem sein Lebensweg gestanden ist, der wohl nicht nur aus seiner lebensbedrohlichen Erkrankung in der Kindheit resultierte.

Mit Dankbarkeit blicken wir auf Peter Bartons reiches Lebenswerk und auf sein selbstloses Wirken – in der Kirche und an der Fakultät, im Institut und in der Gesellschaft für die Geschichte des Protestantismus in Österreich; wir danken ihm vor allem für seine »ansteckende« Begeisterung für die Kirchengeschichte, deren »Faszination« er nicht müde wurde zu vermitteln. Seine Vision einer Grenzen überschreitenden Kirchengeschichtsschreibung des südostmitteleuropäischen Raumes in ihrer nicht zu leugnenden Konfliktgeladenheit wird uns weiter begleiten und Ansporn sein, den von ihm eingeschlagenen Weg der nüchternen kirchengeschichtlichen Analyse, der verlässlichen Dokumentation und quellenorientierten Darstellung fortzusetzen.

Peter F. BARTON, Das »Institut für protestantische Kirchengeschichte, Wien« – Eröffnung und erste Arbeitsvorhaben, in: DERS./Mihály BUCSAY/Robert STUPPERICH, Brücke zwischen Kirchen und Kulturen (StT II/1, Wien–Köln–Graz 1976) 80–89 (mit Bibliographie).

DERS. (Hg.), Bibliographie zur Geschichte der evangelischen Christen und des Protestantismus in Österreich und der ehemaligen Donaumonarchie (StT VI/1, Wien 1999).

DERS., Faszination Kirchengeschichte, in: Kirchengeschichte als Autobiographie. Ein Blick in die Werkstatt zeitgenössischer Kirchenhistoriker, Bd. 2, hg. von Dietrich MEYER (Schriften des Vereins für Rheinische Kirchengeschichte 154, Köln 2002) (mit Bibliographie S. 71–87).

Auswahl-Bibliographie 1960–1994. *JGPrÖ* 110/111 (1994/95) 11–20 (Festgabe zum 60. Geburtstag).

Auswahl-Bibliographie 1995–2005. *JGPrÖ* 121 (2005) 31–33 (Festgabe zum 70. Geburtstag).

Fortsetzung: Auswahlbibliographie 2005–2014:

I. Selbständig erschienene Schriften

[20] Versuchter Brückenschlag. Ein Leben in einer österreichischen Minderheit (1935–2005) als atypischer Modellfall evangelischer Existenz. Wagnis einer Fallstudie (StT IV/4–5, Wien 2005).

[21] Von der Alten Kirche zum Mittelalter. Eine Einführung. Geschichte des Christentums in Österreich und Südmitteleuropa (StT IIIa/1, Wien 2006/2009) 680 S.

[22] Von der Alten Kirche zum Mittelalter. Versuchter Aufbau und drohender Verfall von Reich und Reichskirche. Geschichte des Christentums in Österreich und Südmitteleuropa 362–410 (StT IIIa/2,1, Wien 2007/2011) 569 S.

[23] Von der Alten Kirche zum Mittelalter. Vom 5. zum 8. Jahrhundert. Von Attila zu Karl dem Großen. Geschichte des Christentums in Österreich und Südmitteleuropa (StT IIIa/2,2, Wien 2007/2012) 426 S.

II. Herausgegebene Schriften

Reihenherausgabe von StT: IV/6 = Karl W. SCHWARZ (Hg.), Gustav Entz – ein Theologe in den Wirrnissen des 20. Jahrhunderts (Wien 2012) 160 S.

III. Aufsätze in Sammelwerken und Fachzeitschriften:

[73] Waren Protoreformation und Reformation notwendig und unverzichtbar? Einige Bemerkungen zur Kirchengeschichte Österreichs und Südostmitteleuropas, in: Über Schlesien hinaus. Zur Kirchengeschichte in Mitteleuropa. Festgabe für Herbert Patzelt zum 80. Geburtstag, hg. von Dietrich MEYER/Christian-Erdmann

Schott/Karl Schwarz (Beihefte zum Jahrbuch für Schlesische Kirchengeschichte 10, Würzburg 2006) 13–32.

[74] Evangélikus kereszténség a történelmi Ausztiában és Magyarországon [Evangelisches Christentum in Altösterreich-Altungarn], in: Megújulás és megmaradás [Erneuerung und Beständigkeit]. Fabiny Tibor-emlékkönyv [Gedenkschrift für Tibor Fabiny], hg. von András Korányi (Budapest 2009) 207–220.

[75] Der erste Eindruck: mein Lehrer Gustav Entz, in: Gustav Entz – ein Theologe in den Wirrnissen des 20. Jahrhunderts, hg. von Karl W. Schwarz (StT IV/6, Wien 2012) 81–87.

[76] Wie väterlich waren die sogenannten Kirchenväter? In: Donauwellen. Zum Protestantismus in der Mitte Europas. Festschrift für Karl W. Schwarz, hg. von Michael Bünker/Ernst Hofhansl/Raoul Kneucker (Wien 2012) 585–596.

Literatur über Peter F. Barton:

Karl W. Schwarz, »Faszination Kirchengeschichte« – Peter F. Barton und »sein« Institut für Kirchengeschichte des Donau- und Karpatenraumes (Laudatio zum 70. Geburtstag). *Amt und Gemeinde* 56 (2005) 54–61.

Karl W. Schwarz, In memoriam Prof. Peter F. Barton. Testimonia Theologica 8/2 (Bratislava 2014) 185–189 und Historia Ecclesiastica 5/1 (Prešov 2014) 221–226.

Schwerpunkt: Gnesioluthertum und Flacianismus

Mitteldeutsche Wurzeln des österreichischen Flacianismus

Von Ernst Koch

I. Zur Herkunft flacianischer Theologen in den habsburgischen Erblanden

Die bisherige Forschung ist mehrfach auf Beobachtungen eingegangen, die sich auf die Zusammensetzung der der Wittenberger Reformation entstammenden österreichischen Pfarrerschaft des 16. Jahrhunderts beziehen. Dabei fällt der hohe Anteil der Pfarrer ins Auge, den bei der Besetzung der Pfarrstellen, über mehrere Jahrzehnte sich erstreckend, Freunde und Schüler von Matthias Flacius Illyricus haben. Mögen unter ihnen auch Theologen sein, die aus Süddeutschland in die habsburgischen Erblande kamen, so ist doch festzustellen, dass der größere Teil von ihnen Mitteldeutschland entstammte.[1] Es ist von besonderem Interesse, nach den Gründen zu fragen, die diese mitteldeutschen Pfarrer auf den Weg nach Österreich geführt haben, einen Weg ins Exil.

II. Religionspolitische Anlässe für den Weg ins Exil

Meist wird bei der Nachfrage nach den Wurzeln des österreichischen Flacianismus auf das ernestinische Thüringen verwiesen. Bei differenzierter Betrachtung ist jedoch für diese Frage die Berücksichtigung der Religionspolitik weiterer mitteldeutscher Territorien unumgänglich. Neben dem ernestinischen Thüringen sind dafür die Grafschaft Mansfeld und die Herrschaft Schönburg zu nennen. In erweiterter Hinsicht, zumal als zwischenzeitliche Zufluchtsorte für gnesiolutherische Vertriebene, kommen auch die reußischen Herrschaften in Frage.

Es ist in diesem Zusammenhang nicht nötig, die teilweise höchst komplizierte politische Geschichte dieser Herrschaftsbereiche im Einzelnen zu entfalten, sondern

1 Vgl. dazu Reinhold Jauernig, Die geistlichen Beziehungen zwischen dem alten Österreich und Thüringen, besonders im ersten Jahrhundert der lutherischen Kirche. Ein Beitrag zur Pfarrgeschichte. *JGPrÖ* 49 (1928) 117–165.

es gilt lediglich zu verdeutlichen, wie die Konfliktlinien zwischen Herrschaftsausübung und theologiepolitischer Position verliefen, an denen sich die Spannungen entzündeten.

II.1 Spannungen im ernestinischen Herrschaftsbereich

Es waren der Ausgang des Schmalkaldischen Krieges sowie das sogenannte Augsburger Interim, seine Folgen und seine Konsequenzen, die die Wittenberger Reformation seit 1547/48 nahezu vor eine Zerreißprobe stellten und speziell für die wettinischen Ursprungsländer der Reformationsbewegung zu außerordentlichen Verwerfungen führten. Wollte man diese Folgen hinsichtlich ihrer politischen und kirchlichen Aspekte unterscheiden, so gehörte der Verlust der Kurwürde für das ernestinische Sachsen zweifellos zu den traumatischen politischen Folgen. Bei Lichte besehen verquickte sich für die Zeitgenossen jedoch der politische Aspekt mit theologisch-kirchlichen Aspekten, und dies umso mehr, als sowohl für die albertinische als auch für die ernestinische Seite die theologische Unterscheidung der beiden Regimente Gottes als Fundamentalunterscheidung der Wittenberger Theologie gegenüber der römischen Kirche undiskutierter Bestandteil theologischer Argumentation war. Mochte die politische Ethik beider Zweige der Wittenberger Reformation unterschiedliche Akzente aufweisen, so fühlten sie sich doch hier wie dort an diese Unterscheidung gebunden.

Für die ernestinische Seite brachte dies eine hohe Empfindlichkeit gegenüber Übergriffen des Landesherrn und seiner Hofinstitutionen auf die Kompetenzen des geistlichen Amtes. Ein erster Kulminationspunkt solcher Spannungen war 1561 die Installation eines Konsistoriums als eines aus Hofbeamten und Theologen zusammengesetzten gemischten Kollegiums.[2] Sie bildete den Höhepunkt eines Prozesses, der sich seit 1556 entwickelt hatte und das Profil gnesiolutherischer Konfessionalität schärfte und zu erkennen gab: Strenge Bindung an die Maßgaben der Theologie Luthers, hohes Amtsbewusstsein einschließlich streng geübter Kirchenzucht und Ausübung von Bücherzensur, Pflicht zur offenen und konkret namentlichen Verurteilung von Irrlehre, und dies alles motiviert durch die Vision vom nahenden Weltende und durch die Überzeugung, dass die in den Evangelien angekündigten Wirren der letzten Zeit der Welt in den gegenwärtigen Ereignissen gegeben seien. Der Landesherr, lange um einen Ausgleich der Spannungen bemüht, sah sich durch die Vorgänge, die auch die Öffentlichkeit bewegten, in die Enge getrieben und entließ zwischen Juni und Dezember 1561 sechs Jenaer Theologen: Johann Friedrich Coelestin, Simon Musaeus, Matthaeus Judex, Balthasar Winter und schließlich Johann Wigand und Matthias Flacius. Alle wurden des Landes verwiesen. Entlassen wurden ferner Petrus Eggerdes, der Superintendent von Gotha, und der Hofprediger Johann Aurifaber.

---

2 Dazu und zum Folgenden vgl. Daniel Gehrt, Ernestinische Konfessionspolitik. Bekenntnisbildung, Herrschaftskonsolidierung und dynastische Identitätsstiftung vom Augsburger Interim 1548 bis zur Konkordienformel 1577 (Arbeiten zur Kirchen- und Theologiegeschichte 34, Leipzig 2011) 197–212.

Letzterem wurde zugestanden, einem Ruf nach Mansfeld zu folgen. Als leitendes Motiv für die auf den ersten Blick verwirrend erscheinenden Maßnahmen Johann Friedrichs II. muss sein ungebrochener Wille gelten, die Zügel der Religionspolitik im ernestinischen Thüringen persönlich in der Hand zu behalten.

Als Folge dieses Bestrebens war eine im Jahre 1562 vom Landesherrn angeordnete Visitation zu verstehen, die im ganzen Land dafür sorgen sollte, diese seine Rolle bestätigt zu bekommen.[3] Das als entscheidend geltende Dokument, die sogenannte Declaratio Victorini, benannt nach dem aus herzoglicher Haft entlassenen und inzwischen auf seine Professur in Jena zurückkehrenden Melanchthonschüler Victorin Strigel, wurde allen Pfarrern zur Unterschrift vorgelegt. Es nahm zu einer als nunmehr verbindlich angesehenen Auslegung der Frage nach der Willensfreiheit des Menschen Stellung, die 1559 von den im Jahr 1561 entlassenen Theologen abgelehnt worden war und der der Landesherr nunmehr zustimmen sollte. Die geforderte Zustimmung zu dem seinerzeit nie gedruckten Dokument diente als Instrument für den von allen Pfarrern geforderten Nachweis des Gehorsams gegenüber dem Landesherrn. Es nahm in seiner Ausschließlichkeit der Visitation ihren gewohnten Charakter als Bestandsaufnahme und Regulierung des kirchlichen Lebens vor Ort, indem es diesen Gehorsam zum Maßstab für den Verbleib der Pfarrer in ihrem Amt machte.

Die Folge der Visitation war die Entlassung von 30 ihre Unterschrift verweigernden Pfarrern, von denen keineswegs alle als Anhänger von Matthias Flacius gelten konnten. Wohl aber trugen die Exulanten, die sich als überzeugte Anhänger von Flacius verstanden, dessen gnesiolutherische Theologie in die Territorien Mitteldeutschlands, in denen sie aufgenommen wurden, und verbreiteten so die Einstellung des Illyrers. Die Bemühung des wettinischen Herzogs Johann Friedrich II. (des Mittleren) um die Neubesetzung der Jenaer Professuren führte dann jedoch zu einer letztlich wohl vom Herzog nicht unbedingt gewünschten Annäherung an die Positionen der beiden albertinischen Universitäten Wittenberg und Leipzig.

Die beiden Brüder des Regenten, Johann Wilhelm und Johann Friedrich der Jüngere, hatten zunächst erklärt, auf eine Mitregentschaft zu verzichten, diese Erklärung aber nur bis zum Mai 1565 terminiert. Da sie daran festhielten, führte dies zum allmählichen Zerfall der politischen Sympathie zwischen den Brüdern, ein Prozess, der auch die Kirchenpolitik betraf. Die beiden Brüder Johann Wilhelm und Johann Friedrich III. hatten in ihrem Konzept einer künftigen Mitregentschaft das von ihnen so verstandene Erbe ihres Vaters Johann Friedrich I. (des »Beständigen«), die Wahrung der an Martin Luther orientierten Konfessionspolitik und deren aktive Ausgestaltung, stärker im Auge behalten als ihr regierender Bruder. Zu Hilfe kam ihnen dessen abenteuerlicher Entschluss, ein Bündnis mit dem fränkischen Reichsritter Wilhelm von Grumbach zu schließen. Der Ritter hatte die Absicht, gewaltsam gegen Kurfürst August von Sachsen vorzugehen, was einen Bruch des Reichsrechtes darstellte. Dessen ungeachtet erhoffte sich der Ernestiner von diesem Vorgehen die Rück-

3 Ebenda 217–236.

gewinnung der im Schmalkaldischen Krieg verlorenen Kurwürde für seine Dynastie. Als diese Pläne misslangen, verfiel Johann Friedrich der Mittlere der Reichsacht und wurde als Aufrührer lebenslang als Gefangener des Kaisers inhaftiert.

Noch vor dem Eintritt der Katastrophe nutzte Herzog Johann Wilhelm seine neu gewonnene Regierungsvollmacht und berief Christoph Irenäus, Pfarrer an St. Peter und Paul in Eisleben, einen treuen Schüler von Matthias Flacius, als Hofprediger in seine Residenz Coburg. Anfang 1567 wurde Johann Wilhelm Alleinregent, erfuhr aber für seine Konfessionspolitik heftigen Widerstand im Lande. Er nahm Kontakt mit auswärtigen Theologen auf, die im Herzogtum Mecklenburg, in den Grafschaften Mansfeld und Gleichen sowie in der von albertinischem Gebiet umschlossenen Herrschaft Schönburg, in Erfurt und in Straßburg amtierten. Nun jedoch regte sich auch der Widerstand einer Gruppe von Pfarrern, die 1562 die damals geforderte Unterschrift unter die Declaratio Victorini verweigert hatten, ohne dass sie aus ihren Ämtern entlassen wurden. Ihr Wortführer wurde Christoph Irenäus. Der Widerstand gegen die Maßnahmen Johann Wilhelms speiste sich jedoch nicht nur aus Gründen der Lehre, sondern auch daraus, dass der Herzog Institutionen im Lande auszuschalten versuchte, die er eigentlich in seine Religionspolitik hätte einbeziehen sollen: die Universität, die Landstände und die Superintendenten. Durch eine restriktive Pfarrbesetzungspolitik, die Berufungsrechte umging bzw., wie die Betroffenen meinten, durch juristische Kunstgriffe missbräuchlich handhabte, handelte er sich in der Universitätsstadt Jena und der Residenz Weimar weiteres Misstrauen ein. Er riskierte damit öffentliche Tumulte, die zwischen dem 8. und 11. November 1567 in der Universitätsstadt ausbrachen. Unter Druck gesetzt durch früher eingegangene militärische Verpflichtungen der französischen Krone gegenüber, verfügte er die Strafprozesseröffnung und die Entlassung einer theologischen Schlüsselperson, des Jenaer Professors Johann Stössel. Stössel wurde Superintendent in der im albertinischen Sachsen liegenden Stadt Pirna. Während sich die Situation in der Stadt Jena bis Anfang des neuen Jahrzehnts nicht wirklich entspannte, brachten neue Statuten für die Universität und eine Reform der Konsistorialpraxis eine Konsolidierung der Religionspolitik Johann Wilhelms, deren Gestaltung gleichzeitig den persönlichen Eingriff des Landesherrn sicherte. Eine zusätzliche theologische Absicherung gegenüber dem albertinischen Kurfürstentum brachten das allerdings ergebnislos endende Altenburger Religionsgespräch (Oktober 1568 bis März 1569) und das Corpus Doctrinae Thuringicum von 1570, das als Signal für den Gewinn einer territorial eigenständigen Religionspolitik wirkte.

Was die Pfarrerschaft betraf, zeigte die erneute Visitation von 1569/70, dass ein wichtiges Motiv für die geforderte Stellungnahme, die Ablehnung der Declaratio Victorini, der Gehorsam gegenüber dem Landesherrn war. »[…] weil vnser g[nädiger] f[ürst] vnd h[err] dieselbe […] für vnrecht erkenne, hab er vnrecht gethan, mit seinem vnterschreiben, vnd sey erbottig sein subscriptum als balde auffzuheben«, notierte das Protokoll als Aussage des Pfarrers Johannes Beyer in Buchheim.[4] Hingegen ließ

4 Zit. nach: Gehrt, Ernestinische Konfessionspolitik (wie Anm. 2) 359 f.

die Visitation im theologischen Profil des Klerus weiterhin eine starke Gemeinsamkeit feststellen.

Eine erneute Krise, die die politische Isolation Johann Wilhelms verstärkte, brachte die Verpfändung der vier Ämter Sachsenburg, Weida, Arnshaugk und Ziegenrück und damit auch die Übernahme der religionspolitischen Regierungskompetenz über dieselben durch Kurfürst August von Sachsen. Sie beruhte juristisch auf der Einforderung einer Schuldensumme, der reichsrechtlich angeordneten Übernahme der Kosten, die den Albertinern durch den Vollzug der Reichsacht an Herzog Johann Friedrich II. entstanden waren und von den Ernestinern zu begleichen waren. Eine Visitation Anfang 1571 hatte die Entlassung von 81 Prozent der Pfarrer dieser Ämter sowie des Amtes Sachsenburg zur Folge. Es nützte wenig, dass Herzog Johann Wilhelm dafür sorgte, dass entlassene Pfarrer in dem ihm gebliebenen ernestinischen Gebiet teilweise neue Stellen, Almosen oder Stipendien an der Universität Jena erhielten. Er nutzte jedoch das Erscheinen des Wittenberger Katechismus 1570 dazu, die Kritik am theologischen Profil Kursachsens zu verstärken, wobei ihm die im Reich weit verbreitete Ablehnung dieses Katechismus zustatten kam, der von der Theologie der späten Melanchthonschüler geprägt war. Diese theologische Kritik wurde in einer Sammelausgabe zusammengefasst, die Caspar Melissander in Jena auf den Weg brachte.

Inzwischen aber hatten sich die Differenzen im Umgang mit der Erbsündelehre des Matthias Flacius zugespitzt. Sollte die Erbsünde die Substanz des menschlichen Wesens betreffen oder lediglich Zugabe (Akzidenz) zum menschlichen Wesen sein? Blieben diese Differenzen zunächst der weiteren Öffentlichkeit verborgen, so lehnten nun auch ursprünglich eng mit dem Illyrer verbundene Theologen ein persönliches Gespräch mit ihm ab, ja sie nahmen in Druckschriften gegen ihn Stellung. Die deutliche Differenzierung der Anhängerschaft des Flacius war nicht aufzuhalten und führte zum Zerfall seiner Schülerschaft. Aus Gründen der Wahrung des Friedens im Lande kam es zur Inhaftierung von Theologen, die sich offen zu Flacius bekannten, und zur Exmatrikulation von Jenaer Studenten. Eine Verhandlung vor dem Jenaer Konsistorium Anfang Jänner 1572 provozierte die Forderung der vier beschuldigten Flacius-Anhänger, sich nun einem Theologenkonvent zu stellen, der über den Wahrheitsgehalt ihrer theologischen Position entscheiden sollte. Johann Friedrich Coelestin, Professor der Theologie in Jena seit 1569, wurde Hausarrest auferlegt, aus dem er allerdings entkommen konnte. Auch in der Superintendentur Altenburg entbrannte ein Streit, bei dem es um die Lehre von der Erbsünde ging. Die Auseinandersetzungen zeigten als ein wichtiges Ergebnis, dass eine Hofinstitution wie das Konsistorium nicht in der Lage war, den Willen des Landesherrn in theologisch-religionspolitischen Fragen durchzusetzen.

Im Februar 1573 starb unerwartet früh Herzog Johann Wilhelm. Die Übernahme der Vormundschaft für seinen minderjährigen Sohn Friedrich Wilhelm durch dessen Mutter Dorothea Susanne unter der testamentarischen Verfügung der Obervormundschaft des Pfalzgrafen Ludwig IV. und des Grafen Georg Ernst von Henneberg entzog dem Verbleib von Flacius-Anhängern im ernestinischen Sachsen endgültig die Grundlage. Wohl aber genossen treue Flacius-Schüler noch für einige Jahre in der Grafschaft Mansfeld Schutz und Sympathie. Dem ist nunmehr nachzugehen.

II.2 Die Grafschaft Mansfeld als Schutzraum für Exilsuchende[5]

Der Prozess, der sich in der Grafschaft bezüglich der Stellung zu Matthias Flacius vollzog, lässt sich in wenigen Schritten beschreiben. Seit der Wirksamkeit von Erasmus Sarcerius in der Grafschaft Mansfeld war deren theologisches Profil deutlich antimajoristisch geprägt und damit in Spannung zum albertinischen Sachsen geraten. Zum Träger dieser Position wurde zwischen 1560 und 1577 die Linie Mansfeld Hinterort unter der Regentschaft des Grafen Volrad. Es waren u. a. die komplizierten Patronatsrechte in den mansfeldischen Territorien, die eine solch relativ lange Kontinuität ermöglichten, obwohl bereits im Sommer 1570 der gnesiolutherische Kampf gegen die Erbsündelehre des Illyrers auch in der Grafschaft einsetzte. Ein erster Höhepunkt der Auseinandersetzungen war mit einer Konferenz der ersten Pfarrer der Städte Eisleben und Mansfeld, Hieronymus Menzel und Cyriakus Spangenberg, am 15. Mai 1571 auf Schloss Hinterort erreicht. Im Spätsommer 1571 erfolgte der Bruch zwischen den beiden bedeutenden Theologen. Der entsprechende Text, den Geistlichen vorgelegt, wurde auch von Christoph Irenäus, wenn auch widerwillig, angenommen, nämlich, wie er betonte, »zwar so gerne als etwa ein krancker Mensch mit ungedult vnd widerwillen einen herben Syrup einimpt«.[6] Am 3./4. September 1572 folgte ein Gespräch auf Schloss Mansfeld in Anwesenheit von Matthias Flacius.[7] Im folgenden Monat nahm Graf Volrad eindeutig Stellung gegen die Position Johann Wigands und der Jenaer Theologen in der Erbsündelehre. Wie tief die Differenzen reichten, zeigte sich, als 1574 selbst Hieronymus Menzel von Absetzung bedroht war. Ähnlich wie im ernestinischen Sachsen führte ein Eingriff von außen die Entscheidung herbei. Der Administrator des Erzstifts Magdeburg Johann Friedrich versuchte als Oberlehnsherr unter Berufung auf die herrschaftlichen Rechte, die er in der Grafschaft besaß, Cyriakus Spangenberg und Christoph Irenäus in seine Gewalt zu bringen. Beide entzogen sich dem Zugriff durch die Flucht. Der Graf war politisch isoliert, verließ 1577 zusammen mit Spangenberg das Land und starb 1578 in Straßburg.

---

5 Zur politischen Situation der Grafschaft vgl. Jochen Vötsch, Reichsfreiheit und Landsässigkeit. Die Grafen von Mansfeld im 15. und 16. Jahrhundert, in: Hochadelige Herrschaft im mitteldeutschen Raum. Formen – Legitimation – Repräsentation, hg. von Jörg Rogge (Quellen und Forschungen zur sächsischen Geschichte 23, Stuttgart 2003) 135–161.

6 Christoph Irenäus, APOSTASIA. I. Exempel des Abfals von der Warheit / so von anfang der Welt biss auff diese zeit geschehen. II. Vrsachen / Warumb alzeit der gröste Hauff / von der Warheit zu den Lügen fellet (o. O. 1572) Bl. h 3r.

7 Robert J. Christman, »Do haben sie auch jedes mal [...] Antwort gegeben, was gutt gewesen, gelobt, und was Bose gewesen, widerlegt und vorworffen«. Das Ende der Einigkeit innerhalb der Gnesiolutheraner in der Grafschaft Mansfeld, in: Reformatoren im Mansfelder Land. Erasmus Sarcerius und Cyriakus Spangenberg, hg. von Stefan Rhein/Günther Wartenberg (Schriften der Stiftung Luthergedenkstätten in Sachsen-Anhalt 4, Leipzig 2006) 297–307.

II.3 Die Herrschaft Schönburg

Die schönburgischen Herrschaftsteile befanden sich wegen ihrer Abhängigkeit von den Albertinern, deren Territorium sie umgaben, in einer besonders schwierigen Situation, was ihre Selbstständigkeit in religionspolitischer Hinsicht betraf. Um dieser Abhängigkeit entgegenzusteuern, stellte Ernst von Schönburg für die drei kursächsischen Lehnsherrschaften Penig, Rochsburg und Wechselburg nach der Visitation von 1556/57 eigene Superintendenten an, um künftig Eingriffe Kursachsens zu verhindern.[8] Unter dem 19. Oktober 1560 legten Superintendent Nikolaus Böhme und zwei Geistliche ein eigenes Bekenntnis vor, das dem kursächsischen Konsistorium in Leipzig übergeben wurde, um dem Corpus Doctrinae Misnicum auszuweichen. Das Bekenntnis äußerte sich zu vier aktuellen Themen: Notwendigkeit guter Werke, freier Wille, Definition des Begriffs Evangelium und Adiaphora – Themen, die auf die Differenzen zu Kursachsen hinwiesen. Die Folge war die Vorladung von Ernst von Schönburg, Nikolaus Böhme, Superintendent von Penig, und Pfarrer Bartholomäus Wagner vor das Konsistorium zum 13. Februar 1561 mit dem Ziel, die Vorgeladenen sollten Widerruf leisten. Dem Landesherrn sollte keines seiner Patronatsrechte streitig gemacht werden, jedoch wurden die Zitierten mit dem Ultimatum entlassen, die Unterschrift zum Widerruf zu vollziehen, sonst drohe die Entlassung. Auch solle der designierte Nachfolger des Landesherrn Wolf von Schönburg sich auf keinen Fall in die Angelegenheit einmischen. Wolf wandte sich jedoch im März 1561 schriftlich an Kurfürst August, der ihm antwortete, die Kirchenordnung sei den Patronatsrechten übergeordnet. Der junge Herr fühlte sich in seinem Gewissen betroffen und suchte Hilfe bei dem ernestinischen Herzog Johann Friedrich II. Eine neue Vorladung beim Kurfürsten erfolgte am 17. April. Am 10. Mai 1561 suchten die beiden vorgeladenen Theologen ein persönliches Gespräch mit Johann Pfeffinger in Leipzig. Der Befehl des Kurfürsten, Wolf von Schönburg solle einen anderen Superintendenten präsentieren, veranlasste diesen, bei Herzog Ernst von Braunschweig und bei Heinrich dem Mittleren Reuß, mit dem er verschwägert war, Unterstützung zu finden und Zeit zu gewinnen. Im September sah sich Wolf gezwungen, den Superintendenten zu entlassen. Er präsentierte dem Kurfürsten als Nachfolger den Pfarrer Johann Judex aus Neustädtel bei Schneeberg, der Bedingungen an den Kurfürsten stellte, die mit Berufung auf die Geltung der Kirchenordnung abgelehnt wurden. Ein erneuter Kontakt mit Weimar, der zurückhaltendes Echo fand, und Wolfgang von Anhalt erbrachte, dass zusammen mit Ernst von Braunschweig ein Vermittlungsversuch auf den Weg gebracht wurde. Die folgenden zähen Verhandlungen mit den kursächsischen Räten endeten mit dem Verzicht Wolfs von Schönburg auf Judex und der Präsentation von Magister Christoph Hoffmann, Hofprediger in Altenburg.

---

8 Hierzu und zum Folgenden: Theodor SCHÖN, Herr Wolf von Schönburg, der treue Freund und Vertheidiger der Peniger lutherischen Geistlichkeit. *Schönburgische Geschichtsblätter* 2 (1895/96) 117–149, 177–214; DERS., Geschichte des Fürstlichen und Gräflichen Gesammthauses Schönburg, Bd. 8 (Waldenburg 1908).

Gleichzeitig kamen auf Initiative von Wolfs Bruder Hugo I. von Schönburg Berufungsverhandlungen für einen Superintendenten für die Herrschaften Geringswalde, Hartenstein, Lichtenstein und Waldenburg mit Sitz in Waldenburg in Gang. Berufen wurde ein Flacius-Schüler, Georg Mehlhorn. Ende 1561 wurde klar, dass bei Johann Friedrich II. kein Rückhalt mehr für die Bemühungen der Herrn von Schönburg zu erwarten war – die Anzahl der durch den Ernestiner entlassenen Pfarrer sprach für sich. Hugo I. bot ihnen Hilfe an und berief Bartholomäus Rosinus als Superintendenten in Waldenburg.

Der Tod Hugos I. von Schönburg am 4. Februar 1566 bedeutete einen spürbaren Einschnitt für die Bemühungen, konfessionspolitische Unabhängigkeit für die schönburgischen Herrschaften zu erreichen. Wolf von Schönburg übernahm die Herrschaft Waldenburg. Nun erließ der Kurfürst ein Schweigegebot an die streitenden Parteien. Christoph Hoffmann und seine Kollegen Bartholomäus Baumgart und Magister Martin Behem weigerten sich, dem Gebot Folge zu leisten. Der Sommer 1566 war von intensiver Aktivität des Kurfürsten gekennzeichnet. Am 18. Juni erging ein Mandat an Wolf von Schönburg und Gräfin Katharina von Schwarzburg, das die Entlassung von Rosinus und von Martin Faber wegen Verfälschung der lutherischen Konfession verlangte. Am 16. August 1566 erschien ein kurfürstliches Mandat, das für das gesamte Kurfürstentum galt. Ein Einspruch Wolfs von Schönburg, die Pfarrer sollten nicht an das Mandat gebunden werden, fruchtete nicht. An Wolf erging ein scharfer Befehl zu Gehorsam bei 6.000 Gulden Strafandrohung. Zwei Versuche, Wolf und die Geistlichen gefangen zu nehmen, misslangen – die Betroffenen konnten ausweichen. Der Kurfürst erließ einen erneuten Befehl zur Entlassung der Pfarrer und zur Einsetzung kursächsischer Theologen. Die Boten wurden jedoch durch den Torhüter nicht in Penig eingelassen. An den Kurfürsten schrieb Wolf, die amtierenden Pfarrer seien ordentlich berufen, andere seien »eingedrungene Mietlinge«. Die Pfarrer wurden zum 8. Oktober »kraft unserer habenden hohenlandesfürstlichen Oberbotmessigkeit« durch den Kurfürsten entlassen.[9] Hoffmann verließ noch im Lauf der folgenden Woche Penig und wurde Hofprediger in Schwerin. Wolf von Schönburg wurden 4.000 Gulden Strafzahlung auferlegt.

Die neuen Geistlichen zogen am 26. Oktober in Penig ein. Eine nochmalige Fürbitte Ende November für die entlassenen Pfarrer durch Wolf erreichte keine Änderung. Noch im Sommer 1566 kam es zu einem Aufsehen erregenden Ereignis. Am 4. Juli wurde in Geringswalde eine Schule im Rang einer Lateinschule eingeweiht. Ihre Leitung trat Hieronymus Haubold aus Frankenberg an. Die Einrichtung sollte der Ausbildung des geistlichen Nachwuchses für die Herrschaft Schönburg dienen, möglicherweise auch den benachbarten reußischen Herrschaften zur Verfügung stehen, bestand bis zur kursächsischen Visitation des Jahres 1568 und wurde am 27. Juli 1568 aufgelöst.[10]

9 Schön, Herr Wolf von Schöneberg (wie Anm. 8) 178.

10 Theodor Distel, Der Flacianismus und die Schönburg'sche Landesschule in Geringswalde (Leipzig 1870).

II.4 Zur Rolle der reußischen Herrschaften

In den reußischen Herrschaften[11] hatte sich die Kontinuität gnesiolutherischer Theologie durchgängig erhalten, zumindest was das Herrschaftsgebiet der Brüder Heinrichs des Mittleren und Heinrichs des Jüngeren anging, während Heinrich der Ältere sich genötigt sah, mit Kursachsen und damit mit dessen religionspolitischem Kurs Frieden zu halten. Eine nach langen Schwierigkeiten erreichte vertragliche Einigung teilte Heinrich dem Älteren das Gebiet von Untergreiz zu, Heinrich dem Mittleren Obergreiz und Heinrich dem Jüngeren Gera. Da der ältere Bruder sich mit seinem nächstältesten Bruder nicht auf die gemeinsame Berufung von Pfarrern einigen konnte, sollte dies für unter Druck geratene Pfarrer der benachbarten ernestinischen und schönburgischen Territorien wichtig werden. Hinzu kam, dass es im März 1567 zur Veröffentlichung einer von den beiden jüngeren Brüdern protegierten eigenen reussischen Bekenntnisschrift kam, an deren Erstellung auch schönburgische Pfarrer beteiligt waren.[12] Sie wurde bezeichnenderweise in der der Grafschaft Mansfeld zugehörigen Stadt Eisleben gedruckt. Erklärte Absicht dieser Bekenntnisschrift war die Ablehnung von Verdächtigungen, die gegen ihre Unterzeichner erhoben worden waren. Ihre mit Sicherheit gnesiolutherischen Autoren werden jedoch nicht genannt. Sie können bestenfalls erschlossen werden.[13] Relativ sicher haben an der Erstellung des Textes der ernestinische Exulant Bartholomäus Rosinus, seit 1563 Superintendent von Schönburg-Waldenburg, und der im Laufe seiner Wirksamkeit neun Mal exilierte Simon Musäus mitgewirkt. Erwogen wird die Beteiligung des aus Chemnitz vertriebenen und als Superintendent in Greiz tätigen Georg Autumnus. Auch der bereits genannte Christoph Hoffmann ist als Mitautor im Gespräch.

Inzwischen aber kommt als weiterer Mitautor ein Theologe in Frage, der weder aus dem ernestinischen Sachsen noch aus den schönburgischen Herrschaften stammt, sondern aus dem albertinischen Sachsen, aus dem er vertrieben wurde: Johannes Tettelbach. Er stammte aus Dinkelsbühl, hatte nach dem Studium in Wittenberg Anstellung in Dresden gefunden, eine Stellung als Prediger in seiner Heimatstadt angetreten und musste wegen seiner Stellung zum Interim nach Sachsen zurückkehren. Zuletzt wirkte er bis 1566 als Superintendent in Chemnitz und wurde von dort durch Kur-

11 Zu den reußischen Herrschaften vgl. André Thieme, Landesherrschaft und Reichsunmittelbarkeit. Beobachtungen bei den Burggrafen von Meißen aus dem Hause Plauen und anderen Nachfolgefamilien der Vögte von Weida, Gera und Plauen, in: Hochadelige Herrschaft im mitteldeutschen Raum (wie Anm. 5) 135–161.

12 Confessionsschrifft: Etlicher Predicanten in den Herrschafften / Graitz / Geraw / Schonburg / vnd anderer hernach vnterschriebenen: Gestellet Zu Notwendiger Ablenunge vieler Ertichter Camlumnien vnd Lesterungen / vnd dagegen zu erklerunge vnd beförderung der Warheit [...]. (o. O. 1567).

13 Zum Folgenden vgl. Stefan Michel, Auf dem Weg zur lutherischen Identität. Die Reußische Konfession von 1567 (im Druck) sowie Udo Hagner, Die Reußische Konfessionsschrift von 1567 und ihre Autoren. Neue Aspekte aufgrund des Exemplares in der Bibliothek des Museums Reichenfels-Hohenleuben. *Jahrbuch des Museums Reichenfels-Hohenleuben* 45 (2000) 211–214.

fürst August entlassen. Die Bekanntschaft mit Rosinus, der in der Nachbarschaft von Chemnitz tätig war, darf angenommen werden. Während eines Zwischenaufenthalts in Gera wurde er wohl zur Mitarbeit an der reußischen Konfession herangezogen.

Die reußische Konfession trug die Unterschrift von 13 Pfarrern aus der Herrschaft Gera, acht Pfarrern aus der Herrschaft Greiz und acht Pfarrern aus der Herrschaft Schönburg. Unter vier »anderen« unterzeichnenden Pfarrern taucht auch Josua Opitz auf.

Johannes Tettelbach und seine Wirksamkeit regen dazu an, das Geflecht gnesiolutherischen Widerstands in Mitteldeutschland noch differenzierter erscheinen zu lassen als es bisher in den Blick gekommen ist.

III. Beobachtungen zur Eigenart gnesiolutherischer Traditionen Mitteldeutschlands als Wurzeln für österreichischen Flacianismus

(1) Ein Rückblick zeigt, dass Exulantenwanderungen gnesiolutherischer Theologen aus Mitteldeutschland nach Österreich in mehreren Phasen erfolgten, motiviert durch obrigkeitliche Maßnahmen der landesherrlichen Religionspolitik (wie 1561/62 und 1567 im ernestinischen Sachsen) oder politischen Zugriff von außen (wie 1571/72). Eine erhebliche Rolle aber spielte auch der seit 1570 sich durchsetzende Abschied von der Erbsündelehre des Matthias Flacius (so in der Grafschaft Mansfeld).

(2) Ein Blick auf die Brennpunkte gnesiolutherischer Theologie und Frömmigkeit in Mitteldeutschland zeigt, dass ihre Träger in geographisch-politischen Zentren anzutreffen waren. Dafür sind die Superintendenturen Weimar und Altenburg, aber auch für kürzere Zeitabschnitte die Superintendentur Gotha mit ihren Geistlichen zu nennen. Geschlossene Prägungen dieser kirchlichen Verwaltungseinheiten finden sich kaum. Um dies zu erkunden, wären flächendeckende Fallstudien nötig, wenn es denn die Quellen hergäben. Wohl aber kann von die jeweiligen Territorien übergreifenden, aber auch deren Grenzen überschreitenden Netzwerken gesprochen werden.[14] Immer wieder stößt man dabei auch auf familiäre Verbindungen zwischen Vertretern gleicher Positionen. So gehörten etwa Bartholomäus Rosinus und Johannes Tettelbach durch gegenseitige Heiraten ihrer Kinder zu Familienverbänden. Bekannt ist die Ehe zwischen Christoph Irenäus und einer Tochter von Matthias Flacius. Derlei Verbindungen gehörten zu den Kennzeichen frühneuzeitlicher Gesellschaft und kamen durch gemeinsame Überzeugungen, gemeinsames Schicksal und durch soziale Vorgaben zustande.

14 Ein sprechendes Beispiel dafür ist die Unterschriftenliste zur Begründung, die Christoph Irenäus am 13. Oktober 1567 für die Verweigerung verfasste, der Ablehnung der Declaratio Victorini zuzustimmen. Vgl. Universitäts- und Forschungsbibliothek Gotha, Forschungsbibliothek, Chart. A 32, Bl. 419r–427v.

(3) Eine eigene Rolle spielten Versuche von Kleinterritorien – wie der Grafschaft Mansfeld und der schönburgischen Herrschaften, in anderer Weise auch der reußischen Herrschaften –, sich vor dem politischen und damit auch theologiepolitischen Zugriff benachbarter Großterritorien – speziell Kursachsens – zu schützen. Dafür waren gebildete und profilierte Theologen erwünscht, auch wenn von ihnen Kritik in den eigenen Reihen zu erwarten war. Diese Theologen wiederum konnten gewiss sein, als Gesprächspartner ernst genommen zu werden, solange sie nicht das politische Konzept ihrer Landesherren zu stören begannen.

(4) Was die Theologen selbst angeht, findet sich als gemeinsames, verbindendes Motiv ihres Widerstandes die Verweigerung obrigkeitlicher Eingriffe in geistliche Belange.[15] Dies lässt der Vergleich zwischen vielen einzelnen, teilweise auch äußerst bewegten Biographien erkennen. Das sei am Beispiel von Martin Wolf gezeigt: Martin Wolf, 1554 aus Colditz durch Kurfürst August ausgewiesen, bekannte, ihn habe das Trauma des Schmalkaldischen Krieges verfolgt, der »gewisslich furnemlich eine verfolgung der heyligen Christlichen Kirchen gewest, ob sies wol mit betichtung anderer vrsachen decken vndt vermentlen wollten«. Gegen diesen Krieg habe er auch während der Belagerung Magdeburgs durch kursächsische Truppen gepredigt und für die Stadt öffentlich gebetet. Man habe ihn warnen wollen, wurde dann aber vor Kanzler Kiesewetter zitiert, der von ihm eine Stellungnahme zu seinem Verhalten verlangte. Er gab zu, im zweiten Teil seiner Predigt den am Krieg Beteiligten Blutschuld zugewiesen und ihnen den Zorn Gottes angekündigt zu haben. In allen Reichstagen nach 1550 sei es um die Religion gegangen, der die Anhänger der Wittenberger Reformation absagen sollten. Bereits das Bündnis zwischen Kaiser und Papst 1546 wie auch die Heiratspolitik des sächsischen Hofes hätten diesem Ziel entsprochen. Dazu sei das »gottlose Interim« gekommen. Sein Gewissen sei gefangen gewesen, von Ungehorsam gegen die Obrigkeit könne keine Rede sein. Im Verhör habe Christoph Carlowitz ihn gefragt, wo denn Paulus Kritik an Nero geübt habe. Martin Wolf nannte Carlowitz später in seinem Bericht einen Theologus Aulicus perfundissimus, weil er damit zugegeben habe, dass der Landesherr so wie Nero gesündigt habe. Auch der zur Verhandlung später hinzugezogene Melanchthon habe ihn nicht davon überzeugen können, dass er sich einer notorischen Sünde schuldig gemacht habe. So musste er nach reichlich zwei Wochen Festungshaft in Hohnstein Urfehde schwören und wurde des Landes verwiesen.[16] Wolf fand Zuflucht als Pfarrer in Gößnitz (Superintendentur Altenburg), ging 1559 nach Kahla, erhielt dort aber infolge seiner Ablehnung der Declaratio Victorini im Juli 1562 Predigtverbot, war 1565 in Helfta bei Eisleben wohnhaft und ging, nachdem seine Stellung auch in der Grafschaft Mansfeld unhaltbar

15 Vgl. den Grundsatz, den Hieronymus Menzel 1562 in Erinnerung an die Ablehnung des Augsburger Interims formulierte: »[...] quod nec ipsi magistratui nec consiliariis politicis aut aulicis competat, dictatorio more ceremonias [...] abrogare«, zit. nach: Alfred Gustav Meyer, Der Flacianismus in der Grafschaft Mansfeld in den Jahren 1571–1574 (Diss. Halle 1873) 12, Anm. 4.

16 Der Bericht Martin Wolfs vom 27. Juli 1554: Universitäts- und Forschungsbibliothek Gotha, Forschungsbibliothek Chart. A 94, Bl. 316r–345v. Zitate: Bl. 317r–324r.

wurde, 1567 nach Dobermannsdorf, kehrte 1570 nach Kahla zurück, wurde dort 1571 abermals entlassen und war 1580 als Pfarrer in Lichtenwart anzutreffen.

Im Hintergrund der Grundkritik gnesiolutherischer Empfindlichkeit gegenüber Eingriffen obrigkeitlicher Gewalt in geistliche Belange stand eine Erfahrung, die zur Biographie vieler einzelner Pfarrer der gleichen Generation gehörte: der lange Schatten des Interims. Diese Erfahrung lebte mit dieser Generation weiter und schärfte ihre Wahrnehmung. So erinnerte die Politik Johann Friedrichs II. nach 1561 an einen Caesaropapismus, der keine Skrupel kannte und theologische Belange der Staatsraison unterordnete.

(5) Es darf nicht vergessen werden, dass es der gleiche Politikstil war, der die Theologen, die auch nach 1570 zu Flacius standen, ins Exil nach Österreich und viele von ihnen von dort zu weiteren Fluchtstationen trieb. Für viele der Betroffenen verlieren sich die späteren Spuren ihres Weges gänzlich. Zuflucht fanden sie am ehesten in Reichsstädten oder bei Adligen, die so viel Unabhängigkeit genossen, dass sie eine Bleibe gewähren konnten.

(6) Für die Beantwortung der Frage, wie die Kontakte zwischen Mitteldeutschland und den österreichischen Ländern zustande kamen, sind gewiss mehrere Ansätze zu beachten. Mehrfach tauchen in der Universitätsmatrikel von Jena Namen von Söhnen österreichischer Adliger auf, die in der Saalestadt studierten. Von hier aus ergaben sich leicht Beziehungen zwischen thüringischen Studenten und Studenten aus den habsburgischen Erblanden. Eine Schlüsselrolle in der Bildung von Netzwerken und für die Kontakte zwischen Mitteldeutschland und den österreichischen Ländern spielte Cyriakus Spangenberg.[17] Zu denken ist aber auch an mehrfache Wechsel zwischen Mitteldeutschland nach Österreich, für die neben der Biographie von Martin Wolf die Biographie von Joachim Magdeburgius ein Beispiel gibt. Magdeburgius, als Pfarrer in Oßmannstedt bei Weimar im August 1562 wegen Widerstands gegen die Declaratio Victorini durch Herzog Johann Friedrich den Mittleren entlassen, hielt sich 1563 in Eisleben auf und fand zwischen 1564 und 1568 Aufnahme in Österreich. 1569 wandte er sich, wohnhaft inzwischen in Ulrichshalben in der Nachbarschaft seines ehemaligen Pfarrortes Oßmannstedt, an Herzog Johann Wilhelm mit dem Ersuchen seiner Restitution in seinem einstigen Pfarramt. Im Hintergrund stand ein Konflikt zwischen ihm und Jonas Franck, einem ebenfalls aus dem ernestinischen Thüringen stammenden Theologen, der zur Rückkehr des Magdeburgius nach Thüringen geführt hatte.[18]

Insgesamt lassen die geschilderten Zusammenhänge darauf schließen, dass die Wanderbewegungen von gnesiolutherischen Theologen zwischen Mitteldeutschland und den habsburgischen Erblanden ein nicht zu unterschätzendes Maß von Ver-

17 Vgl. Rudolf Leeb, Der Einfluss von Cyriakus Spangenberg auf die habsburgischen Erblande und das Erzstift Salzburg, in: Reformatoren im Mansfelder Land (wie Anm. 7) 259–277, bes. 263–268.

18 Vgl. den Briefwechsel im Thüringischen Hauptstaatsarchiv Weimar, Ernestinisches Gesamtarchiv, Reg. N 572, Bl. 1r–20r und ebd., Bl. 22r–120v: Kundschafft, Warhafftiger Kurtzer vnd Nottwendiger Bericht Joachimj Magdeburgij.

flechtungen und damit von Informationsmöglichkeiten mit sich brachten, die auch in späteren Zeiten nachwirkten. Dafür kann die theologische und mentale Prägung einflussreicher Theologen wie Matthias Hoë von Hoënegg und Polycarp Leyser, die ihre Jugend unter dem Eindruck der Gegenreformation erlebten, als sprechendes Zeugnis gelten.

Von Regensburg bis Rijeka – Die Bedeutung der Stadt Regensburg und ihres Superintendenten Nikolaus Gallus für die österreichischen Länder und Südostmitteleuropa

Von Astrid Schweighofer

I. Vorbemerkung

Die vorliegenden Ausführungen bieten einen auf den bisherigen Forschungsergebnissen basierenden Überblick zum Einfluss des Regensburger Superintendenten und Gnesiolutheraners Nikolaus Gallus (1516–1570; Superintendent: 1553–1570) auf dem Gebiet des heutigen Österreich und im südostmitteleuropäischen Raum.[1] Als »zentrale Anlaufstelle für die österreichischen Gnesiolutheraner«[2] stand Gallus in regem Briefwechsel mit einer Vielzahl österreichischer Adeliger, Geistlicher und Laien und wirkte auf diese Weise auf die kirchenpolitischen Entwicklungen und Vorgänge in den Donauländern und in Innerösterreich ein. Bei ihm liefen die Fäden zusammen, von ihm ausgehend konnte sich ein weitmaschiges, grenzüberschreitendes Netzwerk entwickeln.[3] Bevor dieses Netzwerk anhand ausgewählter Beispiele beleuchtet wird, bedarf es einiger einleitender Bemerkungen zur Formierung des Gnesioluthertums im österreichischen Raum.

II. Zur Entstehung des Gnesioluthertums auf dem Gebiet des heutigen Österreich

> »Es mag sein, dass das Gnesioluthertum in Österreich [...] deshalb Anklang fand, weil man hier unter einem katholischen Herrscher lebte und im Grunde immer in der Bekenntnissituation stand.«[4]

---

1 An einführender Literatur zu dieser Thematik vgl. Eduard Böhl, Beiträge zur Geschichte der Reformation in Österreich. Hauptsächlich nach bisher unbenutzten Aktenstücken des Regensburger Stadtarchivs (Jena 1902); Robert Dollinger, Das Evangelium in Regensburg. Eine evangelische Kirchengeschichte (Regensburg 1959); Ders., Regensburg und der österreichische Protestantismus nach der Pax Augustana. *ZbKG* (1959) 71–96; Rudolf Leeb, Die evangelische Kirche Oberösterreichs und ihre Theologen im Jahrhundert der Reformation, in: Renaissance und Reformation, hg. von Dems./Karl Vocelka/Andrea Scheichl (Katalog zur OÖ. Landesausstellung 2010, Linz 2010) 235–251; Ders., Regensburg und das evangelische Österreich, in: Die Geburt Österreichs. 850 Jahre Privilegium minus, hg. von Peter Schmid/Heinrich Wanderwitz (Regensburger Kulturleben 4, Regensburg 2007) 229–249; Oskar Sakrausky, Die Bedeutung von Regensburg für den christlichen Südosten. *Carinthia* I 171 (1981) 29–35.

2 Leeb, Die evangelische Kirche (wie Anm. 1) 244. Vgl. auch Ders., Regensburg und das evangelische Österreich (wie Anm. 1) 232.

3 Leeb, Regensburg und das evangelische Österreich (wie Anm. 1) 232.

4 Rudolf Leeb, Die Reformation in Kärnten, in: Glaubwürdig bleiben. 500 Jahre protestantisches

Die besondere Strahlkraft und rasche Ausbreitung der gnesiolutherischen Ideen im heutigen österreichischen Raum sind zum einen auf das Verbot des Laienkelches von 1554 und die daraus resultierende »Kampfesbereitschaft« gegen derartige Verordnungen zurückzuführen,[5] zum anderen auf die hiesigen konfessionellen Verhältnisse. Bis zur politisch-rechtlichen Anerkennung des Protestantismus in den Jahren 1568 (Donauländer) und 1572 (Innerösterreich) war die religiöse Lage nämlich von gewissen Uneindeutigkeiten und »Grenzverwischungen« zwischen dem, was als katholisch, und dem, was als evangelisch galt, geprägt – ein Umstand, der den um konfessionelle Klarheit bemühten Gnesiolutheranern ein Dorn im Auge war.[6] Gne-

---

Abenteuer. Wissenschaftlicher Begleitband zur Kärntner Landesausstellung 2011 in Fresach, hg. von Wilhelm Wadl (Archiv für Vaterländische Geschichte und Topographie 101, Klagenfurt 2011) 83–105.

5 Dollinger, Regensburg (wie Anm. 1) 77; Leeb, Die evangelische Kirche (wie Anm. 1) 244. Das Verbot des Laienkelches wurde 1556 aufgehoben. Vgl. ebenda.

6 Leeb, Regensburg und das evangelische Österreich (wie Anm. 1) 230–231, 233; Ders., Die evangelische Kirche (wie Anm. 1) 238, 244. Hintergrund des gnesiolutherischen »Kampfes« um die Reinheit des Evangeliums war das im Jahr 1548 von Karl V. erlassene Augsburger Interim, ein »interimistisch«, d. h. bis zu einem Konzilsbeschluss geltendes Sondergesetz für die protestantischen Reichsstände, welches die Reintegration der Evangelischen in die alte Kirche zum Ziel hatte. Der Text des Interims umfasste 26 Artikel u. a. zur Soteriologie, zur Rechtfertigungslehre, zum Verhältnis von Glaube und Werken, zu den sieben Sakramenten, zur Heiligenverehrung und zu den katholischen Zeremonien. Zugestanden wurden den Protestanten im letzten Artikel 26 der Laienkelch und die Priesterehe – sofern sie schon eingeführt waren –, ansonsten hatten die alten katholischen kirchlichen Zeremonien zu gelten. Der Widerstand gegenüber den neuen Regelungen war insgesamt groß, besonders folgenreich war die Reaktion Kursachsens. Der zwischen den Forderungen Karls V. und jenen der Evangelischen stehende Kurfürst Moritz von Sachsen ließ die Leipziger Artikel (das sogenannte Leipziger Interim) ausarbeiten, die in ihrem inhaltlichen Kern zwar evangelisch waren, hinsichtlich gewisser Zeremonien und Traditionen aber der alten katholischen Kirche entgegenkamen. Fragen wie beispielsweise jene, ob ein Pfarrer Messgewänder tragen dürfe oder ob die Fastenbräuche einzuhalten seien, wurden als vernachlässigbare Adiaphora (Mitteldinge) bewertet, um deretwegen sich ein Streit mit der katholischen kaiserlichen Seite nicht lohne. Während die Wittenberger Theologen unter Philipp Melanchthon jenen Kompromissweg einschlugen, traten die sich als die wahren Erben Luthers verstehenden Gnesiolutheraner – an vorderster Front Matthias Flacius Illyricus – als Verteidiger der reinen Lehre auf den Plan. Der Bruch zwischen den sogenannten Philippisten und den Gnesiolutheranern war vollzogen und hatte weitreichende Auswirkungen auf die kirchenpolitischen Entwicklungen auch auf dem Gebiet des heutigen Österreich. Vgl. Joachim Mehlhausen, Art. Interim. *TRE* 16 (1987) 230–237; Rudolf Keller, Art. Gnesiolutheraner. *TRE* 13 (1984) 512–519, hier 513 f. Zum Interim und seinen Folgen sowie zum Adiaphoristischen Streit vgl. weiter Irene Dingel (Hg.), Der Adiaphoristische Streit (1548–1560) (Controversia et Confessio 2, Göttingen 2012); Irene Dingel/ Günther Wartenberg (Hg.), Politik und Bekenntnis. Die Reaktionen auf das Interim von 1548 (LStRLO 8, Leipzig 2006); Thomas Kaufmann, Das Ende der Reformation. Magdeburgs »Herrgotts Kanzlei« (1548–1551/2) (Tübingen 2003); Joachim Mehlhausen (Hg.), Das Augsburger Interim von 1548. Nach den Reichstagsakten deutsch und lateinisch (Texte zur Geschichte der evangelischen Theologie 3, Neukirchen-Vluyn 1970); Ernst Otto Reichert, Amsdorff und das Interim: kommentierte Quellenedition mit ausführlicher historischer Einleitung (LStRLO 14, Leipzig 2011); Luise Schorn-Schütte (Hg.), Das Interim 1548/50. Herrschafts-

siolutherisch Gesinnte aus den österreichischen Ländern wandten sich vielfach an den Regensburger Superintendenten Nikolaus Gallus, um beispielsweise anzufragen, wie man sich gegenüber einem katholischen Pfarrer verhalten solle oder welche alten Zeremonien und Riten man weiterhin vollziehen könne, ohne gegen die »reine Lehre« zu verstoßen.[7] Denn für die Gnesiolutheraner standen das Bekenntnis zur »reinen« und »wahren« Lehre, die Berufung auf das eigene Gewissen und der Kampf um die Reformation Luthers an erster Stelle. Kompromisse in Glaubensdingen lehnten sie dezidiert ab – lieber klar und laut bekennen und Bedrängnis erleiden, als durch Nachgiebigkeit und Kompromissbereitschaft das Evangelium schwächen![8]

Neben der frühen Entstehung des Gnesioluthertums in Österreich fällt die zahlenmäßige Stärke an Gnesiolutheranern bzw. späteren Flacianern vor allem in den Donauländern auf,[9] wohin es viele jener Radikalen verschlagen hatte, die in den Jahren 1562/63 und 1571–1573 in mehreren Wellen vornehmlich aus machtpolitischen Gründen aus Thüringen vertrieben worden waren.[10] Über diesen Zustrom berichtete der österreichische Prediger Christoph Reuter dem Gallus in einem Brief aus dem Jahr 1568:

> »Der Kaiser ist ganz entrüstet über die, die oben vertriben und in das landt komen: der gefangene Fürst [Johann Friedrich der Mittlere] redet übel von uns, die nur ein wenig dem Illirico [Matthias Flacius Illyricus] anhengig.«[11]

Unter den aus Thüringen Vertriebenen finden sich, um nur einige Beispiele zu nennen,[12] der Gothaer Superintendent Peter Eggerdes – er trat Anfang der 1570er Jahre als scharfer Kritiker der niederösterreichischen Agende hervor[13] –, Martin Wolf aus Kahla, der später ebenfalls in Niederösterreich wirkte,[14] Sebastian Krell, der 1561

krise und Glaubenskonflikt (Schriften des Vereins für Reformationsgeschichte 203, Gütersloh 2005); Hartmut Voit, Nikolaus Gallus und das Interim. Eine anonyme Denkschrift aus dem Jahr 1548. *Archiv für Reformationsgeschichte* 65 (1974) 277–285.

7 Dollinger, Regensburg (wie Anm. 1) 77 f.; Ders., Das Evangelium in Regensburg (wie Anm. 1) 277, 341; Leeb, Regensburg und das evangelische Österreich (wie Anm. 1) 233.

8 Leeb, Regensburg und das evangelische Österreich (wie Anm. 1) 231–233; Ders., Die evangelische Kirche (wie Anm. 1) 243–246.

9 Vgl. dazu auch Leeb, Die evangelische Kirche (wie Anm. 1) 245.

10 Böhl, Beiträge (wie Anm. 1) 65–75; Leeb, Die evangelische Kirche (wie Anm. 1) 245.

11 Zit. nach: Böhl, Beiträge (wie Anm. 1) 91.

12 Die exilierten Personen sind genannt bei ebenda 59–63, 70, 74–75.

13 Ebenda 323; Bernhard Raupach, Presbyterologia Austriaca Oder Historische Nachricht von dem Leben, Schicksalen und Schriften der Evangelisch=Lutherischen Prediger in dem Ertz=Herzogthum Oesterreich unter und ob der Enns [...] (Hamburg 1741) 30–32; Ders., Zwiefache Zugabe zu dem Evangelischen Oesterreich, Deren Die Erstere Ein Supplement der Historischen Nachricht von den Evangelischen Predigern in dem Ertz=Herzogthum Oesterreich unter und ob der Enns, Die Andere Eine Zweyte Nachlese einiger zu dieser Kirchen=Geschichte gehörigen und nachher gefundenen Urkunden und Nachrichten [...] (Hamburg 1744) 22 f. Zu Peter Eggerdes vgl. auch Anm. 41 des vorliegenden Aufsatzes.

14 Raupach, Presbyterologia Austriaca (wie Anm. 13) 205 f.; Böhl, Beiträge (wie Anm. 1) 60; Gustav Reingrabner, Zur Geschichte der flacianischen Bewegung im Lande unter der Enns. *Jahrbuch für Landeskunde von Niederösterreich*, Neue Folge 54/55 (1988/89) 265–301, hier 284 f.

gemeinsam mit Matthias Flacius Jena verlassen musste und später Superintendent in Laibach wurde[15] sowie M. Hieronymus Haubold und Hieronymus Peristerius. Letztere fanden, nachdem sie aus Regensburg ausgewiesen worden waren, in Kärnten Zuflucht.[16] Haubold verbrachte seine letzten Lebensjahre im oberösterreichischen Eferding,[17] das uns im Zusammenhang mit dem dortigen Erbsündenstreit noch begegnen wird und wo sich auch die Exulanten Adam Giller,[18] Johann Friedrich Coelestin[19] und Joachim Magdeburgius[20] aufhielten.

Die genannten Thüringer Theologen konnten in den Donauländern an bereits bestehende gnesiolutherische/flacianische Netzwerke anknüpfen und in der Folgezeit ihren Einfluss auf die Kirchenpolitik geltend machen.[21]

III. Das österreichische Gnesioluthertum im Spiegel der Briefe von und an Nikolaus Gallus

III.1 Allgemeines

Erste Belege für die wohl schon in die Zeit des Interims (1548) zurückreichenden Beziehungen des Gallus zu gnesiolutherischen Gesinnungsgenossen in den österreichischen Ländern finden sich ab 1554, stammen also aus der Zeit unmittelbar nach Gallus' Amtsantritt als Superintendent in Regensburg. Österreichische Adelige wie beispielsweise Jörg von Perckhaim, Georg Sigismund von Dietrichstein, Christoph Jörger oder der Prediger Christoph Reuter wandten sich in den Jahren 1554 und 1557/58 mehrfach an Nikolaus Gallus, berichteten über die politischen und konfessionellen Verhältnisse in ihrer Heimat, insbesondere über die Lage der Evangelischen, und baten den Superintendenten um Rat und Hilfe.[22] Wie Rudolf Leeb bereits herausgestellt hat, sind diese Briefe sehr vertraulich gehalten und zeugen von einem gewissen Gefühl der Verbundenheit im Geiste des Gnesioluthertums.[23]

Aber nicht nur Adelige, sondern auch Laien nahmen Anteil an den theologischen und kirchenpolitischen Diskussionen der Zeit, traten mit Nikolaus Gallus in briefli-

---

15 Böhl, Beiträge (wie Anm. 1) 70, 361 f.; Leeb, Regensburg und das evangelische Österreich (wie Anm. 1) 240.

16 Zu Haubold und Peristerius vgl. Raupach, Presbyterologia Austriaca (wie Anm. 13) 56 f., 136–139; Böhl, Beiträge (wie Anm. 1) 82–84, 351 f., 366 f.

17 Raupach, Presbyterologia Austriaca (wie Anm. 13) 57.

18 Zu Adam Giller vgl. Raupach, Presbyterologia Austriaca (wie Anm. 13) 47; Ders., Zwiefache Zugabe (wie Anm. 13) 25–27; Böhl, Beiträge (wie Anm. 1) 62.

19 Zu Johann Friedrich Coelestin vgl. Raupach, Presbyterologia Austriaca (wie Anm. 13) 18–21; Ders., Zwiefache Zugabe (wie Anm. 13) 15–17.

20 Zu Joachim Magdeburgius vgl. Anm. 45 des vorliegenden Aufsatzes.

21 Leeb, Die evangelische Kirche (wie Anm. 1) 245.

22 Zum Inhalt dieser frühen Briefe vgl. Böhl, Beiträge (wie Anm. 1) 113–123, 126 f., 130–132, 136, 138 f., 182–184, 223–227, 233 f., 264, 270. Vgl. auch den Hinweis bei Leeb, Regensburg und das evangelische Österreich (wie Anm. 1) 233; Dollinger, Regensburg (wie Anm. 1) 75.

23 Leeb, Regensburg und das evangelische Österreich (wie Anm. 1) 233.

chen Kontakt und investierten Zeit und Geld in die gnesiolutherischen Anliegen. So etwa der Gasteiner Handwerker Sigmund Flaisch, der sich 1564 bei Gallus beklagte, dass ihm und seinen gnesiolutherischen Gesinnungsgenossen der Vorwurf gemacht werde, sie würden unrechtmäßigen Lehren folgen und »nit der rechten augspurgischen Confesion oder lutrischen ler anhengig sein«. Flaisch bekennt, dass »vnser verderbte natur« es mit sich bringe, »das wier alzuwenig euangelisch vnd ale zufil aigenwilisch sein« und »nuer alain das wollen vnd nit auch das verpringen haben«. Er vertraue in dieser Sache aber ganz auf Gott. Des Weiteren berichtet er dem Gallus, dass er sich antisynergistische Bücher, die Augsburger Konfession samt Apologie, die schmalkaldischen Artikel, die Kirchengeschichte des Flacius sowie einige Lutherschriften besorgt und auf deren Grundlage die christlichen Glaubensartikel zusammengestellt habe. Gallus und Flacius sollten sich anhand dieser Artikel überzeugen, dass ihm, Flaisch, jegliche Sympathie mit den Interimisten fremd sei und er dem Adiaphorismus und dem Schwärmertum gänzlich fern stehe. Im Falle einer positiven Beurteilung seiner Artikel gedenke er, diese in Regensburg zu publizieren.[24]

Dieser Brief eines einfachen Handwerkers aus Gastein zeigt, dass das Gnesioluthertum Mitte der 1560er Jahre bereits tief in die Gemeinden eingedrungen war.[25] Eine der in den Briefen nach bzw. aus Regensburg auftauchenden drängendsten Fragen war jene nach der ordentlichen Abgrenzung von den sogenannten Interimisten, Papisten, Adiaphoristen, Synergisten und Majoristen. Dass diese »[H]euchler«, wie sie mitunter genannt werden,[26] in den Augen der »echten« oder »strengen« Lutheraner (zu) zahlreich waren, geht aus Briefen Christoph Reuters an Gallus ebenso hervor[27] wie aus einem an Wolfgang Waldner[28] gerichteten Brief des Steyrer Pfarrers Anarus Gotterus[29] vom 25. März 1567: Gotterus schreibt, dass er von Synergisten umgeben sei und dass auch die örtliche Behörde den synergistischen Pfarrer unterstütze. Man trachte danach, einen Zwiespalt zwischen ihm und der Gemeinde zu schaffen. Die Menschen würden ihn aber trotz allem »haufenweise« aufsuchen.[30] Der Kirchdorfer Pfarrer M. Hoffmendl wiederum wandte sich im Dezember 1570 an Nikolaus Gallus, um, wie Eduard Böhl es umschreibt, »einerseits über die papistischen Meßpriester, andererseits über solche, die sich des Evangeliums zwar äußerlich rühmten, aber denen der Bauch ihr Gott sei [zu klagen]. Nur die durch Gallus Ordinierten seien gut«.[31]

24 Zum Inhalt des Briefes vgl. Böhl, Beiträge (wie Anm. 1) 266.

25 Vgl. auch Oskar Sakrausky, Der Flacianismus in Oberkärnten. *Carinthia* I 171 (1981) 111–140, hier 124.

26 So etwa Christoph Reuter in einem Brief an Nikolaus Gallus aus dem Jahr 1557. Vgl. Böhl, Beiträge (wie Anm. 1) 223.

27 Vgl. z. B. ebenda 223–228.

28 Zu Wolfgang Waldner vgl. Raupach, Presbyterologia Austriaca (wie Anm. 13) 198–200. Vgl. auch den Aufsatz »Die Kontakte und das Netzwerk von Wolfgang Waldner († 1583) in Regensburg« von Andrea Ramharter-Hanel in diesem Band.

29 Zu Anarus Gotterus vgl. ebenda 51.

30 Zum Inhalt des Briefes vgl. Böhl, Beiträge (wie Anm. 1) 269.

31 Ebenda 270.

Mit dem Verweis auf die von Gallus vorgenommenen Ordinationen ist ein zentraler Punkt hinsichtlich des Einflusses der Regensburger Gnesiolutheraner auf Österreich angesprochen. Indem Gallus zahlreiche Kandidaten für österreichische Pfarrstellen prüfte und ordinierte, konnten wichtige Posten mit Gnesiolutheranern besetzt werden und die gnesiolutherischen Ideen nach und nach an Boden gewinnen.[32] Ein Blick auf die einzelnen Länder wird im Folgenden die Bedeutung und Rolle des Nikolaus Gallus für das österreichische Gnesioluthertum verdeutlichen.

III.2 Die einzelnen Länder

III.2.1 Nikolaus Gallus' Einfluss in den Donauländern[33]

Der Einfluss des Nikolaus Gallus auf die Donauländer bzw. auf deren Religions- und Kirchenpolitik zeigt sich vor allem rund um die Verhandlungen um die rechtliche Anerkennung des Luthertums und die damit verbundene Abfassung einer Agende. Ab 1566 nahm der Briefwechsel zwischen Regensburg und Österreich deutlich zu.[34] Gallus ermunterte die oberösterreichischen Stände zur Durchsetzung ihrer politischen und religiösen Forderungen das Steuerbewilligungsrecht als Druckmittel gegenüber dem infolge der kriegerischen Auseinandersetzungen mit den Osmanen finanziell stark geschwächten und einer Entschuldung bedürftigen Kaiser und Landesherrn Maximilian II. anzuwenden, und machte sogar Personalvorschläge in Hinblick auf die Besetzung künftiger kirchenleitender Ämter in Oberösterreich – konkret nannte er diesbezüglich die Gnesiolutheraner Joachim Mörlin und Cyriacus Spangenberg.[35] Besonders häufig (und mehr als ein Jahrzehnt kontinuierlich) tritt uns in den Korrespondenzen des Gallus der Prediger Christoph Reuter entgegen.[36] Der aus der Oberpfalz stammende Reuter war seit 1555 unter anderem auf Empfehlung des Regensburger Superintendenten bei verschiedenen niederösterreichischen Adeligen beschäftigt,[37] bis er im Frühjahr 1563 Österreich verlassen musste: Sein ein Jahr zuvor publiziertes Bekenntnis, in dem er das Interim und die Wittenberger Theologie verurteilt und sich über die zahlreichen »heuchlerischen« adiaphoristischen Prediger im Lande beschwert hatte, hatte an höchster – kaiserlicher – Stelle Missfallen erregt. Aufnahme fand Christoph Reuter in Regensburg, wo er in engem, durchaus freund-

32 Zu den Ordinationen vgl. LEEB, Regensburg und das evangelische Österreich (wie Anm. 1) 240 f.; DOLLINGER, Regensburg (wie Anm. 1) 80–87; DERS., Das Evangelium in Regensburg (wie Anm. 1) 287–292.

33 Für einen Überblick vgl. REINGRABNER, Zur Geschichte der flacianischen Bewegung (wie Anm. 14) passim; LEEB, Die evangelische Kirche (wie Anm. 1) 242–247.

34 LEEB, Regensburg und das evangelische Österreich (wie Anm. 1) 236 f.

35 DOLLINGER, Regensburg (wie Anm. 1) 79; DERS., Das Evangelium in Regensburg (wie Anm. 1) 339; LEEB, Die evangelische Kirche (wie Anm. 1) 244; DERS., Regensburg und das evangelische Österreich (wie Anm. 1) 236. Nikolaus Gallus blieb mit seinen Personalwünschen erfolglos. Vgl. ebenda.

36 Zu Christoph Reuter vgl. RAUPACH, Presbyterologia Austriaca (wie Anm. 13) 148–152; BÖHL, Beiträge (wie Anm. 1) 221–248.

37 BÖHL, Beiträge (wie Anm. 1) 222 f.

schaftlichem, Kontakt mit Nikolaus Gallus und Wolfgang Waldner stand. Ende des Jahres 1564 konnte Reuter mit Einwilligung des Kaisers und nicht zuletzt aufgrund der Interventionen Regensburgs wieder nach Österreich zurückkehren.[38] Hier überarbeitete und vollendete er die von David Chyträus erstellte Agende für Niederösterreich.[39] Schon im Zuge ihrer Ausarbeitung war diese Kirchenordnung unter den Theologen allerdings nicht unumstritten gewesen – auch Gallus hatte sich skeptisch bis ablehnend hinsichtlich der laxen und inkonsequenten Positionierung in Fragen der Adiaphora gezeigt.[40] Vollends auf Widerstand stieß die Agende aber bei Philipp Barbatus, Wilhelm Eccius und M. Peter Eggerdes,[41] die in einer Streitschrift die in ihren Augen adiaphoristischen und majoristischen Inhalte der Kirchenordnung anprangerten sowie insgesamt Kritik an der dem Kaiser entgegenkommenden Linie der Agende übten.[42] Joachim Magdeburgius hingegen reagierte, wie Eduard Böhl es bezeichnet, erstaunlicherweise weitgehend »ruhig« auf die Agende.[43] An seiner Person lässt sich der gnesiolutherische Kampf um die »reine Lehre« in den Donauländern noch einmal eindrücklich veranschaulichen: Wegen seiner Ablehnung der katholischen Zeremonien musste Magdeburgius, der in Wittenberg studiert hatte, 1551 seine Pfarrstelle in Salzwedel in der Altmark räumen. Er ging zunächst nach Hamburg, wo er sich, unter anderem durch die Herausgabe polemischer Schriften, für die gnesiolutherische Sache engagierte. 1558 wurde er auch hier abgesetzt. In Magdeburg, seiner nächsten Station, wollte er an den »Centurien« des Matthias Flacius mitarbeiten, wurde allerdings noch im selben Jahr nach Oßmannstedt in Thüringen berufen. 1562 gehörte er zu jenen »Exules Christi«, die wegen der verweigerten Unterschriftsleistung unter die »Victorinische Deklaration«[44] ihren Weg nach Österreich fanden. Ab 1564 wirkte Magdeburgius als Prediger und theologischer Schriftsteller in Niederös-

38 Ebenda 227–229.

39 Ebenda 300–302, 308 f.; Dollinger, Das Evangelium in Regensburg (wie Anm. 1) 340. Zu den Verhandlungen rund um die Agende und zu deren Anerkennung vgl. die Ausführungen bei Böhl, Beiträge (wie Anm. 1) 260–330; Karl Ritter von Otto, Geschichte der Reformation im Erzherzogthum Oesterreich unter Kaiser Maximilian II. (1564–1576). *JGPrÖ* 10 (1889) 1–60, hier v. a. 22–50; Herbert Krimm, Die Agende der niederösterreichischen Stände vom Jahre 1571. *JGPrÖ* 55 (1934) 3–64; 56 (1935) 52–87; 57 (1936) 51–70; Gustav Reingrabner, Über den lutherischen Gottesdienst und die evangelischen Kirchenordnungen in Niederösterreich. *Jahrbuch für Liturgik und Hymnologie* 17 (1971) 165–173.

40 Böhl, Beiträge (wie Anm. 1) 322–326; Oskar Sakrausky, Johann Hauser – Pfarrherr und Diener am Evangelio aus Villach. *Carinthia* I 171 (1981) 51–81, hier 56; Leeb, Regensburg und das evangelische Österreich (wie Anm. 1) 237.

41 Zu Philipp Barbatus, Wilhelm Eccius und M. Peter Eggerdes vgl. Raupach, Presbyterologia Austriaca (wie Anm. 13) 6 f., 28–32; Ders., Zwiefache Zugabe (wie Anm. 13) 22 f.

42 Böhl, Beiträge (wie Anm. 1) 323–325; von Otto, Geschichte der Reformation (wie Anm. 39) 50.

43 Böhl, Beiträge (wie Anm. 1) 322.

44 Zum synergistischen Streit und zur »Victorinischen Deklaration« vgl. etwa Stefan Michel, Der Synergistische Streit. Theologische und religionspolitische Interessen im Streit über den freien Willen des Menschen, in: Politik und Bekenntnis (wie Anm. 6) 249–277, hier v. a. 263–273.

terreich und Ungarn (Győr-Raab), Anfang der 1580er Jahre trat er als Protagonist im Eferdinger Erbsündenstreit, von dem noch die Rede sein wird, hervor.[45] Von seinen Schriften[46] verdienen vor allem sein Traktat über freie Religionsausübung,[47] seine gegen die »Adiaphoristen« und »Synergisten« gerichtete Polemik mit dem Titel »Widerlegung des gräulichen und gotteslästerlichen papistischen Irrtums vom merito congrui oder freien Willen [...]«[48] sowie seine 1566 verfasste »confessio«[49] Beachtung. Letztere sollte Ende des Jahres 1566 dem Kaiser und den Landständen überreicht werden.[50] Sie ist dezidiert gnesiolutherisch ausgerichtet und beginnt mit einem Zitat aus dem 2. Timotheusbrief (2. Tim 1,8): »Scheme dich nicht des Zeugknus vnsers Herrn, noch meiner, der ich sein gebundener bin, sondern leyde dich mit dem Euangelio.«[51] Die »confessio« trägt die Unterschriften von 19 Gnesiolutheranern – Christoph Reuter und Christoph Plädting hatten ihre Unterschrift aufgrund inhaltlicher Differenzen in der Frage des Wuchers und der Interpretation des dritten Glaubensartikels wieder zurückgenommen.[52] Auch Nikolaus Gallus äußerte sich kritisch zu dem Text, der seiner Ansicht nach der Augsburger Konfession widersprach und die Geltung Luthers schmälerte.[53] Im historischen Kontext des Ringens um die Legalisierung des Protestantismus war die »confessio« des Joachim Magdeburgius und seiner Mitstreiter ein beachtlicher, wenngleich erfolgloser Versuch, in den Donauländern kirchenpolitisch mitzumischen und das Gnesioluthertum gegenüber den sogenannten Philippisten durchzusetzen. Wie oben im Zusammenhang mit der Erstellung der Agende für Niederösterreich angedeutet, trugen letztlich die gemäßigten Lutheraner

45 Zu Joachim Magdeburgius vgl. RAUPACH, Presbyterologia Austriaca (wie Anm. 13) 103–111; DERS., Zwiefache Zugabe (wie Anm. 13) 62 f.; BÖHL, Beiträge (wie Anm. 1) 63, 248–260, 427–430; Peter F. BARTON/László MAKKAI (Hg.), Ostmitteleuropas Bekenntnisschriften der evangelischen Kirchen A. und H. B. des Reformationszeitalters III/1, 1564–1576 (Budapest 1987) 55–57; REINGRABNER, Zur Geschichte der flacianischen Bewegung (wie Anm. 14) 282 f., 287–289, 295 f.

46 Zu Magdeburgius' Schriften vgl. BARTON/MAKKAI, Bekenntnisschriften (wie Anm. 45) 56 f.; BÖHL, Beiträge (wie Anm. 1) 250–253; RAUPACH, Presbyterologia Austriaca (wie Anm. 13) 110 f.; REINGRABNER, Zur Geschichte der flacianischen Bewegung (wie Anm. 14) 287–289.

47 »Ratio, cur Austria libertatem verae Religionis petere debeat«. Vgl. BARTON/MAKKAI, Bekenntnisschriften (wie Anm. 45) 56 f.; BÖHL, Beiträge (wie Anm. 1) 252.

48 Der vollständige Titel der Schrift lautet: Widerlegung/|| Des Grewlichen vnd || GOTtslesterlichen Papistischen Jr=||thumbs/ vom Merito Congrui/ oder || Freyen willen/ Welchen nu die Synergisten mit || jhrer Lere von der mith#[ue]lffe des Menschen || inn der Bekerung alß vom Todt wide=||rumb aufferwecken/ vnnd in die || Kirchen einf#[ue]ren || w#[oe]llen [...] (Regensburg 1566) [VD16 M 172]. Vgl. dazu auch BÖHL, Beiträge (wie Anm. 1) 250.

49 Die »confessio« ist abgedruckt bei BARTON/MAKKAI, Bekenntnisschriften (wie Anm. 45) 57–113. Vgl. auch VD 16 M 161.

50 BARTON/MAKKAI, Bekenntnisschriften (wie Anm. 45) 57; BÖHL, Beiträge (wie Anm. 1) 253.

51 »Confessio« des Joachim Magdeburgius, zit. nach: BARTON/MAKKAI, Bekenntnisschriften (wie Anm. 45) 57.

52 BÖHL, Beiträge (wie Anm. 1) 232, 236, 254 f.; BARTON/MAKKAI, Bekenntnisschriften (wie Anm. 45) 55, 57.

53 BÖHL, Beiträge (wie Anm. 1) 236.

den Sieg davon, was durchaus im Sinne des Landesherrn und Kaisers Maximilian II. lag.[54] Magdeburgius, der mit seinem Bekenntnistext nicht nur auf Seiten des Kaisers, sondern auch auf Seiten der Stände und der sich gerade formierenden evangelischen Kirche in Österreich für Unmut und Diskussionen gesorgt hatte,[55] gab allerdings nicht auf. Als treuer und kompromissloser Anhänger des Matthias Flacius hielt er bis zuletzt an dessen Vorstellung von der Erbsünde als Substanz des Menschen fest, ja ging, nachdem er in dem Rüdiger von Starhemberg unterstehenden »Flacianernest«[56] Eferding in Oberösterreich Zuflucht gefunden hatte, so weit, die flacianische Erbsündenlehre auch für die Leiber verstorbener Gläubiger zu behaupten. Magdeburgius brach damit 1580 den von zahlreichen Streitschriften begleiteten »Eferdinger Erbsündenstreit« vom Zaun, der erst drei Jahre später mit dem Tod des Schutzherren Rüdiger von Starhemberg (1583) und der Ausweisung der radikalen Flacianer, unter ihnen auch Magdeburgius, sein Ende fand.[57] Damit war die Zeit des Flacianismus in den Donauländern vorbei.

Einige jener radikalen Flacianer, die Anfang der 1580er Jahre in Eferding zu finden sind, waren zuvor in Innerösterreich tätig gewesen, das im Folgenden näher in den Blick genommen wird.

III.2.2 Nikolaus Gallus' Einfluss in Innerösterreich[58]

Im April 1564 berichtete der Grazer Landschaftssekretär Bartholomäus Pica[59] dem Gallus vom Fortgang der in der Steiermark laufenden Geldsammlungen für die Mag-

54 Leeb, Regensburg und das evangelische Österreich (wie Anm. 1) 236 f.; Ders., Die evangelische Kirche (wie Anm. 1) 244; Barton/Makkai, Bekenntnisschriften (wie Anm. 45) 57; Böhl, Beiträge (wie Anm. 1) 254–257.

55 Böhl, Beiträge (wie Anm. 1) 254–257; Barton/Makkai, Bekenntnisschriften (wie Anm. 45) 57; von Otto, Geschichte der Reformation (wie Anm. 39) 22.

56 Leeb, Die evangelische Kirche (wie Anm. 1) 246.

57 Zum Streit um die Erbsünde allgemein und zum Eferdinger Erbsündenstreit im Besonderen vgl. Bernhard Raupach, Erläutertes Evangelisches Oesterreich, Oder: Dritte und Letzte Fortsetzung Der Historischen Nachricht von den vornehmsten Schicksalen der Evangelisch=Lutherischen Kirchen in dem Ertz=Hertzogthum Oesterreich [...] (Hamburg 1740) 47–52; Ders., Presbyterologia Austriaca (wie Anm. 13) 109; Leeb, Die evangelische Kirche (wie Anm. 1) 245–247; Böhl, Beiträge (wie Anm. 1) 75–79, 257, 427–430; Barton/Makkai, Bekenntnisschriften (wie Anm. 45) 57; Dollinger, Regensburg (wie Anm. 1) 89 f.; von Otto, Geschichte der Reformation (wie Anm. 39) 58–60; Wilhelm Preger, Matthias Flacius Illyricus und seine Zeit, Teil 2 (Erlangen 1861) 310–412.

58 An einführender Literatur zum Gnesioluthertum und Flacianismus in Innerösterreich vgl.: Leeb, Die Reformation in Kärnten (wie Anm. 4) 91–94, 97–101; Johann Loserth, Der Flacianismus in Steiermark und die Religionsgespräche von Schladming und Graz. *JGPrÖ* 20 (1899) 1–13; Ders., Zur Geschichte des Flacianismus in Steiermark und Kärnten. *JGPrÖ* 49 (1928) 111–116; Oskar Sakrausky, Die Villacher Katechismus-Handschrift Johann Hausers vom Jahre 1572. *Carinthia* I 171 (1981) 83–109; Ders., Der Flacianismus in Oberkärnten (wie Anm. 25) passim; Ders., Johann Hauser (wie Anm. 40) passim.

59 Zu Pica und seiner Korrespondenz mit Gallus vgl. Böhl, Beiträge (wie Anm. 1) 103–106, 133, 181, 332–339, 342; Dollinger, Regensburg (wie Anm. 1) 74, 76.

deburger Centurien und beklagte gleichzeitig, dass es dort einige Prediger gäbe, die gegen das Werk und seinen Hauptverfasser Stimmung machen würden.[60] Die Sammlungen waren einige Jahre früher vom Regensburger Superintendenten persönlich initiiert worden und fanden seither eifrige Unterstützung von Seiten Picas und des steirischen Adels. Pica selbst hatte bereits 1559 in seinem vermutlich ersten Brief an Gallus einige Exemplare der bis dahin noch im Entstehen begriffenen »Centurien« vorab bestellt und seine Vorfreude auf das Erscheinen des Werkes zum Ausdruck gebracht.[61] Neben Bartholomäus Pica war es in der Steiermark vor allem Maximilian Rupp von Pfeilberg, der schon frühzeitig mit Nikolaus Gallus im Briefwechsel stand und ihn über die kirchlichen und religiösen Zustände in Graz auf dem Laufenden hielt.[62] In einem seiner Briefe kommt Rupp auch auf Georg Khu(e)n zu sprechen.[63] Dieser wirkte seit 1564 auf Empfehlung des Nikolaus Gallus als Oberprediger in Graz und wandte sich von dort aus mehrmals brieflich an den Regensburger Superintendenten, der ihm stets Unterstützung und Beratung zuteil kommen ließ. Khu(e)n erfreute sich bei seiner Grazer Gemeinde großer Beliebtheit, zu zunehmenden Spannungen kam es im Laufe der Jahre allerdings mit den Landständen. Seinen letzten Höhepunkt erreichte der Konflikt, als die Stände 1574 den der gemäßigten Richtung angehörenden David Chyträus ins Land holten, der bereits in Zusammenhang mit der niederösterreichischen Agende von sich reden gemacht hatte und nun auch in Innerösterreich das Schul- und Kirchenwesen ausbauen bzw. eine Kirchenordnung erstellen sollte. Khu(e)n begegnete der Berufung von David Chyträus mit äußerstem Widerwillen. Er zog sich noch im selben Jahr (1574) freiwillig von seiner Pfarrstelle in Graz zurück, ging zunächst ins steirische Pöls, anschließend als Prediger und Prüfer ans Linzer Landhaus. Seinen Lebensabend dürfte er als Superintendent in Bensheim verbracht haben.[64]

Nicht weniger groß als in der Steiermark war der Einfluss des Nikolaus Gallus im Herzogtum Krain. »Gallus hat wesentlich zur gnesiolutherischen Prägung wichtiger Kreise des Laibacher Kirchenministeriums beigetragen.«[65] Im Besonderen sind hier der Landschaftssekretär Matthias Klombner und der Laibacher Superintendent Sebastian Krell zu nennen.[66] Krell hatte es sich zum Ziel gesetzt, in seiner Heimat Slowe-

60 Zu dem Brief und seinem Inhalt vgl. Böhl, Beiträge (wie Anm. 1) 181 f.

61 Ebenda 181, 335; Dollinger, Regensburg (wie Anm. 1) 75 f. So wie Bartholomäus Pica in der Steiermark propagierte Christoph Reuter in Niederösterreich das Geschichtswerk des Flacius und seiner Mitarbeiter. Vgl. Böhl, Beiträge (wie Anm. 1) 181.

62 Böhl, Beiträge (wie Anm. 1) 333 f.; Dollinger, Regensburg (wie Anm. 1) 74; Ders., Das Evangelium in Regensburg (wie Anm. 1) 339.

63 Böhl, Beiträge (wie Anm. 1) 333 f.

64 Zu Georg Khu(e)n vgl. ebenda 338–351; Raupach, Presbyterologia Austriaca (wie Anm. 13) 78–80; Ders., Zwiefache Zugabe (wie Anm. 13) 45 f. Bernhard Raupach schließt es nicht aus, dass Georg Khu(e)n nach seiner Zeit als Superintendent in Bensheim wieder nach Österreich zurückgekehrt ist. Vgl. ebenda 46.

65 Leeb, Regensburg und das evangelische Österreich (wie Anm. 1) 235.

66 Böhl, Beiträge (wie Anm. 1) 98–100, 332; Leeb, Regensburg und das evangelische Österreich (wie Anm. 1) 235, 240. Sebastian Krell war Primus Truber nach dessen Vertreibung im Jahr

nien eine flacianische Gemeinde aufzubauen, übersetzte zu diesem Zweck einen Teil der Spangenberg'schen Postille ins Slowenische und drängte Gallus Ende des Jahres 1566 zu deren baldiger Drucklegung. Aus den Gemeindeaufbauplänen wurde jedoch nichts, zum einen wegen des gegnerischen Widerstands, zum anderen, weil Krell bald darauf schwer erkrankte und 1568 in Laibach starb.[67] In der Zwischenzeit hatten die Krainer Landstände bei Gallus angefragt, ob er nicht einen Nachfolger für Krell wüsste, idealerweise einen solchen, der »*neben der teutschen auch die windisch [hier: slowenisch] Sprach*« beherrsche.[68] Gallus stand in dieser Angelegenheit vor allem mit Matthias Klombner im Austausch und empfahl den Ständen den Gnesiolutheraner Caspar Melissander, der schon früher von Krell als Rektor der Landschaftsschule in Laibach vorgeschlagen worden war.[69] Die von Gallus und seinen Gesinnungsgenossen angestrebte Berufung Caspar Melissanders offenbarte einmal mehr den zu dieser Zeit bereits scharf ausgeprägten Gegensatz zwischen Gnesiolutheranern/Flacianern und gemäßigten Lutheranern auch in Innerösterreich. Die unter dem Einfluss Tübingens stehenden Gemäßigten intervenierten erfolgreich gegen Melissander, um die Stärkung und weitere Ausbreitung des Gnesioluthertums bzw. des Flacianismus in ihren Landen hintan zu halten.[70]

Werfen wir einen abschließenden Blick auf Kärnten, wo wir im Jahr 1566 ein in seinen Grundzügen auf Nikolaus Gallus zurückgehendes und von 26 Predigern unterzeichnetes »Bekenntnis der evangelischen Prediger zu Kärnten«[71] finden, das, anders als die erwähnte »confessio« des Joachim Magdeburgius, als offizielles Dokument bei den Kärntner Landtagsverhandlungen ebendieses Jahres verlesen wurde. Das Bekenntnis stellt eine Art Rechtfertigungs- und Abgrenzungsschrift gegenüber der katholischen Seite dar, wenngleich sich die Unterzeichner in Fragen der Adiaphora (z. B. der Zeremonien) zunächst noch abwartend verhielten und erst ab 1570 voll und

---

1565 ins Amt des Superintendenten in Laibach gefolgt. Vgl. Theodor Elze, Die Rectoren der Krainischen Landschaftsschule in Laibach während des XVI. Jahrhunderts. *JGPrÖ* 20 (1899) 117–153, hier 121; Böhl, Beiträge (wie Anm. 1) 100; Sakrausky, Die Bedeutung von Regensburg (wie Anm. 1) 30.

67 Böhl, Beiträge (wie Anm. 1) 361 f.; Sakrausky, Der Flacianismus in Oberkärnten (wie Anm. 25) 117; Theodor Elze, Die slovenischen protestantischen Postillen des XVI. Jahrhunderts. *JGPrÖ* 14 (1893) 121–133, hier 124 f.

68 Zit. nach: Eugen Trapp, Brief der Krainer Landstände an Nikolaus Gallus. 1567, in: 450 Jahre evangelische Kirche in Regensburg 1542–1992 (Ausstellungskatalog Regensburg 1993) 352 f.

69 Böhl, Beiträge (wie Anm. 1) 98–101; Elze, Die Rectoren (wie Anm. 66) 121; Sakrausky, Die Bedeutung von Regensburg (wie Anm. 1) 30; Eugen Trapp, Brief des Gallus an die Krainer Landstände. 1567, in: 450 Jahre evangelische Kirche in Regensburg (wie Anm. 68) 353.

70 Böhl, Beiträge (wie Anm. 1) 98–101, 338.

71 Der vollständige Titel lautet: Christliche einfeltige be=||kendtnus der Euangelischen Prediger in || Kerndten/ an die Hochl#[oe]bliche Land=||stend daselbs/ vberantwort vnd ver=||lesen im Landtag zu Clagenfurt/|| Anno/ M.D.LXVI. ||...|| (Nürnberg 1566) [VD16 C 2399]. Das Bekenntnis für Kärnten findet bereits im Jahr 1557 bei Bartholomäus Pica lobende Erwähnung, dürfte also bereits in dieser Zeit verfasst worden sein. Vgl. dazu Sakrausky, Johann Hauser (wie Anm. 40) 53 f.; Leeb, Regensburg und das evangelische Österreich (wie Anm. 1) 237.

ganz der strengen Linie Regensburgs bzw. Gallus' folgten.[72] Der Regensburger Superintendent galt hinfort auch in Kärnten als »geistlich-theologisches Oberhaupt«[73] und wurde vom Klagenfurter Kirchenministerium, bestehend aus den Predigern Martin Knorr, Johann Hauser, Hans Faschang und dem Juristen Johann Kraus, unter anderem in Ordinationsangelegenheiten konsultiert. So etwa im Fall des früher in Krain tätigen, von dort aber vertriebenen Predigers Anton Leban, der wegen seiner windischen Sprachkenntnisse nunmehr in Klagenfurt für das »windisch Volckh« wirkte. Leban war bereits examiniert und ordiniert, sollte aber, so die Bitte Martin Knorrs in einem Brief an Gallus vom April 1570, von ebendiesem bestätigt werden. Leban sei zwar schlecht in Latein, in der Lehre aber sei er »rain vnd aufrecht«.[74]

Nach Nikolaus Gallus' Tod im Sommer 1570 und der endgültigen Absage der Regensburger an die flacianische Erbsündenlehre fand der als Flacianer bezeichnete harte Kern der Kärntner Gnesiolutheraner in Cyriacus Spangenberg (Eisleben) einen neuen Ansprechpartner.[75] Zu diesen Kärntner Flacianern zählten beispielsweise die beiden früher erwähnten Prediger Hieronymus Haubold und Hieronymus Peristerius, weiters der Villacher Pfarrer Johann Hauser sowie der Prediger Stefan Haßler. Letzterer war bis Ende der 1560er Jahre in St. Veit an der Glan tätig gewesen, musste von dort aber weichen und wirkte bis 1577 im steirischen Schladming, wo er mit seinen Predigten eine große Anhängerzahl um sich geschart haben dürfte. Sowohl Hauser als auch Haßler mussten wegen ihrer Hartnäckigkeit in der Erbsündenfrage schließlich aus Innerösterreich abziehen – beide gingen ins nördliche Burgenland.[76]

Die engen Beziehungen zwischen Regensburg und Kärnten bzw. die Bedeutung, welche Kärnten als Ausgangsbasis für die missionarischen Bemühungen der Gnesiolutheraner hatte, zeigt sich schließlich in dem, letztlich gescheiterten, Vorhaben des Flacius, in Regensburg eine Universität zu gründen und in Klagenfurt eine Expositur für die Heranbildung des theologischen Nachwuchses zu errichten.[77] Ziel

---

72 Sakrausky, Johann Hauser (wie Anm. 40) 54–56; Ders., Der Flacianismus in Oberkärnten (wie Anm. 25) 114; Leeb, Regensburg und das evangelische Österreich (wie Anm. 1) 237.

73 Sakrausky, Johann Hauser (wie Anm. 40) 56.

74 Böhl, Beiträge (wie Anm. 1) 363–366, hier zit. 365. Vgl. dazu auch Sakrausky, Der Flacianismus in Oberkärnten (wie Anm. 25) 115; Ders., Johann Hauser (wie Anm. 40) 56; Dollinger, Regensburg (wie Anm. 1) 82; Ders., Das Evangelium in Regensburg (wie Anm. 1) 288.

75 Sakrausky, Johann Hauser (wie Anm. 40) 57 f.; Leeb, Die Reformation in Kärnten (wie Anm. 4) 100; Eugen Trapp, Das evangelische Regensburg, in: Geschichte der Stadt Regensburg, Bd. 2, hg. von Peter Schmid (Regensburg 2000) 845–862, hier 852. Zur Bedeutung Spangenbergs für die österreichischen Länder vgl. Rudolf Leeb, Der Einfluss von Cyriakus Spangenberg auf die habsburgischen Erblande und das Erzstift Salzburg, in: Reformatoren im Mansfelder Land. Erasmus Sarcerius und Cyriakus Spangenberg, hg. von Stefan Rhein/Günther Wartenberg (Schriften der Stiftung Luthergedenkstätten in Sachsen-Anhalt 4, Leipzig 2006) 259–277.

76 Sakrausky, Johann Hauser (wie Anm. 40) 57; Loserth, Der Flacianismus in Steiermark (wie Anm. 58) passim, hier v. a. 1. Zu Haßler und Hauser vgl. auch Raupach, Presbyterologia Austriaca (wie Anm. 13) 56, 58 f.; Ders., Zwiefache Zugabe (wie Anm. 13) 33 f.

77 Leeb, Regensburg und das evangelische Österreich (wie Anm. 1) 238 f.; Sakrausky, Die Bedeutung von Regensburg (wie Anm. 1) 31; Ders., Der Flacianismus in Oberkärnten (wie Anm. 25) 117. Vgl. dazu insbesondere auch Wilhelm Baum, Der Klagenfurter Universitätsplan des

der Regensburger Gnesiolutheraner war es, von Klagenfurt als »Operationsbasis«[78] ausgehend ihren Einfluss im Südosten zu stärken, hinein in die katholisch geprägten slawischen Gebiete,[79] in den venezianischen Herrschaftsbereich,[80] vermutlich sogar bis ins Osmanische Reich.[81]

> »Galt es doch, mit Hilfe des Evangeliums als der einzig wirksamen Waffe, den Türken zurückzuhalten, und womöglich würde das Wort Gottes selbst ›den Sultan in Konstantinopel unweigerlich gewinnen, wenn er es nur in einer Sprache bekäme, die er verstünde‹. So sind die Bestrebungen bis in die Zips, bis Ödenburg, bis Varašdin und Karlovac, Laibach und St. Veit am Pflaum [Rijeka] zu verstehen.«[82]

Infolge der antiflacianisch geprägten innerösterreichischen Kirchenordnung gerieten die Kärntner Flacianer Ende der 1570er Jahre immer mehr unter Druck, um 1580 waren die meisten Prediger dieser Richtung abgesetzt. Das bedeutete freilich keineswegs, dass damit auch die flacianische Gesinnung im Volk ausgerottet war:[83] Das bei den Gnesiolutheranern und Flacianern vorherrschende Widerstandspotential sollte noch bis in die Zeit des Geheimprotestantismus wirkmächtig bleiben.[84]

Flacius Illyricus (1562) und der Flacianismus in Kärntnen, in: Kollegium, Lyzeum, Gymnasium. Vom »Collegium Sapientiae et Pietatis« zum Bundesgymnasium Völkermarkter Ring, Klagenfurt. Die Geschichte des ältesten Gymnasiums Österreichs, hg. von Dems. (Klagenfurt 1991) 33–44, hier v. a. 34, 36–38.

78 Leeb, Regensburg und das evangelische Österreich (wie Anm. 1) 238.

79 Große Bedeutung hatten hier die Übersetzungen evangelischer Literatur in die slawischen Sprachen. Vgl. dazu ebenda 239; Baum, Der Klagenfurter Universitätsplan (wie Anm. 77) 36 f.; Günther Stökl, Die deutsch-slavische Südostgrenze des Reiches im 16. Jahrhundert. Ein Beitrag zu ihrer Geschichte dargestellt an Hand des südslavischen Reformationsschrifttums (Schriften des Osteuropa-Institutes zu Breslau, Neue Reihe, Heft 12, Breslau 1940) 230–243; Rudolf Leeb, Der Missionsgedanke bei Hans Ungnad von Sonneck, Primus Truber und in der lutherischen Reformation, in: Vera in Hotenja. Studije o Primožu Trubarju in njegovem času, hg. von Sašo Jerše (Ljubljana 2009) 255–267.

80 Nikolaus Gallus unterhielt auch Beziehungen zu Pier Paolo Vergerio, dem evangelisch gewordenen früheren Bischof von Koper. Vgl. Eugen Trapp, Brief des Sebastian Krell an Gallus, in: 450 Jahre evangelische Kirche in Regensburg (wie Anm. 68) 352; Leeb, Regensburg und das evangelische Österreich (wie Anm. 1) 238. Zu Vergerio vgl. auch Eckehart Stöve, Art. Vergerio, Pietro Paolo d. J. *TRE* 34 (2002) 690–694; Stökl, Die deutsch-slavische Südostgrenze (wie Anm. 79) 100–104; Jürgen Sydow, Unbekannte Briefe des Pier Paolo Vergerio d. J. im Regensburger Stadtarchiv. *Verhandlungen des Historischen Vereins für Oberpfalz und Regensburg* 99 (1958) 221–229; Christoph Weismann, »Der Winden, Crabaten und Türken Bekehrung«. Reformation und Buchdruck bei den Südslawen 1550–1595. *Kirche im Osten. Studien zur osteuropäischen Kirchengeschichte* 29 (1986) 9–37, hier 20 f.

81 Sakrausky, Die Bedeutung von Regensburg (wie Anm. 1) 31, 34 f.; Leeb, Regensburg und das evangelische Österreich (wie Anm. 1) 239; Stökl, Die deutsch-slavische Südostgrenze (wie Anm. 79) 234.

82 Sakrausky, Die Bedeutung von Regensburg (wie Anm. 1) 34 f.

83 Sakrausky, Johann Hauser (wie Anm. 40) 59–62.

84 Peter F. Barton, Matthias Flacius Illyricus, in: Die Reformationszeit II, hg. von Martin Greschat (Gestalten der Kirchengeschichte 6, Stuttgart–Berlin–Köln–Mainz 1981) 277–293, hier 288; Rudolf Leeb, Widerstand und leidender Ungehorsam gegen die katholische Konfessi-

IV. Zusammenfassung und Schluss

Während der Amtszeit des Nikolaus Gallus war die seit 1542 evangelische Reichsstadt Regensburg *das* geistige Zentrum für die Evangelischen der österreichischen Länder. Der Regensburger Superintendent beeinflusste als »geistliche Autorität für die österreichische evangelische Kirche«[85] maßgeblich die hiesigen theologischen und kirchenpolitischen Entwicklungen. Er tat dies erstens durch Beratung der Landstände bei den Verhandlungen rund um die Legalisierung des Protestantismus und die Ausarbeitung einer Kirchenordnung, zweitens durch theologische und seelsorgerliche Ratschläge insbesondere wenn es darum ging, wie man sich als »echter« Lutheraner im katholisch und interimistisch geprägten Österreich zu verhalten habe, drittens durch die Verbreitung theologischen Schrifttums, viertens schließlich durch Vermittlung, Examinierung und Ordination von Predigern nach bzw. für Österreich, wo es nach wie vor weder eine Ausbildungsstätte für den theologischen Nachwuchs noch ein Konsistorium zur Prüfung und Ordination der Pfarramtskandidaten gab.[86] Auf diese Weise trug Nikolaus Gallus wesentlich zur Ausbreitung des Gnesioluthertums in den österreichischen Ländern bei, wobei sich die Donauländer zu einem wahren »Zentrum des Flacianismus im Reich« entwickelten, fanden hier doch noch Anfang der 1580er Jahre einige jener Radikalen Zuflucht, die zuvor aus Thüringen und aus Innerösterreich hatten weichen müssen.[87]

Insgesamt spiegelt sich in den Briefen von und an den Regensburger Superintendenten die gnesiolutherische Gesinnung österreichischer Adeliger, Pfarrer wie auch Laien und es tut sich ein gnesiolutherisches Netzwerk auf, dessen Dichte und Reichweite bisher nur ansatzweise erforscht und dargelegt wurden. Insbesondere bedürften auch die Missionspläne der Regensburger Gnesiolutheraner im slawisch und osmanisch beeinflussten Raum einer detaillierten Untersuchung.

---

onalisierung in den österreichischen Ländern, in: Staatsmacht und Seelenheil. Gegenreformation und Geheimprotestantismus in der Habsburgermonarchie, hg. von Dems./Susanne Claudine Pils/Thomas Winkelbauer (Veröffentlichungen des Instituts für Österreichische Geschichtsforschung 47, Wien–München 2007) 183–201, hier 197 f.

85 Grete Mecenseffy, Österreichische Exulanten in Regensburg. *JGPrÖ* 73 (1957) 131–145, hier zit. 132.

86 Leeb, Regensburg und das evangelische Österreich (wie Anm. 1) 235, 240 f.; Ders., Die evangelische Kirche (wie Anm. 1) 244; Mecenseffy, Exulanten (wie Anm. 85) 132; Dollinger, Regensburg (wie Anm. 1) 75–87; Ders., Das Evangelium in Regensburg (wie Anm. 1) 269–285, 287–292, 338–343; Eugen Trapp, Die Regensburger Gemeinde und Österreich, in: 450 Jahre evangelische Kirche in Regensburg (wie Anm. 68) 349–352, hier 349.

87 Leeb, Die evangelische Kirche (wie Anm. 1) 245 f., hier zit. 245.

Die Kontakte und das Netzwerk von Wolfgang Waldner († 1583) in Regensburg

Von Andrea Ramharter-Hanel

Im Sommer des Jahres 1558 traf beim Rat der Stadt Nürnberg ein Schreiben vom Rat der Stadt Rothenburg ein, in dem letztgenannter die Amtskollegen in Nürnberg um Auskünfte um den dort tätigen Prediger Wolfgang Waldner ersuchte.[1] Die Rothenburger Stadtväter wollten den Posten eines Predigers an der Jakobskirche neu besetzen. Man habe von Waldner erfahren, gleichzeitig aber auch gehört, er wäre vom Nürnberger Rat entlassen worden, und nun hätte man gerne erfahren, was die Gründe für diese Entlassung waren.

Wer war also dieser Wolfgang Waldner, der zum gegenständlichen Zeitpunkt eben erst aus dem Amt des Montagspredigers an der ehemaligen Dominikanerkirche in Nürnberg entlassen worden war, und welche Bedeutung hatte das zweifellos umfangreiche Netzwerk des Predigers für das Leben des gebürtigen Tullners? Gerade dieses hier angesprochene Netzwerk zeichnete Waldner in besonderer Weise aus und es wird nicht viele vergleichbare Zeitgenossen des Tullners geben, die mehr an Schrifttum hinterlassen haben, von dem bislang vorwiegend diejenigen Teile bekannt sind, die einerseits in der Bayerischen Staatsbibliothek in München[2] sowie andererseits im Stadtarchiv in Regensburg[3] verwahrt sind. Bislang war es aufgrund der Fülle des Materials noch nicht möglich, Ausschau nach den zweifellos vorhandenen Gegenbriefen Waldners im Rahmen von dessen Korrespondenz einzugehen, die sich in einer Reihe von Archiven erhalten haben müssen und von denen nunmehr eine erhebliche Anzahl von Briefkonzepten Zeugnis geben.

Auch wenn sich umfangreiche Dokumente zum Leben Waldners erhalten haben, war es nicht möglich, das genaue Geburtsjahr zu ermitteln; er wird wohl im zweiten Jahrzehnt des 16. Jahrhunderts in Tulln zur Welt gekommen sein.[4] Der Vater Hans († 1558) stand in einem Naheverhältnis zur Tullner Kirche, nicht nur als Mitglied der Gottsleichnamszeche,[5] sondern auch als Organist, dem in späteren Jahren von

1 Schreiben des Bürgermeisters und Rats der Stadt Rothenburg an den Ratskonsulenten Dr. Christoph Gugl vom 27. Juni 1558. Nürnberg, Staatsarchiv, Rst. Rothenburg, Akten und Bände, Nr. 2083, 228^{r}–229^{v}.

2 Die aus der ehemaligen Stadtbibliothek Regensburg stammenden Bestände an Manuskripten sind seit 1812 in München und haben dort die Signaturen cgm. 1318–1322 sowie cgm. 4110 a–c.

3 Die Briefe von und an Wolfgang Waldner befinden sich in großer Zahl im Bestand Ecclesiastica des Stadtarchivs Regensburg.

4 Ein Nachweis von Wolfgangs ehelicher Geburt wird vom Rat der Stadt Tulln 1534 ausgestellt. St. Pölten, NÖLA, Tullner Handschriften Bd. 2, Weisungen, 254^{v}–255^{r}. Zu diesem Zeitpunkt war der Genannte allerdings nicht mehr in der Stadt anwesend, muss also bereits in jugendlichem Alter gewesen sein.

5 Eintrag von Hans Waldner und dessen Frau Anna im Jahr 1516E Einschreibebuch der Gottsleichnamszeche. Tulln, Stadt- und Bezirksmuseum, Bibliothek.

der Stadt auch die Reparatur und Veräußerung der Orgel in der aufgelassenen Minoritenkirche anvertraut wurden.[6] Vor 1534 hatte Wolfgang bereits seine Heimatstadt verlassen, zu der er abgesehen von Briefen, die er von seinem Vater erhielt, kaum mehr Kontakt hatte.

Warum Waldner in das Kloster Garsten eintrat – es hätte von Tulln aus gesehen nähere Benediktinerklöster gegeben – lässt sich nicht sagen. Waldner findet sich aber unter seinem Klosternamen Albert zum Zeitpunkt der Visitation der dem Kloster Garsten zugehörigen Pfarre Steyr (1544) als dortiger Pfarrer erwähnt.[7] Die Bürgerschaft von Steyr war in diesen Jahren durch ihre enge wirtschaftliche Verflechtung mit Nürnberg und Augsburg besonders offen für die Anliegen der Reformation und man wird nicht fehlgehen anzunehmen, dass sich in diesen Jahren auch der dortige Pfarrer mit aktuellen konfessionellen Fragen, wie etwa der Spendung des Abendmahls in beiderlei Gestalt, auseinandersetzen musste. Es ist aber zweifellos eine Übertreibung Valentin Preuenhubers, des Chronisten von Steyr, wenn er meint, Waldner habe gegen die Zeremonien gepredigt.[8] Die Dokumente, die von der bald erfolgten überstürzten Abreise Waldners von seinem Dienstort im Stadtarchiv Steyr erhalten sind, zeugen eher von einem sehr vorsichtigen Vorgehen.

Ein erster Beleg für die Neuorientierung des Klosterbruders ist ein längerer Brief des Nürnberger Predigers Veit Dietrich von 1546, wobei die Kontaktaufnahme über einen ungenannten *vertrauten Freund* erfolgte, in dem man vermutlich ein Mitglied des Stadtrates von Steyr erkennen wird.[9] Dietrich ist in seinen Ratschlägen außerordentlich vorsichtig, um seinen Korrespondenzpartner nicht in Schwierigkeiten zu bringen, und verzichtet überdies auf Unterzeichnung seines Schreibens. Waldner, der nach Aussage dieses Schreibens noch unschlüssig war, wie er sich verhalten solle, entschloss sich 1548 seinen Dienstort unerlaubt zu verlassen, wobei der unmittelbare Anlass dafür die Beziehung zu seiner Haushälterin war, die sich nicht mehr verheimlichen ließ. Dabei wird ein wesentlicher Charakterzug Waldners deutlich, der für ihn auch in späteren Lebensjahren charakteristisch sein sollte, nämlich sein klar gezeichnetes Weltbild, das keine Kompromisse oder Zweideutigkeiten zuließ. Wenn eine Beziehung zu einer Frau auch für Priester möglich sein sollte, dann offen und ehrlich, und nicht in Form einer mit Augenzwinkern geduldeten Konkubine.[10]

Waldners Wesen muss etwas ungemein Bezwingendes gehabt haben, denn es gelang ihm leicht, Beziehungen zu knüpfen, die sich für das ganze Leben als tragfähig

---

6 Protokolleintrag vom 3. Juli 1544. Tulln, Stadtarchiv, Sign. 3/28 (Gerichts- und tägliches Handlungsbuch 1544–1559) unpag.

7 Abschrift des Visitationsprotokolls der Pfarre Steyr von 1544. Steyr, Stadtarchiv, Kast.XI, Lade 25, Nr. 62.

8 Valentin Preuenhueber, Annales Styrenses, samt dessen übrigen Historisch- und Genealogischen Schrifften (Nürnberg 1740) 264.

9 Schreiben von Veit Dietrich, Pfarrer in St. Sebald in Nürnberg, an Wolfgang Waldner in Steyr vom 23. Februar 1546. Regensburg, Stadtarchiv, Ecclesiastica I 26, 86.

10 Der Bestand an Dokumenten zum Ausscheiden Wolfgang Waldners aus Steyr befindet sich in Steyr, Stadtarchiv, Kast. IX, Lade 24, Faszikel 1680.

erweisen sollten. In diesem Sinne wurde auch der weitere Kontakt zur Stadt Steyr aufrechterhalten,[11] ja die Stadt versuchte, den mittlerweile in Nürnberg ansässigen Prediger wenige Jahre nach dessen Ausscheiden wieder als Pfarrer zurückzugewinnen,[12] ungeachtet der Tatsache, dass seinerzeit wegen dessen Ausscheidens ein Verfahren beim Diözesanbischof in Passau anhängig gemacht worden war.[13] Eine derartige Rückkehr auf eine Pfarre, die keine städtische war und eigentlich dem Abt von Garsten unterstand, und außerdem gegen den Willen des genannten Diözesanbischofs erfolgt wäre, wäre eine ungeheure Provokation gewesen und Waldner hat nach einigem Überlegen wohlweislich darauf verzichtet.

Der zweite tragfähige Kontakt, auf den Waldner sich zeitlebens verlassen konnte, war die Freundschaft mit Adam Hofmann, dem Burggrafen von Steyr. Die Familie Hofmann[14] hatte unter der Regierung Kaiser Ferdinands eine steile Karriere bei Hof geschafft und verfügte über ausgedehnten Grundbesitz, der vor allem in der Obersteiermark gelegen war. Ungeachtet gelegentlicher Entfremdungen konnte sich Waldner stets auf die Unterstützung Adam Hofmanns verlassen, beginnend mit reger Anteilnahme für den Sohn Martin,[15] der bald nach der Flucht auf die Welt kam, bis hin zur Vermittlung einer Pfarrerstelle für diesen Sohn in Öblarn.

Vielleicht wird es dem Kontakt zu Veit Dietrich zu verdanken sein, dass Waldner selbst nach seiner Abreise aus Steyr nicht lange auf der Suche nach einer neuen Stelle war. In den Ratsverlässen der Stadt Nürnberg findet sich bereits am 6. April 1548 die Anstellung als Montagsprediger vermerkt,[16] während Waldner noch am 18. Jänner in Steyr nachweisbar ist[17] und bereits wenig später in Nürnberg ankam. Bedenkt man, dass die Strecke zwischen Steyr und Nürnberg etwa 360 Kilometer ausmacht und Waldner mit seiner schwangeren Frau wohl kaum mehr als 40 bis 50 km pro Tag vorangekommen ist, kann man wohl annehmen, dass die Übersiedlung bis zu einem gewissen Grad vorbereitet war. Eine gute Gelegenheit für eine unauffällige Abreise

---

11 In diesem Sinn findet sich in den Vorworten von einigen Büchern Waldners eine Widmung an den Rat der Stadt Steyr, etwa: *Warnung und notwendige vermanung an die liebe Christenheit, wie sich dieselbe in diser gefehrlichen zeit des Türcken halben mit beten, buß und trost christlich verhalten solle* (Regensburg 1567). St. Pölten, NÖ Landesbibliothek, Sign. 2849-B.

12 Schreiben Wolfgang Waldners vom Februar 1558 an Benedikt Aettl, Stadtrichter von Steyr, mit Nennung der Bedingungen, unter denen er zu einer Rückkehr als Pfarrer von Steyr bereit wäre. Regensburg, Stadtarchiv, Ecclesiastica I 18, 52.

13 Ein Fragment der Ladung des Passauer Bischofs Wolfgang von Salm vom 4. Jänner 1548 befindet sich überraschenderweise unter den Dokumenten in Regensburg. Regensburg, Stadtarchiv, Ecclesiastica I 26, 227.

14 Klaus Eckart Ehrlicher, »Die Könige des Ennstales«. Die Geschichte der Hoffmann Freiherrn zu Grünpüchel und Strechau und ihre Verbindung im Adel der Erbländer (Diss. Innsbruck 1972); Helmut Goetz, Die geheimen Ratgeber Ferdinand I. (1503–1564). Ihre Persönlichkeit im Urteil der Nuntien und Gesandten. *QFIAB* 42/43 (1963) 453–492.

15 Schreiben von Adam Hofmann vom 6. März 1548. Regensburg, Stadtarchiv, Ecclesiastica I 26, 82.

16 Nürnberg, Staatsarchiv, Inv. Nr. 1022 (Nürnberger Ratsverlässe) 7^{r}.

17 Zu diesem Zeitpunkt wurde Waldner laut Schreiben von Abt Wolfgang Kronfuß mit den Vorwürfen aus Passau konfrontiert. Konzept des Schreibens von Abt Wolfgang Kronfuß an Bischof Wolfgang von Salm vom 18. Jänner 1548. Steyr, Stadtarchiv, Faszikel 1648.

mag die Teilnahme am Tross gewesen sein, der Hans Hofmann zum sogenannten geharnischten Reichstag nach Augsburg begleitete.

Waldner war in Nürnberg am idealen Ort, um neue Kontakte zu knüpfen. Die Umstände des Abschieds von Steyr werden ihm wohl klar gemacht haben, dass die Aufrechterhaltung eines Netzwerkes von Freunden und Amtskollegen die einzige Versicherung für die Zukunft war.[18] Man muss sich hier vor Augen halten, dass der Steyrer Pfarrer aus einer extrem vorbestimmten Lebenssituation innerhalb eines Klosters plötzlich in die absolute Freiheit gestürzt war und dass die junge Familie etwas an Stabilität und Zukunftssicherheit erwarten konnte. Die Bedeutung der neuen Position lag nicht so sehr in der vermutlich nicht allzu intensiven Arbeitstätigkeit, sondern in der Bibliothek, die im Dominikanerkloster bestand, das der Rat der Stadt als Auffangbecken für die Bibliotheken der zahlreichen aufgelassenen Klöster der Stadt bestimmt hatte.[19]

Dies wird vermutlich auch der Ort des ersten Kontaktes mit Matthias Flacius und Nikolaus Gallus gewesen sein,[20] mit denen Waldner ab der Mitte der 1550er Jahre in permanentem Briefkontakt stand. Hintergrund war eine Mitarbeit des Tullners an den Magdeburger Zenturien, der von Flacius redigierten, umfassenden Kirchengeschichte.[21] Warum Walder der Literatur bislang als Mitarbeiter entgangen ist, mag daran liegen, dass er sich vorwiegend mit der Erfassung aktueller Kirchendokumente beschäftigte, die letztlich Jahrhunderte betrafen, die nicht in Druck gegangen sind. So findet sich in dem genannten Bestand an Schrifttum Waldners in der Bayerischen Staatsbibliothek ein gesamter Faszikel an Originalbriefen und Abschriften, die die konfessionellen Ereignisse ab 1558 betreffen. In weiteren Bänden findet sich aber auch älteres Material, das Waldner unter Umständen auf Anregung von Flacius kopiert hat, unter anderem etwa Schriften von Eneo Silvio Piccolomini, dem späteren Papst Pius II.[22] Nicht zuletzt gibt es Indizien dafür, dass Waldner bereits 1554 auf Wunsch von Matthias Flacius eine Abschrift der Geschichte Regensburgs des Johannes Aventin anfertigte, eine der wenigen noch existierenden Fassungen dieses Textes.[23]

---

18 Ernst Riegg, Konfliktbereitschaft und Mobilität (Leinfelden-Echterdingen 2002) 117.

19 Das Dominikanerkloster wurde 1543 dem Rat der Stadt Nürnberg übergeben und diente sowohl zu Wohnzwecken als auch zur Unterbringung der Bibliotheken des Ordens und anderer Klöster, die mit den Ratsbeständen zur Bibliothek der Stadt Nürnberg vereinigt wurden. Vgl. Friedrich Bock, Das Nürnberger Predigerkloster. *Mitteilungen des Vereins für Geschichte der Stadt Nürnberg* 25 (1924) 147–214.

20 Regelmäßig in der Korrespondenz ab 1554, am Beginn ein Schreiben vom 29. Jänner 1554 von Matthias Flacius an Nikolaus Gallus mit Erwähnung Waldners. Regensburg, Stadtarchiv, Ecclesiastica I 21, 154.

21 Eine Übersetzung des grundlegenden lateinischen Schreibens von Matthias Flacius von 1554 mit dem Programm der zu verfassenden Kirchengeschichte findet sich in der *Collectio Waldneriana*. München, Bayerische Staatsbibliothek, cgm. 4110 b, 131ʳ–149ʳ. Vgl. Karl Schottenloher, Pfalzgraf Ottheinrich und das Buch (Münster 1927) 147.

22 Brief des Eneo Silvio Piccolomini über die Hussiten und das Abendmahl in beiderlei Gestalt. München, Bayerische Staatsbibliothek, cgm. 4110 b, 47ʳ–58ᵛ.

23 Johannes Aventinus, Von dem alten herkummen der statt Regenspurg. München, Bayerische

Eine weitere wichtige Voraussetzung für die Erhaltung des beruflich so wichtigen Netzwerkes war die eigene Profilierung durch Publikationen. Waldner hat sich in diesem Sinn gerade in den 50er Jahren massiv in den Auseinandersetzungen der Gnesiolutheraner engagiert. Kaum in Nürnberg etabliert, publizierte er 1552 bereits seine erste Streitschrift gegen Andreas Osiander, die er allerdings noch anonym veröffentlichte, sodass sich der Angegriffene genötigt sah, ihn in seiner Replik mangels Namen als den »Nürnberger Uhu« zu bezeichnen.[24]

Auch hier blieb Waldner seiner konsequenten Haltung treu, die keine alte Freundschaft kannte. In der unglücklichen Auseinandersetzung um den nach Preußen übersiedelten Prediger Matthias Vogel, der kurze Zeit davor in Nürnberg noch zum engsten Freundeskreis Waldners gehört hatte, der aber zum Missfallen der Gnesiolutheraner den Posten des entlassenen Königsberger Dompredigers Joachim Mörlin übernommen hatte, erweist sich Waldner als rücksichtsloser Parteigänger der Kritiker. Seinem taktlosen Verhalten konnten ehemalige Freunde nur ratlos gegenüberstehen. In diesem Streit war sogar der Rat der Stadt Nürnberg genötigt, sich 1557 offiziell bei Herzog Albrecht von Preußen, Vogels Dienstherrn, zu entschuldigen.[25]

Dieser konsequent kämpferische Charakter musste zwangsläufig zu Auseinandersetzungen mit dem Nürnberger Rat führen, der gerade in den 50er Jahren ein deutliches Bestreben erkennen lässt, die Stadt aus den konfessionellen Auseinandersetzungen herauszuhalten. Im Frühjahr 1558 wurde Waldner schließlich entlassen,[26] eine Entscheidung, die im eingangs genannten Schreiben des Rates von Rothenburg hinterfragt worden war. In dem Antwortschreiben, das von Dr. Christoph Gugl für den Rat verfasst worden war, bestätigte man zwar Waldners charakterliche Eigenschaften, kam aber nicht umhin, darauf zu verweisen, er wäre in der Predigt scharf gegen die Wittenberger vorgegangen und habe damit eine Spaltung unter den Nürn-

---

Staatsbibliothek, cgm. 1318, 436ʳ–480ᵛ. Der Briefverkehr von 1553 mit der Bitte des Matthias Flacius an Nikolaus Gallus, das in Regensburg verwahrte Exemplar abschreiben zu lassen. Regensburg, Stadtarchiv, Ecclesiastica I 59, 31 sowie Ecclesiastica I 11, 44.

24 Wolfgang Waldner, Wie feiñ der Rabe Osiander Primarius/mit dem Ehrwirdigen/Hochgelarten Herrn Doctor Martino Luther/seliger gedechtnis/vberein stimmet/im Artickel der Rechtfertigung/Nach dem er rhümet jnn all seinem schreiben/des Luthers lehre von der Rechtfertigung/sey seine lehre/Vñ widerum/seine lehre sey des Luthers (Nürnberg 1552); Ders., Anwort auff des Osiandes schmeckbier (Nürnberg 1552). Wien, Österreichische Nationalbibliothek, 20.Dd.413.

25 Korrespondenz von Wolfgang Waldner und Herzog Albrecht von Preußen. München, Bayerische Staatsbibliothek, cgm. 1317, 171ʳ–172ᵛ. Matthäus Vogels Bericht über den Streit gedruckt in: Matthäus Vogel, Dialogus oder Gesprech eines armen Sünders mit Moyse vnnd Christo/von der Rechtfertigung des Glaubens/aus Heyliger Schrifft gegründet vnnd gestelt (Königsberg 1557). Vgl. weiter die Reaktion des Nürnberger Rates, Nürnberg, Staatsarchiv, Inv. Nr. 1141, Nürnberger Ratsverlässe 6ʳ und RSt. Nürnberg, Briefbücher des inneren Rates 160, 215ᵛ.

26 Zu diesem Ereignis zwei eigene Berichte Waldners, ein erster in Protokollform noch unter dem Eindruck der Entlassung (München, Bayerische Staatsbibliothek, cgm. 1318, 491ʳ–509ʳ), ein zweiter im selben Jahr, aber zu einem späteren Zeitpunkt für die Veröffentlichung gedachter Text (Bayerische Staatsbibliothek, cgm. 4110 b, 59ʳ–65ᵛ).

berger Predigern verursacht, zweifellos Argumente, die gegen die Bestellung Waldners sprachen, die dann auch prompt unterblieb.

Dennoch brauchte er nicht lange auf eine neue Bestellung zu warten. Durch den Streit zwischen Martin Schalling, dem späteren Autor des Liedes *Herzlich lieb hab ich Dich*, das sich noch heute im Evangelischen Gesangbuch findet,[27] und dem Regensburger Superintendenten Nikolaus Gallus eröffnete sich nach dem Ausscheiden Schallings[28] für Waldner die Möglichkeit, nach Regensburg zu übersiedeln. In dieser Hinsicht erwies sich also sein heftiges Eintreten für die Gnesiolutheraner als die richtige Entscheidung, und der Tullner wurde in der Folge der wichtigste Mitarbeiter seines Superintendenten und galt schließlich als die »graue Eminenz« des Ministeriums nach dessen Ableben.

Gerade in den 60er Jahren des 16. Jahrhunderts zeigt sich deutlich der zweite Aspekt des Networkings neben der eigenen Existenzsicherung. Bekanntlich gab es zwar durch die Religionszusagen Kaiser Maximilians II. eine freie Religionsausübung der Herren und Ritter in Österreich ob und unter der Enns,[29] es gab aber keine übergreifende Kirchenstruktur, sodass dem nächstgelegenen Ministerium in Regensburg de facto eine Lenkungs- und Leitungsfunktion für Österreich zukam, die es de jure nicht hatte. Das gilt für die Beurteilung einzelner Lehrmeinungen und Bekenntnisse ebenso wie für die Ausbildung und Ordination von Pfarrern. Andererseits war das *Gymnasium Poeticum* eine leicht erreichbare Ausbildungsstätte, die auch vom österreichischen Adel aufgesucht wurde. Waldner beherbergte selbst auch als Gastgeber junge Herrschaften. So fungierte er während des Studienaufenthaltes des Sohnes seines Förderers Adam Hofmann sowie Friedrich von Teuffenbachs als Quartiergeber.[30]

Aus dem angrenzenden Ausland wandten sich regelmäßig Menschen, die Beratung in Glaubensfragen benötigten, an das dortige Ministerium. Besonders deutlich ist dies im Fall von Salzburger Untertanen, die sich naturgemäß im eigenen Land keine Hilfe erwarten konnten, da das Land unter einem geistlichen Fürsten, dem Fürsterzbischof von Salzburg, stand. Hier hat Waldner in einigen Schreiben Position bezogen und nach dem bereits eingangs Gesagten zeigte sich erneut, dass seine kämpferische Haltung Schwankende eher abschreckte als anzog.[31] Dabei ging es aber

27 Aktuell im Evangelischen Gesangsbuch unter der Nummer 397.

28 Der Streit zwischen dem autoritären Superintendenten und dem jugendlichen intellektuellen Prediger zog sich über mehrere Jahre hin, die Dokumente über die unmittelbare Vorgeschichte der Auseinandersetzung in: Regensburg, Stadtarchiv, Ecclesiastica I 2, 84–99.

29 Gemeint ist die sogenannte Religionsassekuration vom 30. Mai 1570.

30 Nachweisbar einerseits über einen Brief aus Anlass einer Reiberei des jungen Hofmann mit katholischen Schülern des nahegelegenen Klosters St. Emmeran (Regensburg, Stadtarchiv, Ecclesiastica I 26, 60) sowie andererseits über Auseinandersetzungen über das Unterrichtsprogramm der beiden jungen Herren (Schreiben von Adam Hofmann vom 13. Februar 1570. Regensburg, Stadtarchiv, Ecclesiastica I 27, 17 a–e).

31 Im Regensburger Stadtarchiv finden sich etwa Dokumente über einen Streit des Pfarrers von Saalfelden Virgil Grundtner mit dem Kaplan von Dienten Valentin Vilkhestl von 1564 (Regensburg, Stadtarchiv, Ecclesiastica I 23, 170 und Ecclesiastica I 23, 113) sowie, darauf be-

weniger um die oben genannten innerkirchlichen Auseinandersetzungen, sondern um grundsätzliche Fragen evangelischen Glaubenslebens in katholisch beherrschten Territorien.

Es darf keinesfalls davon ausgegangen werden, dass Entscheidungen aus Regensburg in Österreich widerspruchslos umgesetzt wurden. Gerade in Steyr, einer Stadt, der Waldner stets verbunden blieb, musste der Prediger auch die Grenzen seines Einflusses deutlich erkennen. Hier war es zwischen dem in Wittenberg geschulten Pfarrer Basilius Kammerhofer und dem Schlossprediger Gotterus 1567 zu einer massiven Auseinandersetzung über die unselige Erbsündenfrage gekommen, in der Adam Hofmann das Regensburger Ministerium um Hilfe und Stellungnahme ersuchte.[32] Obgleich sowohl Nikolaus Gallus als auch Wolfgang Waldner sich vehement für Gotterus einsetzten und mit massiver Polemik gegen Kammerhofer vorgingen, war es letztlich der favorisierte Schlossprediger, der seine Stellung räumen musste.[33] Es ist hier zweifellos die Frage zu stellen, ob nicht gerade das kämpferische Wesen vieler Gnesiolutheraner konversionswillige Katholiken vom letzten Schritt abhielt. Einerseits waren heftige polemische Stellungnahmen zur innerkirchlichen Profilierung notwendig, andererseits setzte die Fülle an derartigem Schrifttum eine ausreichende Anzahl an Lesern voraus, um auch gedruckt zu werden. Im Regensburger Archiv findet sich in diesem Sinn das Schreiben des Jenaer Buchdruckers Thomas Rebart von 1561, in dem der Genannte sich bei Gallus über die Unverkäuflichkeit von dessen Streitschriften bitter beklagt.[34]

Es muss an dieser Stelle vermerkt werden, dass Waldners kompromissloses Wesen auch zu Spannungen innerhalb der Regensburger Gnesiolutheraner führte. Einerseits war man hier nicht gewillt, der Position, in die sich Flacius im Erbsündenstreit hineinmanövrieren hatte lassen, zu folgen, andererseits nahm Waldner direkt an der Diskrepanz zwischen Lehre und persönlichem Verhalten in der Frage des Wuchers Anstoß.[35] Flacius hatte sein Erbteil in Regensburg veranlagt und Gallus, der selbst Geld investiert hatte, unternahm alle Anstrengungen, den evidenten Bruch zwischen den beiden ehemaligen Freunden zu verhindern. Auch hier musste Flacius die Erfahrung machen, dass inhaltliche Konsequenz für Waldner über alle menschlichen Bindungen und Dankbarkeit für frühere Unterstützung ging. Flacius konnte in einem

---

ruhend, die Auseinandersetzung Wolfgang Waldners mit dem Stuhfelder Pfleger Haimeran Oberndorfer (München, Bayerische Staatsbibliothek, cgm. 1320, 144^{r}–147^{r}, 163^{r}–169^{v} und 285^{r-v}).

32 Gutachten in der Auseinandersetzung zwischen dem Pfarrer von Steyr Basilius Cammerhofer und dem Hofprediger Anarus Gotterus vom Juli 1567. Regensburg, Stadtarchiv, Ecclesiastica I 26, 119–120. Das Regensburger Gutachten findet sich in: München, Bayerische Staatsbibliothek, cgm. 4110c, 179^{r}–229^{v}.

33 Dieser Hinweis findet sich zwar nicht in den Akten, dafür aber bei Bernhard Raupach, Presbyterologia Austriaca (Hamburg 1741) 51.

34 Schreiben vom 12. Februar 1561. Regensburg, Stadtarchiv, Ecclesiastica I 59, 142.

35 Diverse Schreiben ab November 1564 etwa in: Regensburg, Stadtarchiv, Eccelsiastica I 17, 31; I 18, 39; I 21, 135; I 21, 137; I 21, 140; I 26, 43 und I 26, 53.

Schreiben 1564 Waldner nur als Geißel und Verfolger bezeichnen, der keine Ruhe geben könne.[36]

Die Bedeutung funktionierender Netzwerke zeigte sich letztlich auch im Streit, den Waldner in seinen letzten Lebensjahren gegen den neuen Superintendenten Josua Opitius, der Nikolas Gallus nach dessen Tod gefolgt war, auszufechten hatte. Auslöser waren Uneinigkeiten bei der Beurteilung des übersandten Braunschweigischen Bekenntnisses, in deren Mitte der heftig ausgetragene Erbsündenstreit stand, in dem beide Seiten Stellungnahmen verbündeter auswärtiger Prediger einholten.[37] Aus dem Verhalten Waldners wird aber auch deutlich erkennbar, dass hier persönliche Animositäten eine wesentliche Rolle spielten, denn die »graue Eminenz« des Ministeriums verstand es geschickt, den Spalt zwischen Rat und Superintendent Opitius zu vergrößern, bis die Position des Superintendenten unhaltbar wurde und er mit einigen weiteren Predigern die Stadt verlassen musste.[38] Alle Entlassenen fanden schnell in Österreich neue Anstellungen, Opitius etwa als Landhausprediger in Wien. Nicht ganz zu Unrecht bezeichnete Opitius Waldner als *Polypragmonycus,*[39] auf gut Wienerisch als »G'schaftlhuber«.

Die Biographie von Wolfgang Waldner[40] steht somit exemplarisch für ein Curriculum Vitae eines evangelischen Predigers um die Mitte des 16. Jahrhunderts. Dabei lässt sich zusammenfassend festhalten, dass sich zwei grundsätzliche Funktionen der Netzwerke erkennen lassen: einerseits das eigene Bestreben nach beruflicher Absicherung innerhalb der Gemeinschaft der Gnesiolutheraner, andererseits die Lenkungs- und Koordinierungsfunktion über die eigene Gemeinde hinaus.

---

36 Franz Fuchs, Flacius Illyricus und Regensburg, in: Catalogus und Centurien, hg. von Arno Mentzel-Reuters/Martina Hartmann (Tübingen 2008) 53–63.

37 So unterstützte etwa der Braunschweiger Superintendent Martin Kemnitz Wolfgang Waldner.

38 Zu diesem Streit legte Waldner ein eigenes Dossier an, das den gesamten Band cgm. 1319 umfasst. Darüber hinaus wurden von beiden Seiten auch Druckschriften über den eigenen Standpunkt in diesem Streit publiziert.

39 Als Polypragmonicus wird bezeichnet, »qui s'occupe de beaucoup de choses«. Vgl. René Hoven, Lexique de la prose latine de la Renaissance (Leiden 2006) 272. Diese Bezeichnung findet sich in der Streitschrift des Josua Opitius, die 1578 unter dem Titel *Gründlicher Gegenbericht auff den Regenspurgischen ausgangenen Bericht von Enturlaubung der Prediger* herausgegeben wurde. Regensburg, Staatsbibliothek, Sign. 02/197.

40 Andrea Ramharter-Hanel, Wolfgang Waldner – ein Leben in der Reformationszeit (Diss. Wien; in Vorbereitung).

Concordia oder Constantia? Johann Wigands Exilstypologie von 1580 und die flacianische Formula Veritatis (1582)[1]

Vera v. der Osten-Sacken

I. Die Exules Christi als streng lutherisches Netzwerk

Die Geschichte streng lutherischer oder gnesiolutherischer[2] Netzwerke scheint sich im 16. Jahrhundert in erster Linie als dynamische Wechsel-, aber auch als Zerfallsgeschichte zu präsentieren. Dogmatische oder theologisch aufgeladene kirchenpolitische Kontroversen, die vor allem die zweite Hälfte des Jahrhunderts prägten, führten zur Lagerbildung innerhalb – und nicht selten auch zur Abtrennung oder Neuformierung – bestimmter Teile streng lutherischer Netzwerke, bei der die Beteiligten konkurrierende Wahrheitsansprüche erhoben. So verhält es sich auch bei den *Exules Christi*, die als streng lutherisches Netzwerk – oder präziser: als unterschiedlich stark vernetztes System von Gruppen streng lutherischer Theologen und interessierter Laien – anzusprechen sind.[3]

Flacianer im strengen Sinne, also diejenigen Theologen und anderen Gelehrten, die die Erbsündenlehre des Matthias Flacius Illyricus favorisierten, bilden nahezu eine echte Teilmenge der *Exules Christi*, deren konstituierendes Merkmal die Selbstbezeichnung als *Exul* bzw. *Exul Christi* ist. Sie wurde zunächst von abgesetzten oder des Landes verwiesenen Inhabern kirchlicher Ämter in Druckschriften und Briefen wie ein Titel geführt und anstelle der verlorenen Amtsbezeichnung hinter dem eigenen Namen eingefügt.[4] Die darin ausgedrückte Selbstwahrnehmung und der An-

1 Johannes Wigand, De persecutione piorum. Exiliis piorum. Exiliis facinorosorum. Martyriis piorum. Pseudomartyriis. Fuga ministrorum verbi. Constantia. Apostasia. Patientia. per Iohannem Wigandvm, D. Episcopum Pomezaniensem (Frankfurt a. M. 1580) [VD 16 W 2822] und Formvla Veritatis. Warhafftige/ gründliche vnd endliche Außführung/ des hohen vnd wichtigen Religionsstreits von der Erbsünde: Deren Christlichen Theologen/ so der vngefelschten reinen Augspurgischen Confession mit Hertzen zugethan. (Nürnberg 1582) [VD 16 F 1875].

2 Zum Begriff vgl. Rudolf Keller, Art. Gnesiolutheraner. *TRE* 13 (1984) 512–519 sowie Irene Dingel, Concordia Controversa. Die öffentliche Diskussion um das lutherische Konkordienwerk am Ende des 16. Jahrhunderts (Gütersloh 1996) 17.

3 Vgl. Vera v. der Osten-Sacken, *Exul Christi*: Konfessionsmigration und ihre theologische Deutung im strengen Luthertum zwischen 1548 und 1618, in: Europäische Geschichte Online (EGO), hg. vom Leibniz-Institut für Europäische Geschichte (IEG) URL: http://www.ieg-ego.eu/ostensackenv-2013-de; URN: urn:nbn:de:0159-2013041205 [Abfragedatum: 18.4.2013].

4 Möglicherweise geht diese Selbstbezeichnung *Exul* auf Nikolaus von Amsdorff zurück, bei dem sie zum ersten Mal 1550 nachzuweisen ist. So Irene Dingel, Die Kultivierung des Exulantentums im Luthertum am Beispiel des Nikolaus von Amsdorf, in: Dies., Nikolaus von Amsdorf

spruch, Zeuge und Bekenner der vermeintlich wahren evangelischen Lehre zu sein, den sowohl Johannes Wigand (1523–1587) als auch die flacianischen Autoren der *Formula Veritatis* erhoben, machen einen Teil des Grundbestandes streng lutherischer Theologie aus. Innerhalb kurzer Zeit verbreitete sich diese Selbstbezeichnung auch unter Flacius' Freunden, Schülern und Gefolgsleuten, während Flacius selbst sie m. W. nicht verwendet hat, obwohl seine geschichtstheologischen Impulse für das Selbstverständnis der *Exules* konstitutiv waren, die sich als berufene und wahre Kirche Christi im Gegenüber zu einer weit größeren etablierten und sie verfolgenden Mehrheitskirche sahen.[5] Um dieses Selbstverständnis zu illustrieren, rekurrierten unterschiedliche *Exules* auf das Bild der kleinen Herde, das auch bei Wigand erscheint und schon in der Konzeptionsphase der Magdeburger Zenturien eine wichtige Rolle gespielt hatte.[6] Mit diesem Bild verbindet sich der offensiv vorgetragene Anspruch, selbst zu den in jeder Generation neu auserwählten 7.000 Personen zu gehören, von denen es in 1 Kön. 19,18 heißt, Gott werde sie als Träger des wahren Glaubens an Elias' Seite übrig lassen. An diesen Erwählungsgedanken wurde die Vorstellung von einem damit automatisch einhergehenden Leidensschicksal geknüpft und ebenso eine ausgeprägte apokalyptische Naherwartung.[7] Aus beidem wird die dringende Notwendigkeit abgeleitet, kompromisslos und ohne Rücksicht auf das eigene Schicksal für die einmal als wahr erkannte Lehre einzustehen. Durch die Verknüpfung des Erwählungsgedankens mit dem eigenen Vertreibungsschicksal, das für jedermann

---

(1483–1565) zwischen Reformation und Politik (LStRLO 9, Leipzig 2008) 153–175, hier 156 f. Nahezu gleichzeitig spricht aber auch Joachim Mörlin von *Exules Christi*, zu denen er sich im Kontext seiner Ausweisung aus Göttingen auch selbst gezählt hat, so Jürgen Diestelmann, Joachim Mörlin, Luthers Kaplan – Papst der Lutheraner, Ein Zeit- und Lebensbild aus dem 16. Jahrhundert (Neuendettelsau 2003) 116, mit Hinweis auf Mörlins Abschiedspredigt in Schleusingen am 20. Juli 1550, in der er Schleusingen »*sanctum hospitiolum exsulum Christi*« bezeichnet habe.

5 Vera von der Osten-Sacken, Die kleine Herde der 7000 – Die aufrechten Bekenner in M. Flacius Illyricus konzeptionellen Beiträgen zur Neuformulierung der Kirchengeschichte aus protestantischer Sicht, in: Matija Vlačić Ilirik (III). Proceedings of the third international conference on Matthias Flacius Illyricus, Labin, Croatia, 2010, hg. von Marina Miladinov/Luka Ilić (Labin 2012) 182–210, hier 200.

6 Ebenda 182–192.

7 Inwiefern es sich hier um eine – möglicherweise durch die Nähe zur Gattung der Märtyrerbücher inspirierte – Stilisierung der Gegenwartsperspektive handelt, ist noch zu klären. Matthias Pohlig, Zwischen Gelehrsamkeit und konfessioneller Identitätsstiftung. Lutherische Kirchen- und Universalgeschichtsschreibung 1546–1617 (Tübingen 2007) 363–366 hat eine solche Vermutung am Beispiel des lutherischen Basler Arztes Heinrich Pantaleon plausibel machen können, der in seinem 1563 veröffentlichen »Heldenbuch« das goldene Zeitalter pries, zwei Jahre zuvor jedoch mit einer Fortführung der Foxeschen Märtyrergeschichte hervorgetreten sei, die ein ausgesprochen finsteres Bild seiner Gegenwalt zeichnete. Bei lutherischen *Exules* erscheinen apokalyptische Gegenwartsdeutungen vor allem in Gelegenheitsschriften, wo im Angesicht des nahenden Weltendes zur *Constantia* in einer Kontroverse aufgefordert wurde oder auch zum Widerstand gegen eine Maßnahme, die der Autor kritisierte, sodass hier mit den Mitteln bestimmter Literaturgattungen konkreter Einfluss genommen wurde.

sichtbar und nachvollziehbar war, konnten die *Exules* auch einen Wahrheitsanspruch der eigenen Lehroption ableiten, der sich nicht nur für den jeweiligen *Exul* personalisieren, sondern gleichzeitig durch dessen Anspruch, ein Märtyrer zu sein, verabsolutieren ließ, indem er im eigenen Verständnis als treuer Diener Christi den Angriffen seiner Gegner standzuhalten hatte. Argumentative Einwände gegen die vorgetragene Lehre konnten mit Hilfe der Berufung auf die persönliche Martyriumsbereitschaft und *constantia* des betreffenden Theologen als zweitrangig abgewiesen werden.[8]

Bei dem Selbstverständnis als *Exul Christi* handelt es sich also um ein absichtsvoll kultiviertes und planmäßig vorgetragenes Argument zur Durchsetzung bestimmter theologischer Lehroptionen. Dieses Selbstverständnis war jedoch Teil einer umfassenderen Selbst- und Gegenwartsdeutung, die auf die *Exules* rück- und mit ihrem Verhalten gegenüber ihren Zeitgenossen wechselwirkten und dabei ein System von theologischen Wirklichkeitsdeutungen hervorbrachten. Deshalb soll hier etwas weit ausgreifend von einer *Exul*-Theologie die Rede sein – wissend, dass damit natürlich kein vollständiges theologisches Gedankengebäude gemeint sein kann, sondern eher ein im Verlauf der Geschichte wachsendes Repertoire, das in Gelegenheitsschriften, größeren und kleineren Projekten[9] und Streitschriften eines unterschiedlich verflochtenen theologischen Netzwerkes zu jeweils aktuellen theologischen Kontroversen seinen Niederschlag fand.

Prägende und hierin auch namensgebende Eigenart dieses Gelehrtennetzwerkes ist neben seiner theologischen Orientierung die bereits erwähnte, nicht immer freiwillige, Mobilität seiner Mitglieder. Die Exile dieser Lutheraner haben ein eigenes migrationsgeschichtliches Profil, das stark von zeitgleich, z. B. im Protestantismus reformierter Prägung, stattfindenden Migrationen abweicht und das sie als Elitenmigrationen ausweist. Die vergleichsweise kleine Gruppe ist mehrheitlich aus Multiplikatoren zusammengesetzt, die publizistisch höchst aktiv und häufig auch in

8 Das Abwerten der Vernunft als Erkenntnismittel unter Berufung auf die Unverfügbarkeit des Heiligen Geistes, an anderen Stellen auch auf die Wahrheit der Schrift und der prophetisch verstandenen Werke Luthers, erscheint häufig in Vorwörtern oder Widmungsbriefen zu Werken der *Exules*. Es findet sich auch sehr deutlich in der Supplikation, die der *Formula veritatis* vorangestellt ist: Supplication vnnd erbieten/ An alle Christliche/ Hohen vnd Nidern stands Personen/ so der Augsp: Confeßion zugethan, f. a iii v und a iiii r.

9 Die Zuordnung ist dabei selten so eindeutig wie im Falle der mit *Exul* unterzeichneten Streitschriften oder der Exilstypologie des Johannes Wigand, De persecutione piorum (1580), von der noch die Rede sein wird. Das Großprojekt der Magdeburger Zenturien antwortet beispielsweise zunächst und soweit es M. Flacius Illyricus betraf auf den Novitätsvorwurf, den die römisch-katholische Seite gegen das Luthertum erhob. In den Vorüberlegungen dazu, die sich in Flacius' Korrespondenz mit Kaspar von Nidbruck finden, wird eine Theologie der kleinen Herde konzipiert, auf der die Verteidigungsstrategie der Zenturiatoren basiert, die sich aber im Laufe der tatsächlichen Entstehung des Monumentalwerkes zunehmend verflüchtigt. Vgl. Vera VON DER OSTEN-SACKEN, Die kleine Herde der 7000 (wie Anm. 5) 205–209. Eine Edition des Briefwechsels bietet Victor BIBL, »Der Briefwechsel zwischen Flacius und Nidbruck«. *JGPrÖ* 17 (1896) 1–24; 18 (1897) 201–238; 19 (1898) 96–110.

gesellschaftlich einflussreichen Kreisen präsent waren. *Exules Christi* waren in der zweiten Hälfte des 16. Jahrhunderts fast ausnahmslos Angehörige akademisch und vor allem theologisch gebildeter Funktionseliten, die bereits zum Bildungserwerb Ortswechsel auf sich genommen hatten. Auch ihre Exile in Folge von freiwilliger Amtsniederlegung oder Absetzung und Landesverweis mündeten selten in Dauermigrationen. Meist bewegten *Exules* sich zirkulär, viele erlebten Sekundärmigrationen oder mehrstufige Exilantenkarrieren und kehrten auch häufig an ihre Ausgangsorte zurück. Es handelte sich also um eine eigene Migrationsform, die nur geringes Gewicht auf das Ankommen an einem Zielort legte. Sie war bestimmt von der Funktion der Migranten als Amtsträger, und in deren eigener Wahrnehmung auch oft durch die Ausübung dieser Funktion ausgelöst. *Exules* migrierten als Einzelpersonen mit oder ohne Begleitung ihrer Familien, sehr selten als ganze Gemeinden.[10] Ihre geographische Fremdheit am Zielort, sofern sie bei Migrationen über kurze Distanzen oder zu einem Gönner oder befreundeten Gastgeber überhaupt vorlag, wurde oft kompensiert durch grenzübergreifende Allianzen und Netzwerke mit Gleichgesinnten und die Verlagerung ihres Engagements auf dem Wege der Verschriftlichung in einen gemeinsamen literarischen Raum, den sie durch ihre publizistische Tätigkeit schufen und gleichzeitig auch selbst einnahmen. Durch ihre Teilnahme an literarischen Kontroversen, z. B. mit Bezugnahmen, Zitationen oder schriftlichen Einreden, überwanden sie die Beschränkungen ihres Kommunikations- und Handlungsraumes an ihren jeweiligen Standorten. Wo sie sich in Refugien befanden, konnten sie so eine alternative Präsenzoption zu ihrer persönlichen Anwesenheit in Ämtern, Gemeinden und heimatlichen Zusammenhängen schaffen, von denen sie durch ihre Exile räumlich getrennt worden waren. Freilich gelangen Versuche der Einflussnahme auf diesem Wege oft nur unvollkommen.

Um 1580 bildeten die *Exules Christi* ein unterschiedlich dichtes Netzwerk,[11] das aus teils recht disparaten Teilnetzwerken lutherischer Theologen und engagierter Laien bestand. In ihrer Selbstwahrnehmung, soweit diese aus ihren Publikationen erhoben werden kann, verstanden die jeweiligen *Exules* sich jedoch weniger als ein Netzwerk im Sinne einer gemeinsam handelnden Interessengemeinschaft, als als Standesgruppe von Amtsträgern, die sich durch ihre Standhaftigkeit in dogmatischen Kontroversen als Bekenner bewährt hatten und dafür Amtsenthebungen und Vertreibungen

10 Eine Ausnahme stellt der Augsburger Kalenderstreit dar. 1583 und in den folgenden Jahren sollen hier nicht nur die evangelischen Prediger, sondern auch mehrere Tausend Bürger aus der Stadt gewiesen worden sein. Die meisten fanden Asyl in Ulm und bezeichneten sich dort als *Exules*. Dokumente zum Augsburger Kalenderstreit finden sich in der Forschungsbibliothek Gotha, Chart. A 92.

11 Aus der reichen Literatur zum Netzwerkbegriff sei hier genannt: Betina Hollstein/Florian Straus (Hg.), Qualitative Netzwerkanalyse. Konzepte, Methoden, Anwendungen (Wiesbaden 2006); Christian Stegbauer (Hg.), Netzwerkanalyse und Netzwerktheorie. Ein neues Paradigma in den Sozialwissenschaften (Frankfurt 2007); Heiner Fangerau/Thorsten Halling (Hg.), Netzwerke. Allgemeine Theorie oder Universalmetapher in den Wissenschaften? Ein transdisziplinärer Überblick (Bielefeld 2009).

in Kauf nahmen. Unabhängig davon, ob sie aktuell ein Amt bekleideten oder nicht, blieben sie stets von Absetzung bedroht, bildeten also eine Schicksalsgemeinschaft bzw. inszenierten sich in ihrer Selbstdarstellung als solche.[12]

Teil dieser offensiv vorgetragenen Selbstinszenierung ist die bereits erwähnte Selbstzuordnung durch die öffentlich in Publikationen geführte Selbstbezeichnung *Exul (Christi)*. Sie bildete ein ausgesprochen persistentes Element, ja das konstituierende Merkmal der *Exul*-Gruppe. Durch die erste und zweite Generation der *Exules* in der zweiten Hälfte des 16. Jahrhunderts wurde sie in den Bestand der lutherischen Sprachkultur eingebracht[13] und blieb als feste Größe mit teils abweichender inhaltlicher Füllung über mehrere Jahrhunderte hinweg bestehen.[14] Hiermit kultivierten und institutionalisierten – in einem weiten Begriffsverständnis – die *Exules* des 16. Jahrhunderts die Diskontinuität ihrer persönlichen Situation, die durch Absetzungen und Landesverweise bzw. Vertreibungen entstanden war.[15] Mit der Exklusivität des eigenen Anspruchs, die sie dadurch ausdrückten, erzeugten sie über die sehr dynamische Situation einzelner *Exules* oder Teilnetzwerke hinweg ein stabilisierendes Element in Form eines hohen Gruppenzusammenhalts, der sich auch auf materieller Ebene zeigte, z. B. indem abgesetzte Amtsträger aus Mitteln aus dem Umfeld anderer *Exules* unterstützt und versorgt wurden. Knotenpunkte solcher Versorgungsnetzwerke entstanden an den Höfen adliger Gönner, die Kost und Logis gewährten und z. B.

---

12 Ein ähnliches Phänomen der Selbstinszenierung hat Thomas KAUFMANN, Das Ende der Reformation. Magdeburgs »Herrgotts Kanzlei«. 1548–1551/2 (Tübingen 2003) für die publizistische Selbstinszenierung der Stadt Magdeburg im Kontext ihres Widerstandes gegen das Interim herausgearbeitet.

13 Die genuin lutherische Vorstellung vom *Exul Christi* hatte Einfluss auf die katholische Exilantenkultur, wie das Beispiel des Johann Jakob Rabus, des Sohns des evangelischen Superintendenten und Predigers Ludwig Rabus aus Ulm zeigt, der 1565 vom Luthertum zum Katholizismus konvertierte und sich danach als *Exul* bezeichnete. Vgl. Willem VAN DER LINDT/ Johann Jakob RABUS, Dubitantius. Drey Schöner Catholischer Gesprech, Zwischen einem zweiffelhafftigen / vnd standthafftigen Christen / Dubitatio vnnd Constantio, von dem rechten Weg zu der ewigen Seligkeit / durch des Euangelion Christi (Köln 1568). Die deutsche Übersetzung des ursprünglich lateinischen Werkes, so heißt es auf dem Titelblatt, sei durch »*Iacobum Rabus Ulmensem, Christi Exulem Spontaneum*« angefertigt worden. Robert KOLB, For all the Saints. Changing Perceptions of Martyrdom and Sainthood in the Lutheran Reformation (Macon/Georgia 1987) 6 f. findet ähnliche Einflüsse auch in Martyrologien. Katholische Autoren lehnten sich offenbar an protestantische Formen an, vor allem, wenn sie durch protestantische oder nichtchristliche Religionen unter Druck geraten waren.

14 Ein Beispiel aus dem späten 17. Jahrhundert findet sich in einer Leichenpredigt des Anton Reiser für Johann Kottwitz: Exul Christianus, das ist/ Christlicher Exulant aus Dem neun und dreißigsten Psalmen Davids (Hamburg 1680) [VD 17: 1:031310U], als Digitalisat der Berliner Stiftung Preussischer Kulturbesitz im www unter PURL: http://resolver.staatsbibliothek-berlin.de/SBB0000778400000000 [Abfragedatum: 13. 4. 2015].

15 Zum Phänomen der Bewältigung prekärer Situationen durch Umwertung des Erlebten vgl. Erving GOFFMAN, Stigma. Über die Techniken der Bewältigung beschädigter Identität (Frankfurt a. M. 1967) [Aus dem Amerikanischen von Frigga Haug. Titel der Originalausgabe: Stigma. Notes on the Management of Spoiled Identity (Englewood Cliffs 1963)].

als Widmungsempfänger in den Publikationen verschiedener *Exules* sichtbar werden. Beziehungsnetzwerke bildeten sich auch durch kollegiale, Verwandtschafts- und Freundschaftsbeziehungen[16] oder durch Gemeindebildung.[17] Daneben und parallel dazu existierten professionelle Vernetzungen der *Exules* als Vertreter theologisch gebildeter Funktionseliten, die nicht nur über direkte Kontakte, sondern auch indirekt über besonders wichtige Mitglieder der Gruppe zustande kamen, indem diese Gutachten und Expertisen erstellten oder aus eigener Initiative Stellung nahmen. Häufig wurden mehrere *Exules* gleichzeitig ihrer Ämter enthoben und fanden anschließend bei demselben oder bei einem befreundeten Dienstherrn eine Anstellung oder begegneten sich in gemeinsamen Refugien.[18]

Kollaborative Netzwerke, an denen neben den *Exules* selbst auch andere Personen beteiligt waren, entstanden im Zuge gemeinsam geführter Kontroversen, als Patronagenetzwerke, aber auch im Zuge von gemeinsamen Vorhaben, allen voran um das Großprojekt der Magdeburger Zenturien.[19] Sie bildeten sich im Umfeld bestimmter Druckereien, wie z. B. Urban Gaubisch in Eisleben, Johannes Oporius in Basel, Christian Rödinger oder Michael Lotter in Magdeburg, die die Schriften der *Exules* publizierten, sowie im ggf. mittelbaren persönlichen Kontakt durch Verbreitung und Versorgung mit teil- oder immateriellen Ressourcen wie Wissen oder aktuellen

16 Vgl. den Beitrag von Stefan Michel über das Stammbuch des Weimarer Juristen Sebastian Steindorffer in diesem Band.

17 Ein spezifisch flacianisches Beziehungsnetzwerk, das allerdings gerade nicht exilierte, sondern genau dies zu verhindern suchte, bildeten schließlich flacianische Kreise und aktive Gemeinden, die in Mansfeld nach 1575 sozusagen im Untergrund klandestin überlebten. Vgl. Robert J. CHRISTMAN, Doctrinal controversy and lay religiosity in late Reformation Germany: the case of Mansfeld (Leiden 2012).

18 Ganze Absetzungswellen setzten die Konfessionalisierungsbestrebungen im albertinischen und im ernestinischen Sachsen in Gang. Vgl. Daniel GEHRT, Pfarrer im Dilemma. Die ernestinischen Kirchenvisitationen von 1562, 1569/70 und 1573. *HCh* 25 (2001) 45–71; Vera v. DER OSTEN-SACKEN, Erzwungenes und selbstgewähltes Exil im Luthertum. Bartholomäus Gernhards Schrift »De Exiliis« (1575), in: Religion und Mobilität. Wechselwirkungen zwischen raumbezogener Mobilität und religiöser Identitätsbildung im frühneuzeitlichen Europa. Kolloquium des Instituts für Europäische Geschichte vom 12.–14. Februar 2009, hg. von Henning P. JÜRGENS/Thomas WELLER (VIEG Beiheft 81, Göttingen 2010) 41–58. Ernestinisches Kirchenpersonal wurde bewusst durch die Herzogin Dorothea Susanna von Sachsen-Weimar, die in Zusammenarbeit mit ihrem ehemaligen Hofprediger Bartholomäus Gernhard gezielt auf die Rückführung der abgesetzten Pfarrer hinwirkte, zusammengehalten und wieder in geistliche Ämter gebracht. Vgl. Vera v. DER OSTEN-SACKEN, Herzogin Dorothea Susanna von Sachsen-Weimar (1544–1592) und die ernestinische Bekenntnisfrage, in: Fürstinnen und Konfession. Beiträge hochadliger Frauen zu Religionspolitik und Bekenntnisbildung. Beiträge zur Tagung am 24.–26. März in der Forschungsbibliothek Gotha, hg. von DERS./Daniel GEHRT (VIEG Beihefte, Göttingen 2014).

19 Vgl. Martina HARTMANN, Matthias Flacius Illyricus, die Magdeburger Centuriatoren und die Anfänge der quellenbezogenen Geschichtsforschung, in: Catalogus und Centurien. Interdisziplinäre Studien zu Matthias Flacius und den Magdeburger Centurien, hg. von DERS./ Arno MENTZEL-REUTERS (Tübingen 2008) 1–17.

Informationen,[20] Teilhabe an gesellschaftlichen Prozessen[21] oder Zugang zu Literatur.[22]

Jeder einzelne *Exul* repräsentierte jedoch als Teil eines Multiplikatoren- und Elitennetzwerks auch eine eigenständige theologische Identität. Dies wird deutlich an den Kontroversen sichtbar, die nicht nur gemeinsam, sondern auch innerhalb der *Exules* geführt wurden. Die betreffenden Gelehrten beanspruchten dabei jedoch kein Eigenrecht im Sinne von Originalität für ihre theologischen Lehroptionen, sondern beanspruchten getreue Schüler und legitime Gefolgsleute Luthers zu sein, in dessen Schriften sie das Evangelium in prophetischer Weise neu offenbart glaubten.[23] Selbst Auseinandersetzungen, die letztlich zu Abtrennungen von Gruppen oder Einzelpersonen führten, enthielten hier ein gewisses stabilisierendes Moment, da in der Regel auf beiden Seiten der *Exul*-Anspruch weiter bestand. Die Abgrenzung fand hier durch Bestreitung des jeweils anderen Anspruches statt. Ehemals positiv besetzte Beziehungen lebten häufig in Gestalt von aktiv betriebenen Feindschaften weiter. Unter derselben Grundidee des *Exul Christi* und dem daraus abgeleiteten Anspruch existierten neben häufigen Kontroversen, die zu Trennungen und Auflösungen von Gruppen und Netzwerken führten, also auch persistente Linien, die sich teilweise bis weit ins 17. Jahrhundert hinein halten konnten.

Im Folgenden sollen einige der gleichzeitig wirkenden Adhäsivkräfte und zersetzenden Elemente unter dem Leitgedanken einer *Exul*-Theologie identifiziert werden, die bei der Abtrennung der flacianischen von den restlichen *Exules Christi* im Kontext der Erbsündenkontroverse und der Propagierung der Konkordienformel zu beobachten sind.

Dafür soll je ein exemplarisches Werk beider Positionen betrachtet werden: *De persecutione Piorum* (1580) von Johannes Wigand und die in Österreich entstandene flacianische *Formula Veritatis* (1582). Johannes Wigand, der im Jahre 1579 die Konkordienformel unterzeichnet hatte, publizierte *De persecutione piorum* 1580 als theo-

20 Z. B. über Entwicklungen in anderen Territorien oder Schicksale von Gesinnungsgenossen. Zu Funktionsweisen und Beschreibbarkeit von Wissensnetzwerken vgl. Heiner Fangerau, Der Austausch von Wissen und die rekonstruktive Visualisierung formeller und informeller Denkkollektive, in: Netzwerke. Allgemeine Theorie oder Universalmetapher (wie Anm. 11) 215–246.

21 Heiner Fangerau/Thorsten Halling, Netzwerke – Eine Allgemeine Theorie oder die Anwendung einer Universalmetapher in den Wissenschaften?, in: Netzwerke. Allgemeine Theorie oder Universalmetapher (wie Anm. 11) 267–285, hier 272.

22 Z. B. im kollaborativen Netzwerk um das Zenturienprojekt herum spielten die arbeitsteilige Beschaffung und Auswertung von Quellen und der Zugang zu Bibliotheken eine ausgesprochen wichtige Rolle. Arno Mentzel-Reuters, Quellenarbeit in den Magdeburger Centurien, in: Catalogus und Centurien (wie Anm. 19) 175–209.

23 Irene Dingel, Ablehnung und Aneignung. Die Bewertung der Autorität Martin Luthers in den Auseinandersetzungen um die Konkordienformel. *ZKG* 105 (1994) 35–57. Für das Beispiel des Tileman Heshusius: Peter Friedrich Barton, Um Luthers Erbe. Studien und Texte zur Spätreformation Tilemann Heshusius (1527–1559) (Witten 1972). Die Formula Veritatis (wie Anm. 1) f. a, i v bezeichnet Luther als den »Engel des Herrn und Prophet deutsches Landes/Ja die rechte Posaun für dem Jüngsten tage«.

logisch unterfütterte Typologie zu Exil, Verfolgung und Martyrium. Das lateinisch abgefasste Werk umfasst 368 Seiten im Oktavformat. Die deutschsprachige *Formula Veritatis* umfasst 190 Seiten oder 95 Blatt. Sie entstand im Zusammenhang des flacianischen Protestes gegen Vereinheitlichungstendenzen des Luthertums in Österreich, die die Flacianer, von denen ein großer Teil aus dem Reichsgebiet eingewandert war, als Einebnung wichtiger Lehrunterschiede wahrnahmen.

Dem inhaltlichen Gegenüber dieser Positionen ging ein jahrelanges Miteinander der Protagonisten voraus. So hatte Johannes Wigand schon in den 1550er Jahren gemeinsam mit Matthias Flacius Illyricus an den Magdeburger Zenturien gearbeitet. Die Freundschaft der beiden Theologen zerbrach 1568 am Streit um die Erbsündenlehre.[24] Johannes Wigand kam 1575 durch Vermittlung von Tileman Heshusius als Bischof nach Pomesanien.[25] Ein Jahr später gerieten die beiden Theologen in eine Kontroverse um christologische Fragen, die mit der Absetzung des Heshusius im Jahre 1577 endete. 1579 unterschrieb Wigand die Konkordienformel. Ein Jahr später erschien *De Persecutione Piorum* im Druck.

Am 11. März 1575 war Flacius in Frankfurt am Main gestorben. Im selben Jahr verloren die Anhänger seiner Erbsündenlehre mit der Grafschaft Mansfeld den letzten territorialen Rückhalt im Reichsgebiet.[26] Sie begannen, sich verstärkt in Österreich zu sammeln, wo sie durch verschiedene politische Umstände gute Möglichkeiten fanden, ihr Bekenntnis und ihre Vorstellungen von einer Kirchenordnung umzusetzen. Das hatte den Zuzug von vertriebenen Flacianern begünstigt.[27] Allerdings nahmen sie nicht nur an den kirchenpolitischen Entwicklungen ihrer neuen Wirkungsstätte teil, sondern bezogen sich mit Äußerungen und Flugschriften auch auf die Situation im Reich.

Im Jahre 1580 ließen die evangelischen Stände in Österreich unter der Enns ihre Kirchen und Schulen durch den Rostocker Theologen Lukas Backmeister visitieren.[28]

---

24 Wigands Widerspruch gegen die flacianischen Position in: Johannes Wigand, Von der || Erbs#[ue]nde/ Lere aus || Gottes Wort/ aus dem D#[ue]ringi=||schen Corpore Doctrinae/ vnd aus || D. Luthers B#[ue]chern.|| Vnd || Vnterricht von etlichen gegenwer=||tigen Streiten.|| Durch || D. Johannem Wigandum/ Super=||intendenten vnd Professorn zu || Jhena.|| (Jena 1571) [VD 16 W 2902] sowie Ders./Tileman Heshusius/Timotheus Kirchner, Vom || FLICKWERCK || M. Jrenaej/ Wie gar vngereimpt/|| wider Gottes Wort vnd den Ca=||techismum Lutheri/ er sich vnterste=||het zubesch#[oe]nen/ der Manichaeer || Schwermerey.|| Das || Die Erbs#[ue]nde sey ein Wesen.|| Vnd:|| Wie er aus Th#[ue]ringen mit sei=||nem Gesellen abgeschieden.|| Warhafftige ... widerle=||gung vnd Erinnerung/ der || Theologen zu Jhena.|| (Jena 1572) [VD16 W 2895].

25 Vgl. Irene Dingel, Art. Wigand, Johannes. *TRE* 36 (2004) 33–38. Eine Autobiographie Wigands ist abgedruckt in: *Fortgesetzte Sammlung von Alten und Neuen Theologischen Sachen* (Leipzig 1738) 601–620.

26 Nachdem Joachim Friedrich, Administrator von Magdeburg und Lehnsherr der Grafen von Mansfeld, im Jahre 1575 in Mansfeld, interveniert hatte. Vgl. Dingel, Concordia (wie Anm. 2) 468 sowie Christman, Doctrinal controversy (wie Anm. 17).

27 So Dingel, Concordia (wie Anm. 2) 474.

28 Zur Visitation vgl. Bernhard Raupach, Erläutertes Evangelisches Oesterreich, oder: Zweyte Fortsetzung der Historischen Nachricht von den vornehmsten Schicksalen der Evangelisch-

Gegen diese Visitation und ihre *Declaratio* erhoben sich Proteste in der flacianischen Pfarrerschaft, in deren Rahmen im Jahre 1582 die *Formula Veritatis* publiziert wurde.[29]

II. Johannes Wigand, De persecutione piorum (1580)

De Persecutione Piorum und die *Formula Veritatis*, von der später die Rede sein wird, stellen dasselbe Motto voran, das bei Wigand an mehreren prominenten Stellen wiederholt wird:

> »*Exul erat Christus, comites nos Exulis huius*
> *esse decet Christi nos quoq[ue] membra sumus.*«[30]

Dieses Distichon, das ursprünglich von Philipp Melanchthon stammt,[31] erscheint in beiden streng lutherischen Schriften mit einer kleinen Abwandlung an derselben Stelle.

Melanchthons Vers sah vor: *Christi nos quoq[ue] cura sumus* – und stellte damit die exilierende Christenheit unter die Fürsorge Christi. Wigands Lesart: *Christi nos quoq[ue] membra sumus* betont das Gliedsein des Einzelnen und damit auch die Leidensnachfolge.

Auch die – für ein Werk über Märtyrer klassische – Vorstellung vom Leiden als Essenz des Christentums erweitert Wigand und verbindet sie mit dem Motiv der kleinen Herde, stellt ihr aber andererseits die Vorstellung der *Peregrinatio* des »*universum genus humanum*«[32] an die Seite, das nach dem Sündenfall gemeinsam aus dem Paradies vertrieben worden sei. Die Qualifizierung des Martyriums durch den richtigen Glauben, für den der Märtyrer sein Schicksal auf sich nehmen müsse,[33] während der

---

Lutherischen Kirchen in dem Ertz-Hertzogthum Oesterreich, In welcher die Anno 1580. auf Verordnung der Evangelischen Stände in Oesterreich unter der Enns angestellete Visitation ihrer Kirchen, aus D. Lucas Backmeisters sel. als hiezu von Rostock nach Oesterreich beruffenen Theologi, geschriebenen Acten umständlich erzehlet wird (Hamburg 1738). Sowie den Bericht eines Nachfahren Backmeisters: Walter Bacmeister, Die Reise des D. Lucas Bacmeister nach Österreich im Jahre 1580. *Mecklenburgische Jahrbücher* 102 (1938) 1–30, im www als Persistent Identifier auf dem Dokumentenserver des Landes Mecklenburg-Vorpommern unter URL: http://mvdok.lbmv.de/mjbrenderer?id=mvdok_document_00003766#page5 [Abfragedatum: 13. 4. 2015].

29 Die Flacianer wenden sich jedoch nicht allein an die evangelischen Stände in Österreich ob der Enns, sondern adressieren im Grunde alle evangelischen Reichstände. Vgl. Formula Veritatis (wie Anm. 1) Supplikation, f. a iiii v.

30 Zu Beginn des Kapitels über die Exile der Frommen (De Exiliis piorvm) wird dieser Leitsatz wiederholt. Vgl. Wigand, De persecutione Piorum (wie Anm. 1) 80.

31 Vgl. Carl Gottlieb Bretschneider (Hg.), Corpus Reformatorum, 28 Bde. (Halle/Saale 1834–1860; Neudruck: New York–London–Frankfurt a. M. 1963) hier Bd. 10, 658, Nr. 360 (Apud. Vincent. P. 40).

32 Wigand, De Persecutione Piorum (wie Anm. 1) 3.

33 Ebenda 150.

tödliche Ausgang seines Eintretens dafür nur eine untergeordnete Rolle spiele, fand Wigand ebenso im Repertoire der Märtyrerhistorie vor wie eine Reihe von Beispielen und Motiven, für die er sich ausdrücklich auf bekannte Werke berief.[34] Bei seiner Rede vom Exil, das die Frommen aufgrund ihres Bekenntnisses erleiden müssten, ist sein eigentliches Anliegen aber eine Gegenwartsdiagnose,[35] denn er berichtet hier in Form einer ausgearbeiteten Typologie über die Schicksale von Zeitgenossen.[36] Diese stellt er in einen heilsgeschichtlichen Kontext, indem er die Exilierungen zu Anzeichen der nahenden Endzeit stilisiert. Den streng lutherischen *Exules* wird dabei eine Mahner- und Wächterfunktion im beginnenden endzeitlichen Kampf zugeschrieben, deren Ausübung der Widersacher zu unterbinden trachte, indem er auf ihre Vertreibung hinwirke.[37] Als seine Handlanger werden weltliche Obrigkeiten, Amtsträger der Kirchen und Gelehrte genannt,[38] die ihren Einfluss in Politik und Kirche einsetzten, um die strengen Lutheraner mit dem Vorwurf der Blasphemie oder der Zanksucht aus ihren Ämtern zu drängen.[39] Letzteren attestiert Wigand dieser Logik folgend die höchsten Bekennertugenden, allen voran heroische *Constantia*, die der Ehre Gottes (*gloria Dei*) diene und die sie mit Gottes Hilfe zu Vorbildern der wankelmütigeren Mitbrüder gemacht habe (*confirmatio imbecillium*).[40] Den Betroffenen selbst diene ihr Exil zur Tugendübung und zur Erbauung (*exercitia pietatis*),[41] aber es enthalte auch

34 Pohlig, Gelehrsamkeit (wie Anm. 7) 362 f. versteht dies als konzeptionelle Aussage Wigands. Mir scheint diese Bemerkung bei Wigand eher die Funktion zu haben, eine Liste von Beispielen abzukürzen, denn Wigand schreibt, er wolle dem Leser nicht mit einem neuen catalogus zur Last fallen: »Nolumus autem catalogum instituere, ne prolixitas lectori sit molesta. Nam historia paßim extant.« Wigand, De Persecutione Piorum (wie Anm. 1) 122.

35 Pohlig, Gelehrsamkeit (wie Anm. 7) 362 ist aber darin zuzustimmen, dass *De Persecutione Piorum* keine Märtyrer*geschichte* bietet, sondern eine »Märtyrermonographie«, die sich mit einem Phänomen auseinandersetzt, das Wigand vor allem als Merkmal seiner Gegenwart wahrnahm, und das er typologisch behandelt. Exakter könnte man vielleicht von einer Märtyrer*typologie* sprechen.

36 Im Falle der Exile differenziert er beispielsweise zwischen verschiedenen Vertreibungsschicksalen, die ganze Gruppen oder Einzelpersonen betreffen und sich unterschiedlich dramatisch auswirken können. Kennzeichen seiner Gegenwart sei es dabei, dass dies nicht nur durch katholische Amtsträger geschehe, sondern auch durch solche, die für sich in Anspruch nahmen, evangelisch zu sein. Vgl. Wigand, De Persecutione Piorum (wie Anm. 1) 91.

37 Der Teufel als Urheber der Exilierungen. Vgl. Wigand, De Persecutione Piorum (wie Anm. 1) 93.

38 Wigand wirft gelehrten Theologen vor, die weltlichen Obrigkeiten mit falschen Expertisen wider besseres Wissen in die Irre zu führen. Absetzende oder vertreibende Instanzen waren aber stets weltliche Obrigkeiten, die die *iurisdictio civilis* ausübten. Theologen sollten nach Wigand nicht in weltliche Strafvorgänge eingreifen, sondern ihre Tun nur auf die Kirche Gottes beziehen und einzig mit Hilfe des Wortes ausführen. Wigand, De Persecutione Piorum (wie Anm. 1) 127.

39 Ebenda 88.

40 Ebenda 94.

41 Indem sie Gottes Wort meditierten und Trostworte »auf sicherer Grundlage« fänden. Das Leid der Frommen sei hier der beste Exeget. Ganz topisch mahnt Wigand hier auch zur Dankbarkeit, Sehnsucht nach dem ewigen glückseligen Leben. Vgl. Wigand, De Persecutione Piorum (wie Anm. 1) 94.

einen Hinweis auf das ewige Leben (*testimonium, quod altera restat vita*), denn es sei ganz unvorstellbar, dass Gott seine Heiligen umsonst ins Unglück schicke.[42] Der gesamten Kirche schließlich dienten die Exile, indem die vertriebenen Bekenner auch in ihren Refugien die lutherische Lehre verbreiteten (*propagatio verae doctrinae*).[43]

Wie viele seiner Zeitgenossen diagnostiziert Wigand Verfalls- oder Ermüdungserscheinungen im Bekenntniseifer der Lutheraner, die er ebenfalls in den Kontext des nahenden Weltendes stellt. Bei weltlichen und kirchlichen Obrigkeiten findet er in ganz typischer Weise steigende Korruption, mangelnden Eifer und allgemeinen Sittenverfall.[44] Vor allem das vermeintlich vermehrte Auftreten von Irrlehren beklagt Wigand und wertet auch hier die Untätigkeit der Obrigkeiten als Symptom eines erkennbaren Verfalls – ebenso aber auch als Aufforderung, im Angesicht des Endes selbst offenherzig zu bekennen.[45]

Mit den meisten der genannten Gedanken bewegt Wigand sich im Rahmen der geläufigen Martyriumstopik oder von Positionen, die das strenge Luthertum bereits in früheren Kontexten vorgetragen hatte. Wigand schreibt diese Vorstellungen aber nicht einfach fort, sondern reagiert auf die veränderte Situation um 1580. *De Persecutione Piorum* wurde im Jahr des fünfzigsten Jubiläums des Augsburgischen Bekenntnisses publiziert, worauf sich Wigand in der Einleitung zu seinem Werk explizit bezieht. In der *Confessio Augustana* von 1530 erkennt er eine Neuoffenbarung des Evangeliums, die er ganz orthodox als Teil der Dramaturgie des endzeitlichen Kampfes in seiner Gegenwart und an Ort und Stelle inszeniert.[46] Wahrscheinlich handelt es sich hier weniger um eine »antireformierte Spitze«,[47] als um eine Positionierung zugunsten der innerlutherischen Konkordienbestrebungen – Wigand hatte ein Jahr zuvor die Konkordienformel unterzeichnet, die die Anhänger der flacianischen Erbsündenlehre als Neuauflage des Interims verstanden und radikal ablehnten. Sie bildeten eine zahlenmäßig und auch nach ihrer publizistischen Aktivität wichtige Gruppe innerhalb der *Exules*. Dieser Spaltung innerhalb der *Exules* und auch des strengen Luthertums insgesamt korrespondiert eine Zweiteilung in Wigands Märtyrertypologie. Jedem Kapitel über eine Variante des Martyriums der Frommen folgt sogleich eine Darstellung desselben Schicksals bei ruchlosen – und demnach laut Wigand auch zu Recht verfolgten – Personen (*facinorosi*).[48] Dass dies vor allem auf die Spal-

---

42 Ebenda 95.

43 Ebenda 95.

44 Ebenda 4.

45 »ordo nunc ad nos, qui in hac mundi senecta & inclinatione rerum omnium, pro Dei nostri benignissima voluntate, vivimus, devenit.« Ebenda 4.

46 »Nos quidem hoc seculo in Germania, & his regionibus, passim vltra annos quinquaginta lucem Euangelij habuimus tantam, quantam post Apostolorum tempora non scimus vllo in loco orbis terrarum fulsisse.« Ebenda 4 f.

47 So Pohlig, Gelehrsamkeit (wie Anm. 7) 362.

48 Seine Kapitelüberschriften nennt Wigand auf dem Titelblatt der Schrift. Sie lauten: »De Pesecutione piorvm. Exiliis piorvm. Exiliis facinorosorvm. Martyriis piorvm. Psevdomartyriis. Fvga ministrorvm verbi. Constantia. Apostasia. Patientia.«

tungen innerhalb der *Exules* reagiert, zeigt sich auch darin, dass Wigand selbst einen weit verbreiteten Missbrauch des *Exul*-Titels feststellt[49] und sodann in kasuistischer Manier konkrete Beispiele anführt, wer sich mit Recht als *Exul Christi* und damit als bestätigter Märtyrer bezeichnen dürfe und wer nicht. Das *exilium piorum* definiert er dabei als ein Leiden (*passio*), bei dem die Mächtigen dieser Welt die Gottesfürchtigen wegen ihres Bekenntnisses zur göttlichen Wahrheit oder wegen frommer und notwendiger Taten ihres Besitzes, ihrer Ämter und Würden berauben und sie von ihren Wohnorten vertreiben.[50] Um konkurrierende *Exul*-Ansprüche abzuwägen und zu beurteilen, verwendet Wigand also ein auf Mt. 7,16 fußendes Kriterium, das bereits im 12. Jahrhundert an die Glaubwürdigkeit christlicher Wahrheitsansprüche von Einzelpersonen und Gruppen angelegt worden war: *Verbum et exemplum*, die Lehre und die Taten der vermeintlich um des rechten Glaubens willen Vertriebenen seien auf ihre Richtigkeit und ihr Gutsein hin zu prüfen.[51] Vor allem die *exilia facinorosorum*[52] sind nach Wigand streng von den Exilen der Frommen zu trennen. Erstere seien der Zeugenschaft (Μαρθύρια) und zur Prüfung (Δοκιμασία) zuzurechnen, während Letztere in den Bereich der Τιμωρία, also der Strafe, gehörten. Nicht als *Exul Christi* anzusprechen sei jedoch, wer aufgrund eines Verbrechens oder als Irrlehrer verurteilt und vertrieben worden sei, und auch nicht, wer die Einsamkeit suche, um als Eremit zu leben.[53]

Gewöhnliche Verbrecher nahmen aber so gut wie nie für sich in Anspruch, *Exul Christi* zu sein und um ihres Bekenntnisses willen verfolgt zu werden.[54] Beansprucht und verwendet wurde der *Exul*-Titel von Theologen und theologisch interessierten

49 »Itaque multi hoc splendidißimo titulo abutuntur, quod sint Exules Christi, vt suo loco repetendum erit.« Vgl. Wigand, De Persecutione Piorum (wie Anm. 1) 97.

50 »Exilium piorum est paßio, qua a potentibus hujus seculi, propter veritatis diuinae confeßionem, aut pia & necessaria facta, timentes Deum posseßionibus, functionibus, aut dignitatibus excutiuntur, & ex ipsorum regionibus exterminantur.« Wigand, De Persecutione Piorum (wie Anm. 1) 85. Ähnlich auch ebenda 87, 97 und 150. Ein System von Begriffsdefinitionen und -klärungen bietet Wigand auf den Seiten 82–94.

51 Caroline Walker Bynum, »Docere verbo et exemplo«. An Aspect of Twelfth-Century Spirituality (Havard Theological Studies 31, Missoula/Montana 1979). Exempelsequenzen kennt bereits die Hagiographie des 6. Jahrhunderts, so z. B. die Radegundisvita des Venanius Fortunatus. Vgl. Walter Berschin, Biographie und Epochenstil im lateinischen Mittelalter, Bd. 1 (Stuttgart 1986) 285.

52 Von Exilen der Übeltäter spricht Wigand, wenn diese vertrieben (*exterminantur*) oder wenigstens ihrer Ämter entkleidet (*saltem functione sua exuuntur*) wurden. Vgl. Wigand, De Persecutione Piorum (wie Anm. 1) 125.

53 Vgl. ebenda 94.

54 Im 17. Jahrhundert lässt sich ein durchaus pragmatischer Umgang mit dem Argument der Konfessionszugehörigkeit finden, das Migranten offenbar auch nutzten, um aus den verschiedensten Gründen als Religionsflüchtlinge anerkannt zu werden. Die wenigsten bezeichneten sich in diesem Zusammenhang jedoch als *Exules Christi*. Vgl. Alexander Schunka, Pragmatisierung konfessioneller Autorität. Bittschriften von Zuwanderern im Kursachsen des 17. Jahrhunderts, in: Glaubensflüchtlinge im frühneuzeitlichen Europa, hg. von Joachim Bahlcke (Münster 2008) 235–256.

Laien streng lutherischer Prägung. Dies geschah nicht willkürlich, sondern im Zusammenhang von dogmatischen und kirchenpolitischen Kontroversen und hierin wiederum nur so lange, wie tatsächlich eine Amtsenthebung oder ein Exil gegeben war. Auch aus Wigands Argumentation, weshalb es dennoch eine gerechte Strafe sei, wenn Übeltäter rein äußerlich die gleichen Verbannungen erlebten wie fromme Christen, geht deutlich hervor, dass unter den *facinorosi* Vertreter einer abweichenden theologischen Lehre zu verstehen sind. Neben der Ehre Gottes, die nicht weiter durch das Verbleiben des Irrlehrers am Heimatort beleidigt werden solle, bedenkt Wigand in seinen Hauptargumenten vor allem den Schutz der Gemeinschaft vor den Folgen der falschen Lehre: Die Frommen sollen nicht durch den Kontakt mit Irrlehrern verdorben und vom Heil abgebracht werden. Auch solle man vermeiden, dass sie durch Strafen Gottes in Mitleidenschaft gezogen würden, weil sie sich zufällig in der Nähe der Übeltäter aufhielten.[55]

Irrlehrer, die sich den *Exul*-Titel anmaßten, sind nach Wigand in der gesamten Kirchengeschichte zu finden. Solche *Martyres Diaboli*[56] schildert er jedoch nicht als stabile Gegengruppe zur kleinen Herde der *Exules Christi*, sondern reiht sie unter die Handlanger des Widersachers ein, die dieser nach Bedarf rekrutiere. Diese falschen *Exules* gibt Wigand nicht grundsätzlich verloren, sondern räumt ihnen die Möglichkeit zur Rettung durch (öffentliche) Buße ein. Andere Auswege sieht er allerdings nicht. Ziel einer Abgrenzungslehre – die Wigands Märtyrertypologie zweifelsohne ist – konnte also nur sein, einige Akteure *innerhalb* der Gruppe der theologisch und kirchenpolitisch handelnden strengen Lutheraner durch die Bestätigung des *Exul*-Titels als verfolgte Bekenner zu legitimieren und andere aufgrund einer negativen Beurteilung ihrer Lehre oder ihres öffentlichen Handelns zu disqualifizieren. Damit schuf Wigand die Voraussetzungen, um konkurrierende Ansprüche innerhalb des strengen Luthertums anhand der Frage nach der Legitimation des *Exul*-Anspruches zu entscheiden.

Für eine derart klare Trennung von Frommen und Irrlehrern musste Wigand die augustinische Idee einer unsichtbaren *civitas Dei* aufgeben und sowohl die Vorstellung von der vorbehaltslosen ethischen Beurteilbarkeit der Taten seiner Zeitgenossen als auch die restlose innerweltliche Entscheidbarkeit theologischer Wahrheitsfragen

---

55 Vgl. Wigand, De Persecutione Piorum (wie Anm. 1) 126.

56 Vgl. ebenda 126: »Hinc Exules impii, rei, scandalosi, dicuntur Exules Diaboli, Martyres Diaboli, quia propter falsa dogmata, aut impia facta remoti & exterminati sunt, donec videlicet agant poenitentiam.« Die Vorstellung von Teufelsmärtyrern (*matyres diaboli*) findet sich bereits in einem Brief Philipp Melanchthons an Philipp von Hessen vom 20. Mai 1559, in dem Melanchthon über Joachim Westphal und andere Prediger klagt, diese hätten englische Theologen als Märtyrer des Teufels beschimpft: »Zu Hamburg stehet einer, genannt Westphalus, auf dem Predigtstuhl, und schreiet: die gottfürchtige und gelehrte Männer in Anglia, die Abgötterei in Anbetung des Brodes gestraft haben, sind des Teufel martyres. Und sind zu Bremen dergleichen Schreier, die durch andere mehr gestärkt werden.« Vgl. CR 9 (1842) Nr. 6710, 778–781, hier 779. Der Hinweis auf diesen Brief stammt von Prof. Dr. Robert Kolb (St. Louis/Missouri), dem ich an dieser Stelle herzlich danken möchte.

voraussetzen.[57] Diese Annahme verknüpfte er mit der Vorstellung, dass die Wahrheit der streng lutherischen Lehroption durch die Standhaftigkeit ihrer Träger erwiesen werde. Die Märtyrertypologie als explizite Abgrenzungslehre, wie Wigand sie vorgetragen hatte, verdeutlichte also einerseits Spaltungen innerhalb der streng lutherischen Netzwerke, auch wenn der pomesanische Bischof keinen seiner Gegner namentlich nennt. Andererseits nannte er aber auch Kriterien für eine (Selbst-)Zuordnung, bot also eine Trennlinie an, zu der man sich positionieren konnte, gab dabei aber keine explizite dogmatische Richtungsentscheidung vor. Damit schuf er ein breit ausgelegtes, nicht personalisiertes und zumindest oberflächlich nicht dogmatisch vorgeprägtes Identifikationsangebot, hinter dem sich möglichst viele *Exules* versammeln konnten, ohne dabei das Grundanliegen der *Exules*, nämlich das rückhaltlose Bekenntnis zur einmal erkannten evangelischen Wahrheit, zu verraten.

III. Die flacianische Formula Veritatis (1582)

Die flacianische *Formula Veritatis*, die sich durch die Verwendung desselben Mottos schon äußerlich demselben *Exul*-Gedanken verpflichtet wie das Werk Wigands – und auch von einer Reihe *Exules* unterzeichnet wurde – bietet tatsächlich vergleichbare Argumentationen, allerdings in wesentlich knapperer Form, da eine Theologie des Exils nicht Hauptanliegen der Schrift war.

Als Rudolf II. im Jahre 1577 den protestantischen Gottesdienst in Wien verbieten und auch Schulen schließen und Prediger ausweisen ließ, gerieten die Protestanten unter besonderen Druck. Viele Lutheraner strebten nun nach mehr Einigkeit und nach Vereinheitlichungen in Organisation und Verwaltung der Gemeinden, in denen aber gleichzeitig um die flacianische Erbsündenlehre gerungen wurde.[58] Zu den Maßnahmen im Kontext dieser Einigungsbestrebungen gehörte auch die Visitation, die 1580 von Lucas Backmeister durchgeführt wurde, aber kein Ende des Streites bringen konnte, denn die Flacianer ließen sich nicht dazu bewegen, eine entsprechende *Declaratio* zu unterschreiben.[59]

57 Vgl. die alternativlose Gegenüberstellung von *ecclesia vera ac falsa*. Wigand, De Persecutione Piorum (wie Anm. 1) 149.

58 So Dingel, Concordia (wie Anm. 2) 475.

59 Raupach, Zweyte Fortsetzung (wie Anm. 28) 77, 85 und 337–340, hier am Beispiel des Philippus Barbartus (auch: Bartmann), der sich besonders zur Kirchenvisitation von 1580 geäußert habe. Wie viele Flacianer wollte er weder »Examen« noch »Declaration« von der Erbsünde unterzeichnen und unterschrieb stattdessen die flacianische »Repetitio« und »Formula Veritatis«. Gegen die Österreichische Kirchen-Agenda von 1571 legte Barbartus durch kritische Schriften Protest ein, die er von weiteren Predigern unterzeichnen ließ und an Verordnete beider Stände übergab. Auch nach 1571 verwendete er stets seine eigene Kirchenordnung. Barbatus interessierte sich auch für Leben und Lehre seiner Kollegen und bedachte diese mit Strafpredigten. Zu Barbartus s. a. Bernhard Raupach, Presbyterologia Austriaca Oder Historische Nachricht von dem Leben, Schicksalen und Schriften der Evangelisch-Lutherischen Prediger, welche in dem Ertz-Herzogthum Oesterreich unter und

Der Erbsündenstreit und der Streit um die Visitation polarisierte auch weltliche Obrigkeiten. Ein Feld-Oberster Hr. Hans Ruber entließ die flacianisch gesinnten Pfarrer Johannes Magdeburgius (Grafenwerd) und M. Marcus Vollmarius (Michelhausen), andere Landesherren duldeten oder unterstützten ihre flacianischen Prediger, wieder andere empfanden das Vorgehen der Visitatoren als hinreichend konsequent, sodass es auch zu Uneinigkeit unter den Landesherren kam, was als Schaden am Luthertum beklagt wurde.[60] Im Jahre 1586 diente der Streit dem Jesuiten Georg Scherer als eines von mehreren Argumenten, um die Konversion der Herrschaft Ober und Nieder Haußeck zu begründen, die zuvor 26 Jahre lang lutherisch gewesen sei.[61] Die Flacianer gewannen aber auch Theologen, die das Visitationsdokument (die *Declaratio*) bereits unterschrieben hatten, für sich und konnten diese überzeugen, von ihrer Unterschrift wieder zurückzutreten. Besonderes Aufsehen erregte der Fall des M. Fridericus Stock, Prediger in Closter-Ratzelstorff, der selbst als Visitator an der Durchführung der Visitation beteiligt gewesen war, seine Unterschrift nun aber öffentlich widerrief.[62]

Die Flacianer antworteten zunächst mit einer Schrift mit dem Titel »Einfältig Bedencken und kurtzer Bericht«[63] und schließlich, um die eigene Lehre und die Verwerfung der Gegenposition zu verdeutlichen, erschien 1581 eine Schrift im Druck, die mit ihrem Titel beanspruchte, eine »Repetitio, das ist, Wiederholung der Norma Christlicher Lere«[64] zu sein und die ursprüngliche Intention des Augsburgischen Be-

---

ob der Enns, von Zeit zu Zeit, bis zu der grosen Reformation A. 1624 und A. 1627 im öffentlichen Lehr-Ammt gestanden [...] (Hamburg 1741) 6 f.

60 Bernhard Raupach, Erläutertes Evangelisches Oesterreich, Oder: Dritte und Letzte Fortsetzung Der Historischen Nachricht von den vornehmsten Schicksalen der Evangelisch-Lutherischen Kirchen in dem Ertz-Hertzogthum Oesterreich, In welcher Diese Evangelische Kirchen-Geschichte von Anno 1581. bis auf gegenwärtige Zeit, aus theils gedruckten theils geschriebenen Urkunden, mercklich gebessert und weiter ausgeführet werden (Hamburg 1740) 14 f. Hier findet sich auch die Korrespondenz L. Backmeisters und des D. Cytraeus über die Flacianer.

61 Als achte Ursache, weshalb sich die Herrschaft von Ober- und Nieder Haußeck wieder dem römischen katholischen Christentum zugewandt habe, gibt Scherer an, dass bei den Lutherischen nur Streit über Religionsfragen herrsche, wofür er vor allem die Flacianer und die Erbsündenfrage als Beispiel nennt. Vgl. Georg Scherer, Vrsachen Der Bekehrung der Herrschafft Ober vnd Nider Haußeck im hochlöblichen Ertzhertzogthumb Oesterreich vnder der Enß/ so vom Lutherthumb/ darinnen sie hieuor vber 26. Jar/ leider/ gesteckt/ widerumb zum vhralten allein seligmachenden Catholischen Glauben/ die nechst verschinen Fasten vnd Osterzeit dises jetzt schwebenden 1586. Jars/ Gott lob/ gebracht worden. Gepredigt durch Georgium Scherer Socientatis Jesv Theologum zur Größten/ in obgedachter Herrschaft Pfarrkirchen/ vber das Euangelium am Sontag Sexagesimae: Es gieng ein Säeman auß zusäen seinen Samen/ etc. Lvcae VIII. (Ingolstadt 1586) 37 f.

62 Raupach, Dritte Fortsetzung (wie Anm. 60) 16.

63 Vgl. Raupach, Zweyte Fortsetzung (wie Anm. 28) 84–95.

64 Der vollständige Titel lautet: »Repetitio, das ist, Wiederholung der Norma Christlicher Lere, dazu die reinen Evangelischen Kirchen in Nieder-Osterreich durch GOttes Gnade sich bisher bekennet haben und noch bekennen, Sampt nohtwendiger Erinnerung der richtigen warhafftigen Lere und Bekentnis, von dem Menschen und von der Sünde oder Erb-Sünde,

kenntnisses zur Frage der Erbsündenlehre wiederzugeben, während die Gegenpartei davon abgewichen sei. Die *Repetitio* ist ein Gegenentwurf zur *Declaratio* der Visitation. Von einigen Unterzeichnern wird sie auch als »*Forma Doctrinae*« bezeichnet. In ihrem Widmungsbrief gibt sie sich als Auftragswerk etlicher Landesherren an ihre Prediger zum Verfassen einer dogmatischen Bestandsaufnahme.[65] Sie bietet eine ausführliche Darstellung der flacianischen Position zur Erbsündenlehre und ebenso der als falsch verworfenen Gegenposition. Ähnlich wie Wigand beklagen die Flacianer das verstärkte Auftreten von Irrlehren und deuten dies als endzeitliches Teufelswirken gegen die Reinheit des Evangeliums. 1582 folgte die *Formula Veritatis*, deren Titel eine bewusste Abgrenzung zur *Formula Concordiae* darstellt. In der vorangegangenen Supplikation bitten die Flacianer die Kurfürsten, Städte und Stände des Heiligen Römischen Reiches, soweit sie sich zur *Confessio Augustana* bekannten, im Namen des Natürlichen, Weltlichen und Göttlichen Rechtes, eine freie christliche Synode anzuordnen. Dort wolle man auftreten, sich rechtfertigen und beweisen, dass die Konkordienformel falsche Lehre enthalte und mit böswilliger Täuschungsabsicht entstanden sei. Den Flacianern dürfte klar gewesen sein, dass dies wenig Aussicht auf Erfolg hatte. Schon einige Sätze später kündigen sie an, dass sie sich schriftlich äußern werden, wenn man sie nicht anhören wolle.[66]

In der Subskribentenliste, die der Supplikation angehängt ist, erscheinen zuerst eine Anzahl *Exules Christi*. Neben ihren Namen findet sich wiederum das ursprünglich melanchthonische Motto, das auch Wigand für *De Persecutione Piorum* verwendet hatte:

»*Exul erat Christus, comites nos Exulis huius*
esse decet Christi nos quia membra sumus.«[67]

Die *Formula Veritatis* wandelt die bereits bei Wigand veränderte Fassung allerdings noch einmal ab, indem sie das »*quoque*« in Melanchthons Vers durch ein »*quia*«

---

wie vor jetzigem Streit in den Evangelischen der reinen unverfälschten Augspurgischen Confeßion zugethanen Kirchen, hievon eintrechtig aus Grund heiliger Schrifft gelehret, und was man dagegen aus und durch GOttes Wort für irrig, falsch und unrecht erkannt, ausgesetzt, improbirt vnd verworffen hat, vnd noch vnd immerdar zu aller Zeit verwerffen vnd verdammen mus, damit die reine rechtschaffene Lere dieses hochnötigen Artickels erhalten, vnd auf die Nachkommen fortgepflanzet werden möge. Den beyden löblichen Ständen der Herren vnnd Ritterschafft in Osterreich vnter der Enß etc. also vbergeben von etlichen ihren Predigern Anno salutis 1581. Mense Julio.« [VD 16: R 1158]. Die Subskribentenliste der »Repetitio« gleicht der des »Einfältigen Bedenken(s)« (vgl. Anm. 63) bis auf wenige Namen. Vgl. Einfeltig Bedencken/|| vnd kurtzer Bericht/ etlicher Rein Euan=||gelischen/ vnd gut Lutherischen Prediger || in Osterreich/ ob man nemblich deß langwirigen vnd || harten streits von der Erbs[ue]nde/ vnd sonderlich der || zwey w[oe]rtlein Substantz vnd Accidens/ auff der || Cantzel/ vnd sonst mit gutem gewissen ge=||schweigen k[oe]nne oder nicht.|| … ||. (o. O. 1580) [VD 16 ZV 24642]. Siehe auch Raupach, Dritte Fortsetzung (wie Anm. 60) 18–21.

65 Vgl. Raupach, Dritte Fortsetzung (wie Anm. 60) 17.

66 Formula Veritatis (wie Anm. 1) Supplikation, f. a iiii v.

67 Formula Veritatis (wie Anm. 1) Supplikation, f. b. iii r.

ersetzt und so einen Begründungszusammenhang schafft, der das Gliedsein des Einzelnen mit einem Aufruf zum Inkaufnehmen der eigenen Vertreibung verknüpft. Ob diese Akzentverschiebung bewusster Reflexion entsprungen ist, lässt sich nicht abschließend klären. Sie korrespondiert allerdings mit der Tonverlagerung, die auch in der Exilsdeutung der *Formula Veritatis* gegenüber Wigand zu spüren ist.

Wie in früheren Kontroversen und auch in ihren zeitgenössischen Streitschriften gegen die Einigungsbestrebungen im Luthertum warnten die Flacianer auch hier vor einem Scheinfrieden durch ein Einebnen der Lehrunterschiede.[68] Sie verlangten, die Namen derer zu nennen, die man als Irrlehrer identifiziert glaubte, und sich explizit von ihnen abzugrenzen. Da diese Mitautoren bzw. Unterzeichner der Konkordienformel waren, verdammten sie beispielsweise auch die *Exules* Tileman Heshusius und Johannes Wigand.[69] Sie warnten davor, sich weltlichen Obrigkeiten zu beugen, die – obwohl eines Besseren belehrt – falsche Lehren unterstützten. Dabei wiesen sie weltlichen Herrschaftsträgern aber auffallend wenig schuldhaften Anteil daran zu, was eventuell daraus zu erklären ist, dass sie wenig territorialherrschaftliche Unterstützung hatten und um diese werben mussten. Weltliche Herren erscheinen in der *Formula Veritatis* oft als Opfer einer Täuschung durch Irrlehrer und böswillige Theologen.[70]

Der Tonfall der *Formula Veritatis* ist wesentlich deutlicher antikatholisch als der von Wigands Werk. Dies dürfte nur teilweise mit dem Erstarken des Katholizismus in den österreichischen Erblanden und den gegenreformatorischen Maßnahmen Rudolfs II. zu erklären sein.[71] Die Konfrontationsstellung lutherischer *Exules*, und speziell der Flacianer, gegen die römische Kirche wurde auch in verschiedenen innerlutherischen Konflikten auf- bzw. abgerufen, in denen keine unmittelbare Auseinandersetzung mit der Papstkirche drohte. Wie die fast schon stereotype Betonung der lutherischen Rechtfertigungslehre und die Bestimmung des aktuellen Konfliktes als Neuauflage des Interims ist sie Merkmal eines streng lutherischen Selbstverständnisses als Wahrheitszeuge *in casu confessionis*. Luthers schroffe Bestimmung der Papstkirche als Sitz des Antichristen[72] sollte nach dem Willen der Flacianer unbedingt ernst genommen werden. Entsprechend sperrte man sich gegen jede Abmilderung dieser Position, die im Blick auf kirchenpolitische Interessen möglicherweise gegeben erschien.

Ähnlich wie Wigand bietet die *Formula Veritatis* eine apokalyptische Gegenwartsdeutung und eine ausgeführte Theologie der kleinen Herde. Letztere wird an altkirchlichen Beispielen entfaltet und auf die aktuelle Situation übertragen. Das Erwählungsbewusstsein der Autoren geht einher mit einer Dämonisierung der Gegenposition, die sich nicht nur auf die Altgläubigen, sondern hier auch besonders auf

---

68 Dingel, Concordia (wie Anm. 2) 476.

69 Formula Veritatis (wie Anm. 1) Supplikation, f. a iiii v.

70 Formula Veritatis (wie Anm. 1) Supplikation, f. a iii rv.

71 So Dingel, Concordia (wie Anm. 2) 472.

72 In unmissverständlicher Deutlichkeit spätestens in seiner 1520 im Druck erschienen Begründung für die Verbrennung der Bannbulle gegen ihn: Martin Luther, Adversus execrabilem Antichristi bullam (Wittenberg 1520).

Vertreter alternativer lutherischer Lehroptionen bezieht, sodass diese Kontroverse deutlich innerlutherische Züge trägt und nicht nur mit dem römischen Katholizismus ausgetragen wurde.[73]

Gegenspieler innerhalb des Luthertums werden mit Anspielung auf Mt. 7,15 als Wölfe in Schafskleidern bezeichnet, sie seien böswillige Verführer und Verleumder, die die einfachen Christen ins Unheil stürzten und die Flacianer mit ihren Familien ohne deren Schuld ins Exil getrieben hätten.[74] Deutlicher noch als Wigand identifizieren die Flacianer ihre Exile mit dem Martyrium und nehmen dies für ihre aktuelle Situation in Anspruch.[75] Beispielsweise identifiziert die *Formula Veritatis* die Vertreibungen und Absetzungen der flacianischen Prediger mit dem »Creutz«, an das diese Prediger gebracht würden.[76]

Weit über Wigands Vorstellungen hinaus geht allerdings die Bestimmung des Streites als Wesensmerkmal der Kirchengeschichte, die beginnend mit Kain und Abel nur in Abgrenzung geschrieben werden könne.[77] Im Umkehrschluss kann der Konflikt laut der *Formula Veritatis* sogar zum Indikator für die Wahrheit des gepredigten Evangeliums gemacht werden. Wo sich nämlich kein Widerstand gegen die evangelische Predigt erhebe, könne auch nicht wirklich das Evangelium gepredigt worden sein, gegen das der Teufel ja ganz zwangsläufig vorgehen müsse.[78] Friedensstreben kann nach dieser Bestimmung nur als Kreuzesflucht oder gefährlicher Selbstbetrug ausgelegt werden, dem die Flacianer sich aufgerufen fühlten entgegenzuwirken.[79] Widerständigkeit und das ständige Verwickeltsein in Kontroversen wurden hier also zum unverzichtbaren Wesensmerkmal des treuen Hirten der ihm anvertrauten Gemeinde.

Der grundlegende *Exul-Christi*-Gedanke findet sich bei den österreichischen Flacianern und bei Wigand. Erstere führten ihn jedoch konsequenter fort und wandten das darin enthaltene Verwerfungsurteil ohne Bedenken auch gegen Wigand und andere Theoretiker dieses Gedankens an. Der *Exul*-Gedanke erscheint hier losgelöst

73 Vgl. Formula Veritatis (wie Anm. 1) f. a ii r.

74 Wigand sah für die Handlager des Teufels – wenn auch nur unter der Bedingung öffentlicher Buße – noch Rettung vor. Die Äußerungen der Flacianer sind hier weitaus dramatischer und auch gar nicht an der Rettungsfrage interessiert, was gewiss der Entstehungssituation der *Formula Veritatis* geschuldet ist.

75 Formula Veritatis (wie Anm. 1) Supplikation, f. a iiii v und b r.

76 Formula Veritatis (wie Anm. 1) f. a ii r.

77 Dies zeigt sich deutlich schon in der Auswahl der biblischen Motti, mit denen die Supplikation zur Formula Veritatis beginnt, nämlich die Feindschaft zwischen den Nachkommen der Frau und der Schlange (Gen. 3,15), die Ankündigung Jesu, nicht den Frieden, sondern das Schwert (Mt. 10,34) sowie Zwietracht (Lk. 12,51) zu bringen, die Vorstellung von der Herrschaft mitten unter den Feinden (Ps. 110,2), Simeons Spruch, Christus sei vielen in Israel zu Fall und Auferstehung gesetzt und zu einem Zeichen, dem widersprochen werden werde (Lk. 2,34) und die Rede vom Stein des Anstoßes in Röm. 9,33. Vgl. Formula Veritatis (wie Anm. 1) Supplikation, f. a ii r.

78 Vgl. Formula Veritatis (wie Anm. 1) Supplikation, f. a ii v.

79 Ebenda.

von seinen theologischen Vertretern und wird einzig an die Autorität Luthers bzw. Christi gebunden. Damit setzten sich die Flacianer nicht nur über die Begrenzung der Legitimität ihres Auftretens durch den Amtsverlust hinweg, der von einer weltlichen Autorität herbei geführt worden war, sondern beanspruchten in dieser Beziehung auch den Vorrang gegenüber anderen *Exules*. Die hohe Priorität des eigenen Legitimitätsanspruches, der mit dem Hinweis auf die eigene *Constantia* untermauert wurde, ging zu Lasten der Persistenz der Netzwerke der konsequenteren *Exules*. In der *Formula Veritatis* manifestiert sich dies als abgrenzendes Bekenntnis in persönlicher Konfrontation. In dieser Abgrenzung ist die *Formula Veritatis* keineswegs losgelöst vom Bezug auf konkrete Personen, die sie namentlich nennt und verurteilt. Ebenso verlangte sie ein konsequentes persönliches Bekenntnis *verbo et exemplo*, das als Pflicht der Mitglieder der kleinen Herde aufgefasst wurde, die sich im apokalyptisch verstandenen Wahrheitskampf befand.

In dieser Verknüpfung von lehrmäßigem Wahrheitsanspruch und persönlicher Integrität wurzelt eine Dynamik, die sich auf den Zusammenhalt der *Exul*-Gruppe zersetzend auswirkte. War nämlich einerseits der Besitz der richtigen Lehre Kennzeichen eines *Exul* und Voraussetzung für die Zugehörigkeit zur Gruppe, andererseits aber die Wahrheit einer Lehroption erst durch das Exulantenschicksal zu erweisen, das in der Regel als Folge von Kontroversen zustande kam, konnten Uneinigkeiten innerhalb der *Exules Christi* in keinem Falle adiaphorisiert werden. Vielmehr musste jede Frage radikalisiert und bis zu einer eindeutigen Entscheidung getrieben werden. Vertreter alternativer Lehroptionen konnten nicht integriert werden, auch lehrmäßige Zugeständnisse oder teilweise gefundene Wahrheiten[80] waren unter diesen Bedingungen nicht vorstellbar und mussten als Irrlehre aufgefasst und mit ihren Verfechtern aus der Gemeinschaft ausgeschieden werden.

IV. Ergebnis

Gegen Ende des 16. Jahrhunderts fanden sich diejenigen *Exules*, die die lutherischen Einigungsbestrebungen befürworteten, mehrheitlich in vergleichsweise gesicherten Verhältnissen,[81] während die Vertreter der flacianischen Erbsündenlehre in immer

80 So noch M. Flacius Illyricus, Catalogus testium veritatis, qui ante nostram aetatem reclamarunt Papae. Opus varia rerum, hoc praesertim tempore scitu dignißimarum, cognitione refertum, ac lectu cum primis utile etque necessarium. Cum praefatione Mathiae Flacii Illyrici, qua Operis huius & ratio & usus exponitur. 3. Reg. 19 Rom. 11 Reliqua mihi ipsi feci septem milia virorum, qui non incurvarunt genu imagini Baal (Basel 1556). Flacius beansprucht hier eine Reihe katholischer Autoritäten als Wahrheitszeugen. In der Ausgabe des Catalogus von 1556 finden sich beispielsweise Petrus Venerabilis (S. 665–670) und Thomas von Aquin (S. 701 f.) und sogar eine Reihe von Päpsten, unter ihnen Innozenz III. (S. 702), Leo VII. (S. 209 f.), Leo IX. (S. 210 f.) und Johannes XXII. (S. 843 f.). Der Catalogus wurde freilich mit völlig anderer Absicht verfasst, als Wigands Märtyrertypologie.

81 Das ist gut zu beobachten für die ernestinischen *Exules*, die nach dem Sturz des sogenannten Kryptocalvinismus in Wittenberg (1574) und im Zuge der veränderten Politik Augusts von

prekärere Situationen gerieten und in kleiner werdende konsentierende Einheiten zerfielen, bis sich ihre Spur gegen Ende des Jahrhunderts fast gänzlich verlor.[82]

Den *Exul*-Gedanken und den damit verbundenen Anspruch, durch die eigenen Taten sichtbar bestätigter Märtyrer zu sein, gaben weder die konsequenten *Exules* noch die Vertreter der kirchenpolitisch und ideengeschichtlich persistenteren Linie auf, der Johannes Wigand mit *De Persecutione Piorum* ein umfangreiches theoretisches Fundament verlieh. Dieser *Exul*-Anspruch wurde einerseits durch jede Exilierung und auch durch Kontroversen und Trennungen innerhalb der *Exules* bestätigt und festigte damit den Zusammenhalt des jeweils verbliebenen Netzwerks. Der radikale und exklusive Wahrheitsanspruch, den die *Exules* vertraten, wirkte andererseits aber auch zersetzend auf die Gruppe selbst. Das ihrem Wahrheitsanspruch innewohnende logische Problem der wechselseitigen Bedingung von Besitz der wahren Lehre und Zugehörigkeit zur *Exul*-Gruppe erzwang radikale Konfliktlösungen durch Bestätigung der einen und Verdammung der anderen Seite. Diese wesensimmanente Paradoxie des *Exul*-Gedankens besteht letztlich in der Auflösung der erst jenseitigen Identifizierbarkeit der *Civitas Dei*. Sie verlieh ihm große Kraft in Bekenntnissituationen, aber er konnte dauerhaft nur dort überleben, wo der persönliche Wahrheitsanspruch seiner Vertreter zugunsten der Stabilität der Zugehörigkeiten und persönlichen Beziehungen relativiert werden konnte, die die ihn tragende streng lutherische Gelehrtengruppe ausmachten.

Sachsen in großer Zahl wieder in geistliche Ämter gekommen waren. Bartholomaeus Gernhard, Hofprediger der Herzogin Dorothea Susanna von Sachsen-Weimar und Sprecher dieser als Gruppe auftretenden *Exules Christi*, legte sowohl dem albertinischen Kurfürsten als auch der Herzogin auf deren Nachfrage hin *Exul*-Listen vor, die dazu dienen sollten, die arbeitslosen Theologen nach und nach wieder in Lohn und Brot zu bringen. Beispiele dieser Listen finden sich in der Forschungsbibliothek Gotha, Chart. A. 104, f. 364r–367v; 481r–510v. Die Listen sind gegliedert nach Herkunft und Beruf der abgesetzten Superintendenten, Prediger und Lehrer. Spätere Ausstreichungen, Markierungen und Anmerkungen von zweiter Hand zeigen die Verwendung und Aktualisierung der Auflistungen. Ähnliche Listen gibt es bei verschiedenen *Exules*, so z. B. bei Bartholomäus Rosinus und M. Hieronymus Osius. FB Gotha, Chart. A 49, f. 412r–413r.

82 Vgl. Harald Zimmermann, Der Protestantismus in Österreich ob und unter der Enns im Spiegel landesherrlicher Erlässe (1520–1610). *JGPrÖ* 98 (1982) 98–210 sowie demnächst Rudolf Leeb, Flacianismus-Aufsatz vorgetragen in Mainz.

Gnesiolutherisches Bekenntnis und juristischer Tugendspiegel im Angesicht der Endzeit. Das Stammbuch des Weimarer Juristen Sebastian Steindorffer aus den Jahren 1561 bis 1568[1]

Von Stefan Michel

Meinem verehrten Lateinlehrer,
Jörg Siebert, zum 80. Geburtstag.

Oft schon ist das Diktum Martin Luthers zitiert worden, wonach »Juristen – böse Christen« seien. Er konnte sogar so weit gehen zu behaupten, Juristen seien Feinde Christi.[2] Allerdings stimmte er dabei nur in ein damals geläufiges Sprichwort ein, das im Kontext der verstärkten Durchsetzung des Römischen Rechts und des Zurückdrängens des Gewohnheitsrechts angesiedelt war.[3] Der juristisch gebildete Reformator meinte damit vor allem die Juristen, die das hergebrachte Recht beugten und so dem Unrecht Vorschub leisteten. Er wehrte sich gegen übertriebenen Formalismus, wonach Juristen mit Spitzfindigkeiten ihre Prozesse führen und sogar gegen die Theologie im Allgemeinen als auch das Reich Gottes im Besonderen vorgehen würden. Gegen die weltliche Ordnung, in der die Juristen durchaus wichtige Aufgaben erfüllten, wollte sich Luther mit seinen Urteilen keineswegs wenden. Mit manchen Juristen, wie dem kursächsischen Kanzler Gregor von Brück (1483–1557) oder dem Wittenberger Professor beider Rechte Hieronymus Schurf (1481–1554), pflegte er sogar ein freundschaftliches Verhältnis. Luther kultivierte mit seinen Äußerungen das Idealbild eines »frommen« Juristen, der gottgefällig und ehrenhaft sein sollte. Er unterschied zwischen dem Amt, das in jedem Falle wichtig sei, und der Person, die dieses Amt bekleidete, die sich nicht korrumpieren lassen dürfe.

Im Mittelpunkt des folgenden Beitrags steht ein Jurist des 16. Jahrhunderts, der offensichtlich mit lutherischen Theologen ein ausgesprochen gutes Verhältnis pflegte und somit dem Ideal Luthers recht nahe kam. Es handelt sich um den Weimarer Hofprokurator Sebastian Steindorffer, dessen Stammbuch aus den Jahren 1561 bis 1568 sich in der Thüringer Universitäts- und Landesbibliothek in Jena erhalten hat.[4] Es soll hier eine erste Einordnung der Quelle geboten werden (1), die Steindorffers Kontak-

---

1 Für verschiedene Hinweise, Anregungen und geduldige Diskussionen danke ich Dr. Joachim Ott von der Thüringer Universitäts- und Landesbibliothek Jena, Dagmar Blaha vom Thüringischen Hauptstaatsarchiv in Weimar, Prof. Dr. Ernst Koch und Dr. Daniel Gehrt von der Forschungsbibliothek Gotha. Die Weimarer Kirchenbücher haben Claudia Rehm und Eva Beck durchgesehen, denen ich an dieser Stelle ebenfalls danke.

2 Vgl. dazu Klaus Schlaich, Martin Luther und das Recht, in: Ders.: Gesammelte Aufsätze. Kirche und Staat von der Reformation bis zum Grundgesetz (JusEcc 57, Tübingen 1997) 2–23.

3 Vgl. Michael Stolleis, Juristenbeschimpfung oder: Juristen, böse Christen, in: Politik – Bildung – Religion, hg. von Theo Stammen/Heinrich Oberreuter/Paul Mikat (Paderborn–München–Wien–Zürich 1996) 163–170.

4 Vgl. dazu die diesem Beitrag nachgestellte Edition und Übersetzung »Das Stammbuch des

te vor allem zu gnesiolutherischen Theologen um Matthias Flacius deutlich werden lässt. So können anhand seines Stammbuchs nicht nur biographische Details aus dem Leben eines sonst unbekannten Juristen nachgezeichnet werden (2), sondern es tritt zugleich ein Netzwerk im mitteldeutschen Raum zutage,[5] in das Flacius und andere Theologen, die sich Martin Luthers reformatorischem Erbe besonders verpflichtet fühlten, eingebunden waren. Steindorffer bekannte sich durch dieses Buch zu dieser theologischen Richtung (3). Umgekehrt schrieben ihm die Theologen gewissermaßen einen apokalyptisch motivierten Tugendspiegel für einen Juristen in sein Stammbuch (4). Dadurch überkreuzen sich in diesem Buch auf individuelle Weise verschiedene Anliegen und Motive, die ansatzweise herausgearbeitet werden sollen.

I. Das Stammbuch: Quellenkritische Beobachtungen

Unter der Signatur 8 Theol. III, 10/6 verwahrt die Thüringer Universitäts- und Landesbibliothek ein kleines, eher unscheinbares Bändchen, das in einen ursprünglich rot gefärbten Pergamenteinband gebunden ist, von dem die ledernen Schließbänder abgerissen sind. Das Buch enthält sechs Drucke gnesiolutherischen Inhalts:

1. Cyriacus Spangenberg, Warhafftiger Bericht von den wolthaten, die Gott durch D. Martin Luther seligen fuernemlich Deudschland erzeigt und von der Schendlichen groben undanckbarkeit fuer solche grosse gaben (Jena [Thomas Rebart] 1561) [VD16 S 7720].
2. Matthias Flacius Illyricus, Repetitio apologiae [...] de Logo et alijs quibusdam (Jena 1561) [VD16 F 1489].
3. Matthias Flacius Illyricus, Confessio Et Sententia VVitebergensium De Libero arbitrio, cuidam Electori, anno M.D.LXI. exhibita. Vna cum utilibus Scholijs. (vmtl. Jena 1561) [VD16 ZV 3796].
4. Svpplicatorii Libelli Qvorvndam Christi Ministrorvm De Synodo Propter Controversias Gravissimas Congreganda. Partim Antea Editi, Partim Nvnc Recens Ad Conventvm Navmbergensem Missi Et Exhibiti (Vrsellis [Nikolaus Henrich] 1561) [VD16 S 10215].
5. Simon Musäus/Matthias Flacius Illyricus/Johann Wigand/Matthäus Judex, Epistola Theologorvm Ienensivm Ad Qvosdam pios fratres de causa Victorini (Jena 1561) [VD16 J 207].
6. [Ambrosius von Mailand,] Mediolanensis, Vtilissima D. Ambrosii Epistola, De Aulicis potentum mundi Consistorijs, super seruos Christi in causis Religionis (o. O. 1561) [VD16 A 2214].

Weimarer Juristen Sebastian Steindorffer aus den Jahren 1561 bis 1568« von Jörg Siebert (Jena) und mir.

5 Vgl. Hartmut Böhme, Netzwerke. Zur Theorie und Geschichte einer Konstruktion, in: Netzwerke. Eine Kulturtechnik der Moderne, hg. von Jürgen Barkhoff/Hartmut Böhme/Jeanne Riou (Literatur – Kultur – Geschlecht 29, Köln–Weimar–Wien 2004) 17–36.

Der Band erfüllte alle Eigenschaften, die ein Taschenbuch vorweisen muss: Er war stabil und handlich gebunden und konnte so bequem mit sich geführt werden. Diese Eigenschaften kamen einer Verwendung als Stammbuch ebenfalls zugute.

Da alle sechs enthaltenen Drucke polemischen Inhalts 1561 die Pressen verließen, ist davon auszugehen, dass der Band wohl noch Ende 1561 gebunden wurde. Dieser Befund wird auch durch die den Drucken vorangestellten Eintragungen gedeckt, die Ende 1561 einsetzen. Der erste Besitzer bat den Buchbinder offenbar darum, mehrere freie Lagen vorzubinden. Diese lassen darauf schließen, dass das Buch planvoll angelegt wurde und von Anfang an als ein »Album amicorum« konzipiert war.

Das Buch verrät durch handschriftliche Eintragungen auf dem vorderen Spiegel einiges über seine Geschichte, bevor es in die Jenaer Universitätsbibliothek gelangte. Der Jenaer Pfarrer und Chronist Adrian Beier (1600–1678) vermerkte hier,[6] dass sich das Buch am 22. September 1669 in seinem Besitz befand: »Hic Libellus mihi charus propter Manuscripta«. Beier war über seine erste Frau Anna (1609–1636), die eine Enkelin von Timotheus Kirchner (1533–1587) war, mit dem Erstbesitzer des Stammbuchs, Sebastian Steindorffer, weitläufig verwandt.[7] Möglicherweise erhielt er das Bändchen also aus Familienbesitz, weil man die Eintragungen schon damals für historisch wertvoll hielt und Beier aufgrund seiner umfangreichen historischen Arbeiten zutraute, dieses Buch verwenden zu können. Aus Beiers Besitz gelangte es möglicherweise mit anderen Manuskripten nach seinem Tod in die Universitätsbibliothek Jena.

Die 19 Eintragungen wurden in der für das 16. Jahrhundert durchaus typischen Form eines Stammbuchs angebracht.[8] Dafür nutzte man auch sonst ein gedrucktes Buch, das dem Besitzer wichtig war, wie z. B. eine Bibel, um auf freie Blätter, die davor oder dahinter, später, besonders bei Emblembüchern auch dazwischen, gebunden waren, sich mit einem Spruch und einem Wunsch einzutragen. Im Falle des Jenaer Stammbuchs wurden vier leere Quaternionen davor gebunden, die mit dem fliegenden Blatt zusammen 25 Blätter ergeben.[9]

Die Eintragungen des Jenaer Stammbuchs stehen den gedruckten Werken voran und geben diesen so eine besondere Bedeutung. Allgemein können solche Stammbucheintragungen im akademischen Bereich als Erinnerungen an die Lehrer oder als Ausdruck der Schülerschaft interpretiert werden. Es sind Zeichen für eine dauerhaft

---

6 Kurt Zahn, Die Pfarrer der Superintendentur Jena. Von den Anfängen bis zum Ausgang des 18. Jahrhunderts (Schriftenreihe der AMF 68, Kleve [6]2006) 86 f.

7 1627 hatte Beier Anna Kirchner geheiratet (ebenda 87). Sie war die Tochter von Pfarrer Philipp Kirchner (1580–1661). Steindorffers Tochter war mit dem älteren Bruder Philipps, Timotheus Kirchner d. J., verwandt.

8 Vgl. z. B. Hans-Peter Hasse, Wittenberger Theologie im »Stammbuch«. Eintragungen Wittenberger Professoren im Album des Wolfgang Ruprecht aus Eger, in: Humanismus und Wittenberger Reformation. Festgabe anläßlich des 500. Geburtstages des Praeceptor Germaniae, Philipp Melanchthon, am 16. Februar 1997, gewidmet Helmar Junghans, hg. von Dems./Michael Beyer/Günther Wartenberg (Leipzig 1996) 88–120.

9 Lagenschema: vorn: (vorderes fliegendes Blatt)^{1} + 3 IV^{25}; hinten: 2 IV (mit dem hinteren Spiegel).

freundschaftliche Verbindung. In dem konkreten Fall des Jenaer Stammbuchs trugen sich bis auf Simon Musäus (1521–1576) alle Autoren bzw. Herausgeber der gedruckten Einzelwerke, die in diesem Buch zusammengebunden sind, persönlich ein. Es kann vermutet werden, dass die anderen Inskribenten den Inhalten der gedruckten Schriften ebenfalls zustimmten. Dadurch erhielt das Stammbuch fast bekenntnisartigen Charakter.

Der Brauch, ein Stammbuch oder ein »Album amicorum« anzulegen,[10] geht auf eine von Joachim Camerarius belegte Sitte zurück, die offensichtlich in Wittenberg aufkam.[11] Dort verlangten die Studenten nach solchen Eintragungen vor allem Martin Luthers oder Philipp Melanchthons.[12] Beide schrieben gern Auslegungen von Bibelstellen in Bücher.[13] Darüber hinaus waren aber auch Kirchenväterzitate oder historische Exempel für solche Bucheinzeichnungen beliebt.[14] Diese stammbuchartigen Eintragungen in Bibeln hatten im Kontext der Reformation neben der Erinnerung an die verehrten Lehrer sicher bekenntnisartige Züge, da die Besitzer auf diese Weise Luthers und Melanchthons theologischem Ansatz zustimmten.

Stammbuchforschung wird heute von verschiedenen Disziplinen betrieben.[15] Die Kirchengeschichte ist dabei allerdings nur durch sehr wenige Arbeiten vertreten, obwohl der Urtyp des Stammbuchs aus der Wittenberger Reformation hervorging.[16] Ein Grund dafür dürfte sein, dass die Fragen der Nachbardisziplinen inzwischen weit ausgereift sind: Es kann unter anderem nach Verbreitung, Aspekten der Buch- und Bildungsgeschichte, aber auch der Prosopographie oder Universitäts- oder Kunstge-

10 Zur Begriffsdefinition vgl. Wolfgang HARMS, Art. Stammbuch. *LGB*² 7 (2007) 207–209.

11 Werner Wilhelm SCHNABEL, Das Stammbuch. Konstitution und Geschichte einer textsortenbezogenen Sammelform bis ins erste Drittel des 18. Jahrhunderts (Frühe Neuzeit 78, Tübingen 2003) 244–274.

12 Vgl. die Stellenbelege bei HASSE, Wittenberger Theologie (wie Anm. 8) 89; Joachim CAMERARIUS, Das Leben Philipp Melanchthons, übersetzt von Volker WERNER mit einer Einführung und Anmerkungen versehen von Heinz SCHEIBLE (Schriften der Stiftung Luthergedenkstätten in Sachsen-Anhalt 12, Leipzig 2010) 76. Vgl. auch Hans VOLZ, Die Bibeleinzeichnungen der Wittenberger Reformatoren. Eine buchgeschichtlich literarhistorische Studie. *Gutenberg-Jahrbuch* 46 (1971) 122–137. Vgl. auch Stammbuch eines Wittenberger Studenten. 1542, nach dem Orig. in der Fürstlich Stolbergischen Bibliothek zu Wernigerode in Faksimile-Druck hg. von Wilhelm HERSE (Berlin 1927).

13 WA 48, 1–297 (mit RN) oder CR 10, 425 f. (»Dicta in libros amicorum scripta a Melanthone«).

14 Vgl. Hans-Peter HASSE, Melanchthon und die »Alba amicorum«. Melanchthons Theologie im Spiegel seiner Bucheintragungen, in: Der Theologe Melanchthon, hg. von Günter FRANK (Melanchthon-Schriften der Stadt Bretten 5, Stuttgart 2000) 291–338.

15 Jörg-Ulrich FECHNER (Hg.), Stammbücher als kulturhistorische Quellen (Wolfenbütteler Forschungen 11, München 1981); Wolfgang KLOSE (Hg.), Stammbücher des 16. Jahrhunderts (Wolfenbütteler Forschungen 42, Wiesbaden 1989); Christiane SCHWARZ, Studien zur Stammbuchpraxis der frühen Neuzeit. Gestaltung und Nutzung des Album amicorum am Beispiel eines Hofbeamten und Dichters, eines Politikers und eines Goldschmieds, etwa 1550 bis 1650 (Mikrokosmos 66, Frankfurt a. M. u. a. 2002); Walther LUDWIG, Stammbücher vom 16. bis zum 18. Jahrhundert. Kontinuität und Verbreitung des Humanismus (Noctes Neolatinae 18, Hildesheim–Zürich–New York 2012).

16 Zu erinnern ist vor allem an die beiden Aufsätze von Hans-Peter HASSE, vgl. Anm. 8 und 14.

schichte gefragt werden.[17] Einige dieser Perspektiven können unter kirchenhistorischen Vorzeichen auf das Stammbuch Steindorffers angewendet werden.

Dabei muss festgehalten werden, dass das Jenaer Stammbuch des Juristen Sebastian Steindorffer eine Besonderheit im Kontext der bekannten Stammbücher des 16. Jahrhunderts darstellt.[18] Beispielsweise sind von Matthias Flacius bislang lediglich fünf Stammbucheinträge bekannt, von denen drei sicher aus späterer Zeit stammen (1569, 1571, 1573).[19] Nimmt man nur den Kern der Bearbeiter der Magdeburger Centurien,[20] Flacius, Wigand und Judex, so gibt es ebenfalls kein Vergleichsstück zu dem Jenaer Stammbuch, in das sich alle drei eingetragen hätten. Von Judex ist sogar sonst kein weiterer Eintrag in ein Stammbuch bekannt. Lediglich Mörlin und Flacius haben sich gemeinsam in das nach 1549 entstandene Stammbuch für Abraham Ulrich eingeschrieben, das heute im Deutschen Historischen Museum in Berlin aufbewahrt wird.[21] Weiterhin war bislang auch kein Stammbuch bekannt, für das Drucke des Flacius verwendet wurden.[22] Insofern verdient das Stammbuch des Juristen Sebastian Steindorffer einige Beachtung, die über den Bereich der Buchwissenschaft hinausgeht.[23]

17 Darauf weist beispielsweise Walther Ludwig hin. Vgl. Walther Ludwig, Das Stammbuch als Bestandteil humanistischer Kultur. Das Album des Heinrich Carlhack Hermeling 1587–1592 (AAWG.PH 3, 274, Göttingen 2006) 7–11.

18 Wolfgang Klose, Corpus alborum amicorum (CAAC). Beschreibendes Verzeichnis der Stammbücher des 16. Jahrhunderts (Hiersemanns bibliographische Handbücher 8, Stuttgart 1988).

19 Ebenda 436. Vgl. auch die Einträge im von Werner Wilhelm Schnabel betreuten »Repertorivm alborvm amicorvm. Internationales Verzeichnis von Stammbüchern und Stammbuchfragmenten in öffentlichen und privaten Sammlungen« (RAA): URL: http://www.raa.phil.uni-erlangen.de/ [Abfragedatum: 8. 1. 2014]. Es handelt sich um die Stammbücher von Abraham Ulrich (49.ULR.ABR = 1549_ulrich), Eberhard von Kunheim (1552_kunheim), Abel Prasch (60.PRA.ABE = 1560_prasch), Johann Heinrich Heinzel (69.HAI.JHE = 1569_heinzel) und Eberhard Twestreng (69.TWE.EBE). Vgl. zu Kunheims Stammbuch: Lotte Kurras, Erhard von Kunheim und sein Album amicorum (1552–1591), in: 750 Jahre Königsberg. Beiträge zur Geschichte einer Residenzstadt auf Zeit, hg. von Bernhard Jähnig (Tagungsberichte der Historischen Kommission für Ost- und Westpreußische Landesforschung 23, Marburg 2008) 203–236, bes. 230.

20 Vgl. Ernst Schaumkell, Beitrag zur Entstehung der Magdeburger Centurien (Ludwigslust 1898); Joachim Massner, Kirchliche Überlieferung und Autorität im Flaciuskreis. Studien zu den Magdeburger Zenturien (AGTL 14, Berlin–Hamburg 1964); Heinz Scheible, Die Entstehung der Magdeburger Zenturien. Ein Beitrag zur Geschichte der historischen Methode (SVRG 183, Gütersloh 1966).

21 Vgl. Klose, Corpus alborum amicorum (wie Anm. 18) 49. ULR.ABR; Wittenberger Gelehrtenstammbuch. Das Stammbuch von Abraham und David Ulrich – benutzt von 1549–1577 sowie 1580–1623, hg. durch das Deutsche Historische Museum Berlin, bearbeitet von Wolfgang Klose (Halle 1999). Der Eintrag von Flacius (ebenda 290) stammt vom 25. April 1553 (Magdeburg), entstand also etwa 8 Jahre vor dem Eintrag in das Stammbuch Steindorffers.

22 Klose, Corpus alborum amicorum (wie Anm. 18) 361.

23 Bislang hat daraus lediglich Gustav Frank die ersten drei Einträge von Matthäus Judex, Matthias Flacius und Johann Wigand veröffentlicht, ohne jedoch seine Quelle preiszugeben. Vgl. Gustav Frank, Die Jenaische Theologie in ihrer geschichtlichen Entwickelung. Eine Festgabe (Leipzig 1858) 135 f.

II. Der Stammbuchhalter: Sebastian Steindorffer

Conrad Perca, Pfarrer in Königerode, fügte seinem Eintrag am Ende aus Freundschaft eine Widmung an Sebastian Steindorffer bei, wodurch erst eine Zuordnung dieses Stammbuchs zu seinem Halter ermöglicht wird, da sein Name sonst nicht in diesem Buch erwähnt wird. Über Steindorffers Biographie ist wenig bekannt. Er schrieb sich im Sommersemester 1550 zum Studium in Jena ein. Dabei gab er an, dass er aus Obrigen, gemeint ist Großobringen bei Weimar, stamme.[24] Steindorffer dürfte zu diesem Zeitpunkt ungefähr 16 bis 20 Jahre alt gewesen sein. In einer Bitte um ein Stipendium gab er 1555 an, dass sein Vater ein Bauer sei, der nicht mehr genügend Geld habe, um den Aufenthalt in Jena zu finanzieren. So wurde Steindorffer mit jährlich 20 Gulden unter die herzoglichen Stipendiaten aufgenommen.[25] Die Bekanntschaft mit den späteren Pfarrern und Stammbucheinträgern Benedikt Mehlhorn, Fabian Keyn, Jonas Franke und Balthasar Hancke könnte aus der gemeinsamen Jenaer Studienzeit herrühren. Jena war zu diesem Zeitpunkt nicht groß, sodass sich die Studenten untereinander sicher kannten, zumal manche Inhalte des artistischen »Grundstudiums« gemeinsam absolviert wurden.[26]

1565 bemühte sich Steindorffer bei Johann Friedrich dem Mittleren erfolgreich um ein Stipendium für einen Studienaufenthalt in Frankreich oder Italien. Nach über 15 Jahren juristischer Studien konnte er in Jena nichts mehr lernen. Sein Vorhaben wurde von seinen Lehrern an der Juristischen Fakultät in Jena unterstützt, die den jungen Juristen als fleißig und begabt charakterisierten. Sie brachten auch Löwen als Studienort ins Gespräch. So erhielt er am 26. Mai 1565 ein Stipendium auf ein Jahr über 80 Gulden für ein Studium im Löwen.[27] Aus dem geplanten Jahr wurden schließlich zwei. Mehrfach schrieb er an den Hof und bat um eine Verlängerung, um auch noch in Frankreich studieren zu können.[28] In Löwen konnte er sich nicht offiziell einschreiben, weil er den geforderten Eid nicht leisten wollte. Weiterhin fürchtete er sich vor der Inquisition. Nach seiner Rückkehr aus Löwen, wohl Ende 1568,[29] avancierte Steindorffer 1569 zum Prokurator am Weimarer Hof Herzog Johann Wilhelms. In diesem Amt, das er bis 1574 innehatte, oblag ihm die formgerechte Vorbereitung von Anträgen oder anderen prozessualen Handlungen z. B. beim Reichskammergericht.[30]

---

24 Theodor Lockemann/Friedrich Schneider (Hg.), Die Matrikel der Akademie zu Jena 1548–1557 (Aus Thüringischen Archiven und Bibliotheken 10, Zwickau 1927) 19.

25 Vgl. ThHStAW, EGA, Reg. Mm 618 (unpaginiert).

26 Vgl. Daniel Gehrt, Die Harmonie der Theologie mit den studia humanitatis. Pfarrerausbildung in Jena um 1558 im Spiegel des Diariums des Adam Sellanus, in: Institutionen und Formen gelehrter Bildung um 1550 – Die Leucorea zur Zeit des »späten« Melanchthon, hg. von Matthias Asche/Heiner Luck/Manfred Rudersdorf/Markus Wriedt (LStRLO, Leipzig 2015).

27 ThHSTAW, EGA, Reg. Mm 639 (unpaginiert).

28 Noch am 23. Mai 1567 bat er um eine Verlängerung seines Stipendiums, um nach Frankreich ziehen zu können. Vgl. ThHSTAW, EGA, Reg. Mm 639 (unpaginiert).

29 ThHStAW, EGA, Reg. Rr pag. 1–316 Nr. 1888, 1r.

30 Wolfgang Sellert, Art. Prokurator. *HRG* 3 (1984) 2032–2034.

Das Berufsprofil des Prokurators war zu diesem Zeitpunkt von dem des Advokaten noch unterschieden. In dieser Funktion war er 1573 Zeuge für das Testament Herzog Johann Wilhelms von Sachsen.[31] Jedoch kündigte ihm Kurfürst August etwa ein Jahr nach Johann Wilhelms Tod am 22. März 1574 unter dem Vorwand, Geld sparen zu müssen.[32] Er lebte fortan als Notar in Weimar, wo er am 22. April 1575 als Bürger der Stadt aufgenommen wurde.[33] Steindorffer starb am 21. September 1591.[34]

Nach seiner Rückkehr aus Löwen wurde Steindorffer nicht nur Hofprokurator, sondern heiratete auch Regina, Tochter des Weimarer Bürgermeisters Paul Heintze,[35] die nach der Leichenpredigt für ihre Tochter, die ebenfalls Regina hieß, 1625 noch lebte. Die Tochter Regina erblickte am 25. August 1572 das Licht der Welt. 1595 heiratete sie Timotheus Kirchner d. J. († 1607), Sekretär am Weimarer Hof. Nach dessen Tod heiratete sie 1610 erneut und zwar den Jenaer und Burgauer Amtsschösser Burchard Großmann.[36] Sie starb am 2. März 1625.

Nachdem am 6. Juli 1580 ein Kind der Steindorffers gestorben war,[37] kam am 28. Jänner 1582 ihr Sohn Fabian Sebastian zur Welt.[38] Einer der Paten war Hofprediger Bartholomäus Gernhard (1525–1600), der ebenfalls zu den Gnesiolutheranern zu rechnen ist.

Die Heirat der Tochter Regina mit dem Sohn des Jenaer Theologieprofessors Timotheus Kirchner sowie die Wahl des Paten Bartholomäus Gernhard verweisen darauf, dass Steindorffer mit einigen Inskribenten seines Stammbuchs nicht nur einen punktuellen Kontakt pflegte, sondern wahrscheinlich auch über einen längeren Zeitraum verbunden war und gemeinsame Interessen teilte. Ein weiteres Indiz für diese Überlegung findet sich in den Akten des Reichskammergerichts. Für die Zeit

---

31 Vgl. FBG, Chart. B 38, 364–379; Chart. B 63, 44ᵛ–86ʳ; Chart. A 49, 1–26; Chart. B 38, 380–401.

32 ThHStAW, EGA, Reg. Rr pag. 1–316 Nr. 1888, 2ʳ–3ᵛ.

33 Wolfgang Huschke, Die Neubürger der Stadt Weimar 1520–1620 (Schriftenreihe der Stiftung Stoye 4, Neustadt a. d. Aisch 1973) 99 (Nr. 1940: Bürgen – Hans Hegker und Hans Koch d. J.).

34 Kirchgemeinde Weimar, Kirchenbuch 1597–1603, 238ʳ.

35 Heintze war 1559, 1562 und 1565 Bürgermeister. Vgl. Gottfried Albin de Wette, Historische Nachrichten von der berühmten Residentz-Stadt Weimar, Bd. 1 (Weimar 1737) 124. Ausführlicher Wolfgang Huschke, Die Ratslisten der Stadt Weimar von 1348 bis 1810 (Schriftenreihe der Stiftung Stoye 15, Neustadt a. d. Aisch 1986) 88. Demnach stammte Paul Heintze vermutlich aus Isseroda und starb zwischen 1568 und 1574. Er war Tuchmacher, Wollweber und Waidhändler. Zweimal heiratete er: 1. Catharina Lederer, gest. vor 1549, To. v. Günther, Tuchmacher, Waidhändler; 2. Margaretha Storm, begr. 23. 7. 1610, To. v. Hans, Stallmeister, Bürgermeister. Vgl. auch Huschke, Die Neubürger der Stadt Weimar (wie Anm. 33) 28 (Nr. 48: am 8. 11. 1521 wird Paul Heintze zum Bürger in Weimar aufgenommen).

36 Johann Major, Begräbnüß und Gedächtnuß-Predigt/ Der Erbarn vnd Ehrentugendsamen Frawen Reginen, Des Ehrnvesten vnd Vorachtbarn Herrn Burchardi Großmans/ F. G. Wolverordneten Amptsschössers zu Jehna vnd Burgau/ vielgeliebten Haußfrawen/ ... bey deroselben Leichbestattung [...] (Jena 1625) [VD17 39:102783F] Eiiiᵛ–E[iv]ᵛ; Luise Hallof/Klaus Hallof: Die Inschriften der Stadt Jena bis 1650 (Die Deutschen Inschriften 33, Berliner Reihe 5, Berlin-Wiesbaden 1992) 169.

37 Kirchgemeinde Weimar, Kirchenbuch 1597–1603, 218ʳ.

38 Ebenda 183ᵛ.

zwischen 1577 und 1580 ist belegt, dass Steindorffer in einem Prozess am Reichskammergericht – es ging um eine Klage wegen Beleidigung – die Witwe Magdalena Flacius und ihre Kinder als Zeuge unterstützte und sich darum bemühte, den Prozess an das Weimarer Hofgericht zu überweisen.[39] Obwohl Matthias Flacius bereits 1575 gestorben war, bestand zu seiner Familie demzufolge nach wie vor Kontakt.

Biographisch gibt das Stammbuch nur wenig über seinen Halter preis. Wenn Steindorffer sein Stammbuch den Einträgern persönlich vorlegte, dann muss er im Dezember 1561 einige Tage in Jena verbracht haben. Ebenso hielt er sich offenbar Anfang April 1564 in Braunschweig auf, wohin er über Eisleben und Mansfeld reiste. Für die Rückreise zog er die etwas südlichere Strecke über Königerode vor. Bislang kann kein Zweck für beide Aufenthalte angegeben werden.

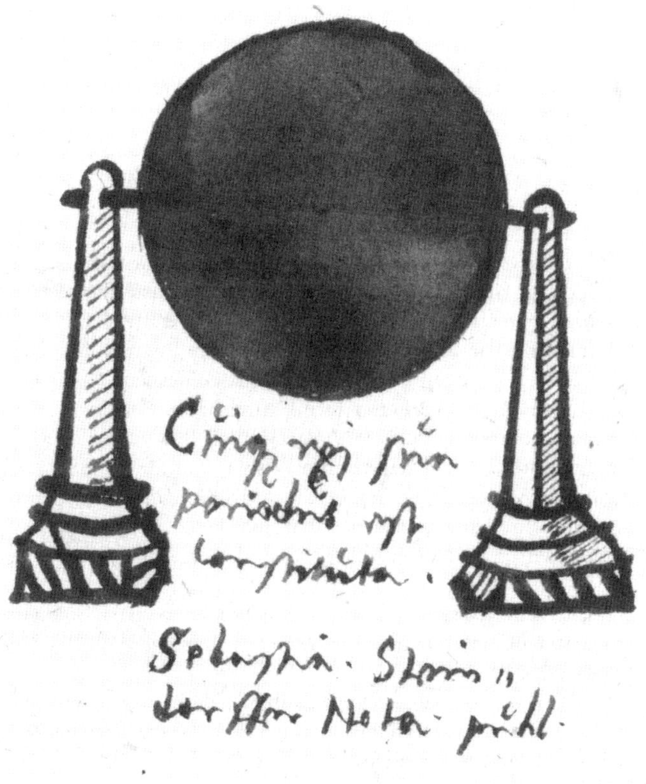

Notariatszeichen Sebastian Steindorffers *ThHStAW, EGA, Reg. Rr, pag. 1-316 Nr. 1593 Bl. 59r (Ausschnitt)*

39 Inge KALTWASSER, Inventar der Akten des Reichskammergerichts 1495–1806. Frankfurter Bestand (Veröffentlichungen der Frankfurter Historischen Kommission 21, Frankfurt a. M. 2000) 206 f.

III. Die Inskribenten: Das Stammbuch als theologisches Bekenntnis

Die 19 Einträge des Jenaer Stammbuchs entstanden in einem überschaubaren Zeitraum zwischen 1561 und 1564, wobei sich Johannes Aurifaber erst 1568 in Erfurt in dieses Buch einschrieb. Der erste Eintrag datiert in Jena auf den 17. Dezember 1561 und stammt von Matthäus Judex, der seit 7. Oktober 1561 aus seinem Amt als Theologieprofessor in Jena entlassen war,[40] sich aber offensichtlich noch immer dort aufhielt. Kurz nach ihm trugen sich Matthias Flacius (undatiert)[41] und Johann Wigand (22. Dezember 1561)[42] in das Stammbuch ein. Beide waren zu diesem Zeitpunkt ebenfalls aus ihren Jenaer Ämtern entlassen.[43]

Mit großem Abstand schrieben sich in Weimar im September 1562 die Weimarer Geistlichen Bartholomäus Rosinus (6. September 1562),[44] Benedikt Mehlhorn (7. September 1562)[45] und Fabian Keyn (30. September 1562)[46] in das Stammbuch ein. Alle drei wurden wenige Wochen danach wegen der Verweigerung, die *Declaratio Victorini* zu unterschreiben,[47] ihrer Ämter enthoben und mussten das Herzogtum verlassen.

Die nächsten Einträge stammen vom Februar und März 1563 und wurden vermutlich in Jena vorgenommen.[48] Zuerst schrieb sich Jonas Franke oder Franck

40 Judex lebte von 1528 bis 1564. Vgl. Daniel Gehrt, Ernestinische Konfessionspolitik. Bekenntnisbildung, Herrschaftskonsolidierung und dynastische Identitätsstiftung vom Augsburger Interim 1548 bis zur Konkordienformel 1577 (AKThG 34, Leipzig 2011) 203.

41 Flacius lebte von 1520 bis 1575. Vgl. Wilhelm Preger, Matthias Flacius Illyricus und seine Zeit. 2 Bde. (Erlangen 1859/61, Nachdruck Hildesheim 1964); Oliver Olson, Matthias Flacius and the survival of Luther's reform (Minneapolis ^{2}2011).

42 Wigand lebte von 1523 bis 1587. Vgl. Michael Bunners, Johann Wigand (1523–1587), lutherischer Geistlicher und Gelehrter in Wismar von 1562–1568 – ein Homo Universalis – Hauptautor der Magdeburger Centurien, in: Die Magdeburger Centurien, Bd. 1: Die Kirchengeschichtsschreibung des Flacius Illyricus (Dößel 2007) 91–108.

43 Flacius wurde am 10. Dezember 1561 entlassen. Vgl. Gehrt, Ernestinische Konfessionspolitik (wie Anm. 40) 209.

44 Er lebte von 1520 bis 1586. Vgl. Rudolf Hermann, Bartholomäus Rosinus, in: Luther in Thüringen. Gabe der Thüringer Kirche an das Thüringer Volk, hg. von Reinhold Jauernig (Berlin 1952) 212–220.

45 Mehlhorn wurde 1526 in Langenleuba-Niederhain geboren; 1552 studierte er in Jena; 1554–1562 war er Diakon in Weimar; er starb 1591 in Arbesbach bei Zwettl. Vgl. Reinhold Jauernig, Die geistlichen Beziehungen zwischen dem alten Österreich und Thüringen, besonders im ersten Jahrhundert der lutherischen Kirche. Ein Beitrag zur Presbyterologie. *JGPrÖ* 49 (1928) 117–165, hier 160.

46 Keyn aus Bischofswerda ist 1549 als Student in Jena nachgewiesen [Lockemann/Schneider, Die Matrikel der Akademie zu Jena (wie Anm. 24) 4]. Er starb 1568.

47 Vgl. Daniel Gehrt, Strategien zur Konsensbildung im innerlutherischen Streit um die Willensfreiheit. Edition der Declaratio Victorini und der ernestinischen Visitationsinstruktion von 1562. *Zeitschrift für Thüringische Geschichte* 63 (2009) 143–190.

48 Jonas Franke/Franck stammte aus Nordhausen. Im Sommer 1551 war er als Student in Jena eingeschrieben; um 1560 wirkte er als Pfarrer in Niederoßla; 1566 war er Pfarrer in Oberhollabrunn; 1574 in Gmünd. Vgl. Jauernig, Die geistlichen Beziehungen (wie Anm. 45) 158.

(9. Februar 1563) ein, der bereits als »Exul« unterzeichnete,[49] weil er seiner Stelle wegen der Ablehnung der *Declaratio Victorini* enthoben worden war. Ebenfalls in diesem Zeitraum nahmen Georg Ziebler (Jena, 13. Februar 1563),[50] Philipp Reuße oder Ruthenus (1. März 1563)[51] und Joachim Magdeburgius (undatiert) Eintragungen vor.[52] Im Sommer 1563 schrieb Balthasar Hancke (6. Juli 1563)[53] seinen Namen, versehen mit einem Wunsch, in das Stammbuch.

Wieder mit einer zeitlichen Unterbrechung folgten im März 1564 die Inskriptionen von Timotheus Kirchner (undatiert),[54] Christoph Irenäus (24. März 1564),[55] dessen Einzeichnung mit Abstand die längste des ganzen Stammbuchs ist, und Cyriacus Spangenberg (24. März 1564).[56] Ein paar Tage später schrieben sich in Braunschweig

---

49 Vgl. zur Exul-Vorstellung Irene Dingel, Die Kultivierung des Exulantentums im Luthertum am Beispiel des Nikolaus von Amsdorf, in: Nikolaus von Amsdorf (1483–1565) zwischen Reformation und Politik, hg. von Ders. (LStRLO 9, Leipzig 2008) 153–175, weiter den Beitrag von Vera von der Osten-Sacken in diesem Band sowie Dies.: Exul Christi. Konfessionsmigration und ihre theologische Deutung im strengen Luthertum zwischen 1548 und 1618, in: Europäische Geschichte Online (EGO), hg. vom Leibniz-Institut für Europäische Geschichte (IEG), Mainz 2013-04-18. URL: http://www.ieg-ego.eu/ostensackenv-2013-de; URN: urn:nbn:de:0159-2013041205 [Abfragedatum: 20. 12. 2013].

50 Er ist 1562 als Pfarrer in Sulzbach nachgewiesen.

51 Er ist 1563 als Diakon in Neustadt/Orla nachgewiesen.

52 Magdeburgius lebte von 1525 bis etwa 1587/95; war von 1558 bis 1564 (?) Pfarrer in Oßmannstedt. Vgl. Pfarrerbuch der Kirchenprovinz Sachsen, Bd. 5 (Leipzig 2007) 495; Jauernig, Die geistlichen Beziehungen (wie Anm. 45) 159.

53 Wenn er mit Balthasar Hannicke aus Nysa (Schlesien) identisch ist (so Jauernig), dann studierte er 1552 in Jena. Vgl. Lockemann/Schneider, Die Matrikel der Akademie zu Jena (wie Anm. 24) 34. 1556 wurde er nach seiner Ordination in Jena Pfarrer in Hermstedt; 1559–1569 Pfarrer in Hirschfeld (unterschrieb 1567 die Reußische Konfession); 1569 wieder Pfarrer in Hermstedt; 1574–1578 in Pfarrer Oberhollabrunn, wo er 1578 starb. Vgl. Jauernig, Die geistlichen Beziehungen (wie Anm. 45) 158; Paul Heller (Bearb.), Thüringer Pfarrerbuch, Bd. 4: Die Reußischen Herrschaften (Leipzig 2004) 146 f., Nr. 455.

54 Er lebte von 1533 bis 1587; 1561 bis 1563 Pfarrer in Herbsleben, danach Pfarrer in Ampfurth bei Heinrich von der Asseburg, als dessen Prediger er hier bereits unterschreibt. Vgl. Pfarrerbuch der Kirchenprovinz Sachsen, Bd. 4 (Leipzig 2006) 543 f.

55 Irenäus wurde 1522 in Schweidnitz geboren. 1541 studierte er in Wittenberg; wurde 1545 Schulmeister in Bernburg; 1548 in Aschersleben; 1549 wurde er zum Magister in Wittenberg promoviert; 1552 erfolgte die Ordination für das Pfarramt in Aschersleben, wo er Diakon, ab 1559 Archidiakon wurde; 1562 Pfarrer an St. Peter und Paul in Eisleben; 1566 Hofprediger bei Johann Wilhelm von Sachsen; 1571 Superintendent in Weimar; 1574 abgesetzt; 1576 Superintedent von St. Johannisberg; 1579 Frankfurt a. M. Er starb 1595 in Buchenbach. Sein Sohn Wolfgang heiratete 1577 Anna, Tochter von Matthias Flacius. Vgl. Heinz Scheible, in: MBW 12, 349; Pfarrerbuch der Kirchenprovinz Sachsen, Bd. 4 (Leipzig 2006) 365.

56 Spangenberg lebte von 1528 bis 1604. Vgl. Pfarrerbuch der Kirchenprovinz Sachsen, Bd. 8 (Leipzig 2008) 297 f.; Stefan Rhein/Günther Wartenberg (Hg.), Reformatoren im Mansfelder Land. Erasmus Sarcerius und Cyriakus Spangenberg (Schriften der Stiftung Luthergedenkstätten in Sachsen-Anhalt 4, Leipzig 2006); Lothar Berndorff, Die Prediger der Grafschaft Mansfeld. Eine Untersuchung zum geistlichen Sonderbewusstsein in der zweiten Hälfte des 16. Jahrhunderts (Potsdam 2010) passim.

Joachim Mörlin (6. April 1564)[57] und Martin Chemnitz (9. April 1564) in das Buch ein.[58] Steindorffer muss also eine Reise nach Braunschweig unternommen haben, auf die er sein Stammbuch mitnahm. Auf der Hinreise könnte er Kirchner, der als »Henrici Asseburgii concionator« unterschrieb, Irenäus, Pfarrer in Eisleben, und Spangenberg, Generalsuperintendent an St. Georg in Mansfeld, besucht haben. Demnach wäre Eisleben eine mögliche Station seiner Reise gewesen oder er besuchte alle Theologen vor Ort, was aufgrund der Reihenfolge der Einträge durchaus denkbar wäre. Die Rückreise erfolgte wahrscheinlich über den Harz und nicht über Magdeburg, in jedem Fall aber wieder durch die Grafschaft Mansfeld. In Abberode trugen sich der dortige Pfarrer Andreas Paradysus (undatiert)[59] und in Königerode sein Kollege Conrad Perca (18. April 1564) ein.[60] Andreas Paradysus wusste anscheinend nicht, wo er seinen Eintrag machen sollte, denn er begann ihn zunächst auf dem letzten Blatt des sechsten Druckes.

Offensichtlich waren die Blätter 13 bis 15 leer gelassen worden. So konnte sich auf Blatt 13 1568 noch Johann Aurifaber als letzter in das Stammbuch eintragen.[61] Obwohl noch Platz gewesen wäre, wurde es danach nicht weiter geführt. Die Blätter von 19v bis 25v blieben ebenfalls leer.

Es fällt auf, dass alle 19 Einträger des Stammbuchs Theologen waren, die dem Lager der Gnesiolutheraner zuzuordnen sind. Alle standen untereinander in engem Kontakt, was sich unter anderem daran zeigt, dass sie sich zu bestimmten Terminen eingetragen haben, an denen sich einige von ihnen gemeinsam an einem Ort befanden. Aus diesem Grund dürfte sich auch Simon Musäus nicht mehr in das Stamm-

57 Mörlin lebte von 1514 bis 1571. Vgl. Julius August Wagenmann/Friedrich Lezius, Art. Mörlin, Joachim. *RE*³ 13 (1903) 237–247; Jürgen Diestelmann, Joachim Mörlin: Luthers Kaplan – »Papst der Lutheraner«. Ein Zeit- und Lebensbild aus dem 16. Jahrhundert (Neuendettelsau 2003).

58 Chemnitz lebte von 1522 bis 1586. Vgl. Evangelisch-lutherischer Stadtkirchenverband und Propstei Braunschweig (Hg.), Der zweite Martin der Lutherischen Kirche. Festschrift zum 400. Todestag von Martin Chemnitz (Braunschweig 1986).

59 Er lebte von 1529 (* Ellrich) bis 1599; war von 1556 bis 1565 Pfarrer in Abberode; 1565–1599 Pfarrer in Friesdorf. Vgl. Pfarrerbuch der Kirchenprovinz Sachsen, Bd. 6 (Leipzig 2007) 429.

60 Perca (auch Bercka) war von 1554 bis 1556 Pfarrer in Abberode; 1557–1562 Pfarrer St. Johannis Halberstadt; 1562–1567 Pfarrer Königerode; † 1567 Königerode. Vgl. Pfarrerbuch der Kirchenprovinz Sachsen, Bd. 6 (Leipzig 2007) 455. Über einen besonderen Fall der Seelsorge Percas, der durch die Auffindung eines toten Kindes in Halberstadt im Dezember 1557 ausgelöst wurde, das seine Mutter, die angab, durch den Teufel verführt worden zu sein, in einen Brunnen geworfen hatte, berichtet: Der Wunder-würdige Juden- und Heiden-Tempel/ Darinn derselben Gottes- und Götzendienst/ eröffnet und gezeigt wird. Anfangs vom Alexander Roßen in Englischer Sprach beschrieben/ Nunmehro aber verbessert/ und, mit vielem Zusatz vermehret/ ausgeführt von David Nerreter. Samt dessen Bericht Vom Ursprung der Abgötterey/ wie auch von denen Poetischen Fabeln und deren Bedeutung. Wodurch der Daifel/ als Gottes Aff/ mit seiner List und Verführung vorgestellt/ und alles gründlich untersucht wird (Nürnberg 1717) 889 f.

61 Zu Aurifaber (1519–1575) vgl. Reinhold Jauernig, Johannes Aurifaber – lutherischer Prediger und Sammler von Lutherschriften, in: Des Herren Name steht uns bei. Luthers Freunde und Schüler in Thüringen, hg. von Karl Brinkel/Herbert von Hintzenstern (Berlin 1961) 147–154.

buch eingeschrieben haben, weil er bereits im August 1561 eine Berufung nach Bremen angenommen hatte und somit nicht mehr zur Verfügung stand, als das Buch im Herbst 1561 gebunden vorlag.[62]

Es fällt weiterhin auf, dass sich einige Personen nicht eingetragen haben, die im geographisch begrenzten Raum des Stammbuchhalters lebten. Hier ist z. B. an Johann Stössel (1524–1576) zu erinnern, der von 1561 bis 1568 Pfarrer in Jena war.[63] Zweifelsohne wurde er nicht zu einem Eintrag gebeten, weil er theologisch eine andere Position vertrat als die sonstigen Inskribenten.[64] Er hatte im Streit zwischen Strigel und Flacius für Ersteren Partei ergriffen. Dies bedeutet, dass das Stammbuch hinsichtlich der Personen, die sich darin eintragen durften, ein bestimmtes Profil aufweist. Der Erstbesitzer nahm die eintragenden Theologen möglicherweise als eine Einheit wahr. Jedenfalls teilte er ihre Ausrichtung, sodass sowohl die Zusammenstellung der Drucke als auch die Einholung der Unterschriften als ein privater Bekenntnisakt Steindorffers verstanden werden können.[65] Dafür spricht auch der Eintrag von Christoph Irenäus, der auf Stössels – bezeichnet als »Capricornus«, Steinbock – Haltung in theologischen Fragen kritisch anspielt. So wie Maximus theologische Einzelfragen nicht so genau genommen habe, halte es nun Stössel im synergistischen Streit.[66]

Die Beziehungen der Einträger untereinander waren sehr vielfältig, sodass hierbei durchaus von einem »Netzwerk« gesprochen werden kann, das sich in diesem Stammbuch in besonderer Weise präsentiert.[67] Zunächst gibt es die Beziehungen, die

---

62 Gehrt, Ernestinische Konfessionspolitik (wie Anm. 40) 202 f. Seit 22. April 1561 hatte Musäus in Jena Predigtverbot (ebenda 193), was seinen Entschluss, Jena zu verlassen, sicher bestärkt haben dürfte.

63 Vgl. Hans-Peter Hasse, Art. Stössel, Johann. *RGG*[4] 7 (2004) 1751.

64 Auch in der Debatte um die Wittenberger Abendmahlslehre und Christologie vertrat der Pirnaer Superintendent Stössel eine dezidiert nicht gnesiolutherische Position, die im Jahre 1574 zu Auseinandersetzungen mit dem neuen kursächsischen Hofprediger Georg Listhenius und zu Spannungen mit Kurfürst August selber führten, die mit seiner Verhaftung und dem Tod im Gefängnis in Senftenberg endeten. Vgl. Johannes Hund, Das Wort ward Fleisch. Eine systematisch-theologische Untersuchung zur Debatte um die Wittenberger Christologie und Abendmahlslehre in den Jahren 1567 bis 1574 (FSÖTh 114, Göttingen 2006) 561–564, 596–601, 601–629.

65 Möglicherweise besaß Steindorffer ein weiteres Stammbuch, in das sich Juristen oder andere Familienangehörige eintragen durften. Eine solche Sitte ist zumindest für Herzog August d. J. von Braunschweig-Lüneburg belegt. Vgl. Gilbert Hess, Literatur im Lebenszusammenhang. Text- und Bedeutungskonstituierung im Stammbuch Herzog Augusts des Jüngeren von Braunschweig-Lüneburg 1579–1666 (Mikrokosmos 67, Frankfurt a. M. u. a. 2002) 18.

66 Möglicherweise spielt Irenäus damit auf die Weimarer Disputation von 1560 zwischen Flacius und Strigel an. Vgl. Stefan Michel, Der Synergistische Streit. Theologische und religionspolitische Positionen über den freien Willen des Menschen, in: Politik und Bekenntnis. Die Reaktionen auf das Interim von 1548, hg. von Irene Dingel/Günther Wartenberg (LStRLO 8, Leipzig 2006) 249–277, bes. 267–269.

67 Vgl. Marie Ryantová, Konfessionelle und konfessionsübergreifende Netzwerke in Stammbüchern der Frühen Neuzeit, in: Konfessionelle Formierungsprozesse im frühneuzeitlichen Ostmitteleuropa (Berichte und Beiträge des Geisteswissenschaftlichen Zentrums Geschichte und Kultur Ostmitteleuropas an der Universität Leipzig 2, Leipzig 2006) 314–331.

mit den jeweiligen Wirkungsorten der Einträger korrespondieren: Flacius, Judex und Wigand lehrten in Jena Theologie und mussten die Saalestadt im Winter 1561/62 verlassen. Mörlin war 1558 vergeblich hierher gereist, um im Streit zwischen Strigel und Flacius zu schlichten. In Weimar arbeiteten Rosinus, Keyn und Mehlhorn sehr eng zusammen, ebenso Mörlin und Chemnitz in Braunschweig. Später trafen sich Mörlin und Wigand in Königsberg wieder. Perca hatte gemeinsam mit Mörlin, Wigand, Judex, Flacius, Rosinus, Magdeburgius und Aurifaber 1560 eine Supplicatio wegen eines innerlutherischen Religionsgesprächs im Vorfeld des Naumburger Fürstentags zur Auseinandersetzung mit dem Calvinismus unterzeichnet.[68] Interessanterweise findet sich diese Supplik in wiederholtem Druck von 1561 auch im vorliegenden Buch, sodass man ihren Eintrag in das den Drucken vorgesetzte Stammbuch als neuerliche Bekräftigung ihrer Haltung lesen kann.[69] Weitere biographische Überschneidungen dieser Personen könnten leicht angeführt werden.

Mit Ausnahme der Einträge von Conrad Perca, der die Zuordnung zu dem Erstbesitzer Sebastian Steindorffer ermöglicht, und Balthasar Hancke, der nur einen kurzen Wunsch einschrieb, wurden keine Dedikationen beigefügt, d. h. die Einträge bestehen aus einem Zitat – manchmal mit einer aktualisierenden Auslegung – und der persönlichen Unterschrift des jeweiligen Einträgers. Ihr Inhalt ist durchgehend mit Gedanken zum Themenspektrum »Gesetz, Gerechtigkeit, Recht« verknüpft. Die Vorlagen für die eingeschriebenen Sprüche stammen aus unterschiedlichen Quellen: An der Spitze stehen mit sieben Eintragungen Zitate aus den Kirchenvätern, davon vier von Augustin. Fünf Eintragungen beruhen auf Bibelversen, die ausgelegt werden. Erst dann folgen in der Häufigkeit vier Zitate aus Lutherschriften.[70] Auch darin entspricht das Stammbuch Steindorffers vergleichbaren Stücken, die ebenfalls aus verschiedenen Quellen schöpfen, unter denen Bibel und Kirchenväter herausragen.

Die meisten Einträge wurden in Latein vorgenommen, das Steindorffer als Jurist beherrscht haben muss. Daneben gibt es deutsche Eintragungen. Fabian Keyn verwendete Hebräisch und Georg Ziebler ein griechisches Wort. Insofern sind vier Sprachen in diesem Stammbuch anzutreffen, was den für die Gattung Stammbuch

68 Svpplicatio Qvorvndam Theologorvm, Qvi, Post Obitvm Lvtheri P. M. corruptelis & Sectis, voce aut scriptis contradixerunt, pro libera, Christiana, & legitima Synodo, ad Illustrissimum Principem, D. D. Iohannem Fridericum II. Ducem Saxoniæ &c. eiusque C. Fratres, ac alios pios Principes & Status Augustanam Confessionem amplectentes (o. O. 1560) [VD 16 S 10214] E [iv]^{v}. Vgl. Robert Calinich, Der Naumburger Fürstentag 1561. Ein Beitrag zur Geschichte des Lutherthums und des Melanchthonismus aus den Quellen des Königlichen Hauptstaatsarchivs zu Dresden (Gotha 1870) 64 f.; Christian August Salig, Vollständige Historie Der Augspurgischen Confeßion und derselben zugethanen Kirchen, [...] Aus bewährten Scribenten, und gedruckten, mehrentheils aber, ungedruckten Documenten genommen, Theil 3 (Halle 1735) 569.

69 Svpplicatorii Libelli Qvorvndam Christi Ministrorvm De Synodo Propter Controversias Gravissimas Congreganda. Partim Antea Editi, Partim Nvnc Recens Ad Conventvm Navmbergensem Missi Et Exhibiti (Vrsellis 1561) [VD16 S 10215] 96 f.

70 Wobei Luther in dieser Zeit sonst sehr häufig als Vorlage für Stammbucheinträge gewählt wurde. Vgl. Wolfgang Klose, Stammbucheintragungen im 16. Jahrhundert im Spiegel kultureller Strömungen, in: Stammbücher des 16. Jahrhunderts (wie Anm. 15) 13–31, hier 20.

typischen Zug der Gelehrsamkeit unterstreicht, indem die *linguae sacrae* vertreten waren. Steindorffer muss trotzdem kein Griechisch oder Hebräisch beherrscht haben.

Überblickt man mögliche Intentionen Steindorffers, die zur Anlage dieses Stammbuchs führten, die Inhalte des Buchs sowie die Einträger, dann kann man zu dem Schluss kommen, dass über die Selbstdarstellung des Stammbuchhalters hinaus, der seine persönlichen Beziehungen dokumentieren wollte, hier ein zweifacher Bekenntnisakt vorliegt: Zum einen bekannte sich Steindorffer zu den Inhalten dieses Buches. Lesespuren in den Drucken verweisen darauf, dass er sich mit dem Inhalt auseinandergesetzt hat.[71] Er schrieb wahrscheinlich auf den vorderen Spiegel das Verzeichnis der enthaltenen Drucke. Die dort verwendeten römischen Zahlen wiederholen sich auf den Titelblättern. Steindorffer unterhielt darüber hinaus bewusst Beziehungen zu diesen Theologen, die gnesiolutherische Überzeugungen teilten. Zum anderen erneuerten die Theologen, die sich in dieses Stammbuch eintrugen, durch ihre Unterschrift ihre theologischen Positionen, die sie bereits in den Druckschriften zum Ausdruck gebracht hatten. Andere wie Mörlin oder Chemnitz stimmten diesen in gewisser Weise zu. Damit erhielt das Stammbuch einen Wert und eine Bedeutung, die über ein »Album amicorum« zur Erinnerung an Freunde oder Lehrer aus Studienzeiten deutlich hinausgeht. Es wurde zum Zeugnis für ein theologisches Profil, vielleicht sogar zu einer gnesiolutherischen Bekenntnisurkunde.

IV. Das Stammbuch als Tugendspiegel für einen Juristen im Angesicht der Endzeit

Neben dem bekenntnisartigen Charakter des Stammbuchs lässt sich aber auch eine weitere Bedeutungsebene ausmachen, die die Inskribenten durch ihre Einträge dem Buch gaben. Nahezu alle Einträge sind durch ein gemeinsames Thema miteinander verbunden: Die Theologen rieten dem Juristen, wie er sein Amt im Einklang mit Gottes Wort zu führen hatte. Das »Thema« des Stammbuchs ist also die Lebensklugheit[72] oder auch ein Tugendspiegel für einen Juristen. Allerdings handelt es sich um keine beliebigen ethischen Ratschläge. Einige von ihnen weisen eine apokalyptische Begründungsstruktur auf, da ihre Einträger davon überzeugt waren, in den letzten Zeiten der Welt zu leben.[73] Wenn sie Steindorffer also zu einem gottwohlgefälligen

71 Während die ältere Zählung der Drucke mit römischen Ziffern am oberen Rand der Titelblätter steht, steht jeweils unten eine spätere Zählung von A–F. Im dritten Druck wurde auf Bl. A 5^{v} die Angabe »quinto« gestrichen und »3« darüber geschrieben. Im vierten Druck stehen Anmerkungen auf S. 38 und 39, die vielleicht von der Hand Beiers stammen. Auf S. 96 und 97 wurden Namen unterstrichen (Eggerdes, Flacius, Stoessel, Winter, Aurifaber). Die Tinte passt zu den Eintragungen Steindorffers.

72 Vgl. Schnabel, Das Stammbuch (wie Anm. 11) 63.

73 Vgl. Volker Leppin, Antichrist und Jüngster Tag. Das Profil apokalyptischer Flugschriftenpublizistik im deutschen Luthertum 1548–1618 (QFRG 69, Gütersloh 1999); Anja Moritz,

Lebenswandel raten, tun sie dies in dem Bewusstsein, dass das Ende der Welt nahe herbei gekommen ist und er sich somit auch bald vor dem Jüngsten Gericht zu verantworten hat. Alle Trübsale dieser Welt fallen vor der Ewigkeit nicht so ins Gewicht. Dieser Begründungszusammenhang überrascht wenig, da alle 19 Inskribenten den sogenannten Gnesiolutheranern zuzuordnen sind.[74] Die zentralen Merkmale lutherischer Apokalyptik sind die Offenbarung des Antichristen, den ihrer Überzeugung nach Luther als Papst entlarvt hatte,[75] der Abfall vom Glauben bzw. der reinen Lehre, wie er im Augsburger Interim stattgefunden hatte, sowie das Auftreten der falschen Propheten in den eigenen Reihen.

Matthäus Judex setzte mit einem Exempel eines Rechtsgelehrten aus dem Umfeld von König Ferdinand ein, der in »Todesangst« geriet, als er erkannte, dass er wiederholt das Recht gebeugt hatte. Hätte er sich stattdessen an Gottes Wort gehalten, wie es im Buch Jesaja (5,20) zu finden sei, dann wären seine Urteile im Einklang mit der Wahrheit ausgefallen.[76]

Matthias Flacius führte diesen Gedanken fort: Gott fordere Mut und Einsatz für die Erhaltung seines Gesetzes. Geistliche und Gottesfürchtige sollten sich in gleicher Weise dafür einsetzen.[77] Flacius stellte auf diese Weise das Wirken der Juristen und besonders das Steindorffers in den Kontext einer lutherischen Berufsethik. Es gibt im Grunde keinen Bereich in der Welt, an dem man sich nicht für die Erhaltung des Wortes Gottes einzusetzen habe.[78] Ähnlich urteilte Georg Ziebler, der Steindorffer einschärfte, ein »Priester der Gerechtigkeit« zu sein und sich nicht von seinem Weg abbringen zu lassen.[79] Zu aufrechtem Handeln ermahnte Balthasar Hancke.[80]

Deutlich Position bezog Johann Wigand, der von 1. Thess 5,25 (»Prüft aber alles und das Gute behaltet.«) ausgehend entsprechende ethische Verhaltensweisen formu-

---

Interim und Apokalypse. Die religiösen Vereinheitlichungsversuche Karls V. im Spiegel der magdeburgischen Publizistik 1548–1551/52 (SMHR 47, Tübingen 2009) bes. 217–251.

74 Vgl. zur Terminologie Rudolf Keller, Art. Gnesiolutheraner. *TRE* 13 (1984) 512–519; Ernst Koch, Art. Gnesiolutheraner. *RGG*[4] 3 (2000) 1043; Otto Ritschl, Dogmengeschichte des Protestantismus, Bd. 2: Orthodoxie und Synkretismus in der altprotestantischen Theologie, 1. Hälfte: Die Theologie der deutschen Reformation und die Entwicklung der lutherischen Orthodoxie in den philippistischen Streitigkeiten (Leipzig 1912) 326; Gehrt, Ernestinische Konfessionspolitik (wie Anm. 40) 19–21; Björn Slenczka, Das Wormser Schisma der Augsburger Konfessionsverwandten von 1557. Protestantische Konfessionspolitik und Theologie im Zusammenhang des zweiten Wormser Religionsgesprächs (BHTh 155, Tübingen 2010) 29–36.

75 Vgl. Volker Leppin, Luthers Antichristverständnis vor dem Hintergrund der mittelalterlichen Konzeptionen. *KuD* 45 (1999) 48–63.

76 ThULB Jena, 8 Theol. III, 10/6, 1[r]–2[r].

77 Ebenda 2[v].

78 Vgl. Werner Elert, Morphologie des Luthertums, Bd. 2: Soziallehren und Sozialwirkungen des Luthertums (München 1932) passim; Moritz, Interim und Apokalypse (wie Anm. 73) 252–275.

79 ThULB Jena, 8 Theol. III, 10/6, 6[v].

80 Ebenda 8[v].

lierte.[81] Bei Juristen, Medizinern und Philosophen sei der Grundsatz, alles zu prüfen und das Gute zu behalten, eine zentrale Maxime ihres Handelns. Nur die Theologen hätten diesen Satz vergessen. Dabei habe Martin Luther die Tyrannei des Papstes, der der Antichrist sei, vom Wort Gottes her aufgedeckt. Zeitkritisch wandte sich Wigand allgemein gegen »jene Stimmen in der Kirche«, die sich wieder an feste Lehrmeinungen anschließen wollten, andere verketzerten und Bekenner verfolgten. Er dachte dabei sicher an die adiaphoristischen Auseinandersetzungen mit den Wittenberger Theologen, mit Melanchthon und seinen Schülern. Wigand brachte auf diese Weise am klarsten zum Ausdruck, dass diese Erscheinungen Zeichen der Endzeit seien,[82] in der Steindorffer seinen Glauben standhaft als Bekenntnis zur Wahrheit zu bewahren hatte. Erfahrungsgesättigt war diese Aussage, da Wigand gerade selbst als Professor in Jena entlassen worden war, weil er in der Durchsetzung seiner Überzeugungen nicht nachgeben wollte. Die anderen Inskribenten standen diesem Erfahrungsbezug in nichts nach. Zum Teil wechselten sie ebenfalls mehrfach als »Exules Christi« aus theologischer Überzeugung ihre Ämter. Selbst Steindorffer musste Jahre später diese Erfahrung machen, als ihn Kurfürst August 1574 als Hofprokurator entließ, weil er dem verstorbenen Herzog Johann Wilhelm treu ergeben gewesen war. August verfolgte mit seiner vormundschaftlichen Regierung in Weimar aber andere (konfessions)politische Ziele.

Die Einträge der Weimarer Pfarrer können als eine Einheit gelesen werden: Bartholomäus Rosinus, Superintendent in Weimar, zog ein Exempel aus einem Brief des Kirchenvaters Augustin heran,[83] um die Unbestechlichkeit von Juristen deutlich einzufordern. Sein Diakon Benedikt Mehlhorn gab Steindorffer ausgehend von Ps 17,8 (»Behüte mich wie einen Augapfel im Auge, beschirme mich unter dem Schatten deiner Flügel.«) einen eher seelsorglichen Rat, dass Gott ihm in seinen Amtsgeschäften beistehen werde.[84] Er solle im Gebet und Glauben Rückhalt suchen. Fabian Keyn wählte für seinen Eintrag Ps 119,9 aus: »Wie wird ein junger Mann seinen Weg unsträflich gehen? Wenn er sich hält an deine Worte.« Damit bestärkte er Steindorffer, in kindlicher Zuversicht das Wort Gottes weiterhin beständig zu achten und zu bewahren.[85] Ebenfalls einen Vers aus Ps 119 suchte Jonas Franke aus (v. 46: »Ich rede von deinen Zeugnissen vor Königen und schäme mich nicht.«), um daran zu verdeutlichen, dass ein aufrechtes Bekenntnis durch den Heiligen Geist gestärkt werde.[86] Schließlich ermahnte Johannes Aurifaber mit Ps 119,105 (»Dein Wort ist meines Fußes Leuchte und ein Licht auf meinem Wege.«) Steindorffer, sich treu an das Wort Gottes zu halten.[87]

81 Ebenda 3r–4v.

82 Vgl. auch Johann Wigand, Synopsis Antichristi Romani spiritv oris Christi reuelati (Jena 1560) [VD16 W 2868].

83 ThULB Jena, 8 Theol. III, 10/6, 5r.

84 Ebenda 5v.

85 Ebenda 6r.

86 Ebenda 7v.

87 Ebenda 13r–v.

Als erster Theologe wählte Joachim Magdeburgius ein Zitat von Martin Luther aus, das er dem fünften Band der Jenaer Lutherausgabe entnommen hatte.[88] Demnach sollte sich Steindorffer als guter Rat am Hof bewähren. Philipp Ruthenus schrieb Steindorffer ebenfalls ein Lutherzitat in das Stammbuch, das aber eher eine Paraphrase darstellt.[89] Dabei erinnerte er nochmals an die Bedrohung durch den Papst. Den Bekennern des Evangeliums gehe es so wie den Propheten des Alten Testaments. Timotheus Kirchner benutzte ein Zitat aus dem achten Band der Jenaer Lutherausgabe,[90] mit dem er Luthers Kritik an den Juristen herausstrich, die sich nicht in geistliche Angelegenheiten einmischen sollten, sondern nur für das weltliche Recht zuständig seien. Schließlich zog Conrad Perca einige Tischreden Luthers als Grundlage für seinen Eintrag heran, die er vermutlich aus seinen persönlichen Aufzeichnungen zusammengezogen hatte.[91] Die Geringschätzung der Theologen durch die Juristen wurde darin betont. Trotzdem dürfte ein Theologe nicht seinen Mut sinken lassen, weil die Gefühle das Einfallstor für den Teufel seien. Gerade angesichts aktueller Anfechtungen durch Adiaphoristen, Synergisten und Majoristen warnte er vor dem Umgang mit falschen Brüdern.

Eine weitere Gruppe von Theologen benutzte für ihre Einträge Kirchenväterzitate als Grundlage:[92] So nahm Christoph Irenäus einen Bericht über die Auseinandersetzung zwischen Basilius von Caesarea und Kaiser Valens aus Cassiodors Historia tripartita zum Anlass, Steindorffer zur Standhaftigkeit in Glaubensfragen zu ermahnen.[93] Diese seien keine beliebigen Angelegenheiten. Den Primat des Papstes bestritt Cyriakus Spangenberg mit einem Hinweis auf Johannes Chrysostomus.[94] Joachim Mörlin,[95] Martin Chemnitz[96] und Andreas Paradysus[97] wählten Zitate aus den Schriften des Kirchenvaters Augustin. Damit ermahnten sie Steindorffer zu

---

88 Ebenda 7^{r}. Vgl. Der fünfte Teil aller Bücher vnd Schrifften des thewren/ seligen Mans Doct: Mart: Lutheri vom XXX. jar an/ bis auffs XXXIII (Jena 1557) [VD16 L 3330] 307^{r}.

89 ThULB Jena, 8 Theol. III, 10/6, 8^{r-v}.

90 Ebenda 9^{r-v}. Vgl. Der achte Teil aller Bücher vnd Schrifften des thewren/ seligen Mans Doct: Mart: Lutheri vom XLII. Jar an/ bis auff seinen Christlichen Abschied aus diesem Leben/ vnd dasselbe Jar vollend hinaus/ bis auffs XLVII. Geschrieben/ vnd im Druck ausgangen (Jena 1558) [VD16 L 3337] 417^{r} = WA Br 10,507,129–508,137, Nr. 3959 (22. 1. 1544).

91 ThULB Jena, 8 Theol. III, 10/6, 18^{r}–19^{r}. Vgl. Katharina Bärenfänger/Volker Leppin/Stefan Michel (Hg.), Martin Luthers Tischreden. Neuansätze der Forschung (SMHR 71, Tübingen 2013). Interessant ist an Percas Eintrag, dass die Varianten der Tischreden von den bisher bekannten Sammlungen abweichen. Dies illustriert die weite Verbreitung solcher Aufzeichnungen unter den Lutherschülern und die durch mehrfaches Abschreiben auftretende Variantenbildung.

92 Vgl. zu den Hintergründen: Leif Grane/Alfred Schindler/Markus Wriedt (Hg.), Auctoritas patrum. Zur Rezeption der Kirchenväter im 15. und 16. Jahrhundert, 2 Bde. (VIEG 37 und 44, Mainz 1993 und 1998).

93 ThULB Jena, 8 Theol. III, 10/6, 10^{r}–12^{r}.

94 Ebenda 12^{v}.

95 Ebenda 16^{r-v}.

96 Ebenda 17^{r-v}.

97 Ebenda 17^{v}.

Standhaftigkeit gegenüber dem Wort Gottes, zumal Gott im Menschen alles Gute wirke. Unrechten menschlichen Entscheidungen sollte deshalb widerstanden werden.

Alle Einzeichnungen lassen erkennen, dass Steindorffer den sich eintragenden Theologen bekannt war. Sie ermahnten ihn darin, sich in seinem Stand als Jurist im Glauben und Vertrauen auf Gottes Wort für die Durchsetzung der Gerechtigkeit einzusetzen. Neben Zitaten aus der Heiligen Schrift wurden Luther- und Kirchenväterzitate zur Untermauerung dieser Aussagen herangezogen. Aus Exempeln sollte Steindorffer lernen, seinen Weg richtig zu gehen. Eine wesentliche Motivation für die Mahnungen war das als nah empfundene Weltende, was an den Streitigkeiten unter den evangelischen Theologen, aber auch dem Wüten des Papstes zu erkennen sei.

V. Resümee: Sebastian Steindorffer als Teil eines gnesiolutherischen Netzwerks

Steindorffers Stammbuch ist ein eindrucksvoller Beleg dafür, dass gnesiolutherische Anliegen nicht nur unter den Theologen verbreitet waren, sondern auch von Laien – wie hier einem Juristen und herzoglichen Verwaltungsbeamten des Weimarer Hofes – geteilt und weitergetragen wurden. Das Ringen um das theologische Erbe Luthers interessierte demnach nicht nur die Theologen.[98] Es hatte ebenso für Laien eine existentielle Bedeutung, die im Angesicht des als nah erwarteten Jüngsten Tages für die Wahrheit des Evangeliums eintreten wollten. Damit entsprach Steindorffer dem lutherischen Idealbild eines gottesfürchtigen Juristen.

Insgesamt ist Steindorffers Stammbuch eine sozial- bzw. kirchengeschichtliche Quelle ersten Ranges, die das »Netzwerk« der Gnesiolutheraner vor 1567, dem Jahr, in dem Flacius seine Erbsündenlehre verschärft vortrug und so für weitere Ausdifferenzierungen sorgte, vor Augen führt. Es verweist darauf, dass es vielfältige Kommunikationsstrukturen in diesem Netzwerk gab, die sich über einen weiten geographischen Raum erstreckten. Die Reisen Steindorffers nach Jena und Braunschweig wurden sicher auch für den Austausch innerhalb dieses Netzwerks genutzt, indem er Nachrichten und Neuigkeiten weitertrug.

Offen muss bleiben, ob Steindorffer mit Franke, Mehlhorn, Magdeburgius und Irenäus auch noch Kontakt pflegte, nachdem sie nach Österreich gegangen waren. Sicher könnten über die hier vorgetragenen Beobachtungen weitere Verbindungen zwischen den Einträgen und den Drucken des Stammbuchs aufgedeckt werden. Ein Anhaltspunkt wäre das von Aurifaber gewählte Ambrosius-Zitat und der letzte Druck, der einen Brief des Ambrosius von Mailand bietet, der auf den Streit über das Weimarer Konsistorium verweist. Doch diese Fragen müssen späteren Forschungen vorbehalten bleiben.

98 Vgl. zu diesem Thema auch die Studie von Robert J. Christman, Doctrinal controversy and lay religiosity in late Reformation Germany. The case of Mansfeld (Studies in medieval and reformation traditions 157, Leiden–Boston 2012).

Das Stammbuch des Weimarer Juristen Sebastian Steindorffer aus den Jahren 1561 bis 1568. Edition und Übersetzung

Bearbeitet von Stefan Michel und Jörg Siebert

Die Thüringer Universitäts- und Landesbibliothek Jena (ThULB) verwahrt unter der Signatur 8 Theol. III, 10/6 das Stammbuch des Weimarer Juristen Sebastian Steindorffer, das dieser in den Jahren 1561 bis 1568 führte.[1] In für Stammbücher dieser Zeit typischer Weise sind die 18 handschriftlichen Eintragungen einer Sammlung von sechs Drucken vorgeschaltet. Inhalt der Einträge und Inhalt der Drucke korrespondieren miteinander. Die ersten drei Einträge des Stammbuchs von Matthäus Judex, Matthias Flacius und Johann Wigand wurden von Gustav Frank bereits ediert [Die Jenaische Theologie in ihrer geschichtlichen Entwickelung. Eine Festgabe (Leipzig 1858) 135 f.], ohne jedoch den Fundort anzugeben.

Die Textgestalt der vorliegenden Edition folgt den dafür üblichen Konventionen für die Edition von Texten des 16. Jahrhunderts.[2] Hinsichtlich des Buchstabenbestandes stand das Bemühen um Vorlagentreue im Vordergrund. Konsonantendoppelungen ohne Funktion wurden jedoch nicht wiedergegeben. Mit Ausnahme von Satzanfängen, Eigennamen (Personennamen, Ortsbezeichnungen, Tages- und Monatsbezeichnungen) wurde die Kleinschreibung angewandt. Textauszeichnungen wurden vorlagengetreu übernommen. Großschreibung für »Gott« bzw. »Deus« und die entsprechenden deklinierten Formen wurden beibehalten, wenn diese Worte in der Vorlage großgeschrieben waren. Die Interpunktion wurde vorsichtig den geltenden Regeln angepasst. U/u und V/v werden nach ihrem Lautwert entweder vokalisch oder konsonantisch wiedergegeben. J/j wird in den deutschen Texten dem Lautwert entsprechend als I/i oder J/j, in lateinischen Texten grundsätzlich als I/i wiedergegeben. Ligaturen und Abbreviaturen wurden stillschweigend aufgelöst. Mit Punkt oder Doppelpunkt abgekürzte Wörter sowie fortgelassene Buchstaben wurden in eckigen Klammern ergänzt. Der hebräische und griechische Zeichensatz wurde auf die heute

---

1 Vgl. dazu den Beitrag »Gnesiolutherisches Bekenntnis und juristischer Tugendspiegel im Angesicht der Endzeit. Das Stammbuch des Weimarer Juristen Sebastian Steindorffer aus den Jahren 1561 bis 1568« von Stefan Michel in diesem Band.

2 Vgl. Oskar Reichmann, Editionsprinzipien für deutsche Texte des späten Mittelalters und der frühen Neuzeit, in: Sprachgeschichte. Ein Handbuch zur Geschichte der deutschen Sprache und ihrer Erforschung, Bd. 1, hg. von Werner Besch u. a. (HSK 2.1, Berlin–New York 1984) 693–703; Rolf Tarot, Editionsprinzipien für deutsche Texte der Neuzeit, in: Ebenda 703–711; Empfehlungen zur Edition frühneuzeitlicher Texte: *Jahrbuch der historischen Forschung in der Bundesrepublik Deutschland* 1980 (Stuttgart 1981) 85–91; Gerhard Müller, Empfehlungen zur Edition frühneuzeitlicher Texte der »Arbeitsgemeinschaft außeruniversitärer historischer Forschungseinrichtungen«. *ARG* 71 (1981) 299–315.

übliche Schreibweise beschränkt, da insgesamt ein leicht lesbarer Text hergestellt werden sollte. Die Wiedergabe der Unterschriften erfolgte zeilengenau.

Die Übersetzung soll lateinunkundigen Lesern den Zugang zu dieser Quelle erleichtern. Dabei wurde nicht in jedem Fall eine wörtliche Übersetzung gewählt, sondern eine sinngemäße Wiedergabe des Inhalts und seiner Zusammenhänge angestrebt.

Sebastian Steindorffer: Inhaltsverzeichnis

[*Vorsatz*] Th. III, o. 10/6[3]
I. Warhaftiger bericht von den wolthaten, die Gott durch Luthern Deutzschlandt erzeiget. Cyriacus Spangenberg.[4]
II. Repetitio Matthiae Flacii Illyrici de λόγῳ et aliis quibusdam.[5]
III. Confessio Witebergensium de libero arbitrio etc. una cum utilibus scholiis Illyrici. Item de disputatione Alesii.[6]
IIII. Supplicatorii libelli quorundam theologorum de synodo propter controversias graviss[imas] congreganda etc.[7]
V. Epistola theologorum Ienensium ad quosdam pios fratres de causa Victorini.[8]
VI. D[ivi] Ambrosii epistola de aulicis potentum mundi consistoriis super servos Christi in causis religionis.[9]

I. Wahrhaftiger Bericht von den Wohltaten, die Gott durch Luther Deutschland erwiesen hat. Cyriacus Spangenberg.

---

3 Die Signatur wurde kurz nach 1817 vergeben und in den Band eingetragen. Der dahinter angebrachte Bleistiftvermerk aus der Mitte des 20. Jahrhunderts »HZ/DH« steht für »Handschriftenzimmer/Drucke mit handschriftlichen Zusätzen«. Diese gesonderte Aufstellung wurde inzwischen wieder aufgegeben.

4 Cyriacus Spangenberg, Warhafftiger Bericht von den wolthaten, die Gott durch D. Martin Luther seligen fuernemlich Deudschland erzeigt und von der Schendlichen groben undanckbarkeit fuer solche grosse gaben (Jena 1561) [VD16 S 7720].

5 Matthias Flacius Illyricus, Repetitio apologiae [...] de Logo et alijs quibusdam (Jena 1561) [VD16 F 1489].

6 Matthias Flacius Illyricus, Confessio Et Sententia VVitebergensium De Libero arbitrio, cuidam Electori, anno M.D.LXI. exhibita. Vna cum utilibus Scholijs (vmtl. Jena 1561) [VD16 ZV 3796].

7 Svpplicatorii Libelli Qvorvndam Christi Ministrorvm De Synodo Propter Controversias Gravissimas Congreganda. Partim Antea Editi, Partim Nvnc Recens Ad Conventvm Navmbergensem Missi Et Exhibiti (Vrsellis 1561) [VD16 S 10215].

8 Simon Musäus/Matthias Flacius Illyricus/Johann Wigand/Matthäus Judex, Epistola Theologorvm Ienensivm Ad Qvosdam pios fratres de causa Victorini (vmtl. Jena 1561) [VD16 J 207].

9 [Ambrosius von Mailand,] Mediolanensis: Vtilissima D. Ambrosii Epistola, De Aulicis potentum mundi Consistorijs, super seruos Christi in causis Religionis (vmtl. Jena 1561) [VD16 A 2214].

II. Neuerliche Ausführung des Flacius Illyricus Über den Logos und einige andere Themen.
III. Stellungnahme der Wittenberger zum freien Willen usw., zusammen mit nützlichen Erklärungen des Illyricus. Ebenso über die Disputation des Alesius.
IV. Dringliche Bittschrift einiger Theologen betreffs der Einberufung einer Synode wegen schwerster Streitfragen usw.
V. Schreiben Jenaer Theologen an einige fromme Brüder in der Sache Victorinus.
VI. Schreiben des heiligen Ambrosius zum Thema Ratsversammlungen am Hofe der Mächtigen der Welt über Diener Christi in Sachen der Religion.

Adrian Beier (1600–1678): Besitzvermerk

Hic Libellus mihi charus propter Manuscripta.
M[agister] Adr[ian] Beier.
Diaconus Ienen[sis]
A[nno] C[hristi] 1669 22. Septembris

Dieses Buch ist mir lieb wegen der handschriftlichen Eintragungen
Magister Adrian Beier
Diakon in Jena
Im Jahre Christi 1669, am 22. September.

Matthäus Judex (1528–1564). Jena, 17.12.1561

[*1*^{r}] Ante paulos annos quidam iurisperitus regis Ferdinandi consiliarius, in agone constitutus desperabundas edidit voces se a Deo in aeternum abiectum esse, propterea quod contra suam conscientiam in politicis et ecclesiasticis causis semper inter veritatem[a] [*1*^{v}] et mendacium quaesierit medium, cum tamen bene novisset immediate contraria esse et nunquam reconciliari posse.
Hoc et similia exempla multa Deus nostro seculo iureconsultis proposuit, si vellent aliquando discere verum esse illud Esaiae: Vae qui album nigrum, lucem tenebras, bonum malum et[b] [*2*^{r}] malum bonum dicunt,[10] item Salomonis qui iustificat impium et damnat iustum, abominatio est coram domino.[11]
Matthaeus Iudex
Exul Ienae
scripsit 17.
Decemb[ris]
1561.

[a] *Kustode:* et. | [b] *Kustode:* malum.

10 Jes 5,20.
11 Spr 17,15.

Vor einigen Jahren hat ein Rechtskundiger, Rat König Ferdinands, in Todesangst verzweifelte Worte ausgestoßen: Er sei von Gott in Ewigkeit verworfen, deswegen weil er gegen sein Gewissen in weltlichen wie kirchlichen Rechtsfällen immer zwischen Wahrheit und Lüge die Mitte gesucht habe, obwohl er doch sehr wohl wusste, dass sie unmittelbar Gegensätze seien und niemals versöhnt werden könnten.

Diese Geschichte und viele ähnliche hat Gott in unserer Zeit den Rechtsgelehrten vor Augen gestellt, sofern sie nur irgendwann begreifen wollten, dass jenes Wort des Jesaja wahr ist: »Wehe denen, die weiß schwarz, Licht Finsternis, gut böse und böse gut nennen«. Genauso das Wort Salomos: »Wer den Gottlosen rechtfertigt und verdammt den Gerechten, ist ein Gräuel vor dem Herrn«.
Matthäus Judex
hat das als Vertriebener in Jena geschrieben
am 12. Dezember 1561.

Matthias Flacius (1520–1575). [Jena], [zwischen 17. und 22.12.1561]

[*2*v] Recte dicunt iura clericos esse milites celestis regni et eos debere esse audaces ad defendendam legem Dei. Multo autem magis Deus in suo iure extremam audaciam et vehementiam in hac re cum ab omnibus hominibus, tum praesertim a sinceris doctoribus severissime flagitat. At impii, qui omnia sibi licere somniant et nullum talem zelum in semet experiuntur, putant vel ambitionem quandam[a] extremam vel etiam furorem carcere et cathenis cohercendam eos agitare. Hinc persequutio, martyria, ira Dei et eversio tyrannorum et regnorum.
Matth[ias] Fl[acius] Illy[ricus]

[a] *Ein zweites* dam *gestrichen.*

Ganz richtig sprechen die Rechtsbestimmungen davon, dass Geistliche Streiter für das himmlische Reich sind und sie den Mut haben müssen, das Gesetz Gottes zu verteidigen.

Noch viel mehr aber fordert Gott dringend und mit größter Strenge, wo es um sein Recht geht, äußersten Mut und äußersten Einsatz in dieser Sache von allen Menschen und ganz besonders von denen, die wirklich seine Lehrer sind.

Aber die Gottlosen, die sich einbilden, ihnen sei alles erlaubt, und die keinen solchen glühenden Eifer in sich spüren, glauben, dass diese ein alle Grenzen sprengender Ehrgeiz – oder gar Raserei – antreibe, der durch Gefängnis und Ketten gezügelt werden müsse.

Daher rühren Verfolgung und Martyrien, der Zorn Gottes und der Sturz von Fürsten und Reichen.

Matthias Flacius Illyricus.

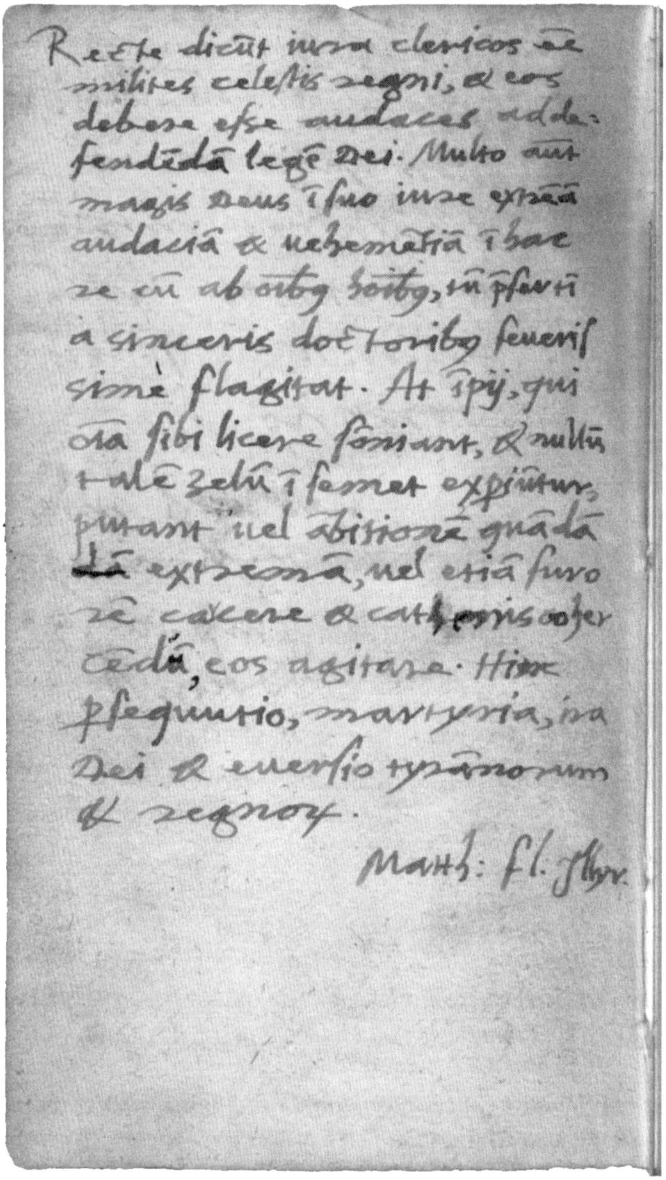

Recte dicũt ipsi clericos ēē
milites celestis regni, et eos
debere esse audaces ad de-
fendendã legẽ Dei. Multo autẽ
magis Deus ī suo ipse extremã
audaciã et vehementiã ī hac
re cũ ab omnibus hominibus, tũ praeserti
a sinceris doctoribus severis
sime flagitat. At ipsi, qui
omnia sibi licere somniant, et nullũ
talẽ zelũ ī semet experiuntur,
putant vel ambitionẽ quandã
vel extremã, vel etiã furo
rẽ carcere et [illegible]
cedũ, eos agitare. Hinc
persecutio, martyria, ira
Dei et eversio tyrannorum
et regnorũ.

Matth: Fl. Illyr.

Eintragung von Matthias Flacius vom Dezember 1561
ThULB Jena, 8 Theol.III,10/6, Bl. 2v

Johann Wigand (1523–1587). Jena, 22.12.1561

[3^r] I Thes. 5.[12]
Omnia probate, quod bonum est, tenete.
Hanc regulam iuristae in suo foro suisque civilibus rebus studiose observant. Ventilant enim et excutiunt scrupulose omnes causarum circumstantias, ut id, quod verum, iustum, aequum est, vindicent.
Medici quoque in sua arte hoc axioma sequuntur in explorando morbo et medicamine, ne opium pro apio praebeant.
Philosophi similiter res magna sagacitate inquirunt ac deligunt.
Tantum vero in rebus religionis christianae hoc praeceptum existimatur esse vile et adiaphoron.
[3^v] Papa Romanus, ut magis antichristum repraesentaret, edictis vetuit severissime, ne quis laicus sibi potestatem de dogmatibus fidei iudicandi sumeret, sed suis decretis citra omnem accuratiorem explorationem subscriberet. Hanc enormem tyrannidem monstri Rom[ani] vir Dei Lutherus ex verbo Dei detexit et destruxit. Quid autem post eius obitum fit? Rursum illae voces in ecclesia Dei incipiunt sonare et dominari. Hic praeceptor est. Hic bene meritus est de plurimis. Hic vir magnus est. Hic est Dominus. Hic est potens. Ergo eius sententiae adstipuleris, licet [4^r] ipsam veritatem et eius confessores impugnet et opprimat. Si dicas omnia prius probanda, exploranda, cognoscenda esse penitius, mox audiuntur istae voces, hic est sophista, est inquietus, est haereticus, affligatur, prematur, crucifigatur. Nam, eo usque res processit, ut tantum sit istis credendum, quaelibet contra veram doctrinam verosque doctores ebuccinantibus, quod si quis detrectet facere, mox ipsorum malevolentiam et damna experitur.
Sic adiaphorismus longe lateque sese nunc extendens pro uno papa infinitos nobis producit papas. [4^v] Sed qui Deum metuit et cogitat de altera vita, is regulam hanc sequatur sive rideat sive ploret mundus, probet omnia, bonum retineat, malum vero aversetur et detestetur a quocunque tandem papa vel Romano vel adiaphoristico prolatum, licet ille rectus ovilla veste titulum hunc videatur respuere.
Johannes Wigandus
Theologus 22. Decemb[ris] 1561.
Jenae
p[ropria] m[anu] s[cripsit]

1Thess.5
Alles prüft. Was gut ist, haltet fest.

Diese Regel beachten Juristen mit Fleiß bei ihrem Auftreten in der Öffentlichkeit und wenn es um ihre persönlichen Belange geht.

Sie erörtern nämlich und untersuchen gewissenhaft alle Umstände der Sachverhalte, um das, was wahr, recht und billig ist, zu bewahren.

---

12 1.Thess 5,25

Auch Ärzte folgen auf ihrem Gebiet diesem Grundsatz, wenn sie eine Krankheit untersuchen und eine Arznei festlegen, damit sie nicht ein Gift statt einer Medizin verabreichen.

Philosophen suchen und wählen in gleicher Weise ihre Themen mit großem Scharfsinn.

Nur aber in Fragen der christlichen Religion meint man, diese Anweisung sei nichts wert und ein Adiaphoron.

Der Papst in Rom hat, um noch mehr den Antichristen zu geben, durch Verfügungen aufs strengste verboten, dass irgendein Laie sich das Recht herausnehme, über Glaubenssätze zu urteilen, aber zugleich verlangt, er solle seinen Anordnungen ohne jegliche sorgfältigere Prüfung beipflichten.

Diese abscheuliche Tyrannei des Ungeheuers in Rom hat der Mann Gottes Luther vom Wort Gottes her aufgedeckt und zerstört. Was aber geschieht nun nach seinem Tod?

Wieder beginnen jene Stimmen in der Kirche Gottes laut zu werden und Geltung zu gewinnen: Da ist der Lehrmeister. Da hat sich einer wohl verdient gemacht um sehr Vieles. Da ist der große Mann. Da ist der Herr. Da ist der mächtige Mann.

Also sollst du seiner Meinung beipflichten, obwohl er die Wahrheit selbst und deren Bekenner bekämpft und unterdrückt. Wenn du darauf hinweist, man müsse alles vorher recht gründlich prüfen, untersuchen und kennenlernen, lassen sich bald solche Stimmen hören: Der ist ein Besserwisser, ist ein Störenfried, ist ein Ketzer, er soll entmutigt werden, bedrängt werden, gepeinigt werden. Denn soweit ist es schon gekommen, dass nur solchen Leuten Glauben geschenkt werden darf, die alles Mögliche gegen die wahre Lehre und die Lehrer, die der Wahrheit verpflichtet sind, ausposaunen. Wenn jemand dann es ablehnt, ihnen Folge zu leisten, bekommt er ihre Missgunst und ihre Strafaktionen zu spüren.

So bringt der Adiaphorismus, der sich nach allen Seiten hin jetzt ausbreitet, uns statt eines Papstes unzählig viele Päpste. Aber, wer Gott fürchtet und sich über ein anderes Leben Gedanken macht, der soll dieser Regel folgen, ob die Welt nun darüber lacht oder Tränen vergießt: Er soll alles prüfen, das Gute soll er behalten, das Schlechte aber soll er zurückweisen und nachdrücklich ablehnen, von welchem Papst denn auch immer, dem in Rom oder dem der Adiaphoristen, es ausgeht, auch wenn jenem, dem ehrlichen Mann in seinem Schafsgewand, solche Charakterisierung gar nicht zu treffen scheint.

Das hat Johann Wigand,
ein Theologe,
am 22. Dezember 1561
in Jena
mit eigener Hand geschrieben.

Bartholomäus Rosinus (1520–1586). Weimar, 6.9.1562

[5r] D[IVUS] AVGVSTINVS.
Epistola 54 ad Macedonium.[13]
Judex non ideo debet vendere iustum iudicium, aut testis verum testimonium, quia vendit Advocatus iustum patrocinium, et IURISPERITUS verum consilium. Illi enim inter utramque partem ad examina adhibentur: Isti ex una parte consistunt. Cum autem iudicia et testimonia, quae nec iusta nec vera vendenda sunt, iniqua et falsa venduntur, multo sceleratius utique pecunia sumitur: Quia scelerate etiam, quamvis a volentibus, datur. Ille tamen solet tanquam sibi male ablatam pecuniam repetere, qui iustum iudicium emit: Quoniam venale esse non debuit. Qui vero pro iniquo iudicio dedit, vellet quidem repetere, nisi timeret vel puderet emisse.[14]
M[agister] Bartholomäus Rosinus
Pastor et Superintendens
manu propria scribebat
Vinariae, 6. Septembris 1562.

Der heilige Augustin,
Brief 54 an Makedonius:

Ein Richter darf nicht deshalb ein Urteil nach Recht und Gesetz oder ein Zeuge ein wahrheitsgemäßes Zeugnis erkaufen lassen, weil ein Rechtsanwalt für eine Verteidigung nach Recht und Gesetz und ein Rechtsgelehrter für einen wahrheitsgemäßen Rat Geld erhalten. Jene nämlich – Richter und Zeuge – werden in Anspruch genommen, um zwischen beiden Parteien ein Urteil zu fällen. Diese – Rechtsanwalt und Rechtsgelehrter – stehen jeweils auf Seiten einer Partei. Wenn aber Urteilssprüche und Zeugenaussagen, die, wenn sie nach Recht und Gesetz erfolgen und der Wahrheit entsprechen nicht erkauft werden dürfen, nun, obwohl sie Recht und Gesetz nicht entsprechen und unwahr sind, erkauft werden, wird jedenfalls in höherem Maße frevelhaft Geld dafür genommen. Denn es wird ja auch frevelhaft, wenn auch aus freien Stücken gegeben. Dennoch fordert jener, der ein Urteil nach Recht und Gesetz erkauft hat, gewöhnlich sein Geld zurück, weil es ihm gleichsam fälschlicherweise abgenommen worden ist. Denn das Urteil hätte nicht käuflich sein dürfen. Wer aber für ein Urteil gegen Recht und Gesetz sein Geld ausgegeben hat, würde es freilich zurückfordern wollen, wenn er nicht Befürchtungen hätte oder gar sich schämte, ein Urteil erkauft zu haben.
Magister Bartholomäus Rosinus,
Pfarrer und Superintendent,
hat dies eigenhändig geschrieben
in Weimar am 6. September 1562.

---

13 Wohl ein Richter in Hippo.

14 Augustin, ep. XLIII: CSEL 44,423,5–15.

Benedikt Mehlhorn (1526–1591). Weimar, 7.9.1562

[5v] Ps[almus] 17[15]

Custodi me ut pupillam oculi, sub umbra alarum tuarum protege me.

Suavissima rhetorica spiritus s[ancti] in hac precatione proponitur moneturque DEus, ut sol[l]icite et plus quam paterne pios defendat. Quid enim magis tenerum quam pupilla oculi. Hinc illud Zach[arias] 2 sumptum videtur. Qui vos tetigerit, tangit pupillam oculi mei.[16] Sic detur pictura defensionis divinae, est protectio sub umbra alarum: Domino autem protegente, quis nocere poterit? Accendamur igitur hac phrasi tam ad invocationem ardentem quam ad fidem. Certissime scientes DEum opitularem omnibus invocantibus ipsum in veritate affuturum.
Benedictus Melhorn
Diaconus Vinariensis
7. Septemb[ris] 1562

Psalm 17

Behüte mich wie einen Augapfel im Auge, unter dem Schatten deiner Flügel beschirme mich.

Sehr angenehm ist zu hören, was der Heilige Geist in diesem Gebet sagt: Gott wird dazu aufgefordert, sorgsam und mehr als nur wie ein Vater die Frommen zu beschützen.

Was nämlich ist empfindlicher als ein Augapfel im Auge? Davon scheint auch jener Satz aus Sacharja 2 auszugehen: »Wer euch antastet, tastet den Augapfel in meinem Auge an.« So soll ein Bild vom göttlichen Schutz gezeichnet werden – es ist der Schutz unter dem Schatten seiner Flügel. Wenn aber der Herr uns schützt, wer wird dann uns schaden können?

Wir sollen also durch diesen Satz ebenso zu inständigem Gebet wie zu brennendem Glauben ermuntert werden. Wir wissen ja ganz sicher, dass Gott, unser Helfer, allen, die ihn anrufen, gewiss beistehen wird.
Benedikt Melhorn,
Diakon in Weimar,
am 7. September 1562.

15 Ps 17,8
16 Zach 2,12b.

Fabian Keyn († 1568). [Weimar], 30.9.1562

[6r] Psal[mus] 119[17]
בָּמֶּה יְזַכֶּה נַּעַר אֶת אָרְחוּ לִשְׁמֹר כִּדְבָרֶךָ[18]
Quomodo adolescens serviens (deo) purificabit viam suam? Si custodierit verbum tuum.

Cum pii in hoc seculo inter perpetuas et astutissimas diaboli insidias versentur et quotidie[a] mundi illecebris et perniciosissimis exemplis ad exerrandum invitentur ac fere rapiantur, ab obedientia nostro Deo debita retrahantur ipsique carnem ad exerrandum promptissimam circumferant, non immerito aliquis quaeret: Quomodo נַעַר id est iuvenis, qui ministerium seu obsequ[ium] suum Deo[b] addixit, et tamen sit revera et in cognitione et cursu pietatis נַעַר hoc est puer ut infans, cum prudentibus huius seculi filiis collatus, stultus, quomodo inquam poterit gressus suos dirigere, ne sordibus mundi pedes suos contaminet? Respondeo: Hic spiritus S[anctus] eiusmodi נְעָרֵי unsers Herrn Gotts nerlein, dienern und kinderlein vitae regulam praescribit, brevem quidem, sed sufficientem, videlicet ut simplici et puerili diligentia verbum dei observent, et sollicite custodiant. Fidant ei quod promissum est.
Faciant, quod praeceptum est.
Fugiant, quod prohibitum est.
Formident, quod propositum est poenarum.
Haec sit נֵר לְרַגְלֵי הַנְעָרֵי id est lucerna pedum iuventutis deo servire volentis et vitae regula, qua observata incontaminati cursum suum peragent.
Fabianus Keyn
Diaconus Vinariensis
30. Sept[embris] anno 1562

[a] *Gestrichen:* Diaboli. | [b] *Später eingefügt.*

Psalm 119
בָּמֶּה יְזַכֶּה נַּעַר אֶת אָרְחוּ לִשְׁמֹר כִּדְבָרֶךָ
Wie wird ein junger Mann, der (Gott) dient, seinen Weg frei von Verfehlungen gehen?

Wenn er dein Wort hält.

Da die Frommen in dieser Welt unter ständigen und überaus heimtückischen Anschlägen des Teufels leben und täglich durch die Verlockungen der Welt und höchst gefährliche Vorbilder eingeladen, ja beinahe gedrängt werden, in die Irre zu gehen, von dem unserem Gott geschuldeten Gehorsam abgebracht werden und sie selbst ihr Menschsein mit sich tragen, das in höchstem Maße bereit ist, sich auf Irrwege zu begeben, wird da nicht ganz berechtigt jemand fragen: Wie wird נַעַר, *d. h. ein junger Mann, der seinen Dienst bzw. seine Gefolgschaft Gott*

17 Ps 119,9.
18 Der Text entspricht nicht dem Wortlaut in der heutigen Edition der Biblia Hebraica Stuttgartensia.

zugesagt hat und doch wohl tatsächlich in seiner Erkenntnisfähigkeit und seiner Gottesfurcht נַעַר, *d. h. ein junger Mensch ist, wie ein Kind, im Vergleich zu den klugen Kindern dieser Welt, töricht – wie wird der, sage ich also, seine Schritte recht lenken können, um nicht durch den Sündenschmutz der Welt seine Füße unrein zu machen?*

Meine Antwort: Hier gibt der Heilige Geist ebenso einem נְעָרֵי, *unsers Herrn Gotts Närrchen, Dienern und Kinderchen eine Lebensregel mit auf den Weg, eine kurze zwar, aber eine doch ausreichende, nämlich, mit schlichter und kindlicher Zuwendung das Wort Gottes zu achten und sorgsam zu bewahren.*

Sie sollen dem, was verheißen ist, vertrauen.
Sie sollen tun, was geboten ist.
Sie sollen meiden, was verboten ist.
Sie sollen sich grausen vor dem, was an Strafen angedroht ist.

Dies soll sein נֵרלְרַגְלֵי הַנְעָרֵי, *d. h. ein Licht für die Füße der jungen Leute, die Gott dienen wollen, und eine Lebensregel, bei deren Befolgung sie ohne Verfehlungen ihren Lebensweg vollenden werden.*

Fabian Keyn,
Diakon in Weimar,
am 30. September im Jahre 1562.

Georg Zieblerus (Ziebler). Jena, 13.2.1563

[6v] Ienae 1563 sub Id[ibus] Februa[rii]

Egregio sane titulo seu epitheto iurisprudentiae dediti ornantur sub initium legum suarum, quinam SACERDOTES IUSTITIAE nominantur:[19] Quod certe ἐγκώμιον studiosis eius facultatis et professionis omnibus semper ob oculos versari, imo pectoris in abdito conservari debebat et in admonitionem aureis (quod aiunt) literis exprimi atque depingi. Non enim sine gravissimo consilio et attentissima cogitatione sagacissimorum virorum fuit excogitatum, eoque positum loco, hoc observandum μνημόσυνον. Quo nimirum de causa efficiente finalique precipue commonefierent, praefecti IURIS et aequi. Hisque velut calcar in omnibus actionibus negotiis, causis, tractationibus adderetur.

Georg Zieblerus
Commonefactionis ergo

Jena 1563, am 13. Februar.

Mit einem in der Tat außerordentlichen Titel oder schmückenden Beiwort werden die, die sich der Rechtswissenschaft widmen, gleich zu Beginn ihrer Sta-

19 In den Statuten der Juristischen Fakultät der Universität Jena ist diese Formulierung nicht nachweisbar. Die in Frage kommenden Statuten von 1558 sind leider nicht überliefert. Es konnten nur die Fassungen von 1576 und 1591 verglichen werden. Für die Auskunft danken wir Dr. Thomas Pester von Archiv der Friedrich-Schiller-Universität Jena.

tuten geehrt. Sie werden nämlich ›Priester der Gerechtigkeit‹ genannt. Dieser Ruhmestitel müsste zurecht allen Studierenden an dieser Fakultät und allen in diesem Beruf immer vor Augen stehen, tief innen im letzten Winkel ihres Herzens bewahrt werden und zur ständigen Mahnung mit goldenen Buchstaben – wie man so sagt – hervorgehoben und geschrieben werden. Denn er ist nicht ohne ernsthafteste Überlegung und angestrengtestes Nachdenken klügster Männer erdacht und an diese Stelle gesetzt worden. Er muss als Mahnung Beachtung finden. Durch ihn – Auslöser und Endzweck allen Tuns – sollen nun allerdings in besonderer Weise die führenden Vertreter der Rechtswissenschaft und ihresgleichen ermahnt werden. Er soll sie als Ansporn bei allen Verhandlungen, Prozessen, Fällen und Untersuchungen begleiten.
Georg Ziebler,
zur Ermahnung.

Joachim Magdeburgius (1525–1587/95). o. O., o. D.

[7ʳ] Doctor Martinus Lutherus Tomo ger: 5. fol. 307.[20]

Der weise könig Salomon sagt, das ein einiger böẞwicht zu hofe groß unglück kan schaffen,[21] und widerumb ein einiger fromer naaman zu hofe viel gutts schaffen kan. Und weiter spricht Lutherus am selben ort: So will ich hiemit, nicht den fromen keiser, noch die fromen hern, sondern die verrether und bösewichter gemeinet haben, so unter keiserlichem namen, oder wie Salomon sagt, zu hofe, ihren verzweiffelten boßhafftigen muttwillen fürnhemen zu vollbringen.[22]

Et quanta pestis in gubernationibus mali consiliarii aulici sunt, hoc apertissime constat ex exemplis consiliariorum Darii regis Chaldeorum. Et ex exemplo Achitophel[23] idem quoque manifestum est exemplis nostrorum temporum.
Joachimus Magdeburgius.

Doktor Martin Luther, 5. deutscher Band der Jenaer Lutherausgabe, Bl. 307.

Der weise König Salomon sagt, dass ein einziger Bösewicht zu Hofe großes Unglück anrichten kann, und wiederum ein einziger frommer Naman zu Hofe viel Gutes schaffen kann. Und weiter spricht Luther an der gleichen Stelle: So will ich hiermit nicht den frommen Kaiser, noch die frommen Herren, sondern die Verräter und Bösewichte gemeint haben, die unter Kaiserlichem Namen, oder wie Salomon sagt: zu Hofe, sich vornehmen, ihren verzweifelten, boshaften Eigensinn zu vollbringen.

20 Magdeburgius benutzte folgende Ausgabe: Der fünfte Teil aller Bücher vnd Schrifften des thewren/ seligen Mans Doct: Mart: Lutheri vom XXX. jar an/ bis auffs XXXIII (Jena 1557) [VD16 L 3330].

21 Pred 9,18.

22 WA 30/III, 331,22–332,16 (Auff das Vermeynt keiserlich Edict Ausgangen ym 1531 iare nach dem Reichstage des 1530 jars Glossa D. Martini Luthers).

23 2. Sam 15–17 (Ratgeber Davids).

Und welch großes Unglück innerhalb von Regierungen schlechte Räte bei Hofe sind, das ist ganz offensichtlich erkennbar an den Beispielen der Räte des Chaldäer-Königs Darius. Und an dem Beispiel des Achitophel. Dasselbe tritt auch klar zu Tage bei Beispielen aus unseren Zeiten.
Joachim Magdeburgius

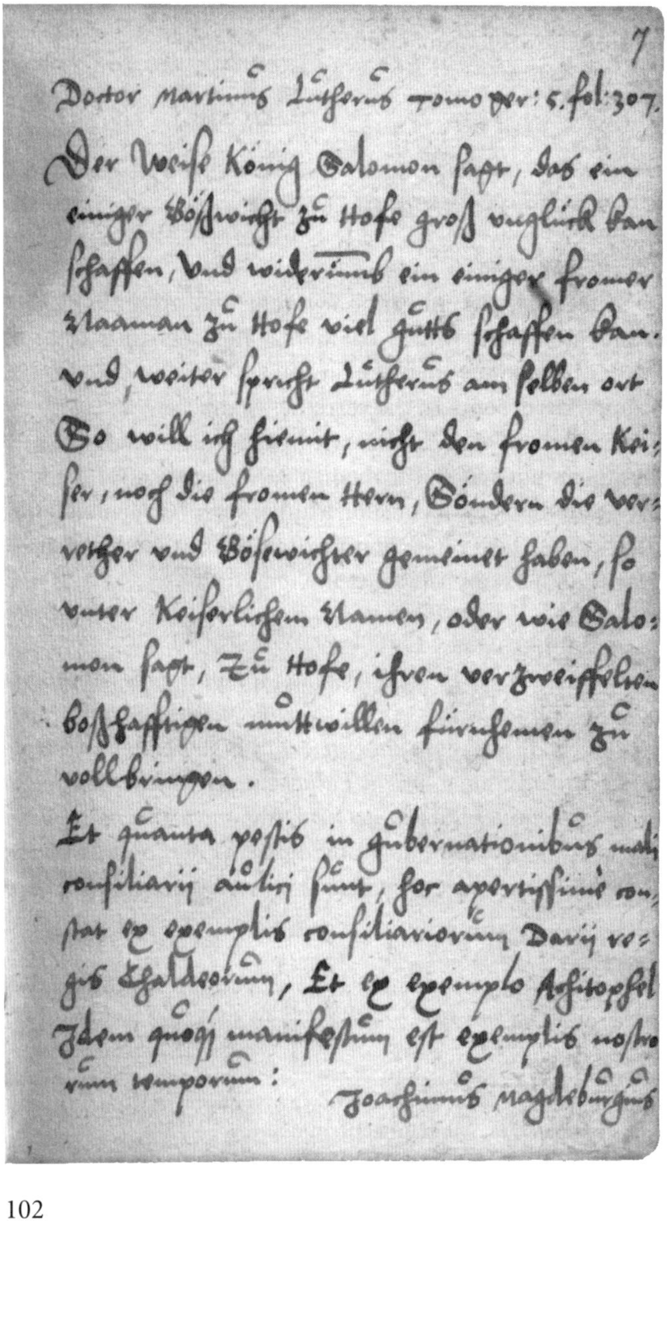
7
Doctor Martinus Lutherus tomo ger: 5. fol: 307.
Der Weise König Salomon sagt, das ein
einiger Böswicht zu Hofe groß unglück kan
schaffen, Und widerumb ein einiger fromer
Mann zu Hofe viel gutts schaffen kan.
Und, weiter spricht Lutherus am selben ort
So will ich hiemit, nicht den fromen Kei:
ser, noch die fromen Hern, Sondern die ver:
rether und Böseweichter gemeinet haben, so
unter Keiserlichem Namen, oder wie Salo:
mon sagt, Zu Hofe, ihren verzweifelten
boshaftigen muttwillen fürnhemen zu
vollbringen.
Et quanta pestis in gubernationibus mali
consiliarij aulici sint, hoc apertissime con:
stat ex exemplis consiliariorum Darij re:
gis Chaldeorum, Et ex exemplo Achitophel
Idem quoque manifestum est exemplis nost:
rorum temporum: Joachimus Magdeburgius

Eintragung von Joachim Magdeburgius von 1563
ThULB Jena, 8 Theol.III, 10/6, Bl. 7r

Jonas Franke (Franck). o. O., 9.2.1563

[*7*ᵛ] Psal[mus] 119[24]

Loquebar de testimoniis tuis in conspectu regum et non confundebar.[25]

Spiritus sanctus primum heic describit normam confessionis doctrinae videlicet Testimonia Dei, quae sunt prodita per prophetas et apostolos. Ioan. 15. Act. 10.[26]

Deinde docet non solum coram infimae sortis hominibus testimonium veritatis esse dicendum, sed etiam coram iis, qui potentia et reliquiis causis[a] secundis instructi atrocia minitantur.

[*8*ʳ] Denique solatur omnes confessores veritatis, ipsos nunquam in ea confessione confusum et destitutum iri, praesentia et victoria quam agit per ipsos spiritus S[anctus].

9. Febr[uarii] 1563

Jonas Francus exul.

[a] *Gestrichen:* instructi.

Psalm 119

Ich redete von deinen Zeugnissen vor Königen und schämte mich nicht.

Der Heilige Geist beschreibt zuerst hier die Richtschnur für das Bekennen der Lehre, nämlich die Zeugnisse Gottes, die durch die Propheten und Apostel überliefert sind. Joh. 15. Apg. 10.

Dann lehrt er, dass nicht nur vor Menschen niedrigsten Standes das Zeugnis für die Wahrheit abgelegt werden muss, sondern auch vor denen, die aufgrund ihrer Macht und anderen für sie günstigen Gegebenheiten schreckliche Dinge androhen können.

Schließlich macht er allen Bekennern der Wahrheit Mut, dass sie niemals bei diesem Bekennen beschämt und allein gelassen werden. Der Heilige Geist nämlich wird mit ihnen sein und durch sie den Erfolg bewirken.

Am 9. Februar 1563.

Jonas Franck,

Vertriebener.

24 Vulgata: 118.

25 Ps 119,46. Motto der Confessio Augustana (lateinische Fassung).

26 Joh 12,38 (?); Apg 10,43.

Philipp Reusse (Ruthenus). o. O., 1.3.1563

[*8*ʳ] Lutherus im buchlin an die pfarrer wider den wucher zu predigen weyssagt und spricht:[27] Der bapst wirdt es nicht thun, sondern die unsern denen wir itzundt[a] [*8*ᵛ] das euangelium predigen die werden es thun etc. Wie die propheten nicht von frembden konigen sondern von den konigen Israel und irem eygen volck sind verfolget und getadelt würden.
Philippus Ruthenus.
1563 1. Martii.

[a] *Kustode* das

Luther im Büchlein »An die Pfarrer wider den Wucher zu predigen« weissagt und spricht: Der Pabst wird es nicht tun, sondern die unsern, denen wir jetzt das Evangelium predigen, die werden es tun etc., wie die Propheten nicht von fremden Königen, sondern von den Königen Israels und ihrem eigenen Volk verfolgt und getadelt wurden.
Philippus Ruthenus.
Am 1. März 1563.

Balthasar Hancke († 1578). o. O, 6.7.1563

[*8*ᵛ] Milita bonam militiam retinens fidem et bonam conscientiam etc.[28]
[15]63 6. Julii.
Balthasar Hanck

Kämpfe den guten Kampf,
bewahre den Glauben und ein gutes Gewissen usw.
Am 6. Juli 1563.
Balthasar Hancke.

27 Die Schrift stammt von 1540. Vgl. WA 51, 325–424. Ein näherer Nachweis des Zitats war nicht möglich. Wahrscheinlich handelt es sich um eine Paraphrase.

28 Anspielung auf 1. Tim 1,18 f.

Timotheus Kirchner (1533–1587). [Ampfurth], [1564]

[9r] D[octor] Martinus Lutherus an die befehlhaber des consistorii zu Wittenberg. Tom. 8. Fol. 417.[29]

Die iuristen durften meiner lere nichts, haben grosse herrn, die mit inen faren, sonderlich den bapst, der wird sie wol wissen zu trosten. Allein das ich bezeuget haben wil fur Gott und der welt und iren ohren, das ich nicht mit inen faren wil noch in ire fart bewilligen, sondern mit aller macht [9v] widerraten habe. Solch gewissen wil ich in meiner heimfart mit mir nemen. Und an irem verdamniß oder wie sie es ruhmen, an irer selikeit unschuldig, auch ires himelreichs nicht teilhafftig sein, und dencken es sind wol grossere leut in die helle gefaren, weder die sindt. So ist mir armen sinder Gottes wort vertrauet, und befolhen zu predigen, das kan ich mich mit gutem gewissen ruhmen, und mus es verantworten. Den juristen ists nicht befolhen zu predigen, sondern wie geschrieben stehet, gebet dem keiser was des keisers ist, und Gotte, was Gottes ist,[30] dabey wil ichs und sie sollens on iren danck auch dabey lassen bleiben, des und kein anders.
M[agister] Timotheus Kirchnerus
Henrici Asseburgii concionator.

Doktor Martin Luther an die Befehlshaber des Konsistoriums zu Wittenberg, im 8. deutschen Band der Jenaer Lutherausgabe, Bl. 417.

Die Juristen bedürfen meiner Lehre nicht, sie haben große Herren, die mit ihnen umgehen, besonders den Pabst, der wird sie zuversichtlich zu trösten wissen. Allein das will ich bezeugt haben vor Gott und der Welt und ihren Ohren, dass ich nicht mit ihnen Umgang haben noch in ihre Fährte einwilligen will, sondern mit aller Macht dagegen geredet habe. Ein solches reines Gewissen will ich bei meinem Heimgang mit mir nehmen. Und an ihrer Verdammnis – oder wie sie es rühmen an ihrer Seligkeit – werde ich unschuldig, auch an ihrem Himmelreich nicht mitschuldig sein, und denken, es sind sicher größere Leute in die Hölle gefahren, als sie sind. So ist mir armen Sünder Gottes Wort anvertraut und zu predigen befohlen, wofür ich mich mit gutem Gewissen rühmen kann, und ich muss es verantworten. Den Juristen ist nicht befohlen zu predigen, sondern wie geschrieben steht »Gebt dem Kaiser, was des Kaisers ist, und Gott, was Gottes ist«. Dabei will ich es und sie sollen es gegen ihren Willen auch dabei bleiben lassen, so und nicht anders.
Magister Timotheus Kirchner,
Prediger bei Heinrich von Asseburg.

---

29 Kirchner benutzte folgende Ausgabe: Der achte Teil aller Bücher vnd Schrifften des thewren/ seligen Mans Doct: Mart: Lutheri vom XLII. Jar an/ bis auff seinen Christlichen Abschied aus diesem Leben/ vnd dasselbe Jar vollend hinaus/ bis auffs XLVII. Geschrieben/ vnd im Druck ausgangen (Jena 1558) [VD16 L 3337] = WA Br 10,507,129–508,137, Nr. 3959 (22. 1. 1544).

30 Mt 22,11; Mk 12,17; Lk 20,25.

Christoph Irenäus (1522–1595). [Eisleben], 24.3.1564

[*10*ʳ] Cum imperator Valens[31] iuberet[a] Basilium[32] assentiri Arianis atque, nisi obtemperaret, exilia et supplicia minaretur: Pueris, inquit Basilius, illa terriculamenta proponenda, sibi vero vitam eripi posse, sed confessionem veritatis eripi non posse. Fuerunt aliquot diebus continuae et acres inter Valentem et Basilium contentiones, quas tandem illustri exemplo Deus diremit. Cum enim iratus Valens venisset in templum cum satellitio armato, ut Basilium inde abduceret vi, cum ad sacerdotum pedes accessisset, subito vertigo imperatorem evertit ita, nisi viatorii proximi manibus exceptus et sus-[b] [*10*ᵛ] tentatus fuisset, collapsus solo corpus illisurus. Tremens igitur et attonitus ex templo a ministris effertur, ut Heliodorus[33] dicitur subita consternatione oppressus esse, cum templum in urbe Hierosolyma spoliaturus esset. Hoc exemplo aliquanto repressa est Valentis iracundia, sed discedente imperatore praefectus imperatoris[c] edictum proscriptionis pronunciat. Ecclesia concurrens flagitat sibi Basilium reddi aut eiici prohibet, cum tum Basilius iter pararet. Motu igitur tyrannus coactus permittit, ut Basilius maneat. Nec multo post, cum infaeliciter cum Gotthis dimicasset seque in fuga in casam rusticam abdidis-[d] [*11*ʳ] set, casa ab insequentib[us] militib[us] incensa combustus periit. Hic exitus fuit tyranni, qui pios doctores eiecerat et late Arii virus sparserat.

Item cum [e]idem[e] Maximus praefectus niteretur Basilium subvertere nunc blanditiis, nunc minis et diceret propter unum verbum ὁμοούσιον non est tanta persecutio suscitanda (ut Thuringiacus Pontius[f34] et Capricornus[35] putant propter vocabulum synergice non esse deserendas ecclesias). Respondit Basilius: [g]Qui divinis saginantur eloquiis, de divinis eloquiis nec syllabam corrumpere patiantur, sed pro his potius omnes mortis species amplectantur[g]. Amicitias autem imperatoris magnas cum pietate iudico, sine qua potius perniciem appello cumque praefectus eum vocaret stultum hanc inquit stultitiam semper habere exopto cumque [*11*ᵛ] ei minaretur mortem, Basilius ait, utinam dignus essem. Atque cum ei daretur nox media ad deliberandum a praefecto, ait Basilius crastino die ipse ero, qui nunc! Tu te utinam non mutes! Eadem nocte uxor imperatoris valde cruciatur et qui erat ei unicus filius, paternae impietatis ex[s]olvit supplicia etc. Item Valens commotus ab Arianis legem de Basilii exilio scribi praecepit, quam imperator volens subscribere, apicem unum complere non valuit, calamus enim contritus esse dicitur cumque secundo et tertio calamus hoc pertulisset, tum imperatorem[h] ambabus manib[us] volentem complere subscriptionem tremor invasit et chartam abrupit ostenditque Deus potentiam suam etc.

---

31 Flavius Valens (328–378), ab 364 oströmischer Kaiser.

32 Basilius von Caesarea, genannt der Große (329/30–379), ab 370 Bischof von Caesarea.

33 Vgl. 2. Makk 3,22–40.

34 Auf wen Irenäus hier anspielt, ist nicht klar. Stollte es sich um Strigel handeln?

35 Anspielung auf Johann Stössel (1524–1576).

[*12*ʳ] Licet multi iam tyrannidem et sevitiam Valentis et praefecti eius in pios et constantes ministros et confessores veritatis scelerati imitentur, tamen pauci ex ministris imitantur constantiam Basilii in confessione veritatis et impugnatione corruptelarum. Multi imitantur Demadis oratoris Atheniensis impium consilium. Cum enim Alexander Magnus[36] a senatu Atheniensi postularet se pro Deo coli et senatus deliberaret de hac impia postulatione Alexandri, Demades[37] surgens in medium dixit: Videte, ne, dum caelo iniuriam inferri [i]repugnatis, terram amittatis.[38] Summa. Wen man nur die hew und kleien behelt, so mag Christus mit seinen dienern und warheit hinfaren.

Christoph Irenaeus 24. Mart[ii]
1564.

[a] *Gestrichen:* assen. | [b] *Kustode:* tent. | [c] *gestrichen:* (ni. | [d] *Kustode:* set. | [e-e] übergeschrieben
[f] *gestrichen:* propter. | [g-g] *Anstrich am Rand mit der Bemerkung* Nota bene.
[h] *Das nächste Wort ist unleserlich gestrichen.* | [i] *gestrichen:* pe.

Als Kaiser Valens Basilius befahl, den Arianern zuzustimmen, und ihm, wenn er nicht gehorche, mehrfach Ausweisung und Strafen androhte, sagte Basilius: Kindern mag man jene schrecklichen Dinge androhen, ihm aber könne das Leben genommen werden, jedoch sein Bekenntnis zur Wahrheit nicht. Es gab an einigen Tagen anhaltende scharfe Auseinandersetzungen zwischen Valens und Basilius, die Gott schließlich durch ein deutliches Zeichen unterbrach. Als nämlich Valens voller Zorn in die Kirche gekommen war, zusammen mit einer bewaffneten Begleitmannschaft, um Basilius von dort mit Gewalt abführen zu lassen, und er bis vor die Füße der Priester gekommen war, ließ plötzlich ein Schwindelanfall den Kaiser straucheln. Infolgedessen wäre er gewiss auf dem Boden aufgeschlagen und hätte sich schwere Verletzungen zugezogen, wenn er nicht von den Händen eines Besuchers in seiner Nähe aufgefangen und gehalten worden wäre. Zitternd also und wie vom Donner gerührt, wird er von seinen Dienern aus der Kirche gebracht, genauso wie Heliodor, von dem man erzählt, er sei plötzlich von Angst und Schrecken übermannt worden, als er den Tempel in Jerusalem plündern wollte.

Durch dieses Erlebnis ist der Zorn des Valens für eine Weile beschwichtigt worden. Als aber der Kaiser sich zurückzieht, erlässt der Präfekt des Kaisers ein Edikt über die Verbannung des Basilius. Die Gemeinde strömt zusammen, verlangt dringend, dass Basilius zu ihr zurückkehrt bzw. verbietet, dass er ausgewiesen wird, als Basilius gerade eine Reise vorhatte. Durch den Volksauflauf also gezwungen, erlaubt der Herrscher, dass Basilius bleibt.

Nicht viel später, als Valens ohne Erfolg mit den Goten Krieg geführt und sich auf der Flucht in einer Bauernhütte versteckt hatte, kam er in den Flammen

36 Alexander der Große (356–323 v. Chr.), König von Makedonien.
37 Demades (ca. 380–319 v. Chr.), Redner und Staatsmann in Athen.
38 Der Text folgt Cassiodor, Historia tripartita VII, 36 (PL 69, 1095 f.).

ums Leben, als die Hütte von nachdrängenden feindlichen Soldaten in Brand gesteckt worden war.

Das war das Ende eines Gewaltherrschers, der die frommen Lehrer verjagt und das Gift des Arius überallhin ausgebreitet hatte.

Und das noch: Als eben der Präfekt Maximus es darauf abgesehen hatte, Basilius zu vernichten – bald mit Schmeicheleien, bald mit Drohungen – und sagte: Wegen dieses einen Wortes ›wesensgleich‹ darf doch nicht eine so leidvolle Verfolgung ausgelöst werden (genauso wie in Thüringen der Pontius und der Capricornus meinen, dass wegen des Wortes ›unter Mitwirkung‹ nicht die Gemeinden verlassen werden dürfen), antwortete Basilius: Wer sich von Gottes Worten reichlich speisen lässt, sollte von Gottes Weisungen nicht eine Silbe verfälschen lassen, sondern statt dessen eher alle Arten des Todes vorziehen. Intensive freundschaftliche Beziehungen mit einem Kaiser, verbunden mit (gemeinsamer) frommer Überzeugung, schätze ich hoch, ohne diese nenne ich sie eher ein Verderben.

Und als der Präfekt ihn einen Tor nannte, sagte er: Solche Torheit immer zu haben, wünsche ich mir inständig. Und als er ihm mit dem Tod drohte, sagte Basilius: Wenn ich doch dessen würdig wäre. Und als ihm vom Präfekten eine Mitternacht Bedenkzeit gewährt wurde, sagte Basilius: Morgen werde ich der sein, der ich jetzt bin. Hoffentlich änderst du dich nur nicht! In derselben Nacht hat die Frau des Kaisers schwer zu leiden, und der einzige Sohn, den sie hatte, zahlte die Strafe für die Gottlosigkeit seines Vaters. Und noch dieses: Valens, von den Arianern dazu getrieben, gebot, ein Gesetz über die Ausweisung des Basilius zu entwerfen. Als der Kaiser das unterschreiben wollte, war er nicht im Stande, auch nur einen Buchstaben zu schreiben. Das Schreibrohr nämlich soll zu Bruch gegangen sein. Und als ein zweites und drittes Mal das Schreibrohr dies vollführt hatte, da befiel den Kaiser, als er mit beiden Händen zugleich die Unterschrift ausführen wollte, ein Zittern, und er zerriss das Blatt. So zeigte Gott seine Macht.

Obwohl es noch viele gibt, die die Gewaltherrschaft und das Wüten des Valens und seines Präfekten gegen fromme und standhafte Diener und Bekenner der Wahrheit in frevelhafter Weise nachahmen, dennoch sind es nur wenige unter diesen Dienern, die die Standhaftigkeit des Basilius im Bekennen der Wahrheit und im Kampf gegen verderbliche Einflüsse nachahmen. Viele folgen dem gottlosen Rat des Athenischen Redners Demades. Als nämlich Alexander der Große vom Athener Rat verlangte, ihn als Gott zu verehren, und der Rat über dieses gottlose Ansinnen Alexanders sich beriet, stand Demades in seiner Mitte auf und sagte: Seht zu, dass ihr nicht die Erde verliert, während ihr euch dagegen wehrt, dass dem Himmel Unrecht zugefügt wird. Zusammenfassung: Wenn man nur Heu und Kleie behält, so mag Christus mit seinen Dienern und seiner Warheit hinfahren.
Christoph Irenaeus am 24. März
1564.

Cyriacus Spangenberg (1528–1604). [Mansfeld], 24.3.[1564]

[*12*ᵛ] Divus Chrysostomus pro primatu scilicet Romani pontificis:

Quicunque primatum desideraverit in terra, inveniet confusionem in coelo. Nec inter servos CHRISTI computabitur, qui de primatu tractaverit. etc.[39]

Es mogen die bäpstische mit ihrem stadhaltter zu Rom und primat das volumus, mandamus, anathema und haereticus singen also lange es weren mag. So wollen wir dakegen in demut das kyrieeleison im glauben Amen und in frolicher hoffnung halleluia singen. Lob sey dem sone Gottes unserm lieben Bruder CHRISTO.
24. Martii.
Cyriacus Spangenberg.

Der heilige Chrysostomus zum Primat, nämlich des römischen Bischofs.

Jeder, der nach dem Primat auf Erden trachtet, wird Schmach im Himmel erleiden.

Nicht wird unter die Diener Christi gezählt werden, wer über den Primat sich Gedanken macht.

Es mögen die Papisten mit ihrem Statthalter zu Rom und Primat das »Wir wollen«, »Wir ordnen an«, »Verflucht sei«, »Ketzer soll heißen« singen so lange es dauern mag. So wollen wir dagegen in Demut das »Kyrieeleison im Glauben Amen« und in fröhlicher Hoffnung »Halleluja« singen. Lob sei dem Sohn Gottes, unserm lieben Bruder Christus.
Am 24.März.
Cyriacus Spangenberg

Johann Aurifaber (1519–1575). [Erfurt], 1568

[*13*ʳ] PSALMO. 119.[40]

LUCERNA PEDIBUS MEIS VERBUM TUUM DOMINE.

ET LUMEN SEMITIS MEIS.

Precatur David, ut verbum Dei sit norma et amussis omnium actionum ipsius. Nam sine deo et eius vera agnitione, timore et fide, nihil faeliciter geri vel agi ab homine potest. Initium enim sapientiae est timor domini,[41] ut psalmus 111 testatur. Admonet etiam nos filius Dei, ut primum quaeramus regnum Dei. Tum caetera omnia adiicientur nobis. Quare hoc praeceptum Davidis nos quoque imitemur, ut regula nostrae vitae sit verbum Dei, tum omnium actionum nostrarum eventum salutarem expectabimus.

---

39 Nach Gratian, Concordia discordantium canonum, XL, 12: PL 187, 217 f.

40 Ps 119,105.

41 Ps 111,10.

[*13*ᵛ] Divus Ambrosius ad Caesarem Theodosium.[42]

Nihil est popularius et amabilius in principe, quam libertatem dicendae sententiae amare.
Nihil in sacerdote turpius quam non audere, quod sentiat, dicere.
Joannes Aurifaber pastor
apud Erffordienses in templo concionatorum.
1568.

In Psalm 119
Eine Leuchte für meine Füße ist dein Wort, Herr.
Und ein Licht auf meinen Wegen.

David betet darum, dass das Wort Gottes Maßstab und Richtschnur für alle seine Handlungen sei. Denn ohne Gott und seine wahre Erkenntnis, ohne Ehrfurcht und Glauben kann nichts vom Menschen mit Erfolg ausgeführt und betrieben werden.

Der Anfang nämlich der Weisheit ist die Furcht des Herrn, wie Psalm 111 bezeugt.

Auch mahnt uns der Sohn Gottes, dass wir zuerst das Reich Gottes suchen. Dann wird uns alles Übrige zufallen. Darum sollen auch wir dieser Weisung Davids folgen, dass die Richtschnur unseres Lebens das Wort Gottes sein soll. Dann werden wir einen zum Heil führenden Ausgang all unseres Tuns erwarten können.

Der heilige Ambrosius an Kaiser Theodosius:

Nichts macht beim Volk beliebter und ist liebenswürdiger bei einem Fürsten als die freie Meinungsäußerung zu schätzen. Nichts ist schändlicher bei einem Priester als sich nicht zu trauen zu sagen, was er meint.
Johann Aurifaber, Pfarrer in Erfurt an der Prediger-Kirche
1568.

[14ʳ–15ᵛ – leer]

Joachim Mörlin (1514–1571). Braunschweig, 6.4.1564

[*16*ʳ] Augustinus in quaestione gravissima et difficillima, quae nullius hominis industria potest recte explicari, sic breviter respondet, li[ber] 3. Hypo[m]ne[esticon]:[43]

Metuentem me et trementem iudicia eius inscrutabilia et incomprehensibilia, nolo interroges, QUIA QUOD LEGO, CREDO ET VEREOR, non autem discutio. QUIS EST ENIM HOMO, QUI RESPONDEAT DEO. etc.

42 Ambrosius, Epistolae extra collectionem 1a (= Maur. XL), 2: CSEL 82/3, 162 f.

43 Pseudoaugustin, Hypomnesticon contra Pelagianos et Caestianos III, 7, 9: PL 45, 1626.

Haec tam verecunda et modesta oratio huius tanti viri nos quoque commonefaciat nostrae fragilitatis, ut cum timore et tremore tractemus sacrum Dei verbum sobrie. Et sicut eleganter monet Nazianzenus: Alia quidem dicere, alia vero subticere noverimus. In quibusdam vero ignorantiam fateamur. Neque erubescamus, ut inquit Irenaeus, quae sunt in quaestionibus maiora, [*16^v^*] secundum nos reservare DEO etc.
Joachimus Mörlin. D[octor]
scripsit Brunschuigae,
anno 1564 sexto Aprilis.

Augustin gibt bei einem sehr gewichtigen und sehr schwierigen Sachverhalt, der durch keines Menschen Bemühen recht entfaltet werden kann, folgende kurze Antwort im dritten Buch des Hypomnesticon:

Ich will nicht, dass du mich – Furcht und Zittern überkommt mich – nach seinen unerforschlichen und unbegreiflichen Entscheidungen fragst, denn, was ich lese, glaube ich und achte ich hoch, hinterfrage es aber nicht. Was ist denn der Mensch, dass er Gott Widerpart bieten dürfte?

Dieses so bescheidene und maßvolle Wort dieses so großen Mannes soll auch uns an unsere Unzulänglichkeit erinnern, damit wir unter Furcht und Zittern mit dem heiligen Wort Gottes besonnen umgehen.

Und genauso wie der Mann aus Nazianz auf feine Art mahnt, sollen wir uns dazu verstehen, das eine zu sagen, das andere aber für uns zu behalten. In einigen Fällen sollen wir nun wirklich unser Nichtwissen offen eingestehen und uns nicht scheuen, wie Irenäus sagt, was bei Problemen zu groß ist, zu unserem Besten Gott anheimzustellen.

Dr. Joachim Mörlin
hat das in Braunschweig geschrieben
im Jahr 1564, am 6. April.

Martin Chemnitz (1522–1586). Braunschweig, 9.4.1564

[*17^r^*] Augustinus de natura et gratia
cap. 53.[44]

Quid tantum de naturae possibilitate praesumitur? Vulnerata, sauciata, vexata, perdita est; vera confessione, non falsa defensione opus habet etc.

Idem de bono perseverantiae.
Cap. 13.

Deus operatur in nobis et velle et operari.[45] Nos ergo volumus, sed Deus operatur in nobis velle. Nos ergo operamur, sed Deus operatur in nobis et operari pro

44 Augustin, De nat. et grat. 53, 62: CSEL 60, 279,12–14.
45 Anspielung auf Phil 2,13.

bona voluntate. Hoc nobis expedit et credere et dicere. Hoc est pium, hoc verum, ut sit humilis et submissa confessio et detur totum Deo. Cogitantes credimus, cogitantes loquimur, cogitantes agimus, quidquid agimus. Quod autem attinet ad pietatis viam et verum Dei cultum, non sumus idonei cogitare aliquid tanquam ex nobis ipsis, sed sufficientia nostra ex Deo est. etc.[46]

[*17*ᵛ] De correptione et gratia[47] Cap. 2

Intelligant, si filii Dei sunt,[48] se spiritu dei agi, ut, quod agendum est, agant. Et cum egerint, illi, a quo aguntur, gratias agant. Aguntur enim ut agant, non ut ipsi nihil agant. etc.

Martinus Chemnitius
haec scripsit Braunsuigae
9. Aprilis Anno 1564.

Augustin über Natur und Gnade Kap.53

Was wird soviel vom Vermögen der Natur des Menschen erwartet? Sie ist verletzt, tödlich verwundet, gepeinigt, zugrunde gerichtet. Sie bedarf dringend eines wahrhaftigen Eingeständnisses [ihrer Unfähigkeit], nicht einer falsch verstandenen Verteidigung.

Derselbe über die Gabe der Beharrlichkeit Kap. 13:

Gott wirkt in uns sowohl das Wollen als auch das Vollbringen. Wir also wollen, aber Gott wirkt in uns das Wollen. Wir also vollbringen, aber Gott wirkt in uns auch das. Vollbringen nach Maßgabe unseres guten Willens. Dies ermöglicht uns zu glauben und zu reden. Das heißt fromm, das heißt wahrhaftig, dass demütig und bescheiden das Eingeständnis [unserer Unfähigkeit] ist und Gott das Ganze anheimgestellt wird. Wir nehmen uns etwas vor – und glauben. Wir nehmen uns etwas vor – und reden. Wir nehmen uns etwas vor – und tun, was auch immer wir tun. Was aber nun den Weg zur Gottesfurcht und den wahren Gottesdienst angeht, sind wir nicht fähig, uns etwas vorzunehmen, gleichsam aus uns selbst, sondern unsere Befähigung dazu kommt aus Gott.

Über Züchtigung und Gnade Kap. 2:

Sie sollen begreifen, wenn sie Kinder Gottes sind, dass sie vom Geist Gottes getrieben werden, damit sie tun, was getan werden muss. Und wenn sie das getan haben, sollen sie dem danken, von dem sie dazu getrieben werden. Sie werden nämlich dazu getrieben, zu handeln, nicht dazu, dass sie selbst nichts tun.

Martin Chemnitz
hat das geschrieben in Braunschweig
am 9. April im Jahre 1564.

---

46 Augustin, persev., 13,33: PL 45,1012 f.

47 Augustin, correpť. 4: CSEL 92, 221,4–6.

48 Anspielung auf Röm 8,14.

Andreas Paradysus (1529–1599). [Abberode], o. D.

[*17*^{v}] Augustinus ad Bonifacium.[49]
Bene agere et illicita non prohibere consensus est erroris.
Andraeas Paradysus
Elricensis pastor Abberodensis propria manu scripsit.

Augustin an Bonifatius:
Gut handeln und nicht verhindern, was nicht erlaubt ist – heißt mit dem Fehlverhalten einverstanden zu sein.
Andreas Paradysus aus Ellrich,
Pfarrer in Abberode,
hat das mit eigener Hand geschrieben.

Conrad Perca. Königerode, 18. 4. [1564]

[*18*^{r}] Doctor Martinus Lutherus in quodam privato colloquio:

Ad contemptum theologorum helfen die juristen weidelich, und drucken uns auch wol. Sed quid, si nobilibus et civibus nostris contemtoribus manus porrexerint. Nam ruentibus theologis ruent etiam iuristae. Mein rad ist, das sie uns nicht zu sehr drucken, oder sie müssen zum letzten bezalt werden.[50]

[*18*^{v}] Consolatio pro sanis theologis sanctus Lutherus:

Si qui sunt theologi perseverent constanter nec deponant animum propter ingratitudinem. Brevi in tanto precio erunt. Das man einen rechtschaffenen theologum neun ellen aus der erden wurde graben, wan ein ding wol feil ist so achtet man sein nicht, und man solt es dan zu rad halten. Sic Ioseph persuasit pharaoni de frumentis colligendis tempore faelici.[51]

Optimum donum optimaque creatura est animus hilaris et laetus. Nam in lege domini tristes non admittebantur ad altaria et sacrifitia.[52] Nihil nocentius [*19*^{r}] est tristitia. Es frist einem das marck in den beinen hinwegk. Sicut scriptum est: Tristitia ex[s]ic[c]at ossa.[53] Drumb sol ein Christ nur froelich sein[54] wie S[ankt] Paulus lerhet. Gaudete in Domino.[55] Ratio est quia tristitia occidit multos, et tristitia iustrumentum est Sathanae, quo quis altior est in tristitia et affectibus eo plus iustrumenti in eo habet Sathan. Nam affectus nostri sunt instrumenta, quibus ad nos Sathan venit. Wo es naß ist da mag man leichtlich gissen, das noch neßer wirdt,

49 PL 33, 1095.
50 Variante zu WA TR 3, 358, Nr. 3496 (zu Melchior Kling).
51 Variante zu WA TR 2, 59, Nr. 1344 mit WA 48, 474, 6 f.
52 Variante zu WA TR 4, 225, Nr. 4328.
53 Spr 17,22.
54 WA TR 5, 117, Nr. 5380 mit WA 48, 602, 25 f.
55 Phil 4,4.

wo der Zaun boeß ist, da kan man leicht hinuber. Ita ubi est tristitia, Sathan habet suum aditum. Ergo orate et cum fratribus bonis et[56] non fictis nec falsis (utpote adiaphoristi, synergisti et majoristi) conversationem habete.

Venerando viro domino Sebastiano Steindorffer Conradus Perca amicitiae ergo scripsit in Konigroda 18. Aprilis

Dr. Martin Luther in einem persönlichen Gespräch:

Zur Geringschätzung der Theologen helfen die Juristen gehörig und demütigen uns auch sehr. Aber was ist, wenn sie Adligen und unseren Mitbürgern, die uns verachten, die Hände reichen? Denn wenn die Theologen stürzen, werden auch die Juristen stürzen. Mein Rat ist, dass sie uns nicht zu sehr demütigen sollten oder es wird ihnen am Ende vergolten werden.

Martin Luther, Trost für rechtschaffene Theologen:

Die Theologen sind, sollen standhaft dabei bleiben und nicht den Mut sinken lassen wegen des Undanks. In Kürze werden sie so viel gelten, dass man einen rechtschaffenen Theologen neun Ellen würde aus der Erde graben. Wenn ein Ding günstig zu haben ist, so achtet man es nicht, und man sollte es dann nützlich einsetzen. So hat Joseph dem Pharao geraten, in guter Zeit Vorräte anzulegen.

Ein sehr schönes Geschenk und eine sehr schöne Gabe des Schöpfers ist ein heiteres und fröhliches Gemüt. Denn im Gesetz des Herrn werden Traurige nicht für Altar- und Opferdienste zugelassen. Nichts schadet mehr als Traurigkeit. Es frißt einem das Mark in den Beinen hinweg. So wie geschrieben steht: »Traurigkeit vertrocknet das Gebein.« Darum soll ein Christ nur fröhlich sein, wie S. Paulus lehrt: »Freut euch im Herrn.« Der Satz gilt, dass Traurigkeit viele umbringt, und Traurigkeit ist ein Werkzeug des Satans. Je tiefer jemand in Traurigkeit und Gemütsregungen steckt, desto mehr kann der Satan ihn als Werkzeug gebrauchen. Denn unsere Gemütsregungen sind Werkzeuge, mit deren Hilfe der Satan Zugang zu uns findet. Wo es nass ist, da mag man leicht gießen, dass es noch nässer wird. Wo der Zaun schlecht ist, da kann man leicht hinüber. So hat der Satan, wo Traurigkeit herrscht, seinen Zugang. Also betet und pflegt mit rechten Brüdern, nicht mit solchen, die sich nur als Brüder ausgeben, und nicht mit Heuchlern (wie nämlich die Adiaphoristen, Synergisten, Majoristen) das Gespräch.

Für den verehrungswürdigen Mann, Herrn Sebastian Steindorffer hat Conrad Perca aus Freundschaft das geschrieben, in Königrode, am 18. April.

56 WA TR 3, 19, Nr. 2840b.

Die Flacianer und der Kalenderstreit. Von der Wirkungsmacht der lutherischen Zwei-Regimentenlehre

Von Rudolf Leeb

I. Einleitung

Am 24. Februar 1582 publizierte Papst Gregor XIII. nach langen intensiven Vorarbeiten von Experten in Tusculum den neuen Gregorianischen Kalender, der den alten Julianischen ablösen sollte. Am Morgen nach dem 4. Oktober 1582 sollte es nach diesem Plan 11 Tage später sein, nämlich nicht der 5. Oktober, sondern Freitag der 15. Oktober. 10 Tage wurden gestrichen.[1]

Gregor XIII. veröffentlichte den Kalender als Bulle (*Inter gravissimas pastoralis officii nostri curas...*).[2] In dieser Bulle wurde ausdrücklich festgehalten, dass das Konzil von Trient den Papst einst mit der Kalenderreform betraut habe, die Erstellung des Kalenders seit jeher dem Papst vorbehalten gewesen sei und dieser nun deshalb die Erstellung und Einführung des neuen Kalenders mit der ihm von Gott gegebenen Machtvollkommenheit ausführe. Zugleich wurden Kaiser Rudolf II., den anderen Fürsten und Königen sowie den Republiken aufgetragen, den Kalender in ihren Ländern einzuführen und darauf zu achten, dass er genauestens eingehalten werde, damit Harmonie und Einheitlichkeit bei der Feier der Feste herrsche. Der neue Kalender sollte nach dem Text der Bulle für die gesamte Christenheit, also auch für die protestantischen Territorien, gelten. In der standardisierten Schlussformel der Bulle wurde u. a. schließlich festgehalten, dass es keinem Menschen gestattet sei, dagegen unbesonnen zu opponieren, dagegen vorzugehen bzw. dieser Bulle zuwider

1 George V. Coyne/Michael A. Hoskin/Olaf Pedersen (Hg.), Gregorian Reform of the Calendar. Proceedings of the Vatican Conference to Commemorate its 400th Anniversary 1582–1982 (Specola Vaticana 1983). Einen handbuchartigen Überblick bietet Dirk Steinmetz, Die Gregorianische Kalenderreform von 1582. Korrektur der christlichen Zeitrechnung in der Frühen Neuzeit (Oftersheim 2011). Zu den Debatten im Reich vgl. jetzt Edith Koller, Strittige Zeiten. Kalenderreformen im Alten Reich 1582–1700 (Pluralisierung und Autorität 41, Berlin 2014). Diese Arbeit von Koller bietet auch eine umfassende Bibliographie. Eine instruktive und bündige Einführung stammt von Martin Scheutz, »Den neuen bäpstischen calender anlangende würdet derselb [...] durchaus nit gehalten.« Der gregorianische Kalender als politischer und konfessioneller Streitfall, in: Ideologisierte Zeit. Kalender und Zeitvorstellungen im Abendland von der Antike bis zur Neuzeit, hg. von Wolfgang Hameter/Meta Niederkorn-Bruck/Martin Scheutz (Innsbruck u. a. 2005) 116–143. Aus der älteren Literatur ist für unsere Fragestellung vor allem relevant: Ferdinand Kaltenbrunner, Die Polemik über den Gregorianischen Kalender (Sitzungsberichte der kaiserlichen Akademie der Wissenschaften Wien. Phil.-Hist. Klasse 87, Wien 1877) 485–586.

2 Bullarum Diplomatum et Privilegiorum sanctorum romanorum Pontificum Taurinensis a Gregorio XIII (an. MDLXXII) ad Sixtum V (an. MDLXXXVIII) (Turin 1863) 386 f. (Nr. 136).

zu handeln. Da es sich um einen päpstlichen Erlass handelte, und auch wegen des Wortlautes, war klar, dass der Papst die Befolgung des Kalenders zugleich als Gehorsam gegenüber dem Papstamt bzw. dem päpstlichen Primat interpretierte. Für die katholischen Länder waren diese Aussagen der Bulle natürlich kein Problem. Italien, Spanien und Portugal nahmen den Kalender noch im Jahr 1582 an, Frankreich folgte rasch.[3] Weitaus schwieriger gestaltete sich aber seine Einführung im Reich. Die protestantischen Territorien und die evangelischen Reichsstädte, die auf dem Reichstag sogar die Mehrheit bildeten, hatten mit dem Umstand, dass der neue Kalender mit einer päpstlichen Bulle und noch dazu mit den dort formulierten Ansprüchen eingeführt werden sollte, ein grundsätzliches Problem. Kaiser Rudolf II. brauchte jedoch die Zustimmung der protestantischen Fürsten. Diese formulierten für die Annahme des Kalenders Bedingungen, wobei aber ihre Position zunächst nicht einheitlich war. Kurfürst Johann Georg von Brandenburg vertrat die Position, dass die einzig mögliche Vorgangsweise jene sei, bei der der Kaiser, also die weltliche Gewalt, den Kalender separat und nicht als Bulle des Papstes publiziere. Der betreffende Erlass sollte auch mit einem eigenen kaiserlichen Vorwort versehen werden.[4] Johann Georg von Brandenburg versuchte also, den Kalender zu einer »weltlichen« Angelegenheit, mit anderen Worten den Kalender zu einer Aufgabe allein des weltlichen Regiments zu machen, er und seine Berater argumentierten also in den Bahnen der lutherischen Zwei-Regimentenlehre. Kurfürst August I. von Sachsen hatte aber selbst bei dieser Vorgehensweise noch Bedenken, weil Rudolf II. seiner Meinung nach auch in diesem Fall den neuen Kalender letztlich nur auf Befehl des Papstes publiziere, deshalb sei er abzulehnen.[5]

Bereits an diesen Positionen werden die grundsätzlichen Probleme der Protestanten mit dem Gregorianischen Kalender deutlich. Beide Positionen sollten in den folgenden Jahren in den Diskussionen immer wieder auftauchen und vertieft werden. Das weitere Schicksal des Gregorianischen Kalenders in den protestantischen Territorien und den Reichsstädten ist bekannt: Ein von den Reichsständen geforderter Deputationsreichstag zur Kalenderfrage kam nicht zu Stande. Der unter dem Druck des Papstes stehende Rudolf II. erließ am 1. Oktober 1583 einseitig das Patent. Es verschwieg zwar bewusst die päpstliche Urheberschaft wie auch den kirchlichen Zweck, das Patent bezog sich auch nur auf die nötigen einheitlichen Termine in Handel und Verkehr.[6] Trotzdem wurde der Kalender in den protestantischen Territorien des Reiches nicht angenommen. Machtpolitisch und reichsrechtlich stellte diese Weigerung für sie kein Problem dar.

In der nun einsetzenden protestantischen Publizistik zum nun aufbrechenden Kalenderstreit wurden folgende Argumente für die Ablehnung des Gregorianischen Kalenders ins Treffen geführt: Der neue Kalender erzeuge Unruhe, Chaos und Un-

3 Steinmetz, Die Gregorianische Kalenderreform (wie Anm. 1) 138–145.
4 Ebenda 158.
5 Ebenda 159.
6 Text bei ebenda 161–163.

frieden – es gab Widerstand bei der Landbevölkerung und bei den Bauern, die z. B. Probleme bei den Los- und Aussaattagen sowie mit den alten Bauernregeln bekamen.[7] Manche meinten, er beruhe auf falschen astronomischen Berechnungen.[8] Andere argwöhnten, der Papst wolle sich mit dem von ihm beanspruchten verlegerischen Kalendermonopol einen finanziellen Ersatz für die Einbrüche beim Ablasswesen, also sich eine neue Einnahmequelle, beschaffen.[9] Als politisches Argument wurde vorgebracht, dass die Einführung des Kalenders auf keinem Reichstag zur Sprache gekommen sei.[10] Zweifellos das größte Hindernis für die Annahme des Kalenders stellte aber der schon genannte Umstand dar, dass der Kalender mit einer Bulle durch den Papst publiziert worden war und darin in der Tat ein Primatsanspruch über die gesamte Christenheit erhoben wurde. Der Papst wolle mit Hilfe des Kalenders alle unterwerfen – so der Vorwurf der Gegner. Diese Sorge erhielt für die protestantischen Zeitgenossen ihre enorme Brisanz durch das apokalyptisch geprägte Weltbild, in dem sie lebten. Bekanntlich hat bereits das ganze Mittelalter geglaubt, im »letzten Weltreich«, also am Ende der Zeiten, zu leben, auch wenn man den genauen Zeitpunkt des Kommens der Parusie nicht kannte. Die neueren Forschungen zur lutherischen Apokalyptik, Eschatologie und Naherwartung haben herausgearbeitet, dass diese Anschauung für das Luthertum der frühen Neuzeit zentral war und gerade zur Zeit des Kalenderstreites dieses apokalyptische Denken seinen Höhepunkt erreichte und sich nicht selten zur Naherwartung steigerte.[11] Bereits Heribert Smolinsky hat auf den engen Konnex dieses apokalyptischen Denkens mit dem Kalenderstreit im Luthertum hingewiesen und hier eine Differenz zum Katholizismus konstatiert.[12]

---

7 Koller, Strittige Zeiten (wie Anm. 1) 47–49

8 So etwa Mästlin und Herlitz. Vgl. Steinmetz, Die Gregorianische Kalenderreform (wie Anm. 1) 239–242, 285.

9 So z. B. Lucas Osiander. Vgl. Koller, Strittige Zeiten (wie Anm. 1) 49.

10 Vgl. dazu weiter unten.

11 Volker Leppin, Antichrist und Jüngster Tag. Das Profil apokalyptischer Flugschriftenpublizistik im deutschen Luthertum 1548–1618 (Quellen und Forschungen zur Reformationsgeschichte 69, Gütersloh 1999); Herbert Smolinsky, Deutungen der Zeit im Streit der Konfessionen. Kontroverstheologie, Apokalyptik und Astrologie im 16. Jahrhundert (Schriften der Philosophisch-Historischen Klasse der Heidelberger Akademie der Wissenschaften 20, Heidelberg 2000); Koller, Strittige Zeiten (wie Anm. 1) 64–91, 105–122. Vgl. auch Ulrich Gäbler, Geschichte, Gegenwart, Zukunft, in: Geschichte des Pietismus, Bd. 4, hg. von Hartmut Lehmann (Göttingen 2004) 19–23.

12 Smolinsky, Deutungen der Zeit (wie Anm. 11) 22–27: Die katholischen Autoren vertraten offenbar die Ansicht, dass die Naturgeschichte bzw. die Geschichte des Kosmos und der Festkalender (und damit auch die Heilsgeschichte) in Einklang stünden. Der Kalender richtete sich ja nach dem Lauf der Gestirne und wurde danach korrigiert. Nach dieser Anschauung mussten die Feste deshalb nach dem korrekten astronomischen Termin gefeiert werden. Insofern bestimmte die von Gott gelenkte Schöpfung den Festkalender und auf diese Weise das Fest das Glaubensleben der Menschen. Demgegenüber haben die Protestanten diese Anschauung nicht nur als päpstisch, sondern auch als heidnisch, gleichsam als Ausdruck archaisch-paganer Religiosität, interpretiert. Nach den protestantischen Autoren hängt die Seligkeit nicht an den korrekten Terminen und Zeiten, an denen gefeiert wird, sondern am

Die enge Verwobenheit von Apokalyptik sowie der damit verbundenen Antichristvorstellung mit dem Kalenderstreit wurde jüngst von Edith Koller zusammenfassend dargestellt.[13] Die damalige allgemeine reformatorische Überzeugung, dass im Papsttum der Antichrist am Werk sei, machte auch den Gregorianischen Kalender zu einem Werk des Antichristen selbst. Dieser wolle am Ende der Zeiten gemäß den Weissagungen der Heiligen Schrift Unruhe erzeugen und alle unterwerfen. Genau diese Überzeugungen waren das eigentliche zentrale und treibende Motiv für die Ablehnung, denn wer will schon sein Leben gezwungenermaßen nach dem Kalender des Antichristen gestalten und ausrichten?

Von den damals publizierten Kalenderschriften sollen zwei hervorgehoben werden, da sie für unsere Frage von Bedeutung sind. Beide stammen aus Württemberg und repräsentieren gemeinsam die mit am einflussreichsten und meist rezipierten Stellungnahmen zum Kalender. Der Hinweis auf sie ist auch deshalb nötig, weil ihre Verfasser zum Teil dieselben Personen waren, die genau in diesen Jahren auch Gutachten zur Kalenderfrage in Österreich verfassten, dabei aber zu anderen Ergebnissen und Schlussfolgerungen kamen als in den nun zu besprechenden Traktaten.

Die erste kurz zu referierende Schrift stammt von Lucas Osiander, der zu dieser Zeit im fürstlichen Konsistorium in Stuttgart tätig war.[14] Das Vorwort zu seinem 1583 erschienenen Druck »Bedencken/| Ob der newe Paepstische Kalender ein Notturfft bey der Christenheit seie« steuerte der Probst in Stuttgart Johann Mager bei.[15] Durch die Ämter und Funktionen ihrer Autoren besaß diese Schrift ein gewisses politisches Gewicht. Der Traktat ist förmlich durchtränkt vom lutherischen apokalyptischen Weltbild einschließlich der massiven Polemik gegen den päpstlichen Antichrist als dem Urheber des Kalenders. Lucas Osiander lehnt den Kalender rundweg ab. Bemerkenswert sind für uns dabei zwei Passagen am Ende der Schrift. Osiander geht hier zum einen auf die Frage ein, unter welchen Voraussetzungen ein solcher Kalender denn überhaupt hätte angenommen werden können. Nach Osiander wäre dafür folgendes Szenario erforderlich gewesen: Der Kaiser hätte gemeinsam mit den Kurfürsten und reichsständischen Vertretern beider Konfessionen den Kalender erarbeiten und auf einem Reichstag beschließen müssen und zwar »als ein Politisch Werk«. Dann hätte der neue Kalender kein Problem dargestellt: »So were es ja an im selbsten/

---

rechten Glauben. Der Mensch sei im Glauben unabhängig und frei vom Kalender. Ebenso beruhe der rechte Gottesdienst nicht auf dem Einhalten des richtigen Termins, sondern auf dem rechten Glauben. Zudem war das Zeitverständnis der Protestanten durchgehend apokalyptisch geprägt. Die Katholiken waren hier zurückhaltend.

13 Koller, Strittige Zeiten (wie Anm. 1) 64–91.

14 Zu Lucas Osiander d. Ä.: Hermann Ehmer, Art. Osiander, Lucas d. Ä. *BBKL* 6 (1993) 1299–1304.

15 VD 16 O 1177: Lucas Osiander, Bedencken/|| Ob der newe P#[ae]psti-||sche Kalender ein Notturfft bey der || Christenheit seie/ vnnd wie trewlich diser Papst || Gregorius XIII. die Sachen darmit meine: Ob der || Papst Macht habe/ disen Kalender der Chri=||stenheit auffzutringen: Ob auch fromme vnd || rechte Christen schuldig seien/ den sel=||bigen anzunemen.|| Lucas Osiander D.|| T#[ue]bingen/ bey Georgen Gruppenbach.|| M.D.LXXXIII.||. Zu dieser Schrift: Koller, Strittige Zeiten (wie Anm. 1) 49 f.

vnd vor Gott kein Sünd.« Es wäre dann auch egal, ob der Kalender stimme oder nicht, denn diese Dinge beträfen nicht die Religion »welche nit auff gewissen tagen/ sondern auf den rechten Glauben/ und unverfälschten Gottesdienst besteht«.[16] Osiander argumentiert hier unverkennbar in den Bahnen der lutherischen Zwei-Regimentenlehre: Wäre man bei der Erstellung und Inkraftsetzung des Kalenders so verfahren, wie von ihm vorgeschlagen, dann hätte der Kalender allein dem »weltlichen Regiment« Gottes angehört. Der Kalender wäre dann zu befolgen gewesen. So aber würden geistliches und weltliches Regiment vermischt. Osiander geht zum anderen auch auf jene Situation ein, in der reformatorisch Gesinnte unter katholischer Obrigkeit leben. Die Betreffenden – so Osiander – müssten den Kalender selbstverständlich ablehnen. Werde daraufhin der Kalender mit Gewalt durchgesetzt, so müsste dies ertragen und ohne Gegengewalt erlitten werden. In einem solchen Fall sollten die Prediger »mit gebührlicher Bescheidenheit« der Gemeinde öffentlich erklären, dass sie trotzdem ihrer inneren Überzeugung nach dem Kalender, der vom Papst zu Rom auf den Weg gebracht worden sei, keineswegs zustimmen müssten, also mit ihrem Herzen nicht darin einwilligen sollten. Der Kalender sei abzulehnen, auch wenn er in der Praxis aufgezwungen werde: »Denn Gewalt leiden/ ist nicht Sünd: aber Gewalt thun/ ist unrecht.«[17] Wieder beruft sich Osiander hier also auf die Zwei-Regimentenlehre, die für solche Situationen den leidenden und bekennenden *Un*gehorsam forderte.[18]

Die zweite Schrift stammt vom Tübinger Professor Jakob Heerbrand. Sie erschien 1584 unter dem Titel »Disputatio de adiaphoris et Calendario Gregoriano«.[19] Heerbrand greift mit Titel und Argumentation seiner Schrift auf den Begriff des »Adiaphorons« aus der Zeit der interimistischen Streitigkeiten zurück. Wie die Gnesiolutheraner und Anhänger des Flacius in der Zeit um 1550 beurteilt Heerbrand den Kalender als etwas, das zwar an sich ein »Mittelding« sei, das man halten oder nicht halten könne: Der Kalender als mathematisch-astronomisches Werk sei an sich keine Sache des Glaubens. Doch sei dessen Ursprung beim Antichristen, der damit die Christenheit wieder unterjochen wolle. Auch seien die Art und Weise seiner Einführung und die in der Bulle geäußerte Bannandrohung für seine Beurteilung entscheidend. Der Kalender sei wie das Trojanische Pferd. Unter diesen Voraussetzungen sei der Kalender kein Adiaphoron mehr.[20] Der Papst selbst betrachte den Kalender bezeich-

---

16 Osiander, Bedencken (wie Anm. 15) 40 f.

17 Ebenda 47 f.

18 Die Beurteilung dieser Vorgangsweise von Koller als »leidender Gehorsam« ist in diesem Zusammenhang etwas missverständlich, da es nicht um den Gehorsam gegenüber dem Kalender an sich geht. Nach Osiander soll man sich dem Kalender selbst nicht beugen, sondern nur dem Gewaltmonopol der Obrigkeit. Vgl. Koller, Strittige Zeiten (wie Anm. 1) 49.

19 VD16 H 982: Jakob Heerbrand, Disputatio,|| DE ADIAPHORIS, ET || CALENDARIO || GREGORIANO.|| In qua || … PRAESIDE, IACO=||BO HEERBRANDO, DOCTORE, ET PRO-||feßore Theologiae in celeberrima Tubingensi Academia … || diebus Martij || 27. et 28. hora sexta matutina, in Aula noua,|| exercitij causa respondebit,|| M. MARTINVS CVRBIN,|| Schorndorffensis.|| Tubingae, apud Alexandrum Hockium,|| M.D.LXXXIIII ||.

20 Koller, Strittige Zeiten (wie Anm. 1) 56 f. Zum Begriff des Adiaphorons sind in letzter Zeit tiefschürfende Untersuchungen erschienen, auf die hier nicht genauer einzugehen ist:

nenderweise eben nicht als ein solches. Auch wenn der Kalender vom Kaiser und damit der weltlichen Gewalt publiziert worden sei, so sei dies auf Antrieb des Papstes geschehen. Der Kalender werde aufgrund dieser Gegebenheiten zu einer kirchlich-religiösen Angelegenheit.[21] Er sei deshalb abzulehnen. Heerbrand entwickelt diese seine Position also ebenfalls vor dem Hintergrund der Zwei-Regimentenlehre. Er kommt nach seinen Analysen zum Schluss, dass der neue Gregorianische Kalender aufgrund seiner Entstehung und wegen der Art seiner Einführung unter den gegebenen Bedingungen nicht zum weltlichen Regiment gehört. Darin stimmt er letztlich mit Osiander überein.

Angesichts solcher Widerstände dauerte es naturgemäß lange, bis in den evangelischen Territorien des Reiches der Kalender rezipiert wurde. Einen heiklen Sonderfall stellten im Reich dabei die bikonfessionellen Reichsstädte dar, wo es zu Konflikten kam – prominent sind die Vorgänge in Augsburg, wo es beinahe zu einem Bürgerkrieg kam.[22] Erst ab 1700 begannen die evangelischen Reichsstände allmählich in der Kalenderfrage einzuschwenken, aber noch immer vermieden sie dabei geflissentlich den Eindruck, dass dabei der »Gregorianische« Kalender bzw. der Kalender des Papstes angenommen wurde.

II. Die Annahme des Gregorianischen Kalenders und der Kalenderstreit in den Donauländern und in Innerösterreich

Bereits in den 70er Jahren begann sich der Schwerpunkt des Flacianismus im Reich in die Gebiete des heutigen Österreich zu verlagern, wo bereits ein vitales Gnesioluthertum existierte. Hier standen noch freie Pfarrstellen zur Verfügung, die den Flacianern in anderen evangelischen Territorien verwehrt blieben.[23] Hinzuweisen ist

---

Markus Friedrich, Orthodoxy and Variation. The Roles of Adiaphorism in Early Modern Protestantism, in: Orthodoxies and Heterodoxies in Early Modern German Culture. Order and Creativity 1550–1750, hg. von Randolph Conrad Head/Daniel Eric Christensen (Leiden 2007) 45–69; Reimund Sdzuj, Adiaphorie und Kunst. Studien zur Genealogie ästhetischen Denkens (Frühe Neuzeit 107, Tübingen 2005) 135–147.

21 Kaltenbrunner, Die Polemik (wie Anm. 1) 525–528.

22 Ferdinand Kaltenbrunner, Der Augsburger Kalenderstreit. *Mitteilungen des Instituts für österreichische Geschichtsforschung* 1 (1880) 497–540; Benedikt Mauer, Kalenderstreit und Krisenstimmung. Wahrnehmungen von Protestanten in Augsburg am Vorabend des Dreißigjährigen Krieges, in: Zwischen Alltag und Katastrophe. Der Dreißigjährige Krieg aus der Nähe (Göttingen 1999) 345–356; Horst Jesse, Die Gregorianische Kalenderreform von 1582 in Augsburg. *Jahrbuch des Vereins für Augsburger Bistumsgeschichte* 34 (2000) 81–108; Wolfgang Wallenta, Der Augsburger Kalenderstreit von 1583/84, in: Der Streit um die Zeit. Zeitmessung – Kalenderreform – Gegenzeit – Endzeit, hg. von Markwart Herzog (Stuttgart 2002) 125–138.

23 Zu diesem Vorgang einführend: Rudolf Leeb, Der Einfluss von Cyriakus Spangenberg auf die habsburgischen Erblande und das Erzstift Salzburg, in: Reformatoren im Mansfelder Land: Erasmus Sarcerius und Cyriakus Spangenberg, hg. von Stefan Rhein/Günther Wartenberg (Schriften der Stiftung Luthergedenkstätten in Sachsen-Anhalt 4, Leipzig 2006) 259–277. Vgl. weiters Eduard Böhl, Beiträge zur Geschichte der Reformation in Österreich.

hier auch auf den in diesem Zusammenhang wenig beachteten deutschsprachigen westungarischen Raum, das heutige Burgenland (damals außerhalb des Reiches im Königreich Ungarn gelegen), wohin die Flacianer auswichen, als sie schlussendlich auch an ihren Zufluchtsorten in Österreich in Bedrängnis kamen. Im Burgenland bildeten sich sogar als Besonderheit zwei geschlossene flacianische Enklaven, die eine in den Gebieten nördlich und westlich des Neusiedlersees, die andere weiter im Süden in der Herrschaft Bernstein.[24] Mit dieser Schwerpunktverlagerung wurden die österreichischen Länder einschließlich des heutigen Burgenlandes zu einem Hauptschauplatz des Erbsündenstreites und der Auseinandersetzungen um die Konkordienformel von 1577, an der die österreichischen Flacianer intensiven publizistischen Anteil nahmen.[25] Es ist deshalb kein Zufall, dass die uns bekannten flacianischen Stellungnahmen zum Kalenderstreit an die Gebiete des heutigen Österreich adressiert sind oder in Österreich selbst geschrieben wurden.

Um diese Texte einordnen zu können, ist es deshalb zuvor nötig, kurz auf die Annahme des Gregorianischen Kalenders und den Kalenderstreit in den habsburgischen Ländern, d. h. in den Donauländern (Herzogtümer Ober- und Niederösterreich) und in Innerösterreich (Herzogtümer Steiermark, Kärnten und Krain) einzugehen. Dort hatte sich im Laufe des 16. Jahrhunderts eine großflächige, brisante religionspolitische Konstellation entwickelt. Hier standen mächtige protestantisch dominierte Landtage, die nach einer Regionalisierung der Macht auch in religionspolitischen Angelegenheiten strebten, dem altgläubigen habsburgischen Landesherren gegenüber.

Die erste Veröffentlichung des neuen Kalenders, die österreichische Gebiete betraf, geschah noch vor dem entsprechenden landesherrlichen Erlass von kirchlicher Seite durch den Passauer Bischof Urban, der den neuen Kalender bereits im Februar 1583 in seiner Diözese verlautbarte. Auf Druck Rudolfs II. musste er zunächst wieder zurückgenommen werden.[26] Der nächste Versuch Bischof Urbans war der offizielle bischöfliche Erlass für die Pfarren seiner Diözese am 23. September 1583. Dieser blieb in Kraft, wurde aber von den evangelischen Patronatsherren und Pfarrern nicht beachtet. Erst die einseitige, ohne Vorankündigung und Kontaktierung der Landstände

---

Hauptsächlich nach bisher unbenutzten Aktenstücken des Regensburger Stadtarchivs (Jena 1902); Oskar Sakrausky, Der Flacianismus in Oberkärnten. *Carinthia* I 171 (1981) 111–140; Gustav Reingrabner, Zur Geschichte der flacianischen Bewegung im Lande unter der Enns. *Jahrbuch für die Landeskunde von Niederösterreich* 54/55 (1988/89) 265–301; Rudolf Leeb, Die Reformation in Kärnten, in: Glaubwürdig bleiben. Wissenschaftlicher Begleitband zur Kärntner Landesausstellung 2011 in Fresach, hg. von Wilhelm Wadl (Klagenfurt 2011) 91–101.

24 Rudolf Leeb, Die lutherische Reformation im westungarisch-burgenländischen Raum, in: Luther und die Evangelisch-Lutherischen in Ungarn und Siebenbürgen. Augsburgisches Bekenntnis, Ethnie und Politik vom 16. Jahrhundert bis 1918, hg. von Marta Fata/Anton Schindling (im Druck).

25 Vgl. dazu auch Irene Dingel, Concordia controversa. Die öffentlichen Diskussionen um das lutherische Konkordienwerk am Ende des 16. Jahrhunderts (Quellen und Forschungen zur Reformationsgeschichte 63, Gütersloh 1996).

26 Steinmetz, Die Gregorianische Kalenderreform (wie Anm. 1) 169.

erlassene landesherrliche Kalenderverordnung für die Donauländer vom 1. Oktober 1583 brachte Bewegung in die Angelegenheit.[27] Die landesherrliche Verordnung war im Vergleich zum Reichserlass vom 4. September zwar knapper gefasst, aber mit diesem inhaltlich identisch. Der Landesherr erwähnte darin bewusst den Papst und seine Bulle mit keinem Wort, sondern verwies nur darauf, dass der Kalender von den besten Mathematikern aus vielen Ländern erstellt und geprüft worden sei und betonte seinen mathematischen Charakter. Nur deswegen müsse der Kalender »anderst nicht dann wie oben angezeigt für gut/ nutzlich und nothwendig [...] geachtet werden«.[28]

Die Stände in Oberösterreich zögerten zunächst. Am 20. Oktober übermittelte ihnen der Landeshauptmann ein Generale mit der Aufforderung den Kalender anzunehmen. Bereits am 29. Oktober ordneten dann die evangelischen Stände Oberösterreichs die Verlesung des Kalenders von den evangelischen Kanzeln an. Sie hatten sich in der Zwischenzeit beraten und zur Annahme des Kalenders entschlossen. Die Beweggründe der oberösterreichischen Stände sind uns in einem Antwortschreiben an die steirischen Stände, die die Oberösterreicher diesbezüglich um Rat gefragt hatten, überliefert: Zwar sei man über die Vorgangsweise des Landesherren befremdet, doch der neue Kalender sei mathematisch korrekt und eine Reform sei nötig. Außerdem würden zwei verschiedene Kalender die Geschäftsbeziehungen stören. Vor allem aber geschehe die Veröffentlichung und Inkraftsetzung des Kalenders nicht durch päpstliche Autorität, sondern aus weltlicher, nämlich landesfürstlicher Gewalt. Es handle sich beim neuen Kalender um keine religiöse Gewissensfrage, sondern um eine rein weltlich-politische Angelegenheit.[29]

In diesem Zusammenhang ist ein nach Oberösterreich gerichtetes Gutachten zur Kalenderfrage aus Württemberg von besonderem Interesse. Der aus Württemberg stammende Linzer Landhausprediger Johannes Caementarius hatte kurz nach seinem Amtsantritt in Linz im Herbst 1583 das fürstliche Konsistorium in Stuttgart um eine Stellungnahme gebeten.[30] Das auf den 23. November 1583 (alter Zeitrechnung) datierte Gutachten war gewiss mit Kenntnis und Billigung des württembergischen Herzogs nach Oberösterreich gesandt worden.[31] Federführend bei diesem Gutachten war zweifellos Lucas Osiander d. Ä., der damals am Stuttgarter Konsistorium tätig war und als Berater der oberösterreichischen Stände Caementarius selbst nach

27 Text in: Codex Austriacus. Pars Prima (Wien 1704) 241.

28 Ebenda.

29 Karl Eder, Glaubensspaltung und Landstände in Österreich ob der Enns 1525–1602 (Studien zur Reformationsgeschichte Oberösterreichs Bd. 2, Linz 1936) 187 f.

30 Zu Caementarius vgl. Bernhard Raupach, Zwiefache Zugabe zu dem Evangelischen Österreich (Hamburg 1744) 10–15; Ludwig Rumpl, Die Linzer Prädikanten und evangelischen Pfarrer. *Historisches Jahrbuch der Stadt Linz* (1969) 175–186.

31 Überliefert bei: Raupach, Zwiefache Zugabe (wie Anm. 30) 153–155. Soweit ich sehe, wurde das Gutachten nur von Karl Eder wahrgenommen, der es aber nur teilweise auswertete. Vgl. Eder, Glaubensspaltung (wie Anm. 29) 188.

Oberösterreich vermittelt hatte.[32] Auch der Stuttgarter Probst Johann Mager, der das Vorwort zu Osianders Kalenderschrift verfasst hatte, dürfte beteiligt gewesen sein. Das Gutachten hält zunächst fest, dass in der Tat der Papst mit dem neuen Kalender wieder versuche, sein Primat über die neu entstandene evangelische Kirche aufzurichten und danach trachte, Unruhe zu stiften, um die wahre Kirche zu betrüben. Deshalb weigerten sich die protestantischen Territorien im Reich völlig zu Recht, diesen Kalender anzunehmen. Im Falle der österreichischen Länder sei die Sache aber anders gelagert. Sie sollten und könnten mit gutem Gewissen den Kalender befolgen – die oberösterreichischen Stände hätten richtig gehandelt. Das Gutachten begründet diese im Vergleich mit den protestantischen Territorien im Reich unterschiedliche Vorgangsweise mit der reichsrechtlichen Stellung der österreichischen Erblande und der damit gegebenen machtpolitischen Situation. Im Unterschied zu den reichsständischen Territorien und Städten wären die Erblande Untertanen eines Landesherren, der in ihrem Fall sogar der Kaiser selbst war. Zum anderen habe ihr Landesherr Rudolf II. den neuen Kalender nicht im Namen des Papstes, sondern in seinem eigenen publiziert. Aus diesen beiden Gründen müsse man dem Landesherren gehorchen, auch wenn – so darf man hinzufügen – es besser wäre, den Kalender abzulehnen. Doch dazu hätten die habsburgischen Länder keine machtpolitische Möglichkeit. Sie könnten den Kalender trotzdem guten Gewissens befolgen, sie bräuchten keinen Widerstand zu leisten oder dagegen zu protestieren. Denn es handle sich um keine Bekenntnisfrage, da der Kalender »den Glauben und die Seeligkeit nit berührt auch kein Änderung oder Abschaffung der reinen Lehr und heil. Sacramenten erfolgt«. [33] Man solle dem Kalendererlass gehorchen, »weil dem Predigtstuhl hierdurch keine Hinderung begegnet«.[34] Caementarius wird auch aufgetragen, bei Gelegenheit »in secreto« mit Vertretern der Stände über das Gutachten zu sprechen, um diesen die Position der Württemberger mitzuteilen – wieder ein wichtiger Hinweis auf die Kontakte und die Zusammenarbeit des österreichischen Adels mit den evangelischen Territorien im Reich. Auch dieses Gutachten argumentiert also bewusst in den Bahnen der lutherischen Zwei-Regimentenlehre. Nach ihm liegt im Fall der habsburgischen Länder keine Vermischung der zwei Regimenter vor. Die Lehre und der wahre Kultus seien mit dem neuen Kalender nicht bedroht. Hätten die österreichischen Länder allerdings Reichsstandschaft innegehabt – so darf man folgern – dann wäre eine Ablehnung des Kalenders besser gewesen. Da dies aber nicht der Fall sei und die Länder nicht das Recht und damit die politischen Mittel für eine Verweigerung besäßen und der Landesherr außerdem den Kalender wie eine rein weltliche Angelegenheit behandle, dürfe und solle in den habsburgischen Ländern dem rechtmäßigen weltlichen Regiment Gehorsam geleistet werden.

Damit waren im Grunde die Linien des politischen Handelns in der Kalenderfrage für die habsburgischen Länder vorgegeben. Nicht nur die Oberösterreicher

32 Eder, Glaubensspaltung (wie Anm. 29) 182, mit Anm. 127.
33 Raupach, Zwiefache Zugabe (wie Anm. 30) 154.
34 Ebenda.

vertraten diese Meinung, auch die niederösterreichischen Stände folgten ihr. Sie nahmen den Kalender ebenfalls mehr oder weniger anstandslos an.[35]

Für die innerösterreichischen Länder veröffentlichte Erzherzog Karl das Kalenderpatent am 25. September 1583.[36] In Kärnten leitete daraufhin der Landeshauptmann, wie schon sein Kollege in Oberösterreich, die Anordnung des Landesherrn an die untergeordneten Stellen weiter. Die Kärntner Stände entschlossen sich wie die Donauländer zur Annahme des Kalenders. Am 1. Dezember 1583 (alter Zeitrechnung) verlas auf Befehl der Stände der Klagenfurter Hauptpfarrer Bernhardin Stainer den landesherrlichen Erlass in der evangelischen Dreifaltigkeitskirche in Klagenfurt, also in der von den evangelischen Ständen errichteten »Landeskirche« Kärntens. Die Stände hatten ihm auch aufgetragen, der versammelten Gemeinde die Argumente für die Annahme des Kalenders zu erläutern. In seiner Rede legte Stainer die Meinung der Stände zum Kalender dar, die sich mit jener der Donauländer deckte: Der neue Kalender sei eine weltliche Angelegenheit, er beträfe nicht die Religion und belaste nicht das religiöse Gewissen der Gläubigen. Deshalb solle von diesem Tag an der neue Kalender gelten.[37] Als der Befehl zur Annahme des Kalenders vom 25. September 1583 die Krainer Stände erreichte, beriefen diese eine Sitzung ein, zu der auch der Krainer Superintendent Christoph Spindler geladen wurde. Spindler lehnte bei diesen Beratungen den Kalender mit den bekannten Gründen ab: Der Kalender stamme letztlich vom Antichrist selbst, der Papst drohe darin mit dem Bann und er wolle damit wieder sein Primat aufrichten. Der neue Kalender sei deshalb keineswegs eine bloß weltliche Angelegenheit. Doch die Krainer Stände folgten ebenfalls der Linie der Donauländer und Kärntens und nahmen den Kalender an. Spindlers Bedenken wurden dabei von den Ständen zwar anerkannt, doch sollte er sich mit seinem Protest mäßigen, insbesondere sollte er den Begriff »Antichrist« in diesem Zusammenhang in der Öffentlichkeit nicht gebrauchen.[38]

Damit war in Nieder- und Oberösterreich, Kärnten und Krain auf der politischen Ebene der Länder der Gregorianische Kalender rasch und ohne größere Konflikte angenommen worden. Es muss an dieser Stelle aber darauf hingewiesen werden, dass auf der Ebene der Untertanen und in den Pfarren sehr wohl weit verbreitetes Misstrauen und Unbehagen, ja in nicht wenigen Fällen sogar Verweigerung und Widerstand gegen den Gregorianischen Kalender zu beobachten sind, die eine geraume Zeit

35 Theodor Wiedemann, Geschichte der Reformation und Gegenreformation im Lande unter der Enns, Bd. I (Wien 1879) 431–438. Vgl. auch Karl Uhlirz, Die Einführung des gregorianischen Kalenders in Wien. *MIÖG* 12 (1891) 639–646; Rona Johnston Gordon, Controlling Time in the Habsburg Lands: The Introduction of the Gregorian Calendar in Austria below the Enns. *Austrian Yearbook* 40 (2009) 31 f.

36 Dazu und zur Vorgeschichte: Steinmetz, Die Gregorianische Kalenderreform (wie Anm.1) 176 f.

37 Nobert Lebinger, Die Reformation und Gegenreformation in Klagenfurt. *XVII. Programm des K. K. Gymnasiums zu Klagenfurt* (1867) 47 f. Vgl. auch Martin Wutte, Zur Einführung des gregorianischen Kalenders in Innerösterreich. *Carinthia* I 100 (1910) 198 f.

38 August Dimitz, Geschichte Krains von der ältesten Zeit bis auf das Jahr 1813, Bd. III (Laibach 1875) 104 f.

anhielten. Schon am 20. Jänner 1584 hatte Rudolf II. in einem Patent die Einhaltung des Kalenders anmahnen müssen. Überliefert sind entsprechende Vorgänge etwa für das oberösterreichische Salzkammergut, für Klagenfurt, für Orte in Niederösterreich u. a.[39] Natürlich spielten auch nichttheologische Gründe dabei eine Rolle – die Verunsicherung war groß. Es fällt aber auf, dass es sich bei den Widerstandsnestern in der Regel immer um Zentren von Gnesiolutheranern und Flacianern handelte, in deren Milieu die apokalyptischen Vorstellungen besonders lebendig waren. Hier war zweifellos die religiöse Motivation vorherrschend. Noch 1585 wurden von den Ständen fünf Prediger aus Niederösterreich ausgewiesen, weil diese sich noch immer weigerten, den Kalender zu übernehmen.[40]

Zu einem wirklichen politischen Konflikt auf der Ebene der Länder zwischen den Ständen und dem Landesherrn kam es demnach nur in der Steiermark.[41] Dort leitete der Landeshauptmann den Erlass des Landesherrn im Unterschied zu den anderen Ländern bereits gar nicht weiter, die evangelische Bevölkerung ignorierte ihn überhaupt, sodass der Landesherr die Stände am 7. November (neuer Zeitrechnung) ermahnen musste. Erst eine Woche später berieten die Stände die Angelegenheit. Sie forderten einen Aufschub bis zum nächsten Landtag und die Behandlung der Frage auf einem Reichstag. Deutlich wurden anlässlich der Kalenderfrage auch die Autonomiebestrebungen des Landes gegenüber dem Landesherren artikuliert, wie der Schriftwechsel eindrücklich zeigt. Hauptmotiv der Weigerung war auch hier der Ursprung des Kalenders beim Papst, der sogar Bann und Verdammung angedroht habe, also nur sein Primat wieder aufrichten wolle. Ebenso wird auf die Haltung der protestantischen Territorien im Reich verwiesen.[42] Der Widerstand der Steirer wird verständlich, wenn man beachtet, dass in der Steiermark zeitgleich mit der Einführung des Gregorianischen Kalenders gerade die ersten schmerzhaft spürbaren Maßnahmen zur Gegenreformation eingesetzt hatten.[43] Für Erzherzog Karl war der

---

39 Das Patent vom 20. Jänner 1584, in: Codex Austriacus (wie Anm. 27) Pars secunda 50 f. Zum Widerstand gegen den Kalender vgl. etwa Lebinger, Die Reformation und Gegenreformation (wie Anm. 37) 47 f.; Scheutz, »Den neuen bäpstischen calender anlangende würdet derselb [...] durchaus nit gehalten.« (wie Anm. 1) 123 f; Eder, Glaubensspaltung (wie Anm. 29) 188 f.; Gordon, Controlling Time (wie Anm. 35) 28, 35.

40 Gordon, Controlling Time (wie Anm. 35) 35.

41 Grundlegend noch immer: Joseph Zahn, Der Kalenderstreit in Steiermark. *Mitteilungen des Historischen Vereins für Steiermark* 13 (1864) 126–146; Johann Loserth, Die Reformation und Gegenreformation in den innerösterreichischen Ländern im 16. Jahrhundert (Stuttgart 1898) 441–444; Ders., Die Beziehungen der steiermärkischen Landschaft zu den Universitäten Wittenberg, Rostock, Heidelberg, Tübingen, Straßburg u. a. in der zweiten Hälfte des 16. Jahrhunderts (Graz 1898) 71 f. und 511–514; Franz Martin Mayer, Jeremias Homberger. Ein Beitrag zur Geschichte Innerösterreichs im 16. Jahrhundert. *Archiv für Österreichische Geschichte* (1898) 244–251.

42 Loserth, Die Beziehungen (wie Anm. 41) 511–514 (Nr. 389), bes. 512 und 513; Ders., Acten und Correspondenzen zur Geschichte der Gegenreformation in Innerösterreich unter Erzherzog Karl II. (1578–1590), in: FRA 2. Abt. 50 (Wien 1898) 502–505 (Nr. 374).

43 Zu den betreffenden Vorgängen in diesen Jahren einführend: Loserth, Reformation und Gegenreformation (wie Anm. 41) 431–456.

neue Kalender in der politischen Praxis ein Druckmittel und ein von ihm bewusst eingesetztes psychologisches Instrument für die Rekatholisierung bzw. die Gegenreformation. Aus Sicht der evangelischen Seite bedrohte der Antichrist real das Evangelium. Zudem rückten genau damals die Türken/Osmanen wieder an die Grenzen vor.[44] Dies beeinflusste zwangsläufig die Haltung zum Kalender. Diese ist besonders in den theologischen Gutachten greifbar, die uns aus dieser Zeit in der Steiermark überliefert sind. Das wichtigste darunter ist ein Gutachten der Grazer Geistlichen unter der Führung des strengen Lutheraners Jeremias Homberger. Es stammt vom November 1583 und war von den steirischen Ständen selbst erbeten worden.[45] Auch dieses Gutachten lehnt den Kalender rundweg ab, weil er vom Papst ausgegangen sei und dieser nach dem Wortlaut der Bulle den Kalender der gesamten Christenheit aufzwingen wolle. Zwar seien Kalender Adiaphora, aber wegen der Herkunft des neuen Kalenders und weil in ihm auch die katholischen Festtage enthalten seien, bedrohe der Kalender die christliche evangelische Freiheit. Der Papst sei der Antichrist nach Daniel 7, wo bereits geweissagt sei, dass dieser Zeit und Gesetz verdrehen werde. Prinzipiell müsse man sich davor hüten, vom Antichrist etwas anzunehmen. Auch wenn der Kalender von Kaiser und Erzherzog und nicht vom Papst erlassen worden sei, so wisse man, wer wirklich dahinter stecke.[46] Der Krainer Landschaftsprediger Spindler hatte, wie schon erwähnt, dieselbe Meinung vertreten – die Krainer Stände hatten sich aber im Unterschied zu den Steirern darüber von Beginn an hinweggesetzt.[47] Ähnlich argumentierte übrigens der Mathematiker der Grazer Landschaftsschule Georg Stadius in einem weiteren Gutachten.[48] Die steirischen Stände folgten zunächst diesen Gutachten, auch wenn sie dies gegenüber dem Landesherren diplomatischer formulierten, vor allem auf die Rede vom Antichristen verzichteten. Der Beginn der Gegenreformation im Verein mit dem politischen Ziel der Verteidigung der Autonomiebestrebungen des Landes ließen die Stände zunächst diesen Sonderweg einschlagen. Daraufhin erließ Erzherzog Karl ein Dekret, das für jeden Standesangehörigen, der Ungehorsam zeige, als Strafe die enorme Summe von 1000 Golddukaten festsetzte.[49] In dieser Situation holten die steirischen Stände per eigenem Boten Gutachten der Universitäten Tübingen und Heidelberg ein. Dieser Bote wurde offenbar auf höchste Anordnung auf seinem Rückweg Anfang des Jahres 1584 von kaiserlichen Beamten abgefangen und die mitgeführten Briefe wurden teilweise geöffnet (nämlich jene an die adeligen Einzelpersonen, nicht jene an das Gremium der sog. »Verordneten« der Stände). Die Stände reagierten empört und prangerten die in ihren Landen neuen und unerhörten »welschen« Methoden des Landesherren an. Auch an diesen Vorgängen

44 Ebenda 434.

45 Zahn, Der Kalenderstreit (wie Anm. 41) 133–135.

46 Ebenda 134 f.

47 Dimitz, Geschichte Krains (wie Anm. 38) 105.

48 Zahn, Der Kalenderstreit (wie Anm. 41) 136 f. (der dem Gutachten des Stadius bei seiner Beurteilung theologisch aber nicht ganz gerecht wird).

49 Loserth, Acten und Correspondenzen (wie Anm. 42) 507 (Nr. 378); Steinmetz, Die Gregorianische Kalenderreform (wie Anm. 1) 179.

wird die internationale Relevanz der Entwicklungen in Österreich sichtbar. Die Angelegenheit hatte sich zu einem ernsten Konflikt entwickelt.[50] Wir kennen leider nur die Hauptaussage des Tübinger Gutachtens, also die Meinung der Württemberger, nicht jene Heidelbergs. Sein Inhalt war offenbar ident mit jenem schon besprochenen aus dem württembergischen Konsistorium in Stuttgart an die Oberösterreicher. Die Tübinger empfahlen – im Gegensatz zur Meinung der steirischen Theologen – die Annahme des Kalenders. Dem landesherrlichen Erlass sei nachzukommen.[51] Genau diesen Weg hatten die steirischen Stände in der Zwischenzeit schon beschritten. Sie hatten bereits im Dezember 1583 eingelenkt und die Pfarren instruiert, den neuen Kalender einzuführen. Der Superintendent Jeremias Homberger bekannte trotzdem noch öffentlich und demonstrativ seine Ablehnung des Kalenders und wurde deswegen vom Landesherren des Landes verwiesen.[52]

Insgesamt gesehen haben also die evangelisch dominierten habsburgischen Länder trotz des intensiven Widerstandes der Steirer den neuen Kalender im Reichsvergleich nach kurzen Irritationen auf politischer Ebene allesamt rasch angenommen.

III. Die Flacianer und der Kalenderstreit

Es ist schon darauf hingewiesen worden, dass sich der Widerstand gegen den Kalender offenbar in den gnesiolutherischen und flacianischen Pfarren konzentrierte. Dieser Widerstand der Gnesiolutheraner und Flacianer kann angesichts ihrer Feindschaft und ihres entschlossenen bekenntnishaften Protests gegen alle Regungen des Antichrists seit den Zeiten des Interims nicht weiter verwundern. In Niederösterreich erschien als erstes eine Protestschrift von sieben Flacianern gegen den Gregorianischen Kalender, die aber bislang nicht aufgefunden werden konnte.[53] Die erste uns erhaltene und im Druck veröffentlichte Äußerung eines Flacianers zum neuen Kalender stammt aus der Feder von Marcus Volmar, einem der publizistisch aktivsten flacianischen Theologen, der sich zu dieser Zeit wohl im oberösterreichischen Eferding aufhielt, wo gerade unter seiner Beteiligung ein heftiger, erbitterter und von eschatologischem Ernst getragener Streit um die Erbsünde und den Sündenstatus der Leichname losgebrochen war.[54] Dieser Streit erfasste genau in jenen Jahren der Einführung des Gregorianischen Kalenders die gesamte flacianische Welt, führte zu

50 Mayer, Jeremias Homberger (wie Anm. 41) 245 f.

51 Ebenda 247.

52 Steinmetz, Die Gregorianische Kalenderreform (wie Anm. 1) 179. Vgl. auch Zahn, Der Kalenderstreit (wie Anm. 41) 145–146 und Mayer, Jeremias Homberger (wie Anm. 41) 248.

53 Wiedemann, Geschichte der Reformation und Gegenreformation (wie Anm. 35) 433 f.

54 Vgl. dazu: Leeb, Spangenberg (wie Anm. 23) 272 f. Vgl. dazu auch vorläufig Ders., Der Streit um das Ende der Erbsünde, in: Renaissance und Reformation. Oberösterreichische Landesausstellung 2010, hg. von Dems./Karl Vocelka/Andrea Scheichl (Linz 2010) 587–589 (Kat. Nr. 20.12–20.26). Eine ausführliche Untersuchung dieses Streites um den Sündenstatus der Leiber der Toten ist in Vorbereitung.

tiefen innerflacianischen Zerwürfnissen und versetzte sie in apokalyptische Erregung. Dies bildet gleichsam die Hintergrundfolie zu den Reaktionen der Flacianer zum Kalenderstreit. Für viele von ihnen war die Einführung des »päpstischen« Kalenders nur ein weiterer Beweis für die Regungen des Antichrists am Ende der Zeiten. Volmars kurze Schrift, die den Titel »Epistel« trägt, ist davon geprägt. Das Vorwort ist auf den 16. Dezember 1583 in Wien datiert. Volmar gab die Schrift aber erst vier Jahre später 1587 in Druck.[55] Nach Ausweis des Titelblattes war sie von Volmar im Dezember 1583 den niederösterreichischen Ständen übergeben worden. Vermutlich hatten ihn flacianisch gesinnte niederösterreichische Adelige darum gebeten, Volmar war nämlich bis 1582 im niederösterreichischen Michelstetten Pfarrer gewesen.[56] Die Schrift ist ein einziger heftiger Angriff auf den Gregorianischen Kalender.

Bereits ihr Beginn ist höchst bezeichnend und führt ins Zentrum des Themas:

> »Es sind nun fast alle Zeichen/die den jüngsten tag/ vnd das letzte Gericht Gottes andeutten/fürüber: Der Antichrist zu Rom/sampt seinem abgöttischen anhang/ ist durch das reine wort Gottes geoffenbaret/vnd in aller Glaubigen hertzen getödtet: Sonne und Mond werden verfinstert/ die Sterne fallen vom Himmel/ viel Chalmata vnd feurige schröckliche Zeichen erscheinen in der Lufft/ das Meer vnd die Waserwogen brausen/ brechen auß mit grossem verderben Land vnd Leute/ Theuerung/ Erdbebung/Pestilentz/ Krieg vnd Blutvergiessen/ groOsse Schnee vnd Sturmwinde (welches alles gewisse Vorboten sind deß Jüngsten tages) […]. Vielen Leuten wird lang zittern vnd zagen für forcht der dinge/ die da kommen sollen auff Erden.«[57]

Für Volmar ist klar: das Ende der Welt ist nahe. Seine Worte verraten, dass er selbst dieses nahe Ende der Welt, das Ende der Geschichte nach flacianischer Art, intensiv empfunden hat. Diese Naherwartung ist typisch für die Flacianer in diesen Jahren in Österreich, wo zeitgleich auch noch die Gegenreformation einsetzte. Wie im Neuen Testament geweissagt, schlichen sich nun Häresie und falsche Propheten in die wahre Kirche ein (Erbsündenstreit, Streit um die Konkordienformel, Streit um die Leichname, usw.). Diese Entwicklung hatte in den Augen der Flacianer natürlich schon mit dem Interim begonnen. In den Worten Volmars:

> »Wie denn seid Interims zeiten her/ durch mancherley Rottengeister vnd Schwermer/ dem Papstumb Thür vn(d) Thor auffgethan worden: das sie die guten Werke zur Seligkeit notwendig sein/ auff Päpstische manier statuiert und vertheydiget: Also helt sich auch mit der falschen Lere vom Freyen Willen […].«[58]

55 VD16 V 20304: Marcus Volmar, Epistel.|| Den newen P#[ae]pstischen || Gregorianischen Calender betreffend #[et]c.|| Anno Christi 1583.im Monat December/ zu || Wien in Oesterreich in der Landst#[ae]nde || versamlung vberantwortet.|| ... Sampt einem kurtzen Außzug/ auß Papst Gregorij 13.|| zweyen Bullen/ f#[ue]r seinen Calender gedruckt ... || M.D.LXXXVII. Zu dieser Schrift vgl. Steinmetz, Die Gregorianische Kalenderreform (wie Anm. 1) 249 f.; Koller, Strittige Zeiten (wie Anm. 1) 385 f.

56 Bernhard Raupach, Presbyteriologia Austriaca (Hamburg 1741) 195 f.

57 Volmar, Epistel (wie Anm. 55) Ai.

58 Ebenda Aii.

Das alles seien Zeichen für das nahe Ende und das Wirken des Antichrists, das für sie scheinbar nahezu allgegenwärtig war. Dieses Geschichtsbild prägt, wie wir gesehen haben, fast alle protestantischen Stellungnahmen zum Gregorianischen Kalender, doch bei den Flacianern geschah dies in übersteigerter Weise. Der »Greuel der Verwüstung« war mit dem Kalender in die wahre Gemeinde Christi, ja in den Tempel Gottes selbst gelangt. »Was hat das Licht für Gemeinschafft mit der Finsternis?«[59] »Ergreifft vnd reist den Calender von der Wand [...].«[60] Wer den neuen Kalender zulasse, weil er der Meinung sei, dass es sich doch bloß um eine rein weltliche Angelegenheit handle, der bereite der bösen Schlange den Weg. Damit gelange bereits der Kopf der Schlange durch die Öffnung und sie könne dann problemlos ihren ganzen langen Leib nachziehen.[61] Die österreichischen Länder, die sich evangelisch und lutherisch rühmten und doch den Kalender angenommen hätten, würden dies bald am Jüngsten Tage erfahren, wenn Christus kommen werde zu richten die Lebenden und die Toten.[62] Volmars »Epistel« folgt ausschließlich der apokalyptisch geprägten Argumentation, nach der der Antichrist gerade im Begriff war, sich ins weltliche Regiment hineinzudrängen. Sie ist, wie wir sehen werden, typisch für die radikalen Flacianer.

Die nächste flacianische Äußerung zum Gregorianischen Kalender in Druckform stammt von Cyriakus Spangenberg, dem damals bedeutendsten flacianischen Gelehrten und Theologen.[63] Seine erst 1592 herausgegebene, recht umfängliche Schrift trägt den Titel: »Vom Newen Corrigirten Calender«.[64] Spangenberg muss sie wohl kurz nach 1586 verfasst haben. Das Manuskript kam allerdings erst 1592 in den Druck. Die Schrift wurde bemerkenswerterweise von Volmar herausgegeben, der damals bei Güssing lebte. Volmar hatte inzwischen, wie wir noch sehen werden, seine Meinung zum Kalender (wohl unter dem Einfluss der Schrift Spangenbergs) geändert. Das Manuskript war ursprünglich an Adressaten in Niederösterreich gerichtet gewesen, wie bestimmte Passagen verraten.

Spangenberg war nach seinen eigenen Angaben in der Einleitung offenbar schon kurz nach der Publikation des Kalenders in den habsburgischen Ländern von besorgten flacianischen Gesinnungsgenossen aus Kärnten – und zwar sowohl von Laien als auch von Pfarrern – kontaktiert worden. Spangenberg argumentierte nach eigener Aussage schon damals anders als Volmar in seiner »Epistel«. Er hätte schon zu dieser

---

59 Ebenda Aiv.

60 Ebenda Aii.

61 Ebenda Aiv.

62 Ebenda Biv.

63 Zu Spangenberg: Stefan Rhein/Günther Wartenberg (Hg.), Reformatoren im Mansfelder Land. Erasmus Sarcerius und Cyriakus Spangenberg (Schriften der Luthergedenkstätten in Sachsen Anhalt 4, Leipzig 2006); Bernd Feicke, Cyriakus Spangenberg. *BBKL* 30 (2009) 1414–1424.

64 VD 16 S7710: Cyriakus Spangenberg, Vom Newen Corrigir=||ten Calender.|| Sendschreiben/|| M. Cyriac: Spangenbergs/ an etliche || Prediger in Österreich/|| Sampt || Einer kurtzen Vorrede/|| Marci Volmarij.|| ... ||. Vgl. zu dieser Schrift auch Steinmetz, Die Gregorianische Kalenderreform (wie Anm. 1) 268–271; Koller, Strittige Zeiten (wie Anm.1) 109–114.

Zeit den Gehorsam gegenüber der Obrigkeit und die Annahme des Kalenders empfohlen.[65] Die damaligen von ihm vorgebrachten Argumente und Positionen habe er inzwischen auch mit Hilfe der seit Ausbruch des Kalenderstreits erschienen Flugschriften präzisieren können.

Spangenberg teilt in seinem Werk zunächst uneingeschränkt die apokalyptische Geschichtsschau und auch die damit verbundenen Sorgen. Doch bewertet er die Rolle und die theologische Qualität des neuen Kalenders anders. Sein Kernargument lautet: »An im selbs ist ein jeder Calender/ ein gut nötig vnd nützlich politisch werck.« – und das gelte unabhängig von seiner Herkunft, egal ob er von Heiden, Türken, Arabern oder Christen stamme.[66] Der Kalender sei in erster Linie eine Angelegenheit der Mathematik.[67] Gefährlich und bedenklich werde es nur dann, wenn der Kalender als zur Seligkeit nötig angesehen werde oder wenn man ihn befolge, um dem Papst zu gefallen. Das sei aber bei einer Annahme des Kalenders ausgeschlossen, denn er sei in den Donauländern und in den innerösterreichischen Ländern von der weltlichen Obrigkeit, dem Kaiser und Erzherzog erlassen worden und nicht vom Papst. Der Kalender werde, juristisch betrachtet, so nicht vom Papst aufgezwungen. Ein genaues Studium der Erlässe Kaiser Rudolfs II. und Erzherzog Ernsts zeige, dass hier die weltliche Obrigkeit ausdrücklich betone, dass der von ihnen erlassene Kalender nicht die Religion betreffe, sondern allein praktisch-gesellschaftliche Zwecke verfolge. Er werde von der Obrigkeit ausdrücklich als nicht zur Seligkeit nötig bezeichnet.[68] Es finde sich in den landesherrlichen Erlässen keine Androhung des Banns. Der Kalender nütze dem Handel, helfe bei der Organisation der Gerichts- und Markttage usw. Mit seiner Einführung – so Spangenberg – geschehe der wahren Lehre kein Abbruch. Auch die katholischen Feiertage im Kalender bräuchten nicht zu stören, da sie die Evangelischen ohnehin nichts angingen. Außerdem schade es nicht, über die antichristlichen Bräuche und den Aberglauben Bescheid zu wissen. Dass der neue Kalender auch die evangelischen Feiertage um 10 Tage verschiebe und verrücke, sei ebenfalls egal. Wenn der Kalender auch aus den Schreibstuben Roms stamme, so sei ein Tagesdatum ein rein äußerliches Ding. Es komme nur auf den Inhalt des betreffenden Tages an, nämlich auf das, was an ihm gefeiert werde. Das sei entscheidend und wesentlich, aber in Liturgie, Predigt und Lehre würde die Obrigkeit mit dem Kalender eben nicht eingreifen.[69] Würde sie dies tun, dann wäre allerdings Widerstand zu leisten – aber dies sei eben nicht der Fall. Schließlich geht Spangenberg auch auf die Befürchtungen jener ein, die argwöhnten, die Obrigkeit verfolge mit dem Kalender auch gegenreformatorische Motive. Diese Personen wiesen darauf hin, dass die Jesuiten den Kalender öffentlich als Instrument der Gegenreformation propagierten. Der Kalender könnte doch die erste Stufe zur Vernichtung des Evangeliums sein. Die

---

65 Spangenberg, Vom Newen Corrigir=||ten Calender (wie Anm. 64) Aiii.

66 Ebenda Aiii.

67 Ebenda Bi.

68 Ebenda D und Dii, Fii.

69 Ebenda B.

Antwort Spangenbergs: In der Tat, dieses Szenario sei möglich. Es sei aber noch nicht eingetreten. Es sei im Moment nicht nachweisbar, dass der Kalender realpolitisch diesem Ziel dienen solle.

Auch Spangenberg argumentiert also strikt in den Bahnen der Zwei-Regimentenlehre. Mit dem Kalender finde an keinem Punkt eine Vermischung der Regimenter statt. Mit ihm werde nicht in Kultus und Lehre eingegriffen. Spangenberg nimmt im Übrigen auch die spezifische reichsrechtliche Lage der habsburgischen Länder wahr. Die Gegner des Kalenders dürften nämlich nicht auf die politische Haltung in den evangelischen Territorien und Städten des Reiches verweisen: »So ist auch ein grosser vnterscheid zwischen freywilliger annemung freyer Reichs Stendte/ vnd schuldigen gehorsam Key: May. Vnterthanen in deren Erblanden in solchen eusselichen Politischen Constitutionen.«[70] Auch wenn es vielleicht besser wäre, den Kalender nicht zu befolgen, so befänden sich die österreichischen Länder in einer anderen rechtlichen Situation. Hochreflektiert analysiert Spangenberg vor dem Hintergrund der Zwei-Regimentenlehre die nötige Vorgangsweise. Der weltlichen Obrigkeit sei man aus den genannten Gründen Gehorsam schuldig, und zwar so lange »solches nicht öffentlich wider Gottes Wort/ vnd Gewissen ist«.[71] Vielleicht, so Spangenberg, trete die Vermischung der Regimente einmal ein, dann aber müsse allerdings Widerstand geleistet werden, dann hätte man laut und freudig zu bekennen, aber auch zu leiden, wie es Gott gefalle, denn alles stehe in Gottes Händen.[72] Wie stets, so zeigt sich Cyriakus Spangenberg auch hier als der am niveauvollsten argumentierende Flacianer. Er konnte mit dieser Schrift offenbar auch Marcus Volmar überzeugen, der nun auf die Argumentation Spangenbergs einschwenkte.

Marcus Volmar publizierte nämlich im selben Jahr 1592 seine zweite Schrift zur Kalenderfrage: »Vorbot. Einer lautern erklerung deß newen Calenders«.[73] Darin gibt er zu, dass er noch zu Ostern 1587 die Gemeinden Sierndorf in Niederösterreich sowie Purbach und Donnerskirchen im heutigen Burgenland vor dem Gregorianischen Kalender gewarnt habe.[74] In diesen drei Gemeinden wirkten flacianische Pfarrer. Er hatte damals also an die »Auserwählten«, an die flacianischen Bekenner appelliert, standhaft bei der Ablehnung des Kalenders zu bleiben. Wir erfahren aus der Schrift aber auch, dass in Rechnitz (ebenfalls im Burgenland) sogar eine Disputation über den Kalender stattgefunden hatte, von der wir aber keine nähere Kenntnis haben. In Rechnitz wirkte von 1585 bis 1591 als Prediger Koloman Rohrer, von dem wir aus

70 Ebenda F; Koller, Strittige Zeiten (wie Anm. 1) 114.

71 Spangenberg, Vom Newen Corrigir=||ten Calender (wie Anm. 64) Dii.

72 Ebenda Eiii.

73 VD16 V2309: Marcus Volmar, Vorbot || Einer lautern er=klerung deß newen Calen=||derstreits/ Nemblich:|| Wie ferne der Corrigiert Calender/|| sampt Wercktagen vnd Feyertagen/ der || Christen Gewissen beschweret/ oder frey=||leset: vnd derowegen zuuerwerffen/|| oder anzunemen sey.|| … || o. O. 1592. Vgl. Koller, Strittige Zeiten (wie Anm. 1) 109–114. Fehlt bei Steinmetz, Die Gregorianische Kalenderreform (wie Anm. 1).

74 Volmar, Vorbot (wie Anm. 73) Aii.

anderen Quellen wissen, dass er Flacianer war.[75] In seiner zweiten Schrift vertritt Volmar jedenfalls voll und ganz die Position Spangenbergs: Der Kalender sei ein rein äußerliches Ding, eine »weltliche Keyserliche Policey Ordnung«.[76] Die Obrigkeit habe durch ihre Erlässe die antichristliche Bulle des Papstes gleichsam weltlich gemacht.[77] Volmar argumentiert damit ebenfalls peinlich genau entlang der Zwei-Regimenten-lehre. Spangenbergs Position setzte sich damals nicht nur bei Volmar, sondern auch bei einer Reihe weiterer Flacianer durch. Ihr folgten nach anderen Nachrichten auch die österreichischen Flacianer Adam Giller, Paul Saur, Benedikt Thaur, offenbar auch Stephan Hasler, Jonas Franck u. a.[78]

Eine Gruppe von Flacianern verharrte aber trotzdem noch weiter in der fundamentalistischen Haltung jener totalen Ablehnung, wie sie uns schon in Volmars »Epistel« begegnete. Diese Gruppe bezichtigte ihre flacianischen Gesinnungsgenossen des Abfalls in der Kalenderfrage und sah sie in der Verdammnis. Ihr Hauptvertreter war Johann Hauser, der ehemalige Hauptpfarrer von Villach, der eine wenig beachtete, aber wichtige Rolle in der flacianischen Welt spielte.[79] Sein Katechismus in der Auflage des Jahres 1594 ist als eine Art Kompendium der flacianischen Theologie in ihrer radikalsten Form zu bezeichnen.[80] Hauser war nach Ausweis des Titelblattes zu dieser Zeit Pfarrer in Nußla in Mähren, wo er schließlich Unterschlupf gefunden hatte. An allen zentralen Stellen im Katechismus geht Hauser auf die Kalenderfrage ein. In der Auflage von 1594 erscheint die Haltung zur Kalenderfrage sogar als integraler Bestandteil des Katechismus, der Gregorianische Kalender wird in allen wichtigen »Fragstücken« eigens thematisiert, seine Ablehnung als ein Werk des Antichristen gehört nach Hauser zum Kern der wahren Lehre.[81] Hauser kann der Argumentation, dass es sich beim Kalender um eine rein weltliche Angelegenheit, um eine bloß mathematische Arbeit, die von der weltlichen Obrigkeit zur Aufrechterhaltung der guten Ordnung erlassen worden sei, nicht folgen. Entscheidend sei allein die Herkunft

75 Karl Fiedler, Pfarrer, Lehrer und Förderer der ev. Kirche A. und H. B. im Burgenlande. *Burgenländische Forschungen 40* (Eisenstadt 1959) 118 und XXVII.

76 Volmar, Vorbot (wie Anm. 73) Av.

77 Ebenda Cv.

78 Die Namen als Gegner angeführt bei Johann Hauser: VD 16 L5177: Johann Hauser, CATECHISMVS || D.Martini Lutheri.|| Mit angeheng=||ten Fragen vnd Antwor=||ten/ wider welche St#[ue]cke dieser Cate=||chistischen Lere/ f#[ue]rnemlich das Antichristi=||sche Bapstumb/ vnd alle newe Rotten || vnd Secten streiten.|| Auffs Newe zugericht … || vermehret vnd verbessert/|| Durch || IOHANNEM HAVSERVM || Carinthium, Diener am Euangelio Je=||su Christi zu Nusla/ in Mar=||grafftthumb M#[ae]rhern.|| Sampt den Morgen vnd Abendt || vor vnnd nach Tisch Gebetlein/|| Haußtaffel vnd Lytaney.||, o. O. 1594, hier K3. Zu Hausers Katechismus von 1594 vgl. unten.

79 Zu Hauser: Johann Massner, Der Villacher Katechismus Johann Hausers, in: 900 Jahre Villach, Neue Beiträge zur Stadtgeschichte (Villach 1960) 381–409; Oskar Sakrausky, Johann Hauser. Pfarrherr und Diener am Evangelio aus Villach. *Neues aus Alt-Villach* 1 (1964) 207–242; Ders., Die Villacher Katechismus-Handschrift Johann Hausers vom Jahre 1572. *Carinthia* I 171 (1981) 83–109; Leeb, Reformation in Kärnten (wie Anm. 23) 97–101.

80 Hauser, CATECHISMVS (wie Anm. 78).

81 Ebenda F4, H1–H2,K2 f., Q1–Q2, R8, Z4 und besonders eindrücklich: Y5–Z6.

des Kalenders. Der Kalender stamme doch vom Papst, hinter dem der Teufel stünde, ja der Papst sei der Teufel, der Antichrist selbst. Der Teufel sei aber zu fliehen. Dass den Kalender die weltliche Gewalt erlassen habe, ändere nichts daran, dass damit in Gottes geistliches Regiment eingegriffen werde, die weltliche Obrigkeit mithin ihr Regiment verlasse und ins göttliche Regiment eingreife:

> »In dem sie fürgeben / die Weltliche Obrigkeit habe macht Feyertage in der Kirchen zu ordnen vnnd zu gebieten/ vnd die Christen sein schuldig/ solcherordnung unterthan zu sein [...]. Weil aber dies Gesetz vnd Gebot lauffet/ das es die Leut zwinget und ringet wider ihr Wissen vnnd Gewissen/ deß Bapst Werk/ den newen Calender anzunemen: So sagen wir/ Man könne hierinnen dem Keyser nicht gehorchen/ sondern man muß Gott mehr gehorsam sein.«[82]

Totale Absonderung von der Papstkirche und ihrer Lehre muss das Lebensprinzip des Christen sein: »[...] rührt kein unreines an.«[83] Nimmt man den Kalender an, lasse man sich von der Babylonischen Hure verführen.[84] Mit dessen Übernahme bete man das Tier der Apokalypse an, baue man mit am Reich des Antichrists. Gerade die Festtage der wahren Christen könnten und dürften nicht vom Papst und vom Kaiser bestimmt werden, sondern allein von der wahren Gemeinde Christi.[85] Hausers und seiner Gesinnungsgenossen Argumente lassen sich im Grunde auf ein einziges reduzieren: Der Kalender ist allein wegen seines Ursprungs abzulehnen, er kommt vom Teufel selbst.[86] Das verdirbt alles durch und durch und damit auch den Kalender als Ganzen. Kein wahrer Christ dürfe unter Gesetzen, die vom Teufel stammen, ja in denen sogar der Teufel selbst stecke, leben. Der Antichrist habe am Ende der Zeiten beim Kalender die weltliche Macht für seine Zwecke usurpiert und bedrohe jetzt die christliche Freiheit. Der Kalender gehöre nicht mehr zum weltlichen Regiment. Auch Hauser weist auf die Flugschriften der Jesuiten hin, die das umgekehrt doch genauso sähen: Die Protestanten würden nun mit dem Kalender die Gesetze des Papstes befolgen und ihm gehorsam sein.[87] Bei der totalen Ablehnung des Kalenders habe man deshalb zu bleiben, auch wenn man dadurch in persönliche soziale und wirtschaftliche Schwierigkeiten gerate. Selbst aus Rücksicht gegenüber dem Nächsten und der öffentlichen Ruhe und Ordnung, ja nicht einmal aus Nächstenliebe dürfe man den Kalender befolgen. Das alles zähle nicht, denn der Glaube, die wahre Lehre, stehe über der Liebe.[88] Werde man deswegen verfolgt, habe man die Wahrheit bis zum Schluss freudig und laut zu bekennen.

---

82 Ebenda K3 f.

83 Ebenda N3 f. und F4.

84 Ebenda N3 f., R4 und öfter.

85 Ebenda F4 f.

86 Ebenda Y6.

87 Ebenda Y6.

88 Ebenda Z4: »Wo aber der Glaube und das Bekäntnis dadurch solle Noth leyden/ so muß man die Liebe fahren lassen.«

IV. Schluss

Der Streit und die Diskussionen um die Einführung des Gregorianischen Kalenders sind ein eindrucksvoller Beleg für die Wirkmächtigkeit der Zwei-Regimentenlehre im Luthertum. Dass die Zwei-Regimentenlehre in den Diskussionen nahezu allgegenwärtig war, braucht nicht zu verwundern, es ging ja auch um Widerstandsfragen. Im Rahmen der apokalyptischen Geschichtsschau und der damit verbundenen Antichristvorstellung war für die Lutheraner die zentrale Frage, ob der Gregorianische Kalender, der ihrer Ansicht nach vom Antichristen stammte, Teil des weltlichen Regimentes sein konnte oder nicht. Diese Frage entschied sich konkret an der Einschätzung, ob und wie weit mit der Annahme des Kalenders der Antichrist vom weltlichen Regiment Besitz ergriffen hatte oder nicht. Das Kriterium für die Beurteilung dieser Frage war rechtlich-politischer Natur: Sind bei der Einführung und Implementierung des Kalenders weltliches und geistliches Regiment sauber unterschieden und auseinander gehalten worden? Nach Ansicht der Lutheraner war dies auf Reichsebene nicht der Fall. Hier wog der Umstand, dass der Kaiser den Kalender nicht gemeinsam mit den evangelischen Reichsständen beraten und auf einem Reichstag beschließen hatte lassen und sich außerdem nicht klar und deutlich von der päpstlichen Kalenderbulle abgegrenzt hatte, schwerer als die positiven gesellschaftlich-regulativen Funktionen des Kalenders. Hätte der Kaiser den politischen Weg über den Reichstag eingeschlagen, dann wäre der Kalender »weltlich« geworden und hätte angenommen werden können.

In den habsburgischen Ländern sei man hingegen nach Einschätzung der Theologen bei der Einführung des Gregorianischen Kalenders korrekt vorgegangen. Die Landesherren hätten sich hier wirklich bemüht, den neuen Kalender als rein weltliche Angelegenheit darzustellen und zu behandeln. Er sei korrekt im Rahmen der verfassungsrechtlichen und reichsrechtlichen Rahmenbedingungen als rein weltlich-säkulare Angelegenheit in Kraft gesetzt worden. Auf diese Weise sei der ursprünglich an sich vom Antichristen betriebene Kalender gleichsam purifiziert und damit »weltlich« geworden.[89] Es ist bemerkenswert, dass ein bedeutender Teil der Flacianer dies ebenfalls so sah, wobei ihr wichtigster Exponent Cyriakus Spangenberg war. Die Kalenderfrage musste ja gerade Flacianer und Gnesiolutheraner, bei denen die apokalyptische Motivation am intensivsten war, besonders herausfordern. Trotzdem hat diese Gruppe den Gregorianischen Kalender nicht – wie es etwa Heerbrand getan hatte und wie es der geschichtlichen Herkunft der Flacianer entsprochen hätte – als

89 Inwieweit bei den Gutachten aus den protestantischen Territorien des Reiches, die an die habsburgischen Länder adressiert waren, auch realpolitische Erwägungen eine Rolle gespielt haben, bleibe dahingestellt. Gewiss wollten die protestantischen Territorien die Errungenschaften des Augsburger Religionsfriedens nicht gefährden, auch wenn die Gutachten keinen direkten Bezug darauf nehmen. Die Überlegungen Spangenbergs (und auch jene Volmars in seiner späteren Schrift), die zum selben Ergebnis kamen wie die württembergischen Gutachten, sind jedenfalls frei von solchen real- und reichspolitischen Überlegungen, da die Flacianer solche Fragen ausschließlich nach theologischen Gesichtspunkten beurteilten.

ein zu bekämpfendes und abzulehnendes »Adiaphoron« im Sinne der interimistischen Streitigkeiten betrachtet und gewertet, sondern den neuen Kalender nach den Kriterien der Zwei-Regimentenlehre unter den österreichischen verfassungsrechtlichen Verhältnissen beurteilt und von daher seine Annahme befürwortet.[90]

Allerdings hat die Gruppe der radikalen Flacianer, für deren Position Johann Hauser und die erste Kalenderschrift Volmars stehen, die Verhältnisse in den habsburgischen Ländern anders beurteilt. Für sie war der Gregorianische Kalender durch seine Herkunft und Urheberschaft im Endergebnis *substantiell* verdorben – was im Übrigen eine bemerkenswerte Parallele zum Erbsündenstreit darstellt. Da der Kalender in seiner Substanz den Antichristen selbst enthalte, habe die wahre Christengemeinde ihn zu fliehen, ansonsten nehme der »Greuel der Verwüstung« Platz in der wahren Kirche Christi, nämlich in der Liturgie, im Kult, im Ablauf des Kirchenjahres und des täglichen Lebens.

Bemerkenswert bleibt im Rückblick die zu beobachtende Virulenz des apokalyptischen Geschichtsbildes und der Antichristvorstellung, die damals im Luthertum allgemein verbreitet war. Die Vorgänge, Diskussionen und Konflikte um den Kalender werden nur verständlich, wenn man wahrnimmt, dass diese gemeinreformatorischen Überzeugungen von den Zeitgenossen auch so erlebt und empfunden wurden. Die Einführung des neuen Kalenders bedeutete deshalb keine Haarspalterei oder Nebensächlichkeit. Dies ist auch die Erklärung dafür, warum er sich in den protestantischen Gebieten erst so spät durchsetzte. Bezeichnenderweise geschah dies zu der Zeit, als dieses alte apokalyptische Geschichts- und Weltbild in Europa im Begriff war zu verschwinden.[91]

90 Anders als bei den interimistischen Streitigkeiten um die Adiaphora ging es in diesem Fall nicht um die Wiederaufrichtung von bereits durch die Reformation überwundenen Riten und Gebräuchen, sondern nur um die Korrektur eines bereits bestehenden Kalenders (vgl. auch den Titel von Spangenbergs Schrift, der offenbar mit Absicht vom »korrigierten« Kalender spricht).

91 Vgl. dazu: Arno Seifert, Der Rückzug der biblischen Prophetie von der neueren Geschichte. Studien zur Geschichte der Reichstheologie des frühneuzeitlichen deutschen Protestantismus (Köln u. a. 1990).

Vom »Zank-Teufel« und »Affen Luthers« hin zu einem »um die Kirche hochverdienten Mann«. Das Flacius-Bild in der Kirchengeschichtsschreibung des langen 19. Jahrhunderts

Von Johannes Hund

> »Sollte mithin wirklich hier und da von Euch Obscuranten des protestantischen Deutschlands [...] das Jubelfest der A[ugsburger] C[onfession] dazu benutzt werden, um durch Erneuerung des alten Symbolzwangs freie Schriftforschung zu hemmen, so bekennt wenigstens ehrlich, daß Ihr vom Geiste eines Fläz und seiner Rotte getrieben handelt, aber untersteht Euch nicht, jenen Symbolzwang, dieses nunmehr verwitterte Grab, in welchem die durch die Reformation errungene Geistesfreiheit bis fast in die zweite Hälfte des vorigen Jahrhunderts versenkt liegen mußte, und welches Ihr mit ächt pharisäischem Sinn als die heilige Bundeslade verehrt wissen wollt, – untersteht Euch wenigstens nicht, dasselbe mit dem Ansehen jener großen Herren [sc. der Reformatoren] übertünchen zu wollen.«[1]

Mit diesen Worten wandte sich der Jenaer Philosophieprofessor Karl Hermann Scheidler im Vorfeld des dreihundertjährigen Jubiläums der Übergabe der Augsburger Konfession im Jahre 1830 gegen die Anhänger der Erweckungsbewegung und des entstehenden konfessionellen Luthertums, die gemeinsam der *Confessio Augustana* wieder eine höhere Relevanz beimaßen und sie nicht mehr als Dokument der Eigengeschichte der Aufklärung, nämlich als historischen Ausdruck der Wiedererringung der Glaubens- und Gewissensfreiheit verstanden wissen wollten. Der einstige Anführer des Zuges der Studentenschaft und Träger des Jenaer Burschenschwertes beim Wartburgfest von 1817[2] zog zur näheren Charakterisierung der Positionen, gegen die er sich aussprach, die historische Parallele zu »Fläz und seiner Rotte«, deutete also den durch ihn bei seinen Gegnern diagnostizierten »Symbolzwang« und die Unterdrückung der Geistesfreiheit als diejenige theologische Richtung, an deren Anfang einst Matthias Flacius Illyricus gestanden hatte.

Dass sich »Fläz« und »fläzen« mit der Bedeutung »Lümmel, Flegel, Grobian oder Rüpel« bzw. »sich hinlümmeln, sich flegeln« schon im frühen 17. Jahrhundert als eigene deutsche Wörter etablierten,[3] deutet darauf hin, dass das negative Bild, das seine

---

1 Karl Hermann Scheidler, Ueber die Augsburgische Confession. Ein Beitrag zur genauern Kenntniß ihrer ursprünglichen Bestimmung und Bedeutung, sowie zur richtigen Würdigung ihrer bevorstehenden dritten Jubelfeier (Jena 1830) 83.

2 Am 8. Januar 1795 in Gotha geboren, besuchte Scheidler das dortige Gymnasium von 1805 bis 1813. Er nahm als freiwilliger Jäger an den Befreiungskriegen 1813/14 teil. 1818 bekam er eine Anstellung am Oberlandesgericht in Naumburg. Ab 1821 war er Privatdozent für Philosophie und Staatswissenschaften in Jena, wo er 1866 verstarb. Zu seiner Person vgl. noch immer Max Steinmetz (Hg.), Geschichte der Universität Jena, Bd. 2 (Jena 1962) 666, 806.

3 Vgl. hierzu Friedrich Kluge, Etymologisches Wörterbuch der deutschen Sprache, bearbeitet von Elmar Seebold (Berlin [25]2011) 301. Dass die beiden Worte »Fläz« und »fläzen« etymologisch auf das von seinen Gegnern als rüpelhaft empfundene Diskussionsverhalten des Flacius

Gegner von Flacius entwickelt hatten, relativ rasch Eingang ins kollektive Gedächtnis fand, um dann in geronnener Gestalt als Wort in die deutsche Sprache aufgenommen zu werden.[4]

Einem Teil der weiteren Entwicklungsgeschichte dieses Bildes gilt dieser Aufsatz: Wenn im Folgenden das Flacius-Bild, das die Kirchengeschichtsschreibung im langen 19. Jahrhundert, also zwischen 1789 und 1914, entwarf, vorgestellt werden soll, so geschieht dies in drei Abschnitten: In einem ersten Teil wird das überwiegend negative Bild des spätaufklärerischen Pragmatismus im Mittelpunkt stehen, während ein zweiter Abschnitt sich um die Entwicklung des Flacius-Bildes im Kontakt der Kirchengeschichtsschreibung mit dem Historismus respektive dem Idealismus bemüht. Ein dritter Teil wird der Darstellung des Flacius im Kontext der zunehmenden Verwissenschaftlichung und Versachlichung in der Kirchengeschichtsschreibung des späten 19. Jahrhunderts und des beginnenden 20. Jahrhunderts nachgehen, bevor in einer Zusammenfassung die Resultate zusammengestellt und ausgewertet werden.

I. Das Flacius-Bild in der spätaufklärerischen Kirchengeschichtsschreibung

Am Anfang der Entwicklungsgeschichte des Flacius-Bildes innerhalb der deutschsprachigen Kirchengeschichtsschreibung des langen 19. Jahrhunderts steht zweifelsohne die »Geschichte der Entstehung, der Veränderungen und der Bildung unsers protestantischen Lehrbegriffs vom Anfang der Reformation bis zu der Einführung der Concordienformel«, die der Göttinger Kirchenhistoriker Gottlieb Jakob Planck[5] während der Jahre 1781 bis 1800 in sechs Bänden veröffentlichte.[6] Noch ganz in der aufklärerischen Tradition der Geschichtsschreibung stehend, gab Planck im Vorwort an, dass es sein Ziel gewesen sei, »eine pragmatische Geschichte der Entstehung unse-

zurückgehen, ist den Philologen weitgehend unbekannt. Vgl. ebenda: »Aus dem Niederdeutschen stammendes Scheltwort mit dem dort beliebten s-Suffix für derartige Personenbezeichnungen. Zugrunde liegt vielleicht *vlote*, ›breiter Abrahmlöffel‹ (wie auch *Löffel* (löffeln) als Scheltwort herangezogen wird). Auch ein Zusammenhang mit Flöz ›Gesteinsschicht‹ als ›hingeworfene Masse‹ kann erwogen werden.«

4 Eine Darstellung der Entwicklungen im Flacius-Bild von seinem Tod im Jahre 1575 über die Zeit der Orthodoxie, des Pietismus und der Frühaufklärung bis ins Jahr 1789 steht noch aus.

5 Planck lehrte ab 1781 an der im selben Jahr zur Universität erhobenen Hohen Karlsschule in Stuttgart, wechselte dann aber im Jahre 1784 an die Georgia Augusta in Göttingen, an der er bis zu seinem Tod im Jahre 1833 lehrte. Zu seiner Person vgl. Martin Ohst, Art. Planck, Gottlieb Jakob. *RGG*[4] 6 (2003) 1378 f. Vgl. neuerdings auch die instruktive Monographie zu Planck: Christoph T. Nooke, Gottlieb Jakob Planck (1751–1833). Grundfragen protestantischer Theologie um 1800 (Beiträge zur historischen Theologie 170, Tübingen 2014).

6 Vgl. Gottlieb Jakob Planck, Geschichte der Entstehung, der Veränderungen und der Bildung unsers protestantischen Lehrbegriffs vom Anfang der Reformation bis zu der Einführung der Concordienformel, 6 Bde. (Leipzig 1781–1800).

res protestantischen Lehrbegriffs zu schreiben«,[7] die die Reformationsgeschichte als Abfolge kontingenter Ereignisse darstellen und dabei auch den »Charakter der Hauptpersonen, ihre Bildung, ihre Leidenschaften, ihre Vorurtheile, ihre Nebenabsichten«[8] mit in Rechnung stellen sollte.[9] Diese psychologische Herangehensweise sollte, gepaart mit der angestrebten Vollständigkeit der Quellen, die Planck anstrebte, die größtmögliche, auch konfessionelle, Objektivität und »Unparteilichkeit« garantieren. Im Durchgang durch die Geschichte der Entstehung der Konkordienformel relativierte Planck dann auch das alte System der lutherischen Kirche historisch, um seinen neuen, zwischen den Konfessionen vermittelnden und an den biblischen Zentralaussagen orientierten Ansatz zu profilieren.

Unter diesen Koordinaten, unter denen Planck seine Kirchengeschichte schrieb, verwundert es nicht, dass Flacius als Vater des »alten Systems« der orthodoxen Lehre in die Schusslinie gerät. Im Kontext der Analyse des interimistischen Streites entfaltet Planck sein psychologisches Instrumentarium und kommt zu dem Schluss:

> »Diesem Urheber des ganzen Lärms darf man es aber auch am gewissesten auf den Kopf nachsagen, daß ihn kein anderer Beweg-Grund als persönliche Feindseligkeit gegen Melanchton [sic!] und seine Kollegen dazu reizte, und keine andere Triebfeder als der Wunsch und die Begierde, sie um ihren guten Ruf zu bringen, anfeuerte. Man kann allerdings nicht genau angeben, aus welcher Quelle diese feindseligen Gesinnungen bey ihm entsprungen waren. Höchstwahrscheinlich war es nur Eifersucht über den Ruhm und den Einfluß Melanchtons, und Aerger über den Schatten, in welchem er sich selbst neben ihm erblickte.«[10]

Der Hauptgrund für die Invektiven des Flacius lag also nach Planck nicht etwa in einem wirklichen theologischen Dissens, sondern war einzig und allein dem Neid und der Missgunst des Flacius zuzuschreiben. Aus eben diesen Gründen habe der Kroate dem »reine[n] gemilderte[n] Synergismus Melanchtons«, den sein Jenaer Kollege Viktorin Strigel im sogenannten synergistischen Streit vertrat, nun auch den »krasseste[n] Augustinismus«[11] entgegengehalten.

7 PLANCK, Geschichte der Entstehung (wie Anm. 6) Bd. 1 (Leipzig ^{2}1791) IV. Die Abschnitte aus den Kirchengeschichtsdarstellungen, die in diesem Aufsatz untersucht werden, sind zu wenig umfangreich, um in allen Fällen aus ihnen Rückschlüsse auf die Methodik der Kirchengeschichtsschreibung, die Historik, zu ziehen. Diese Studie erhebt also nicht den Anspruch, ein umfassendes Bild über die Umbrüche in der Historik während des langen 19. Jahrhunderts zu geben. Ihr Interesse ist es allein, das Flacius-Bild in der deutschsprachigen Kirchengeschichtsschreibung nachzuzeichnen.

8 Ebenda IV f.

9 Zu den Entwicklungen, denen der kirchenhistoriographische Ansatz Plancks während der Entstehungszeit seiner »Geschichte der Entstehung« (1781–1800) unterworfen war, vgl. Christopher VOIGT-GOY, Reformationsgeschichte als aufgeklärte Protestantismustheorie, in: Christentum im Übergang. Neue Studien zu Kirche und Religion in der Aufklärungszeit, hg. von Albrecht BEUTEL u. a. (Arbeiten zur Kirchen- und Theologiegeschichte 19, Leipzig 2006) 283–297.

10 PLANCK, Geschichte der Entstehung (wie Anm. 6) Bd. 4 (Leipzig 1796) 184 f.

11 Ebenda 606.

Flacius war für Planck der erste Vertreter einer »Hyper-Orthodoxie«,[12] die sich auch nicht zu schade war, wieder förmliche Inquisitionsgerichte abzuhalten, die den rechten Glauben überprüfen sollten.[13] Flacius zeigte sich nach Planck während seines ganzen Lebens als beherrscht von seiner »Eitelkeit« und »durch den Zank-Teufel, unter dessen Einfluß er stand«.[14] Nur so war es für Planck auch zu erklären, dass Flacius im Jahre 1544 allem Anschein nach Luther zur Wiederaufnahme des Abendmahlsstreites drängte, der nach langem Ringen mit der Wittenberger Konkordie doch endlich zu einem friedlichen Abschluss gelangt war.[15]

Plancks Flacius-Bild war gewonnen durch die psychologisierende Methodik der Pragmatik, die stark mit moralischen Urteilen arbeitete. Der Kroate, wie Planck ihn sah, stand für das alte System der lutherischen Orthodoxie, das er überwinden wollte. Entsprechend einseitig fiel das sich letztlich der aufklärerischen Philosophie der Toleranz verdankende Flacius-Bild aus, das sich einzig auf seine Beteiligung an den Streitkreisen um das Interim und den synergistischen Streit beschränkte und seine Bedeutung als Hermeneut und Kirchenhistoriker völlig ausklammerte.

Ähnlich wie Planck dem pragmatischen Geschichtsverständnis mit seiner Suche nach Ursache und Wirkung verpflichtet, im Urteil aber moderater und weniger psychologisierend, waren die beiden Beiträge zum Flacius-Bild, die der Wittenberger Kirchenhistoriker Johann Matthias Schroeckh[16] vorlegte: In den »Abbildungen und Lebensbeschreibungen berühmter Gelehrten« widmete er Flacius bereits 1764 eine eigene Darstellung,[17] um dann 1805, kurz vor seinem Tod, in seiner »Christlichen Kirchengeschichte« Bilanz zu ziehen.[18] Gleich zu Beginn seines Biogramms in den »Abbildungen und Lebensbeschreibungen« stellte Schroeckh die Ambivalenz im Charakter des Flacius fest. Große Gaben und Verdienste stünden direkt neben seiner Kampfeslust und Unruhe. Dennoch kam der Wittenberger zu einem abgewogenen Urteil:

---

12 Ebenda 612.

13 Ebenda 613–618.

14 Planck, Geschichte der Entstehung (wie Anm. 6) Bd. 5/1 (Leipzig 1798) 309.

15 Planck, Geschichte der Entstehung (wie Anm. 6) Bd. 4 (Leipzig 1796) 28 f. Als Beleg für diese Behauptung führt Planck einen Brief Luthers an, in dem dieser davon berichtete, dass Flacius ihm erzählt habe, »dass sich auch in Italien das Gift der Schweizerischen Lehre einzuschleichen anfange«. Ebenda 29. Planck bezieht sich auf den Brief Luthers an Balthasar Altieri und dessen Glaubensgenossen in Venedig, Vicenza usw. Wittenberg, 12. November 1544, in: WA.B 10, 679–682 (Nr. 4041), hier 681, 31–34: *Alterum admonuit Matthias, scilicet irrepere etiam in Italiam pestilentiae magistros, qui nostram Germaniam adhuc hodie apud Helvetiorum partem divexant, Sacramentarios dico, qui nobis ex corpore et sanguine panem et vinum faciunt, qui in principio fuere hydra octiceps.*

16 Zu seiner Person vgl. Marianne Schröter, Art. Schroeckh, Johann Matthias. *RGG*⁴ 7 (2004) 1013.

17 Johann Matthias Schroeckh, Matthias Flacius Illyricus, Professor der Theologie zu Jena, gestorben im Exilio 1575, in: Ders., Abbildungen und Lebensbeschreibungen berühmter Gelehrten. Erste Sammlung (Leipzig ²1766; 1. Aufl. 1764) 41–54.

18 Johann Matthias Schroeckh, Christliche Kirchengeschichte seit der Reformation, Bd. 4 (Leipzig 1805) 406, 545–565.

»Eine Folge dieses so vermischten Charakters ist es in den spätern Zeiten gewesen, daß man seinem Andenken oft nicht Gerechtigkeit hat wiederfahren [sic!] lassen; ein Theil hat sich bemüht, ihn zu vergessen, der andre, zu beschimpfen. Wäre es nicht billiger und nützlicher gewesen, ihn mehr von einer Seite zu betrachten, von welcher er noch übrig ist: der Gelehrte lebt noch durch seine Schriften, wenn der Mensch mit seinen Fehlern längst begraben ist.«[19]

Dass Schroeckh dazu bereit ist, die wissenschaftliche Leistung des Flacius neben seinen Charakter zu stellen, hängt gewiss auch mit seiner »statischen Geschichtstheorie« zusammen, die, ausgehend von der prinzipiellen Wiederholbarkeit menschlicher Handlungen, das Urchristentum als Idealzustand, die Zeit nach Konstantin als Verfall und die Reformationszeit als Periode des Aufschwungs deutete.[20] Sein Urteil über die Person des Flacius fällt dementsprechend positiv aus:

»Er war einer der gelehrtesten evangelischen Theologen im sechzehnten Jahrhunderte, und zugleich einer von denen, welcher unsere Kirche wegen ihrer Schriften am meisten schuldig ist. Seine ausnehmende Stärke in der Sprachwissenschaft und Auslegungskunst, seine große Bekanntschaft mit der Kirchengeschichte und andern Theilen der Gelehrsamkeit, sein ungemeiner Fleiß und unüberwindlicher Eifer in Vertheidigung dessen, was er vor Wahrheit erkannt hatte, erhalten ihm das gerechteste Lob.«[21]

Ausführlich würdigte der Wittenberger die Verdienste des Flacius um die Hermeneutik und die Kirchengeschichte, ließ daneben aber auch nicht unerwähnt, dass »er von einer unruhigen, zanksüchtigen und hitzigen Gemüthsart«[22] war. Flacius war es nach Schroeckh nicht gegeben, Person und Sache auseinanderzuhalten. Er hätte sich auf die Irrtümer seiner Gegner beschränken sollen, anstatt sie als Personen zu bekämpfen. Trotzdem hielt Schroeckh abschließend fest: »Bey dem allen war er eines bessern Schicksals werth, als er in seinen letzten Jahren genossen hat.«[23]

Mit etwas dunkleren Farben beteiligte sich der Helmstädter Kirchenhistoriker Heinrich Philipp Konrad Henke am Flacius-Bild seiner Zeit. In seiner »Allgemeinen Geschichte der Christlichen Kirche« erkannte er 1806[24] zwar wie auch schon Schroeckh die Verdienste des Flacius um die wissenschaftliche Theologie an, legte den

19 Schroeckh, Matthias Flacius Illyricus (wie Anm. 17) 41.

20 Zum Ansatz in der Kirchengeschichtsschreibung Schroeckhs vgl. Dirk Fleischer, Urchristentum, Reformation und Aufklärung. Zum Selbstverständnis des Wittenberger Historikers Johann Matthias Schroeckh, in: Christentum im Übergang (wie Anm. 9) 269–281; Magdalena Herbst, Karl von Hase als Kirchenhistoriker (Beiträge zur historischen Theologie 167, Tübingen 2012) 191; Peter Meinhold, Geschichte der kirchlichen Historiographie, Bd. 2 (Orbis academicus 3/5, Freiburg–München 1967) 80–89.

21 Schroeckh, Matthias Flacius Illyricus (wie Anm. 17) 48 f.

22 Ebenda 50.

23 Ebenda. In seiner »Christlichen Kirchengeschichte« urteilte Schroeckh im Durchgang durch die einzelnen Streitkreise ähnlich ausgewogen wie in seinen »Abbildungen und Lebensbeschreibungen«. Vgl. Johann Matthias Schroeckh, Christliche Kirchengeschichte seit der Reformation (wie Anm. 18) 406, 545–565.

24 Heinrich Philipp Konrad Henke, Allgemeine Geschichte der Christlichen Kirche nach der Zeitfolge, Bd. 3 (Braunschweig [4]1806). Zu seinem Ansatz in der Kirchengeschichtsschreibung vgl. Meinhold, Geschichte der kirchlichen Historiographie (wie Anm. 20) 90–93.

Schwerpunkt seiner Darstellungen jedoch auf die kritische Würdigung seines Verhaltens in den nachinterimistischen Streitkreisen[25] mit besonderem Schwergewicht auf die »unerhörte Art von geistlichem Verhöre, Beichtgerichte oder Gewissensfolter«,[26] die Flacius seiner Ansicht nach in Jena mit dem Konfutationsbuch vornahm.[27] Der Helmstädter Rationalist zog im Blick auf den synergistischen Streit und den sich aus ihm heraus entwickelnden Erbsündenstreit eine durchaus negative Bilanz:

> »Flacius hingegen erhielt den verdienten Lohn seiner Heftigkeit und Rechthaberey, indem er [...] mit Recht des Manichäismus, auch einer Verstümmelung der Menschennatur Christi beschuldigt werden konnte, abgesetzt, verwiesen, sein übriges Leben unstet, und ohne Freunde, die er nicht verdiente, durchquälen mußte († 1575).«[28]

Diesem harten Urteil über ein Leben, das sich der Verteidigung einer Lehre verschrieben hatte, dabei ganz ohne aufgeklärte Toleranz verfuhr und die Gewissensfreiheit anderer mit Füßen trat, stimmte auch der Hallenser Theologe Johann Severin Vater zu,[29] der 1823 die »Allgemeine Geschichte« Henkes in einem eigenen Band mit Ergänzungen und einem Register versah. Die »Verketzerungssucht« des Anführers der Flacianer, der zu Recht »Manichäer«[30] genannt worden sei, fand nach Vater erst mit seinem Tod ihr Ende.[31]

---

25 An der Frage nach dem Umgang der evangelischen Reichsstände mit dem Augsburger Interim von 1548 entzündeten sich insgesamt acht Streitkreise, in denen die Schüler Luthers und Melanchthons im Ringen um die Identität der Wittenberger Reformation das durchaus vielstimmige Erbe ihrer Lehrer gewichteten: der Interimistische Streit, der Adiaphoristische Streit, der Majoristische Streit, der Antinomistische Streit, der Synergistische Streit, der Erbsündenstreit, der Osiandrische Streit und die Debatte um die Wittenberger Abendmahlslehre und Christologie (1570–1574). Ihren vorläufigen Abschluss fanden diese Auseinandersetzungen in der Konkordienformel, die einen zwischen den Extremen vermittelnden Kurs vertrat. Flacius war oft sogar in führender Position an so gut wie allen dieser Streitkreise beteiligt. Vgl. hierzu die Mainzer Quellenedition von Irene Dingel (Hg.), Controversia et Confessio, 8 Bde. (Göttingen 2008 ff.), in der die acht Streitkreise in repräsentativen Drucken dokumentiert werden.

26 Henke, Allgemeine Geschichte (wie Anm. 24) 420.

27 Zu den Jenaer Ereignissen und ihren Hintergründen vgl. Daniel Gehrt, Ernestinische Konfessionspolitik. Bekenntnisbildung, Herrschaftskonsolidierung und dynastische Identitätsstiftung vom Augsburger Interim 1548 bis zur Konkordienformel 1577 (Arbeiten zur Kirchen- und Theologiegeschichte 34, Leipzig 2011) 144–178.

28 Henke, Allgemeine Geschichte (wie Anm. 24) 421.

29 Zur Person des Hallenser Rationalisten Vater vgl. Ernst Kuhn, Art. Vater, Johann Severin. *ADB* 39 (1895) 503–508.

30 Der Manichäismus, eine von der Kirche zurückgewiesene, stark vom Gedankengut der Gnosis beeinflusste, spätantike Offenbarungsreligion, die ihren Namen von ihrem Gründer, dem Perser Mani, bekam, wurde im 16. Jahrhundert vor allem mit dem Dualismus von Gut und Böse assoziiert, für die jeweils ein guter bzw. böser Gott standen, die ihre Kinder jeweils auch physisch ausstatteten. Diese physische Prädisposition der Menschen durch Gott und den Teufel war die Parallele, die man zur Aussage des Flacius zog, die Substanz des Menschen sei die Erbsünde. Zu den tatsächlichen Aussagen des Manichäismus vgl. Alexander Böhlig, Art. Manichäismus. *TRE* 22 (1992) 25–45.

31 Johann Severin Vater, Allgemeine Geschichte der christlichen Kirche nach der Zeitfolge, von

Der letzte Vertreter des rationalistischen Pragmatismus in der Kirchengeschichtsschreibung war Johann Karl Ludwig Gieseler,[32] der sich 1853 in seinem »Lehrbuch der Kirchengeschichte« an der Debatte um das Flacius-Bild beteiligte. Wie die anderen bereits dargestellten Aufklärungstheologen schrieb Gieseler Kirchengeschichte unter dem Vorzeichen aufklärerischer Philosophie, nach der er auch gerne die historischen Sachverhalte bewertete. Flacius wurde so zum »Ultralutheraner«, der sich »über die Gränzen der Rechtgläubigkeit hinwegreißen«[33] ließ, als er in der Erbsündenlehre die alte manichäische Irrlehre erneuerte.

Die aufgeklärte Kirchengeschichtsschreibung verfuhr bei ihrer moralischen Bewertung der Reformationszeit mit der Person des Flacius höchst ambivalent. War man teilweise dazu bereit, seine Verdienste um die Wissenschaft anzuerkennen, so herrschte in der Beurteilung des vormodernen religiösen Eiferers deutliche Distanz bis vehemente Ablehnung vor. Die aufgeklärte Kirchengeschichtsschreibung, angetreten, um der Geschichte ein höchstes Maß an Objektivität und Unparteilichkeit zuteilwerden zu lassen, war in ihrer Beurteilung des ihr Wesensfremden und ihrer Philosophie Widersprechenden noch nicht in der Lage zur historischen Distanz und zum Verstehen aus den Quellen und dem Kontext der jeweiligen Zeit heraus.

II. Der Kontakt der Kirchengeschichtsschreibung mit dem Historismus und dem Idealismus

In den 30er und 40er Jahren des 19. Jahrhunderts gewann die Wiederentdeckung der Geschichte, die Hand in Hand ging mit dem Frühnationalismus, an Durchschlagskraft. Die Erlebnisse der Befreiungskriege gegen den personifizierten Aufklärer Napoleon, in denen man meinte, Gott selber im russischen Winter von 1812/13 aktiv handelnd erlebt zu haben, verlangten nach einer theologischen Aufarbeitung, die sich nicht zuletzt auch in der Kirchengeschichtsschreibung niederschlug. Mit deutlich antiaufklärerischem Ton hatte die historische Rechtsschule, aber auch der Marburger Kreis um die Gebrüder Grimm, damit begonnen, die Geschichte als neue Leitkategorie zu benutzen. Das Recht wurde nun nicht mehr aus dem abstrakten Naturrecht abgeleitet, sondern wurde durch seine historische Genese erklärt, während die Germanisten damit anfingen, so etwas wie eine deutsche Sprachgeschichte zu schreiben, nicht zuletzt auch, um dem Nationalgedanken eine empirische Grundlage zu verleihen. Im Frühhistorismus der jüngeren Generation herrschte eine Sehnsucht nach den voraufklärerischen Wurzeln Europas und der erst noch geographisch und ideell zu bestimmenden deutschen Nation vor. Man war nicht mehr dazu bereit, Gott in

Heinrich Philipp Konrad Henke, Bd. 9: Ergänzungen der beiden ersten Bände nebst ausführlichem Register über alle Jahrhunderte (Braunschweig 1823) 226 f.

32 Zur Historik Gieselers vgl. Meinhold, Geschichte der kirchlichen Historiographie (wie Anm. 20) 207–210; Herbst, Karl von Hase als Kirchenhistoriker (wie Anm. 20) 310–322.

33 Johann Karl Ludwig Gieseler, Lehrbuch der Kirchengeschichte, Bd. 3/2 (Bonn 1853) 253.

aufklärerischer Tradition als weltfernen philosophischen ersten Beweger zu denken. Gott war als Gott der Geschichte erlebt worden und ebendies versuchten die historischen Entwürfe der kommenden Jahrzehnte einzuholen.

Diese Entwicklungen stehen hinter den in diesem Abschnitt vorzustellenden Beiträgen zum Flacius-Bild des langen 19. Jahrhunderts. Der Abschied von der aufklärerischen Leitphilosophie und die Frage danach, wie es »wirklich gewesen ist« als kritisches Leitmotiv der Geschichtsdarstellungen setzten sich freilich in der Kirchengeschichtsschreibung des 19. Jahrhunderts nur zögerlich durch. So unterschied sich auch die Darstellung, die der große Jenaer Kirchenhistoriker Karl von Hase 1834 Flacius zuteilwerden ließ, nur wenig von den spätaufklärerischen Deutungen, obwohl sich von Hase, von der Kontingenz der Geschichte ausgehend, gegen alle philosophischen Überformungen der Geschichte wehrte. Auch von Hase sprach von dem Jenaer »Inquisitionstribunal« und von der rücksichtslosen Heftigkeit, mit der Flacius gegen die Melanchthonianer zu Feld zog. Die Würdigung der wissenschaftlichen Verdienste des Kroaten fiel ebenfalls halbherzig aus.[34]

Selbst die konfessionellen preußischen Lutheraner Heinrich Ernst Ferdinand Guericke, der 1833 die Unionskirche verließ, um wieder nach seinen Vorstellungen Lutheraner sein zu können,[35] und der Anführer der schlesischen Altlutheraner Johann Gottfried Scheibel, die beide wie Flacius um ihres lutherischen Glaubens willen ins Exil gehen zu müssen meinten,[36] nahmen nur wenige Korrekturen am traditionellen, durch die Spätaufklärung vorgegebenen Bild vor. So würdigte Guericke 1833, also kurz vor seinem Bruch mit der preußischen Landeskirche, Flacius als einen »Mann

34 Vgl. Karl August von Hase, Kirchengeschichte. Lehrbuch für academische Vorlesungen (Leipzig 1834) 430–432, 460, 478.

35 Am 29. September 1833 erklärte der Hallenser Theologieprofessor Guericke seinen Austritt aus der unierten Kirche. Zu seiner Verfolgung durch den preußischen Staat, dem Verlust seiner Professur, seinem Arrest und zu seiner reumütigen Rückkehr in die Arme des preußischen Staates vgl. Johannes Hund, Preußische Union und selbständige lutherische Kirchen: Trennung und Kirchwerdung bis 1850, in: Preußische Union, lutherisches Bekenntnis und kirchliche Prägungen. Theologische Ortsbestimmungen im Ringen um Anspruch und Reichweite konfessioneller Bestimmtheit der Kirche, hg. von Jürgen Kampmann/Werner Klän (Oberurseler Hefte, Ergänzungsbände 14, Göttingen 2014) 73, Anm. 145.

36 Johann Gottfried Scheibel, der Vater der Breslauer Altlutheraner, war 1832 zunächst nach Sachsen ins Exil gegangen, nachdem ihm die Ausübung seines kirchlichen Amtes zu seinen Konditionen nicht mehr erlaubt worden war. Von dort aus musste er, verfolgt durch die preußische Diplomatie, 1838 ins Königreich Bayern ausweichen. Über Scheibels Exil im sächsischen Dresden, Hermsdorf und Glauchau vgl. Gottfried Herrmann, J.G. Scheibel und seine Auswirkungen auf den lutherischen Konfessionalismus in Sachsen, in: Gerettete Kirche. Studien zum Anliegen des Breslauer Lutheraners Johann Gottfried Scheibel. 1783–1843, hg. von Peter Hauptmann (KO.M 20, Göttingen 1987) 55–76; Martin Kiunke, Johann Gottfried Scheibel und sein Ringen um die Kirche der lutherischen Reformation (KO.M 19, Göttingen 1985 = Nachdruck der Erstauflage Kassel 1941) 380–402. Über seine letzten Jahre im Königreich Bayern vgl. ebenda 403–411. Scheibel starb am 21. März 1843 in Nürnberg und wurde auf dem dortigen Johannisfriedhof beigesetzt, wo sein Grab bis heute zu finden ist (Nummer C 11b, nördlich vom Ostchor der St. Johanneskirche).

von Geist und gründlicher Gelehrsamkeit und um die biblische und kirchenhistorische Literatur ausgezeichnet verdient«, wies zugleich aber darauf hin, dass seine »Wirksamkeit aber gar sehr durch seine allzugroße polemische Heftigkeit getrübt wurde«.[37] Die Erbsündenlehre des Flacius wird in Übereinstimmung mit dem Luthertum der Konkordienformel als »Manichäismus« gedeutet. Doch will Guericke wissen, dass Flacius kurz vor seinem Tode im Jahre 1575 noch diese seine Irrlehre widerrufen habe. Mitleid, vielleicht auch die Vorahnung, selber das Geschick des Flacius teilen zu müssen, spricht am ehesten aus dem Satz, mit dem Guericke seine Darstellung beschloss: »Das Geschick des Flacius war wohl geeignet, so Manchen an der streng lutherischen Lehre selbst irre zu machen.«[38] Noch traditioneller waren die Wertungen, die Scheibel über Flacius abgab. In einem Exkurs über die lutherischen Hermeneuten attestierte der Nürnberger Exulant Flacius »katholische Zelotie«,[39] war dann aber doch bereit, seine Verdienste als Hermeneut zu würdigen.

Ein wirklicher Wandel im Flacius-Bild trat erst 1843 ein mit dem klassischen Entwurf des Historisten Leopold von Ranke, »Deutsche Geschichte im Zeitalter der Reformation«. Von Ranke thematisierte als erster unter den hier vorgestellten Entwürfen die Anfechtungserfahrungen des Flacius, die erst durch Luthers seelsorgerliche Betreuung einer Rechtfertigungserfahrung wichen, der Flacius ein Leben lang verpflichtet blieb. Diese persönliche Erfahrung machte von Ranke zum Schlüssel für ein angemessenes Verständnis der Person des Flacius. Er wollte und konnte nicht mit ansehen, wie die reformatorische Lehre, die ihn einst von seinen Ängsten befreit hatte, wieder verlassen und dem Papsttum die Tür geöffnet wurde. Dies war für von Ranke der tiefere Grund für die Heftigkeit des flacianischen Kampfes gegen das Leipziger Interim und die Kompromisslosigkeit des Flacius.[40]

Die große Wende in der kirchenhistorischen Beurteilung des Flacius markierte die 1844 veröffentlichte Berliner Vorlesung des Schleiermacher-Nachfolgers August Detlev Christian Twesten.[41] Gleich im Vorwort beklagte der Berliner Professor das Fehlen einer Biographie für Flacius, die den aktuellen wissenschaftlichen Standards

---

37 Heinrich Ernst Ferdinand GUERICKE, Handbuch der Allgemeinen Kirchengeschichte. Bd. 2 (Halle 1833) 831 f.

38 Ebenda 835 f.

39 Johann Gottfried SCHEIBEL, Grundzüge der historischen Entwickelung der christlichen Kirche; vorzüglich in Beziehung auf ihre Lehre. Erster Abschnitt. Bis zur Entstehung der römisch-katholischen Kirche, in: DERS., Archiv für historische Entwickelung und neueste Geschichte der Lutherischen Kirche. Erstes und zweytes Heft (Nürnberg 1841) 49–229, hier 206.

40 Vgl. Leopold VON RANKE, Deutsche Geschichte im Zeitalter der Reformation, Bd. 5 (Berlin 1843) 446 f. Zur Person und zum Ansatz der Geschichtsschreibung bei von Ranke vgl. Ulrich MUHLACK, Leopold von Ranke (1795–1886), in: Klassiker der Geschichtswissenschaft, Bd. 1, hg. von Lutz RAPHAEL (München 2006) 38–63.

41 Vgl. August Detlev Christian TWESTEN, Matthias Flacius Illyricus, eine Vorlesung. Mit autobiographischen Beilagen und einer Abhandlung über Melanchthons Verhalten zum Interim (Berlin 1844). Zu seiner Person vgl. Alf CHRISTOPHERSEN, Art. Twesten, August Detlev Christian. *RGG*[4] 8 (2005) 675. Zur Publikation der Flacius-Vorlesung vgl. Carl Friedrich Georg HEINRICI, D. August Twesten nach Tagebüchern und Briefen (Berlin 1889) 463–465.

entspräche. Deutlich vollzog Twesten den Bruch mit der spätaufklärerischen Darstellung, wenn er festhielt, dass es

> »doch kaum einen Mann [gab], welchen der sonst so billige Planck mit so entschiedener Ungunst und Ungerechtigkeit behandelt hat! Ich will nicht leugnen, daß eben dies für mich ein Antrieb gewesen ist, in einer [...] Vorlesung das Andenken des vergessenen und verkannten Mannes zu erneuern«.[42]

Twesten erklärte die seelsorgerliche Hilfe, die Flacius bei Luther erfahren hatte, gleich zum

> »Schlüssel seines ganzen Lebens, den ein übel verstandener Pragmatismus, durch die Schmähungen seiner Gegner verleitet und einem solchen Gemüthe zu fremd, um sich ganz hinein versetzen zu können, zum Theil in Motiven hat finden wollen, deren Ungrund dem Unbefangenen nicht sollte entgehen können«.[43]

Der Schleiermacher-Nachfolger ergänzte die Gründe, die bereits von Ranke für die Kompromisslosigkeit des Flacius angeführt hatte, noch um den Aspekt, dass Flacius seine Heimat verlassen hatte, um die reformatorische Botschaft hören zu können, »und nun sollte er erleben, daß die kostbare Perle beim ersten Angriff preisgegeben werde?«.[44] Es gab für Twesten Situationen, in denen entschlossene und rücksichtslose Menschen wie Flacius zu einem Segen für die Kirche werden konnten. Zu Recht schien man Flacius die Härte und Kompromisslosigkeit, mit der er Melanchthon angriff, vorhalten zu können, und vergaß dabei die heftigen Spott- und Schmähschriften aus Wittenberg, die Flacius nicht sachlich, sondern persönlich bekämpften und in den Spott zogen.[45] Twesten gestand zu, dass der Charakter derselben zwar scharf, herbe, rücksichtslos,

> »aber aufrichtig, fest, gerade, insofern durchaus ehrenhaft, daß er, mit Lessing zu reden, oft ungesittet, nicht unsittlich war; man wird ihm häufig Unrecht geben, ihn tadeln, sich über ihn ärgern, man wird ihm seine Achtung nicht versagen können«.[46]

Mit großer Achtung und Respekt stellt der Berliner Professor die Sammelarbeit des Flacius am *Catalogus testium veritatis*[47] und das große Organisationstalent bei der Redaktion der Magdeburger Centurien[48] dar, die für Twesten einen enormen Fortschritt in der Kirchengeschichtsschreibung darstellten.

Twesten betonte den historischen Abstand zum 16. Jahrhundert, wenn er darauf hinwies, dass es Jahrhunderte dauerte, bis man zu der Einsicht kam, dass »starre Einförmigkeit« im theologischen Denken dem Menschen nicht gerecht werde und man

---

42 Twesten, Matthias Flacius Illyricus (wie Anm. 41) III f.

43 Ebenda 6.

44 Ebenda 8.

45 Ebenda 13.

46 Ebenda 13 f.

47 Vgl. Catalogus testi-||VM VERITATIS, QVI || ante nostram aetatem recla-||marunt Papae. [...] (Basel 1556) [VD 16 F 1293].

48 Vgl. Matthias Flacius/Johann Wigand/Mattheus Judex/Martin Köppe (Hg.), Ecclesiastica Historia integram ecclesiae Christi (Basel 1559–1574).

begann, der »freien Entwickelung der Eigenthümlichkeit Raum« zu geben. »Diese Einsicht, vielleicht auch jetzt noch selten genug, konnte im sechzehnten Jahrhundert nicht vorhanden sein.«[49] Die Kirchengeschichtsschreibung müsse das Denken des 16. Jahrhunderts ernst nehmen, so Twesten, bevor sie ihre Urteile fälle. Für Flacius war es die reine Lehre der einmal erkannten Wahrheit, die er sich um jeden Preis zu verteidigen und möglichst präzise zu definieren gerufen sah. Nur so erschien es ihm möglich, die Kirche vor dem Eindringen der Irrlehre zu bewahren. Sein Denken mit den Mitteln einer gegenwärtigen Philosophie zu verurteilen, stellte für Twesten einen Ausdruck vorhistorischen, anachronistischen Denkens dar.

Bei seiner Darstellung der wissenschaftlichen Verdienste des Flacius betonte der Berliner Professor die Wichtigkeit der ersten lutherischen Hermeneutik, die Flacius mit seiner schriftzentrierten *Clavis*[50] als Gegenentwurf – so Twesten – zu den systematischen *Loci communes* Melanchthons vorgelegt hatte und der er 1570 noch als praktische Anwendung seine *Glossa ordinaria* des Neuen Testaments nachfolgen ließ.[51]

Twesten kam am Ende seiner Vorlesung zu einer eigenen, historisch abwägenden Einschätzung der Person des Flacius:

> »Und doch ist es das Leben eines Mannes, der es mit der heiligen Sache, welcher er diente, treu und rechtschaffen meinte, der sich um sie die seltensten Verdienste erwarb, dessen Fehler mehr die seiner Zeit als seine persönlichen waren. Legen wir den Maaßstab an dasselbe, nach welchem wir gewöhnlich Menschen glücklich schätzen: wie arm erscheint es uns an allem, was ihm Reiz und Anmuth leiht!«[52]

Auch blieb Flacius bei Lebzeiten, so Twesten, die Anerkennung durch Freunde und Schüler weitestgehend versagt, und auch die Nachwelt erinnerte sich an ihn, wenn überhaupt, dann nur als einen streitbaren Zeloten,

> »dem nicht einmal die Gerechtigkeit widerfährt, daß man die Motive seines Handelns in demjenigen sucht, was ihm vor allem theuer und heilig war. Glücklichere Zeiten vergessen, durch welche Opfer die Vorzüge erkauft sind, durch welche sie sich über frühere Geschlechter erheben, von denen erkauft sind, auf welche sie tadelnd herabsehn«.[53]

Die historische Neubewertung des Flacius machte schnell Schule. In der ersten Auflage der »Realenzyklopädie für protestantische Theologie und Kirche« stellte Christian Friedrich Kling, der Verfasser des Flacius-Artikels, diesem eine längere forschungs-

---

49 Twesten, Matthias Flacius Illyricus (wie Anm. 41) 19.

50 Vgl. CLAVIS || SCRIPTVRAE S. || seu de Sermone Sacrarum || literarum, || Autore MATTHIA FLACIO || ILLYRICO. || PARS PRIMA [...] (Basel 1567) [VD 16 F 1307], und ALTERA PARS || CLAVIS SCRIPTV-||rae, seu de Sermone Sacrarum || literarum, plurimas generales || Regulas continens [...] (Basel 1567) [VD16 F 1308].

51 Vgl. Twesten, Matthias Flacius Illyricus (wie Anm. 41) 24, 29. Vgl. ΤΗΣ ΤΟΥ ΎΙΟΥ ΘΕΥ || ΚΑΙΝΗΣ ΔΙΑΘΗΚΗΣ ¬ΠΑΝΤΑ. || NOVVM TESTAMENTVM || IESV CHRISTI FILII DEI, EX VERSIO- || NE ERASMI [...] || GLOSSA COMPENDIARIA M. MATTHIAE || Flacij Illyrici Albonensis in nouum Testamentum [...] (Basel 1570) [VD16 B 4214].

52 Twesten, Matthias Flacius Illyricus (wie Anm. 41) 30.

53 Ebenda 31.

geschichtliche Betrachtung voran, in der er Flacius als »eine der bedeutendsten Persönlichkeiten der zweiten Generation des reformatorischen Zeitalters«[54] würdigte, der mit besonderem Eifer für die lutherische Kirche gekämpft und dafür von seinen Gegnern auf das Gehässigste als Streit suchender Zelot beschimpft worden sei. Diese gehässigen Angriffe auf die Person des Flacius übernahm nach Kling nun aber auch die »unparteiisch seyn wollende pragmatische Geschichtsschreibung«, die sich trotz ihrer hohen Verdienste um die Kirchengeschichtsschreibung in diesem Punkt Kritik gefallen lassen musste. Namentlich der berühmte Planck, der selber stets bemüht war um Vermittlung und Frieden zwischen den streitenden Parteien, habe sich schwer getan, einen Theologen angemessen historisch zu verstehen, der den Vermittlungsversuchen seiner Zeit mit Entschiedenheit entgegentrat.

> »So hat denn Flacius in jenem berühmten Werke [Planck, Geschichte der Entstehung] ein höchst ungünstiges Gericht über sich ergehen lassen müssen, und der subjektive Pragmatismus, der in den Seelen der Menschen zu lesen geübt ist, hat neben der zu Tage liegenden Heftigkeit, welche übrigens in gleichem Maße auch bei seinen Gegnern sich findet, unlautere persönliche Motive bei ihm finden wollen, wozu freilich die Streitschriften der Gegner Stoff darbieten, die aber von der unbefangenen Untersuchung, die in ihm einen redlichen, die Sache im Auge behaltenden Kämpfer erkennt, verschwinden.«[55]

Als positives Gegenbeispiel zur Darstellung Plancks nannte Kling die Vorlesung Twestens, die Maßstäbe für die zukünftige Würdigung des Flacius gesetzt habe.

Dass die Durchsetzung des neuen Twesten-Bildes seine Zeit brauchte, liegt auf der Hand. Noch 1852 stellte der Leipziger Kirchenhistoriker Lindner mit Bezug auf Flacius und seine Anhänger fest:

> »Es ist fast Mode geworden, seit der einseitigen Darstellung Plancks, diese lutherischen Theologen für eine Rotte hartköpfiger Zeloten zu halten, und ihren Maßnahmen schlechte Motive unterzulegen. Wer die Quellen selbst studirt hat, der wird, wenn anders sein Blick ein objectiv geschichtlicher, nicht ein durch Partheileidenschaft getrübter ist, in dieses einseitige Urtheil nicht mehr einstimmen. Diese Leute hatten mehr gelernt und studirt, als häufig diejenigen, welche sie als ›Affen Luthers‹, ›unwissende Schreier‹, ›streitsüchtige Zeloten‹ usw. brandmarkten.«[56]

Die Wirkmächtigkeit der Interpretation Plancks bewies noch 1863 der berühmte Tübinger Kirchenhistoriker Ferdinand Christian Baur,[57] der zunächst Kritik übte

54 Vgl. Christian Friedrich Kling, Art. Flacius, Matthias (Flacich). *RE*[1] 4 (1855) 410–415, hier 410.

55 Ebenda 410 f.

56 Wilhelm Bruno Lindner, Lehrbuch der christlichen Kirchengeschichte mit besonderer Berücksichtigung der dogmatischen Entwicklung, Bd. 3/1: Geschichte der Kirche der neueren Zeit (Leipzig 1852) 158. Zu seiner Person vgl. Markus Hein/Helmar Junghans (Hg.), Die Professoren und Dozenten der Theologischen Fakultät der Universität Leipzig von 1409 bis 2009 (Beiträge zur Leipziger Universitäts- und Wissenschaftsgeschichte, Reihe A, Bd. 8, Leipzig 2009) 236.

57 Zu seiner Person vgl. Klaus Scholder, Art. Baur, Ferdinand Christian (1792–1860). *TRE* 5 (1980) 352–359. Zu seiner deutlich durch die Hegel'sche Philosophie der These, der Antithese und der Synthese beeinflussten idealistischen Geschichtsschreibung vgl. Meinhold, Geschichte der kirchlichen Historiographie (wie Anm. 20) 170–195.

an der seiner Ansicht nach noch immer üblichen Bewertung des adiaphoristischen Streites, Flacius habe diese Auseinandersetzung ohne wirklichen Grund begonnen, da die Wittenberger in Lehrfragen ja ohnehin keine Kompromisse gemacht hätten.[58] In seiner eigenen Darstellung aber behauptete er ohne jeden Quellennachweis, dass das Hauptmotiv für die Hartnäckigkeit des Flacius nicht so sehr die Sorge um die Reinheit der lutherischen Lehre gewesen sei als vielmehr »die Eifersucht über Melanchthon's Ruhm und Ansehen, und die natürliche Unruhe seines Geistes«.[59]

Die Kirchengeschichtsschreibung gewann durch die Begegnung mit dem Historismus die Quellen als historisches Korrektiv gegen die Ansprüche aller Philosophien auf die Geschichte zurück. Dass diese Entwicklung Zeit brauchte, zeigt die Tatsache, dass die Überwindung des Urteils, das Planck über Flacius gefällt hatte, durch Twesten sich erst langsam durchsetzte und daneben noch immer das alte Bild der Spätaufklärung bestand. Die Kirchengeschichtsschreibung musste ihre Quellen ebenfalls verteidigen gegen alle Konzepte idealistischer Prägung, die versuchten, die Geschichte ihrer Philosophie ein- und anzupassen.

III. Die sukzessive Verwissenschaftlichung der Kirchengeschichtsschreibung

Ab der Jahrhundertmitte erreichten die Verwissenschaftlichungsanstrengungen in der Geschichtsschreibung, die sich vor allem in der Entstehung der Historik, der historischen Hilfswissenschaften und einem sich professionalisierenden Umgang mit den Quellen Ausdruck verschafften, auch die Kirchengeschichtsschreibung.[60] Die professionelle Beschäftigung mit den Quellen setzte dem anachronistischen Beurteilen vergangener Zeiten mit den Maßstäben einer zeitgenössischen Philosophie sukzessive ein Ende.

Ein Dokument für diese Übergangszeit stellte der Aufsatz des Pfarrers von Pfiffelbach bei Apolda im Großherzogtum Sachsen-Weimar-Eisenach, Eduard Schmid,[61]

58 Ferdinand Christian Baur, Geschichte der christlichen Kirche, Bd. 4: Kirchengeschichte der neueren Zeit, von der Reformation bis zum Ende des achtzehnten Jahrhunderts (Tübingen 1863) 164.

59 Ebenda 308.

60 Zu diesem Prozess, aus dem Geschichtsschreibung als autonome akademische Wissenschaft hervorging, vgl. Jörn Rüsen, Konfigurationen des Historismus. Studien zur deutschen Wissenschaftskultur (Frankfurt a. M. 1993) passim, hier v. a. 29.

61 Am 21. November 1794 in Lobeda geboren, besuchte Schmid zunächst ab 1803 die Schule in Naumburg, ab 1807 dann das Gymnasium in Schleusingen. 1813 immatrikulierte sich Schmid an der Universität Jena, bevor er 1816 als Hauslehrer in Schmalkalden, ab 1817 in Jena tätig wurde. Am 14. April 1820 in Weimar ordiniert, trat Schmid noch im selben Jahr seine erste Stelle als Diakon und Rektor in Oldisleben an. 1825 wurde er Pfarrer und Rektor in Jenaprießnitz und Ziegenhain, 1843 Pfarrer in Pfiffelbach, wo er am 16. Dezember 1865 verstarb. Vgl. Landeskirchenarchiv Eisenach: Vorarbeiten zum Pfarrerbuch Großherzogtum Sachsen-Weimar-Eisenach.

über »Des Flacius Erbsünde-Streit« dar, den er 1849 veröffentlichte. Noch ganz der aufklärerischen Tradition verpflichtet, grenzte sich Schmid darin zunächst von der Erbsündenvorstellung zugunsten einer optimistischeren Anthropologie ab,[62] um danach anhand von Quellen, die ihm von dem Göttinger Kirchenhistoriker Gieseler zugespielt worden waren, akribisch den Erbsündenstreit nachzuzeichnen. Der Pfiffelbacher Pfarrer verstand seinen Beitrag zum Flacius-Bild auch als Vorarbeit zu einer Flacius-Biographie, die ein dringendes Desiderat der kirchengeschichtlichen Forschung darstellte.

Es war jedoch der Münchener Schulprofessor für Religion und Geschichte Johann Wilhelm Preger,[63] der in den Jahren 1859 und 1861 in zwei Bänden die erste wissenschaftliche Flacius-Biographie vorlegte[64] und dafür im Jahre 1874 den Ehrendoktortitel der Theologischen Fakultät in Erlangen verliehen bekam. Preger versuchte, mit seiner Biographie unter Benutzung des archivalischen Materials aus München, Frankfurt, Regensburg und Wolfenbüttel

> »Leben und Lehre eines Mannes [zu] beschreiben [...], der für die Geschichte der Kirche und ihrer Wissenschaft von großer Bedeutung geworden ist, aber das Schicksal gehabt hat, mehr gelästert als verstanden, mehr gehasst als geachtet oder geliebt worden zu sein«.[65]

Über den bisherigen Umgang der Kirchengeschichtsschreibung und der Kirche selber mit der Person des Flacius urteilte Preger scharf:

> »[S]eine Persönlichkeit hat sie lange Zeit theils dem Uebereifer einzelner ihrer eigenen Angehörigen, theils der übelwollenden Kritik einer dem kirchlichen Bekenntnisse abholden Richtung preisgegeben. [...] Dem edlen und milden Theologen Prof. Dr. Twesten in Berlin gebührt das Verdienst, durch seine zu Berlin gehaltene und dann veröffentlichte Vorlesung einer besseren Meinung über Flacius die Bahn gebrochen zu haben.«[66]

Preger möchte Flacius aus der Geschichte seiner Zeit heraus verstehen und die Wirkungen, die er auf seine Epoche ausgeübt hat, nachzeichnen. Dabei möchte der Münchener Lehrer mit größtmöglicher Neutralität die Quellen selber zum Reden bringen.

> »Denn nicht eine Apologie des Flacius oder eine Parteischrift habe ich bringen wollen, sondern eine geschichtliche Arbeit, in welcher mit Unbefangenheit die Licht- und Schattenseiten dieses Charakters nach den Bedürfnissen der Gesammtheit bemessen sind, welcher er sich zu Diensten gestellt hat.«[67]

Am Ende dieser quellengesättigten Darstellung zog Preger eine differenzierte historische Bilanz. Er war bereit, die harsche Kritik des Flacius an Melanchthon als der Wahrheit geschuldet anzuerkennen, übte aber Kritik am Starrsinn des Kroaten, auch

---

62 Vgl. Eduard Schmid, Des Flacius Erbsünde-Streit. Historisch-literarisch dargestellt. *ZHTh* 19 (1849) 3–78, 218–279, hier 3–6.

63 Zu seiner Person vgl. Walter August Caspari, Art. Preger, Johann Wilhelm. *RE*³ 16 (1905) 1–3.

64 Vgl. Wilhelm Preger, Matthias Flacius Illyricus und seine Zeit, 2 Bde. (Erlangen 1859 und 1861).

65 Preger, Matthias Flacius Illyricus (wie Anm. 64) Bd. 1, IV.

66 Ebenda IV f.

67 Preger, Matthias Flacius Illyricus (wie Anm. 64) Bd. 2, IV.

nachdem der Streit um die Adiaphora gewonnen war und sich die anderen Theologen langsam, aber sicher im Geist Luthers wieder miteinander versöhnten. Dieser Starrsinn und diese Unbeugsamkeit waren es auch nach Preger, die dazu führten, dass Flacius zwar viele Bewunderer, aber keinen Freund fand.

> »Wir aber, die wir jene Zeiten und ihre Aufregung aus der Ferne mit ruhigerem Blicke überschauen können, [...] stellen ihn weder so hoch, daß uns seine Fehler, noch so tief, daß uns seine Vorzüge verschwinden, und behalten, indem wir aus beiden die Summe ziehen, noch genug übrig, um ihm das Lob eines um die Kirche hochverdienten Mannes zusprechen zu können.«[68]

Eine ausführliche Bibliographie der Drucke des Flacius mit Angabe der besitzenden Bibliotheken schloss Pregers erste im modernen Sinne wissenschaftliche Biographie ab.

In demselben Jahr, als der erste Band der Preger-Biographie gedruckt wurde, veröffentlichte der Jenenser Hase-Schüler und spätere Wiener Professor für Systematische Theologie, Gustav Wilhelm Frank,[69] anlässlich seiner Habilitation eine *Commentatio theologica*, in der er mit der Hermeneutik des Flacius ein Thema behandelte, das in dem ersten Band der Preger-Biographie noch nicht verhandelt worden war.[70] Er stellte den hermeneutischen Ansatz des Flacius anhand seiner *Clavis* vor, indem er vor allem seinen Prinzipien der Schriftauslegung nachging. In einem auswertenden Teil stellte Frank fest, dass Flacius – anders als noch Luther – nicht mehr über die Gelassenheit verfügte, die apostolische Verfasserschaft der Bibeltexte für irrelevant zu halten. War für Frank damit Luther der eigentliche Vater der neuzeitlichen kritischen Schriftexegese, so wurde Flacius für ihn zum Anfangspunkt der orthodoxen Verbalinspiration.[71]

Ein ganz anderes Bild von Flacius entwarf im Jahre 1870 der reformierte Kirchenhistoriker Karl Rudolf Hagenbach[72] in Basel. In protonationalistischen Tönen wird Flacius als »slavischer Flüchtling« bezeichnet, dessen Angriffe auf Melanchthon diesen zu Recht sehr verletzt hätten. Ergänzt wurde dieses nicht gerade schmeichelnde Bild von Flacius aber durch die Angabe, er sei »grundgelehrt« gewesen.[73] In vergleich-

---

68 Ebenda 538.

69 Zu seiner Person vgl. Georg LOESCHE, Art. Frank, Gustav (Wilhelm). *RE*³ 23 (1913) 452–457.

70 Loesche schrieb in seinem Artikel über Flacius, dass Frank ebenso wie Preger den Plan verfolgte, eine Flacius-Biographie zu verfassen und für diesen Zweck bereits viele Vorarbeiten angefertigt hatte. Die Enttäuschung sei groß gewesen, als Frank den ersten Band der Preger-Biographie in den Händen gehalten habe. Vgl. LOESCHE, Art. Frank, Gustav (wie Anm. 69) 453.

71 Vgl. Gustav FRANK, De Matthiae Flacii Illyrici in libros sacros meritis. Commentatio theologica (Leipzig 1859) 27–29.

72 Zu seiner Person vgl. Markus SCHRÖDER, Art. Hagenbach, Karl Rudolf. *RGG*⁴ 3 (2000) 1373 f.

73 Vgl. Karl Rudolf HAGENBACH, Kirchengeschichte von der ältesten Zeit bis zum 19. Jahrhundert, Bd. 3: Geschichte der Reformation vorzüglich in Deutschland und der Schweiz (Leipzig ⁴1870) 552 f. Zur Historik Hagenbachs vgl. MEINHOLD, Geschichte der kirchlichen Historiographie (wie Anm. 20) 227–230.

barer Weise würdigte der Erlanger Kirchenhistoriker Gustav Leopold Plitt[74] 1879 den Theologen Flacius in seinem Artikel in der zweiten Auflage der Realenzyklopädie.[75] Er betonte seine wissenschaftlichen Verdienste, wies im gleichen Zuge aber auf den Starrsinn des Kroaten hin, der nicht allein den Irrtum verurteilte, sondern gleich ihre Träger mit, also nicht zwischen Person und Sache unterschied.

> »Unter den nächsten Schülern der Reformatoren hat für die Bewarung der lutherischen Kirche vor Irrlehren kaum einer so viel gearbeitet, wie Flacius, keiner so viel gelitten; aber – man kann sein schweres Geschick nicht ganz als ein unverschuldetes bezeichnen.«[76]

Ganz der Quellenanalyse verpflichtet war die Darstellung der Coswiger Friedensverhandlungen zwischen Flacius und den Wittenbergern nach den Akten der Leipziger Ratsbibliothek, die Gustav Kawerau im Jahre 1882 vornahm.[77] Der wissenschaftlichen Aufarbeitung des flacianischen Erbes galt auch eine Neuedition mittelalterlicher Hymnen und Sequenzen[78] durch den Wolfenbütteler Bibliothekar und späteren Direktor der Herzog-August-Bibliothek Gustav Milchsack,[79] bei der er sich unter anderen Quellen auch auf Publikationen des Flacius berief.[80]

Der wissenschaftlichen Versachlichung diente auch die Edition des Briefwechsels zwischen Flacius und seinem ehemaligen Wittenberger Schüler und Rat am Wiener Hofe des späteren Kaisers Maximilian II. während der Jahre 1552 bis 1557, die der spätere Wiener Geschichtsprofessor Viktor Bibl[81] in den Jahren 1896 bis 1899 veröffentlichte.[82] Er konnte dafür auf die Handschriftenbestände der Wiener Hofbiblio-

---

74 Zu seiner Person vgl. Franz Hermann Reinhold Frank, Art. Plitt, Gustav Leopold. *RE*³ 15 (1904) 486–489.

75 Gustav Leopold Plitt, Art. Flacius, Matthias. *RE*² 4 (1879) 563–567.

76 Ebenda 566.

77 Vgl. Gustav Kawerau, Eine Episode aus dem Kampfe der Flacianer mit den Melanchthonianern. *Theologische Studien und Kritiken. Beiträge zur Theologie und Religionswissenschaft* 55 (1882) 324–343.

78 Vgl. Gustav Milchsack, Hymni et sequentiae cum compluribus aliis et Latinis et Gallicis necnon Theotiscis carminibus medio aevo compositis, quae ex libris impressis et ex codicibus manuscriptis saeculorum a IX usque ad XVI partim post M. Flacii Illyrici curas congessit variisque lectionibus illustravit et nunc primum in lucem prodidit Gustavus Milchsack, Bd. 1 (Halle 1886).

79 Zur Person des wissenschaftlichen Hilfsarbeiters (1878), Bibliothekssekretärs (1879), Bibliothekars (1894), Professors (1899) und Direktors der Herzog August-Bibliothek in Wolfenbüttel (1904–1919) vgl. DBA III, 628, 208 f.

80 Vgl. die mittelalterliche Liedsammlung, die Flacius im Jahre 1548 herausgab: CARMINA || VETVSTA ANTE TRE||CENTOS ANNOS SCRIPTA,|| quae deplorant inscitiam Euange=||lij, & taxant abusus ceremonia=||rum, ac quae ostendunt doctrinam || huius temporis non esse no=||uam. Fulsit enim semper || & fulgebit in aliqui=||bus vera Ec=||clesiae do=||ctrina (Wittenberg 1548) [VD 16 C 1189].

81 Zur Person des Wiener Gelehrten Bibl vgl. DBA II, 120, 58–61; DBA III, 77, 262–264.

82 Vgl. Viktor Bibl, Der Briefwechsel zwischen Flacius und Nidbruck. Aus den Handschriften 9737b, i und k der k.u.k. Hofbibliothek in Wien. *JGPrÖ* 17 (1896) 1–24; *JGPrÖ* 18 (1897) 201–238; *JGPrÖ* 19 (1898) 96–111; *JGPrÖ* 20 (1899) 83–116. Der Briefwechsel des Flacius ist nur ganz punktuell erschlossen und ediert. Eine Edition seines gesamten Briefwechsels würde

thek zugreifen, in denen die Originale der Flacius-Briefe und die Konzepte Nidbrucks archiviert waren.

Einer wichtigen Frage für die Darstellung der Biographie des Flacius ging der Straßburger Oberrealschullehrer Alcuin Holländer[83] in seiner Untersuchung nach.[84] Indem er die Jahre des Aufenthaltes des Kroaten in Straßburg (1567 bis 1573) untersuchte, thematisierte er die Verfolgung, die Flacius während dieser Jahre durch den einstigen Landesherrn Melanchthons und der Wittenberger Universität, Kurfürst August von Sachsen, erleben musste, der dafür sorgte, dass Flacius nirgendwo mehr ein Bein auf die Erde bekam. Von seinen Freunden verlassen, starb Flacius deshalb 1575 in Frankfurt am Main, schon mit dem Ausreisebefehl aus der Messestadt versehen.

Der Weg der Verwissenschaftlichung des Flacius-Bildes kam zu einem gewissen vorläufigen Abschluss im Artikel Gustav Kaweraus[85] in der dritten Auflage der Realenzyklopädie im Jahre 1899.[86] Der quellengesättigte und genau abwägende Artikel kam zu dem Urteil:

> »Es war ein Unglück für das evangelische Deutschland, daß Mel. in ihm nur den undankbaren Schüler sah, aber nicht den Gewissenszwang erkannte, der ihn in den Kampf trieb, und daß andererseits Fl. die schuldige Pietät gegen seinen Lehrer mehr und mehr vergaß und sich in eine rücksichtslose Censorenrolle hineineiferte, die auch den Besiegten nicht schonte.«[87]

Jedoch war es für Kawerau nur möglich, Flacius richtig zu verstehen, wenn man die Ekklesiologie Melanchthons dabei mitbedachte, die davon ausging, dass zur wahren Kirche die Einmütigkeit in theologischen Fragen unbedingt hinzugehörte. Diese Wiederherstellung der Einmütigkeit war nach Kawerau für Flacius der Ausgangspunkt aller seiner Kritik an seinem ehemaligen Lehrer.

---

die Wissenschaft auf eine neue Stufe heben und ist daher ein dringendes Desiderat der Forschung.

83 Vgl. zu seiner Person den Nachruf von Wilhelm Wiegand, Alcuin Hollaender gestorben am 24ten September 1909. *ZGO.NF* 25 (1910) 181–184.

84 Vgl. Alcuin Holländer, Der Theologe Matthias Flacius Illyricus in Straßburg in den Jahren 1567–1573. *Deutsche Zeitschrift für Geschichtswissenschaft* N.F. 2 (1897/98) 203–224.

85 Zur Person des Reformations- und Lutherforschers Kawerau vgl. Karl Dienst, Art. Kawerau, Gustav. *RGG*^{4} 4 (2001) 914.

86 Vgl. Gustav Kawerau, Art. Flacius, Matthias. *RE*^{3} 6 (1899) 82–92. Vergleichbar mit diesem Artikel ist auch die Bearbeitung der Kirchengeschichte Ernst Wilhelm Möllers durch Kawerau aus dem Jahre 1907. Vgl. Ernst Wilhelm Möller, Lehrbuch der Kirchengeschichte, Bd. 3: Reformation und Gegenreformation, bearbeitet von Gustav Kawerau (SThL, Tübingen ^{3}1907) 276–283.

87 Kawerau, Art. Flacius (wie Anm. 86) 82.

IV. Zusammenfassung und Ausblick

Die Entwicklungen im Flacius-Bild der deutschsprachigen Kirchengeschichtsschreibung im Verlauf des 19. Jahrhunderts spiegeln die theologie- und geistesgeschichtlichen Bewegungen der Zeit wider. Während der Aufklärungszeit wurde die Reformation als Beginn der eigenen Emanzipationsbewegungen gedeutet, die zur Glaubens- und Gewissensfreiheit und zum freien Vernunftgebrauch geführt hatten. Jeder Evangelische war in diesem Kontext ohne alle päpstlichen Vorgaben frei und für seinen Glauben selber verantwortlich. Die Generation der Reformatorenschüler hingegen war nach Ansicht der Aufklärer darum bemüht, diese Glaubensunmittelbarkeit des Einzelnen wieder zu begrenzen, indem sie ihn den ursprünglich überhaupt nicht als Glaubensgesetz verfassten Bekenntnisschriften unterwarfen. Als Anführer dieser neuen Orthodoxie galt den Spätaufklärern Flacius, der keine anderen Vorstellungen in der Theologie gelten ließ und Inquisitionsgerichte abhielt. Es war diese Vergangenheit, mit der das späte 18. Jahrhundert aufräumen wollte. Flacius als Repräsentant des alten Systems wurde in düsteren Farben gemalt und zum Anführer der Antiaufklärer gemacht. Seine Unversöhnlichkeit im Streit wurde betont und seine Verdienste in der Theologie wurden weitestgehend unerwähnt gelassen. Die Kirchengeschichte hatte während dieser Epoche wenig Korrekturmöglichkeiten innerhalb der Theologie und war eher die Dienerin der Philosophie, der sie die historischen Belege für ihre Thesen bot.

Es war der Historismus der jungen, durch die Befreiungskriege geformten Generation, der, an Aspekte der Aufklärungsgeschichtsschreibung anknüpfend,[88] die Geschichte als Korrektiv der Philosophien entdeckte. Unter starker Betonung der Quellenarbeit begannen die Historisten damit, herauszufinden, »wie es wirklich gewesen ist«. Innerhalb dieses in der Kirchengeschichte freilich langsam vonstattengehenden Prozesses, der zeitlich parallel lief mit der Wiederentdeckung der eigenen, voraufklärerischen europäischen und deutschen Geschichte, verbesserte sich das Flacius-Bild zusehends und erreichte mit Twesten als Gegenentwurf zu Planck seinen ersten Höhepunkt. Jedoch ist es erstaunlich, dass die in etwa gleichzeitigen konfessionell-lutherischen Protestbewegungen gegen die preußische Union Flacius nicht in viel höherem Maße als Vorbild sahen, mussten sie doch wie er um ihres entschiedenen und kompromisslos vorgetragenen Glaubens wegen oft ins Exil gehen.

88 Die Beurteilung der Aufklärungshistorie ist allein auf die Publikationen zum Flacius-Bild bezogen. Es soll hier nicht dem Selbstbild des Historismus das Wort geredet werden, die Aufklärungshistorie sei unhistorisch gewesen und habe erst durch den Historismus ihre historische Tiefenschärfe gewonnen. Auch in unserer Darstellung sind ja bereits in der Spätaufklärung Impulse zu finden, die hinleiten zum Bild des Historismus. Vgl. hierzu Horst Walter Blanke/Dirk Fleischer, Artikulation bürgerlichen Emanzipationsstrebens und der Verwissenschaftlichungsprozeß der Historie. Grundzüge der Aufklärungshistorie und die Aufklärungshistorik, in: Dies., Aufklärung und Historik. Aufsätze zur Entwicklung der Geschichtswissenschaft, Kirchengeschichte und Geschichtstheorie in der deutschen Aufklärung. Mit Beilagen (Waltrop 1991) 33–112.

Bei den Altlutheranern siegte die traditionelle Ablehnung der Theologie des Flacius in der Konkordienformel über die Aneignung als historisches Vorbild.

Innerhalb des Neubewertungsprozesses wurde auch der geistes- und theologiegeschichtliche historische Abstand herausgestellt. Maß man Flacius vorher an den Maßstäben der eigenen Gegenwart, so deutete man jetzt seine Fehler zunehmend als Fehler einer Zeit, die eben noch nicht auf dem Stand des 19. Jahrhunderts angekommen war. Die Verdienste des Flacius um die Hermeneutik und die Kirchengeschichte wurden nun immer klarer herausgestellt. Mit dem Erscheinen der Biographie von Preger erlebte die wissenschaftliche, quellengesättigte Darstellung des Flacius einen ersten Höhepunkt. Der Kroate rückte dadurch immer näher und differenzierter vor Augen. Die Darstellung durch die Kirchengeschichte hatte am Ende des 19. Jahrhunderts ein professionelles Niveau erreicht und die Darstellungen waren mittlerweile ganz dem historistischen Grundsatz verpflichtet, dass den Quellen eine kritische Funktion zukommen müsse. Dass bei diesen Darstellungen die Antworten freilich immer auch von der Fragestellung vorgegeben wurden und die Quellen immer auch nach einem bestimmten Muster ausgewählt wurden, lag noch außerhalb der eigenen Wahrnehmung. Dies sollte sich nach dem Ersten Weltkrieg ändern, als die Kritik am Historismus und seiner »Geschichte der großen Männer« begann.

Die Gallneukirchner Diakonie und der Nationalsozialismus

Von Günter Merz

Vorbemerkung: Der folgende Beitrag stellt den Versuch dar, die komplexe Geschichte des heutigen Evangelischen Diakoniewerks Gallneukirchen in der Zeit des Nationalsozialismus darzustellen. Dabei muss beachtet werden, dass spätestens seit 1941 der Gauverein der Inneren Mission in Oberdonau, Salzburg und Tirol und der Zentralverein der Inneren Mission in der Ostmark personell und inhaltlich aufs Engste miteinander verbunden waren, sodass die Geschichte der Gallneukirchner Inneren Mission zugleich als Geschichte des Zentralvereins angesehen werden kann. Es ist mir bewusst, dass der Beitrag viele Fragen offen lässt, deren Beantwortung durch weitere Forschung wünschenswert ist.

An dieser Stelle danke ich besonders der Archivarin des Diakoniewerks Gallneukirchen, Frau Eva Obermayr, deren tatkräftige Unterstützung und wertvolle Hinweise diese Arbeit ermöglicht haben.

I. Quellenlage

Die besonderen Umstände der Zeit des Nationalsozialismus und des Zweiten Weltkrieges sind dafür verantwortlich, dass Aktenbestände und andere Quellen große Lücken aufweisen. Auf staatlicher Seite wurden belastende Akten gezielt vernichtet[1] oder als Folge des Kriegsgeschehens zerstört. Im kirchlichen Bereich hatte man wohl andere Sorgen als die sorgfältige Archivierung, möglicherweise wurden aber auch hier belastende Unterlagen gezielt entsorgt.

Die vorliegende Arbeit stützt sich im Wesentlichen auf folgende Bestände, die wie ein Mosaik einen Einblick in die Vorgänge in und um die Innere Mission in Gallneukirchen geben:

Im Archiv des Evangelischen Diakoniewerks Gallneukirchen befindet sich ein kleiner Bestand an Unterlagen zur Euthanasieaktion der Jahre 1940 bis 1942, darun-

1 Brigitte Kepplinger, NS-Euthanasie in Österreich. Die »Aktion T4« – Struktur und Ablauf, in: Dies./Gerhart Marckhgott/Hartmut Reese, Tötungsanstalt Hartheim (Oberösterreich in der Zeit des Nationalsozialismus 3, Linz [3]2013) 57.

ter auch die publizierten Briefe von Angehörigen und Diakonissen zur Aktion vom Jänner 1941[2] und der Schriftverkehr zum »Schiedsspruch 1940«, sowie weitere Aktenbestände zu den einzelnen Häusern, Protokolle des Gauvereinsvorstands u. a. m. Für die Forschung wichtig sind auch die fast vollständige Kartei der »Pflegebefohlenen« und die komplette Sammlung des »Evangelischen Vereinsblattes für Oberösterreich« bzw. des »Gallneukirchner Boten«.

Ein weiterer aufschlussreicher Bestand ist die umfangreiche Korrespondenz des Pfarrers und Vorstandsmitglieds Gerhard Fischer im Zusammenhang mit dem Verein für Innere Mission, die von dessen Tochter Christine 1991 dem Diakoniewerk übergeben wurde.

Im Archiv des Evangelischen Oberkirchenrates in Wien befindet sich ein Bestand an Korrespondenz hauptsächlich Bischof Eders, in dem es vor allem um die Führungskrise und die Verhandlungen über die Satzungen der Inneren Mission geht.

Ein ähnlicher, aber wesentlich kleinerer Bestand zu diesen Themen wird im Archiv der Evangelischen Superintendentur Oberösterreich in Linz aufbewahrt.

Das oberösterreichische Landesarchiv verwahrt im Bestand »Nationalsozialistische Volkswohlfahrt« Akten der »Arbeitsgemeinschaft der Freien Wohlfahrtspflege in der Ostmark«, in denen es um die Neuordnung des Evangelischen Zentralvereins für die Innere Mission und der Gauvereine geht. Nicht eingesehen werden konnte der Bestand an Krankengeschichten und Patienteneintragungen im Archiv des Wagner-Jauregg-Krankenhauses Linz, der Nachfolgeinstitution der Landesheil- und Pflegestation Niedernhart.[3] Eine Auswertung dieses Materials kann möglicherweise das Schicksal einzelner aus Gallneukirchen abgeholter Personen erhellen.

II. Die Neuordnung der konfessionellen »Wohlfahrtspflege« durch das NS-Regime in Bezug auf die Innere Mission

II.1 Die Neuorganisation des Evangelischen Zentralvereins der Inneren Mission und die Gründung der Gauvereine

Nach dem Anschluss Österreichs an das Deutsche Reich im März 1938 begannen die neuen Machthaber Maßnahmen zu setzen, durch die das gesamte öffentliche Leben im bisherigen Österreich der NSDAP und ihren Unterorganisationen unterworfen werden sollte. Am 17. Mai 1938 wurde das »Gesetz über die Überleitung und Eingliederung von Vereinen, Organisationen und Verbänden«[4] veröffentlicht. Das Gesetz bildete die Grundlage für die Auflösung fast aller Vereine und Verbände. Betroffen waren auch viele evangelische Vereine, deren Vermögen in den meisten Fällen an

2 Johannes Neuhauser/Michaela Pfaffenwimmer (Hg.), Hartheim, wohin unbekannt: Briefe & Dokumente (Weitra 1992).

3 Dazu: Gisa Starzengruber, »Zum Heile der Irren«? Ermordung von Kindern und Jugendlichen in der Heil- und Pflegeanstalt Niedernhart im Nationalsozialismus (Dipl. Arb. Wien 2007).

4 Gesetz vom 14. Mai 1938, veröffentlicht am 17. Mai. ÖstGBl 1938, Nr. 136/38, 403 f.

die evangelische Kirche oder den Zentralverein für Innere Mission überging. Verantwortlich für die Durchführung der Maßnahmen war der Stillhaltekommissar für Vereine, Organisationen und Verbände, Albert Hoffmann (1907–1972). Bis Mitte 1939 wurde die Aktion abgeschlossen.

Betroffen von den Bestimmungen des mit 14. Mai 1938 datierten Gesetzes waren evangelische Wohltätigkeitsvereine (z. B. Frauenvereine, Armenunterstützungsvereine ...), Stiftungen und Liebeswerke, die seit etwa 1870, meistens getragen von Pfarrgemeinden, entstanden waren, sowie die weit über die Grenzen einzelner Pfarrgemeinden hinaus wirkenden evangelischen Vereine für Innere Mission.

Der Evangelische Zentralverein für die Innere Mission koordinierte und unterstützte seit 1912 die verschiedenen selbständig arbeitenden Vereine. Seit 1936 übte der Mödlinger Pfarrer Ernst Gottfried Meyer[5] das Amt eines Generalsekretärs des Zentralvereins aus. Er wurde damit bereits im März 1938 aufgrund seiner nationalsozialistischen Vorgeschichte und seiner Haltung als überzeugter und radikaler Deutscher Christ zum willfährigen Handlanger der Maßnahmen des NS-Regimes.[6]

Schon aus organisatorischen Gründen war eine Auflösung der großen Vereine, die als Träger von Krankenhäusern, Kinder-, Alten- und Behindertenheimen und Erholungseinrichtungen wirkten, nicht durchführbar. Stattdessen verfolgte das NS-Regime eine andere Strategie, die in zwei Schritten umgesetzt wurde.

Als erster Schritt wurde eine Neuorganisation der Inneren Mission durchgesetzt mit dem Ziel einer Zentralisierung und der straffen Leitung der österreichweiten Arbeit unter dem Dach der Nationalsozialistischen Volkswohlfahrt (NSV).

---

5 Ernst Gottfried Meyer (1903–1940), geboren in Winterthur/Schweiz, 1927–1931 Hilfsgeistlicher in verschiedenen Gemeinden der Steiermark, 1931 Pfarrer in Bad Aussee. 1933 führender Vertreter der Deutschen Christen in Österreich. 1934 nach dem Juliputsch Anklage wegen Hochverrats als Förderer nationalsozialistischer Agitation. Obwohl das Verfahren niedergeschlagen wurde, verließ Meyer unter dem Druck der Vaterländischen Front (Androhung der Konfinierung) anders als der Theninger Pfarrer Gerhard Fischer, der dem Druck standhielt (vgl. Anm. 28), 1935 Bad Aussee und wurde zweiter Pfarrer in Mödling. 1936 wurde er Generalsekretär des Zentralvereins für die Innere Mission und Direktor der Wiener evangelischen Stadtmission. In dieser Funktion arbeitete er eng mit illegalen NS-Organisationen zusammen. Als Sprecher der radikalen deutschchristlichen »nationalkirchlichen Bewegung« stand Meyer in engem Kontakt mit den radikalen Deutschen Christen in Thüringen. Zur »Affäre Meyer« 1934/35 und seiner Tätigkeit 1936 vgl. Gerhard Peter Schwarz, Ständestaat und evangelische Kirche von 1933 bis 1938 (Dissertation der Karl-Franzens-Universität Graz, Graz 1987) 39–41, 67–71, 93. Zur Rolle und Haltung Meyers insgesamt vgl. Rudolf Leeb, Die Deutschen Christen in Österreich im Lichte neuer Quellen. *JGPrÖ* 124/125 (2008/2009) 39–101. Das erklärt, warum Meyer bereits vor dem Anschluss am 7. März 1938 mit der NSV und ihrem Leiter Erich Hilgenfeldt in Verbindung stand. Dazu Rainer Bookhagen, Die evangelische Kinderpflege und die Innere Mission in der Zeit des Nationalsozialismus. Rückzug in den Raum der Kirche, Bd. 2: 1937–1945 (Arbeiten zur kirchlichen Zeitgeschichte, Reihe B: Darstellungen, Bd. 30, Göttingen 2002). Bookhagens Ausdruck (ebenda 217) vom »arglosen Nachfolger Hans Jaquemars« trifft wohl nicht zu. Meyer starb am 1. Jänner 1940 an Diabetes.

6 Näheres dazu bei Bookhagen, Die evangelische Kinderpflege (wie Anm. 5) 217–223.

Am 22. Juli 1938 verfügte der Stillhaltekommissar die Bildung einer »Arbeitsgemeinschaft der Freien Wohlfahrtspflege in der Ostmark«, die als Dachorganisation über Innere Mission und Caritasverbände durch ihren Leiter »die Kräfte der freien Wohlfahrtspflege in der Ostmark nationalsozialistisch auszurichten, sie zu führen sowie ihren planvollen Einsatz sicherzustellen«[7] hatte. Die Unterwerfung der Inneren Mission unter die Leitung der Arbeitsgemeinschaft vereinbarte Pfarrer Meyer trotz Protests des Leiters des deutschen Central-Vereins Constantin Frick (1877–1949)[8] mit Hoffmann. Den Abschluss des Neuorganisationsprozesses bildete die Anordnung der Freistellung des Zentralvereins rückwirkend mit 13. Februar 1939 unter dem neuen Namen »Evangelischer Zentralverein für die Innere Mission in der Ostmark« durch den Stillhaltekommissar vom 22. Februar 1939. Verbunden mit der Freistellung war die Neuordnung der gesamten ostmärkischen Inneren Mission nach dem Führerprinzip mit dem Leiter des Zentralvereins an der Spitze. Seine Berufung sollte durch den Zentralausschuss für Innere Mission der Deutschen Evangelischen Landeskirche im Einvernehmen mit dem Gauleiter von Wien und dem Evangelischen Oberkirchenrat A. u. H. B. in Wien erfolgen.[9]

Die bisher selbständigen regionalen Vereine wurden zu vier Gauvereinen (Wien und Niederdonau; Oberdonau, Salzburg und Tirol; Kärnten; Steiermark) zusammengefasst und dem Zentralverein als Zweigvereine untergeordnet. Gemäß dem Führerprinzip hatte der Leiter des Zentralvereins die Leiter der Gauvereine (im Einvernehmen mit der »Arbeitsgemeinschaft der Freien Wohlfahrtspflege«) zu berufen, ebenso die weiteren Vorstandsmitglieder. Bei Streitfragen innerhalb der Gauvereine hatte der Leiter des Zentralvereins als Schiedsrichter zu wirken. Die Gauvereinsleiter übten ihre Tätigkeit ebenfalls nach dem Führerprinzip aus.[10] Die bisherigen Vereinsvorstände wurden zu Führerräten, deren Mitglieder vom Gauvereinsleiter zu berufen waren. Alle Entscheidungen waren den zuständigen Leitern der »Arbeitsgemeinschaft der Freien Wohlfahrtspflege« vorzulegen.

Diese Neuorganisation scheint in den Vereinen auf vorsichtig positive Resonanz gestoßen zu sein.[11] Das verwundert nicht, wenn man bedenkt, dass beispielsweise im oberösterreichischen Verein alle Vorstandsmitglieder entweder dem Nationalso-

7 Schreiben der Arbeitsgemeinschaft der Freien Wohlfahrtspflege (Hilgenfeldt) an den Reichskommissar für die Wiedervereinigung Österreichs mit dem Deutschen Reich, Wien, 27. Juni 1939, Betr. Eingabe der ostmärkischen Bischöfe und Erzbischöfe an den Führer und Reichskanzler vom 26. April 1939. OÖLA, NSV 75,4.

8 Bookhagen, Die evangelische Kinderpflege (wie Anm. 5) 223.

9 Der Reichskommissar für die Wiedervereinigung Österreichs mit dem Deutschen Reich. Stillhaltekommissar für Vereine, Organisationen und Verbände: Nachrichtenblatt Nr. 32 vom 1. März 1939, 734.

10 Statuten des Evangelischen Gauvereins für die Innere Mission in Oberdonau, Salzburg und Tirol, 2. Dezember 1938. OÖLA NSV 75,5.

11 August Kornacher: Wir »bilden da eine große Familie mit gemeinsamen Gaben und Aufgaben, Fragen und Nöten, aber auch gemeinsamer Führung und gemeinsamer Hilfe durch den einen Herrn, in dessen Dienst wir stehen und in dessen Kraft wir unserer Kirche und unserem Volk in ihren Nöten beistehen wollen«. *Der Gallneukirchner Bote* 1/1939, 7.

zialismus sehr positiv gegenüber standen oder Parteimitglieder[12] waren. Allerdings wollten oder konnten sie Anfang 1939 nicht wahrhaben, was wenige Wochen später als zweiter Schritt auf sie zukommen sollte.[13]

Den zweiten Schritt der Neuordnung stellte der Reichsleiter der NSV, Erich Hilgenfeldt,[14] der seit 11. November 1938 auch das Amt des Leiters der »Arbeitsgemeinschaft« in der Ostmark übernommen hatte, in einem Schreiben an den Zentralverein für Innere Mission am 6. März 1939[15] klar: »Das Leben des Volkes hat sich auf allen Tätigkeitsgebieten nach den Forderungen des Nationalsozialismus zu richten.« Daraus folgte, dass »alle Aufgaben der Volkswohlfahrtspflege nur nach Richtlinien der NS-Volkswohlfahrt gestaltet werden dürfen«. Da die NSV als Teil der Partei »das ausschließliche Recht der Menschenführung in Anspruch nehmen muß«, bedeutete das, dass alle bisher von der Inneren Mission geleistete Arbeit, die »Aufgaben der Menschenführung« darstellten, von der NSV übernommen werden mussten. Der Inneren Mission blieb damit nur mehr die »geschlossene Fürsorge bewahrender und versorgender Natur«, soweit sie nicht auch mit »Menschenführung« zu tun hat. »Ihre Tätigkeit wird sich daher in Zukunft 1. auf die geschlossene Fürsorge zu beschränken haben 2. hierin nur insoweit, als es sich um Aufgaben bewahrender oder versorgender Natur handelt.«

In der Folge mussten sich die Gauvereine bis 1. Mai 1939 aus der »mit Menschenführung« verbundenen Arbeit zurückziehen und die entsprechenden Einrichtungen – im Fall des Gauvereins Oberdonau: Säuglingsheim Mühle und Kinderheim Gottesgarten in Gallneukirchen, Waisenhaus Weikersdorf (Gemeinde Alberndorf/Mühlkreis) – der NSV übergeben. Liegenschaften und Inventar blieben zwar meistens im Eigentum der Gauvereine, jedoch erfolgte die Überlassung an die NSV ohne Entgelt.[16]

Ein Vertrag zwischen Pfarrer Meyer und der »Arbeitsgemeinschaft der Freien Wohlfahrtspflege« vom 21. Juni 1939 regelte, dass alle zu Krankenschwestern ausgebildeten Diakonissen, die nicht in der »geschlossenen Fürsorge« der Gauvereine benötigt wurden, der NSV zur Verfügung zu stellen waren (betroffen waren im Juli 1939 16 Schwestern).[17]

---

12 Nachweislich Obmannstellvertreter Pfarrer Fischer, Wirtschaftsdirektor Kragler.

13 Darauf deuten die Freude Rektor Kornachers über die Zuweisung von Kindern ins Waisenhaus Weikersdorf durch die NSV Ende 1938 [*Der Gallneukirchner Bote* 1/1939, 7] oder die Inserate im Gallneukirchner Boten hin.

14 Erich Hilgenfeldt (1897–1945), SS-Gruppenführer. Seit 1933 Leiter der Nationalsozialistischen Volkswohlfahrt und Reichsbeauftragter für das Winterhilfswerk. Hilgenfeldt setzte die Unterordnung sowohl verschiedener NS-Organisationen (z. B. NS-Frauenbund) als auch der freien und kirchlichen Wohlfahrtseinrichtungen unter die NSV durch.

15 Schreiben NSDAP Reichsleitung: An den Zentralverein für Innere Mission Wien, 6. März 1939. Abschrift: OÖLA NSV 75,4.

16 Bsp.: Leihvertrag zwischen dem Evangelischen Gauverein für Innere Mission für Oberdonau, Salzburg und Tirol und der NSV vom 4. Februar 1940 (Mühle). OÖLA NSV 19, 11.

17 Darauf weist Hilgenfeldt hin: Schreiben vom 27. Juni 1939 (wie Anm. 7). Dazu auch: Hannelore Reiner, Das Amt der Gemeindeschwester am Beispiel der Diözese Oberösterreich. Entstehung, Funktion und Wandel eines Frauenberufs in der Kirche. *JGPrÖ*, Sonderband 1 (1992) (=Studien

Ähnliche Regelungen wurden auch mit katholischen Verbänden durchgesetzt.[18] In seinem vorläufigen Bericht vom 9. Juli 1939 konnte der Geschäftsführer der »Arbeitsgemeinschaft der Freien Wohlfahrtspflege« Dr. Kairies zufrieden feststellen, dass die »Aufgabenscheidung« zwischen NSV und konfessionellen Verbänden »voll erreicht« sei.

Damit war in der Ostmark ein Zustand erreicht, »den die NSDAP für das gesamte Reichsgebiet durch ein Gesetz über die freie Wohlfahrtspflege erwünscht«.[19] Die Unterwerfung der diakonischen Arbeit unter das Diktat der Partei in der Ostmark sollte also Vorbildwirkung für künftige Lösungen im »Altreich« haben. Daher verwundert es nicht, dass die Verantwortungsträger der deutschen Inneren Mission die Vorgänge in der Ostmark genau beobachteten und, wo möglich, einzugreifen versuchten.

II.2 Zur Bewertung der Neuordnung der Inneren Mission unter Pfarrer Meyer

In einer leidenschaftlichen brieflichen Stellungnahme am 3. Dezember 1947[20] stellte der damalige Leiter des Zentralvereins und Gallneukirchner Rektor Erwin Schlachter[21] seine Sicht der Ereignisse von 1938/39 dar. Schlachter war 1938/39 als Obmann des Evangelischen Vereins für Innere Mission in Kärnten direkt betroffen. In dem Brief von 1947 heißt es, dass die Innere Mission damals in großer Gefahr war, weil

> »an der Spitze des Wiener Zentralvereins für Innere Mission, der im übrigen wesentlich andere Funktionen hatte als der spätere, ein Pfarrer stand, der in schwärmerischer Unklarheit die Grenzen zwischen evangelischer Kirche und Partei, zwischen Innerer Mission und NSV nicht mehr deutlich sah. Dieser Mann hat sich leider zum Werkzeug hergegeben, die schon vor 1938 im Reich draussen festgelegten Gleichschaltungspläne auch im Raum unserer Kirche und der Inneren Mission durchzuführen. Das hat damals den Stand aller derer, die klaren Kopf behalten hatten, und wussten, worum es in der Kirche und Inneren Mission ging, so sehr erschwert. Ich weiss, welche Kontroversen der damalige Superintendent und spätere Oberkirchenrat und Bischof Dr. Eder[22] mit Pfarrer Mayer [sic!] hatte. Aber

und Texte zur Kirchengeschichte und Geschichte, Zweite Reihe, Bd. 12, Wien 1992) 64.

18 Dabei wurde die größere Bereitwilligkeit der Evangelischen als Druckmittel verwendet. Eine Solidarisierung von Caritas und Innerer Mission scheiterte schon allein am evangelischen Antikatholizismus (z. B. Pfarrer Meyers). Vgl. dazu etwa Bookhagen, Die evangelische Kinderpflege (wie Anm. 5) 219, Anm. 111.

19 Arbeitsgemeinschaft der Freien Wohlfahrtspflege in der Ostmark: Vorläufiger Bericht vom 9. Juli 1939, S. 5. OÖLA NSV 75,4.

20 Schreiben Erwin Schlachter an Friedrich Schützenhöfer (Presbyter in Linz) vom 3. Dezember 1947. Archiv OKR IM06.

21 Erwin Schlachter (1899–1986), geb. in Heilbronn, aufgewachsen in Salzburg, 1926 Personalvikar in Wels, 1927–1937 Pfarrer in Gnesau, 1937–1941 Pfarrer in St. Ruprecht bei Villach, Leiter des Gauvereins für Innere Mission in Kärnten, 1940–1941 und ab 1944 Leiter des Zentralvereins für die Innere Mission in der Ostmark, 1941–1966 Rektor des Diakonissen-Mutterhauses und 1942–1966 Pfarrer in Gallneukirchen.

22 Dr. Hans Eder (1890–1944), geb. in St. Georgen im Attergau, Pfarrer in Gosau, ab 1930 Senior des Oberlandes, seit 1937 Superintendent der Diözese Oberösterreich, Salzburg und Tirol. Seit März 1938 geistlicher Oberkirchenrat, seit 1940 erster Bischof der Evangelischen Kirche in Österreich. Als junger Pfarrer war Eder gemeinsam mit seinem Freund Gerhard Fischer am Aufbau

wir konnten uns nicht wehren und Pfarrer Mayer hatte über den Stillhaltekommissar einfach diktiert. Ich kann auch nur bezeugen, dass der damalige Rektor von Gallneukirchen, Pfarrer Kornacher,[23] sich leidenschaftlich gegen das gewehrt hat, was Pfarrer Mayer wollte und gegen ihn sehr misstrauisch war. [...] Wäre Pfarrer Mayer nicht gewesen und sein unglückliches Verwachsensein mit der NSDAP, dass [sic!] er dann auf seinem Totenbett im Jahre 1940 noch bereute, dann wäre es auch zu einem Zusammenschluss aller Vereine der Inneren Mission gekommen. Die Zeit dazu war reif und der Zusammenschluss wurde schon vor dem Anschluss von den einzelnen Vereinen angestrebt. Es wäre aber, so wie Oberkirchenrat Dr. Eder es schon geplant und in Entwürfen festgelegt hatte, zu einem rein kirchlichen Zusammenschluss der Inneren Mission in einem einzigen Landeskirchlichen Verein gekommen«.

Seine eigene Berufung zum Nachfolger Meyers 1940 durch Bischof Eder sieht Schlachter in diesem Brief als Auftrag, dem »Prozess der Aufsaugung der Inneren Mission durch die NSV entgegen zu wirken«. Tatsächlich hat Schlachter sich schon 1938/39 in Kärnten, obwohl auch er damals bekennender Nationalsozialist[24] war, als ein Mann erwiesen, der den Wünschen der NSV »nicht immer und sofort gefügig« war.[25]

Ob Bischof Eders Modell angesichts der geheimen Absichten des NS-Regimes, in der Ostmark klare Verhältnisse zu schaffen, die dann auch als Vorbild für die Vorgehensweise gegenüber den Kirchen im »Altreich« dienen sollten, eine Chance gehabt hätte, bleibt zweifelhaft. Pfarrer Meyer jedenfalls hat den NS-Forderungen keinen Widerstand entgegengesetzt. Darauf deutet auch eine Aussage Hilgenfeldts hin, der im Juni 1939 die Haltung der ostmärkischen Inneren Mission lobt und feststellt, »dass diese Arbeitsteilung innerhalb der evangelischen freien Wohlfahrtspflege reibungslos durchgeführt worden ist und auch volles Verständnis aller beteiligten evangelischen

---

der Jugendarbeit in Oberösterreich beteiligt und zeitweise Schriftleiter des »Evangelischen Volkskalenders«. Vor 1933 Mitglied der NSDAP, bildete Eder nach dem Anschluss gemeinsam mit Dr. Robert Kauer die neue NS-freundliche Kirchenleitung. Die Erfahrungen mit dem NS-Regime lösten ein deutliches Umdenken aus und führten Eder in die Nähe der Bekennenden Kirche. Die Rettung der Kirche in der NS-Zeit sah Eder in einer geistlichen Mobilisierung, die seelsorgerlich in der evangelischen Lebensordnung und kirchenrechtlich in der Ordnung des Geistlichen Amtes (»Pfarrergesetz«) zum Ausdruck kam. Über die geistliche Entwicklung Eders in der NS-Zeit vgl. Karl Schwarz, Bejahung – Ernüchterung – Verweigerung. Die evangelische Kirche in Österreich und der Nationalsozialismus. *JGPrÖ* 124/125 (2008/2009) 18–38. Dass Eder der NSV distanzierter gegenüberstand als Meyer deutet auch der Präsident des deutschen Central-Vereins Frick an. Vgl. Bookhagen, Die evangelische Kinderpflege (wie Anm. 5) 225, Anm. 146.

23 August Kornacher (1889–1939), evangelischer Jugendpfarrer in Bayern, Mitarbeiter am Aufbau der Jugendarbeit in Oberösterreich. Seit 1929 Konrektor, seit 1933 Rektor des Diakonissenmutterhauses in Gallneukirchen und Vorsitzender des Oberösterreichischen evangelischen Vereins für Innere Mission.

24 Erwin Schlachter, Gedächtnisprotokoll über eine Versammlung der DC in Wien am 14. Dezember 1940. Archiv OKR. Darin schreibt Schlachter: »Ich bin selbst Nationalsozialist, und habe mich seinerzeit mit meiner Kärntner Gemeinde stark am Durchbruch in der Ostmark beteiligt, war auch mit allen Männern meiner Gemeinde in Haft.« – »Den Weg der DC kann ich aus innerlicher Bindung nicht mitgehen. Ich habe keiner BK angehört und keiner DC-Gruppe.«

25 Eduard Bernhardt, Gedanken und Bedenken zu den Verhandlungen und zu der Eingabe an SS Oberführer Langoth. Archiv OKR IM06 (o. D.).

Stellen gefunden hat«.[26] Ausdrücklich lobt er in diesem Zusammenhang die Vereinbarung über den Einsatz der Diakonissen in der NSV als Beispiel für eine reibungslose und alle zufriedenstellende Zusammenarbeit. Abschließend stellt Hilgenfeldt fest, dass die für die Ostmark getroffene Regelung »von elementarster Bedeutung auch für das Altreich werden kann«.

III. Der Oberösterreichische Evangelische Verein für Innere Mission in Gallneukirchen und die Neuordnung der Inneren Mission in der Ostmark

Bis zur Neuordnung 1938/39 verstand sich der Oberösterreichische Evangelische Verein für Innere Mission mit Sitz in Gallneukirchen als Trägerorganisation des Diakonissen-Mutterhauses und als Förderer der diakonischen Arbeit der Kirche in enger Verbundenheit mit den Gemeinden der oberösterreichischen Superintendenz, zu der auch die Bundesländer Salzburg und Tirol gehörten. Neben der Betreuung Hilfsbedürftiger in verschiedenen Häusern unterstützte der Verein die Pfarrgemeinden in allen Bereichen des Gemeindelebens. Diakonissen wurden zu Gemeindeschwestern und Religionslehrerinnen ausgebildet und in die Pfarrgemeinden entsandt. Jugendfreizeiten wurden unterstützt, christliches Schrifttum wurde verbreitet.[27] Durch das monatlich erscheinende »Evangelische Vereinsblatt für Oberösterreich« und den jährlich erscheinenden »Evangelischen Volkskalender« wurden weite Kreise der evangelischen Bevölkerung mit kirchlichen Informationen und Kommentaren zum Zeitgeschehen aus evangelischer Sicht erreicht.

Geleitet wurde der Verein seit einer Statutenänderung 1934 von einem Verwaltungsausschuss, dem neben dem Rektor, der auch zum Vorsitzenden gewählt wurde, der Oberin und dem Wirtschaftsdirektor weitere Persönlichkeiten aus der oberösterreichischen Kirche, Pfarrer, Presbyter und evangelische Unternehmer angehörten, darunter der Theninger Pfarrer (und seit 1937 Senior) Gerhard Fischer,[28] seit 1934 Ob-

26 Schreiben Hilgenfeldt (wie Anm. 7) 4. Die Passage ist im Original unterstrichen.

27 Eine ausführliche Darstellung dieser Arbeit in Günter Merz, »Im Streite zur Seite ist Gott uns gestanden«. Pfarrer Gerhard Fischer, Christ und Nationalsozialist. *JGPrÖ* 124/125 (2008/2009) 102–120.

28 Gerhard Fischer (1884–1941), geb. in Röhrsdorf bei Dresden, Theologiestudium in Leipzig, 1907/1908 im Kandidatenkonvikt der bodelschwingschen Anstalten Bethel, seit 1910 Vikar, dann Pfarrer in Traun, 1922–1941 Pfarrer in Thening, seit 1938 zusätzlich Senior für das Unterland (Großraum Linz-Wels). Mitbegründer der diözesanen Jugendarbeit und 1927–1931 Diözesanjugendpfarrer, seit 1925 Obmann des Diözesanpresseverbandes, regelmäßiger Mitarbeiter beim »Evangelischen Volkskalender« und dem »Evangelischen Vereinsblatt« (seit 1929 Schriftleiter), Herausgeber der Monatsblätter »Der Protestant« (1934) und »Evangelische Wacht für Österreich/für die Ostmark« (1937–1941), Vorstandsmitglied im Evangelischen Pfarrerverein, seit 1922 im Vorstand des oberösterreichischen Vereins für Innere Mission. Seit ca. 1932 Mitglied der NSDAP. 1935 Hochverratsprozess und mehrmonatige Haft, anschließend bis Ende 1936 Konfinierung (Verbannung nach Wien). Anders als sein Amtsbruder Meyer

mannstellvertreter, der Linzer Pfarrer Wilhelm Mensing-Braun[29] und der Linzer Fabrikant Walter Franck.[30] Ein kleiner Arbeitsausschuss bereitete die Sitzungen vor. Eine eigenständige Größe innerhalb des Vereins bildete das Diakonissen-Mutterhaus, das durch den Einsatz der Diakonissen in einem weit über den Tätigkeitsbereich des oberösterreichischen Vereins hinausgehenden Gebiet wirkte. Das Mutterhaus war Mitglied des Kaiserswerther Verbandes und daher nach dessen Ordnung organisiert.[31]

Als Rektor wirkte seit 1933 Pfarrer August Kornacher. Der ehemalige bayerische Jugendpfarrer war durch die überregionale Jugendarbeit des Theninger Pfarrers Gerhard Fischer nach Oberösterreich gekommen und nicht zuletzt Fischers Einsatz führte dazu, dass Kornacher gegen heftige Bedenken seines Vorgängers, des Seniors Dr. Friedrich Saul,[32] zum Rektor berufen wurde. Das Amt der Oberin hatte seit 1917 die aus Norddeutschland stammende Schwester Elisabeth v. Dincklage[33] inne. Wirtschaftsdirektor Georg Kragler,[34] ein Diakon aus Württemberg, war wie Rektor Kornacher durch die Mitwirkung an Jugendfreizeiten Pfarrer Fischers nach Ober-

---

(vgl. Anm. 5) blieb Fischer unnachgiebig und setzte 1936 die Rückkehr nach Thening durch. Gest. am 14. Oktober 1941 (Verkehrsunfall). Zur Person Fischers vgl. Merz, »Im Streite zur Seite ist Gott uns gestanden« (wie Anm. 27).

29 Wilhelm Mensing-Braun (1899–1965), geb. in Nürnberg, seit 1928 Vikar, dann Pfarrer in Linz, seit 1940 zusätzlich Superintendent der Diözese Oberösterreich, Salzburg und Tirol, ab Ende 1940 Leiter des oberösterreichischen Gauvereins für Innere Mission.

30 Walter Franck (1874–1967), geb. in Ludwigsburg, Industrieller (Kaffeefabrikant), 1927 Gründungspräsident des Rotaryclubs Linz, großzügiger Förderer evangelischer kirchlicher und sozialer Einrichtungen (insbesondere des Diakonissenkrankenhauses), seit 1927 Vorstandsmitglied im oberösterreichischen Verein für Innere Mission, 1941–1944 Leiter des Zentralvereins für die Innere Mission in der Ostmark.

31 Grundordnung der zur Kaiserswerther Generalkonferenz verbundenen Diakonissen-Mutterhäuser, Berlin, 3. September 1929.

32 Dr. Friedrich Saul (1868–1945), geb. in Grevesmühlen/Mecklenburg, Schwager Theodor Zöcklers (Gründer und Rektor des Diakonissenhauses Stanislau/Galizien), 1907–1915 Pfarrer in Frankfurt a. M., 1915–1938 Pfarrer in Gallneukirchen, 1915–1934 Rektor der Diakonissenanstalt Gallneukirchen und 1928–1938 Senior des Unterlandes (Raum Linz–Wels).

33 Elisabeth v. Dincklage (1876–1956), geb. in Lingen/Ems, 1917 Einsegnung als Diakonisse und gleichzeitig Berufung zur Oberin der Diakonissenanstalt Gallneukirchen, 1941 in den Ruhestand versetzt. Zur Person vgl. Gerhard Fürstler, Der Glaube, der durch die Liebe tätig ist. Die Lebensgeschichten von 22 Schwestern aus dem Diakonissen-Mutterhaus Gallneukirchen (Gallneukirchen ²2011).

34 Georg Kragler (1891–1980), geb. in Stuttgart, zunächst Beamter, dann Diakon und Bundessekretär des bayerischen CVJM, enge Zusammenarbeit mit August Kornacher (vgl. Anm. 23) beim Aufbau der Jugendarbeit in Bayern, seit 1928 gemeinsam mit Kornacher Mitarbeit in der Jugendarbeit in Oberösterreich, 1936–1941 Wirtschaftsdirektor in der Diakonissenanstalt Gallneukirchen, danach Arbeit im CVJM-Landesverband Württemberg, Evangelisationstätigkeit (u. a. in Österreich), Mitbegründer des »Scharnsteiner Kreises« in Oberösterreich. Sein späterer Mitarbeiter in der Evangelisationsarbeit Kurt Heimbucher beschreibt ihn folgendermaßen: »Kragler war ein energischer Mann. Er konnte hart sein. Dabei verlangte er von sich jedes Opfer und erwartete von jedem Mitarbeiter echte Verbindlichkeit. Er konnte zornig werden, wenn er in geistlichen Dingen Schlamperei feststellte.« Vgl. Kurt Heimbucher, gez. Kurt Heimbucher. Notizen aus meinem Leben (Wuppertal–Zürich 1988) 39.

österreich gekommen. Er übte sein Amt in Gallneukirchen seit 1936 aus. Aus diesen Angaben lässt sich ein Umstand erahnen, der sich in den Krisenjahren 1939 bis 1941 verhängnisvoll auswirken sollte: Die tonangebende Gruppe im Vorstand des Vereins bestand aus Herren, die durch jahrelange enge Freundschaft verbunden waren. Verbunden waren sie auch durch ihre politische Überzeugung als bekennende Nationalsozialisten, die den Anschluss Österreichs an das Deutsche Reich begeistert begrüßten.[35]

Wie noch zu zeigen sein wird, erfassten die Verantwortungsträger im Vorstand des 1938 gegründeten Gauvereins die Tragweite der Veränderungen zunächst nicht. Sie glaubten, so weitermachen zu können wie bisher. Der unerwartete Tod Rektor Kornachers traf den Vorstand genauso unvorbereitet wie die im Frühjahr 1939 einsetzenden Maßnahmen des NS-Regimes: Die Übernahme der Kinder- und Jugendheime durch die NSV und die die Euthanasieaktion vorbereitende Forderung nach Abtretung von Räumlichkeiten an die NSV.

Nach der Abtretung der Kinderheime Mühle und Gottesgarten und des Waisenhauses in Weikersdorf verwaltete der Gauverein folgende Einrichtungen:

Die Gallneukirchner Anstalten mit 278 Betten, das Diakonissenkrankenhaus Linz mit 60 Betten, das Diakonissenkrankenhaus Salzburg mit 40 Betten, das Hospiz Helenenburg Badgastein mit 50 Betten und das Altenheim Wels mit 25 Betten. Nach einem behördlichen Verzeichnis von 1940 (ohne Datumsangabe) befanden sich in den »Anstalten für Schwachsinnige« ca. 250 Personen. Schon damals wurde der Friedenshort »vom Staat für Tbc-Unheilbare in Anspruch genommen«.[36]

IV. Die Gallneukirchner Führungskrise

IV.1 Die Berufung des Rektors Dr. Wilhelm Herbst

Am 25. Jänner 1939 starb völlig unerwartet Rektor August Kornacher im 50. Lebensjahr. Der Tod des Rektors traf den Verein zu einem Zeitpunkt, an dem für die weitere Arbeit existentiell wichtige und schwerwiegende Entscheidungen zu fällen waren. So ist verständlich, dass die Verantwortungsträger in größter Eile nach einem Nachfolger suchten, der die nötige Erfahrung in der Leitung eines so großen Werkes und die notwendige Durchsetzungsfähigkeit mitbrachte. In dem Wunsch, dass der Kandidat aus der Inneren Mission im »Altreich« kommen sollte, trafen sich der Wiener Oberkirchenrat und die deutschen Verantwortungsträger der Inneren Mission, die in dieser kritischen Phase eine klare Haltung und größere Distanz gegenüber dem NS-Regime wünschten.

Nach längerem Suchen wurde, wohl auf Empfehlung der Reichsleiterin der deutschen Diakoniegemeinschaft Schwester Auguste Mohrmann,[37] der Leiter des Pre-

35 Vgl. dazu Merz, »Im Streite zur Seite ist Gott uns gestanden« (wie Anm. 27).

36 Liste: Einrichtungen der Inneren Mission in der Ostmark. OÖLA NSV 75,4 (o. D.).

37 Auguste Mohrmann (1891–1967), geb. in Essen, Kleinkind- und Volksschullehrerin, seit 1933

digerseminars Frankfurt an der Oder und frühere Pfarrer des Elisabeth-Diakonissenhauses Berlin, Dr. Wilhelm Herbst,[38] vom Vereinsvorstand und der Oberin zum Rektor berufen. Neben den Empfehlungen und dem guten Ruf, den Herbst durch seine Tätigkeit als Studiendirektor und durch seine Publikationen auf verschiedenen Gebieten der praktischen Theologie erworben hatte,[39] könnte auch der Umstand für die Berufung von Herbst eine Rolle gespielt haben, dass sein Bruder, Pfarrer Ferdinand Herbst, als Generalsekretär des deutschen Gustav-Adolf-Vereins ein in Österreich häufig und gern gesehener Gast war. Am 26. März 1939 stellte sich Herbst erstmals mit Predigt und Bibelarbeit in Gallneukirchen vor,[40] am 4. April gab er seine Bereitschaft bekannt, das Rektorenamt zu übernehmen.[41]

Bis zur Berufung des neuen Rektors wurde das Amt provisorisch mit dem jungen Personalvikar Ernst August Gehrke besetzt. Wichtige Entscheidungen, es ging ja in diesen Monaten um die Aufgabe der »mit Menschenführung« verbundenen Arbeit, scheint aber Wirtschaftsdirektor Kragler getroffen zu haben, der auch an Stelle des Rektors gemeinsam mit der Oberin an Sitzungen des Zentralvereins teilnahm.[42]

Am 4. Juni 1939 wurde der neue Rektor im Rahmen des Jahresfestes des Zentralvereins und des Gauvereins für Oberdonau, Salzburg und Tirol in sein Amt eingeführt. Die Bedeutung des Ereignisses wurde dadurch unterstrichen, dass Schwester Auguste Mohrmann persönlich an der Amtseinführung teilnahm. Der von Pfarrer Gehrke verfasste ausführliche Bericht über den Festtag im »Gallneukirchner Boten«[43] gibt den Inhalt des Grußwortes der Schwester wieder: Herbst wird als einer der besten Mitarbeiter der Diakonie in und um Berlin bezeichnet, den sie ungern verliert. Aber »man freut sich, wenn er nun seine bewährte Kraft an einem Platz einsetzen kann, an dem er besonders dringend gebraucht wird. Dieser Platz ist gegenwärtig Gallneukirchen […]«.

Ein Jahr später, im Mai 1940, schrieb Bischof Eder an den Vorsitzenden des Kaiserswerther Verbandes, von Lüttichau,[44] dass Herbst von Mohrmann wohl aufgefor-

---

Mitglied der NSDAP. Gründerin und Leiterin der »Diakoniegemeinschaft«, eines Zusammenschlusses der evangelischen Schwesternschaften. Obwohl nicht Diakonisse, wurde sie 1939 vom Vorsteher des Kaiserswerther Verbandes, Graf v. Lüttichau, zur Oberin ernannt. Als überzeugte Nationalsozialistin setzte sie sich für den Erhalt evangelischer Einrichtungen, allerdings mit nationalsozialistischer Prägung, ein. Nach 1945 arbeitete sie weiter in führender Stellung für die Schwesternschaften in Ostdeutschland und der DDR.

38 Dr. Wilhelm Herbst (1891–1957), geb. in Ansbach, 1929 Pfarrer im Elisabeth-Diakonissen- und Krankenhaus Berlin, 1936 kommissarischer Direktor des Predigerseminars in Frankfurt a. d. Oder, 1939–1941 Rektor der Diakonissenanstalt Gallneukirchen, seit 1941 Pfarrer in Berlin. Zur Person vgl. Bookhagen, Die evangelische Kinderpflege (wie Anm. 5) 1000.

39 Wobei, wie sich auch in Gallneukirchen später herausstellte, die publizierten Aussagen von Herbst sehr theoretisch und eher systematisch-theologisch als praxistauglich waren. Vgl. dazu Bookhagen, Die evangelische Kinderpflege (wie Anm. 5) 322 f.

40 *Der Gallneukirchner Bote* 4/1939, 23.

41 *Der Gallneukirchner Bote* 5/1939, 31.

42 *Der Gallneukirchner Bote* 4/1939, 23.

43 *Der Gallneukirchner Bote* 6–7/1939, 34–36.

44 Siegfried Graf v. Lüttichau (1877–1965), geb. in Matzdorf/Schlesien, Pfarrer in Berlin und

dert worden sei, »die Zügel fest in die Hand zu nehmen«.[45] Allerdings fiel über das Jahresfest in Gallneukirchen ein Schatten:

> »In der geschäftlichen Versammlung der feiernden Vereine für Innere Mission wurden die Berichte der Herrn Pfarrer Meyer, Senior Fischer und Direktor Kragler entgegengenommen. Aus ihnen ging hervor, daß die Innere Mission unserer Landeskirche wohl einige liebgewordene Arbeitsgebiete räumen mußte, daß aber unser deutsches Volk den Dienst der Inneren Mission zum Neuaufbau braucht.«[46]

Diese kleine Bemerkung ist bis Jahresende 1939 der einzige ausdrückliche Hinweis im »Gallneukirchner Boten« auf die Veränderungen, die sich im Zuge der Neuordnung ergaben. Nur aufmerksamen Lesern mag aufgefallen sein, dass die bis dahin regelmäßigen Berichte aus Weikersdorf oder die Anzeigen des evangelischen Kinderheims Graz ab der Juninummer verschwunden waren. Erst in der Dezembernummer 1939 teilte Rektor Herbst kommentarlos mit, dass das Kinderheim Weikersdorf und das Säuglingsheim Mühle von der NSV übernommen worden waren.[47]

IV.2 Beobachtungen zur Tätigkeit des neuen Rektors

Rektor Herbst brachte einen für das Werk bisher unbekannten Stil mit. Nach außen wirkte er selbstbewusst und eloquent. Seine Predigten und Bibelarbeiten fanden, wie immer wieder berichtet wird, vor allem bei jungen Zuhörern begeisterten Anklang. Herbst galt als brillanter Theologe, besonders auf dem Gebiet der Homiletik und der Seelsorgetheorie. Auch der »Gallneukirchner Bote«, dessen Schriftführung Herbst ab Juli 1939 übernommen hatte, gibt davon Zeugnis. Seitenweise finden sich da Abhandlungen zu Predigtreihen, kirchlichen Feiertagen und dergleichen. Auch die Gastkommentare befreundeter Theologen (OKR Hans Eder, Ernst August Gehrke, Wilhelm Dantine, Hubert Taferner u. a.) befassen sich mit grundsätzlichen Fragen christlicher Lebensgestaltung. Aktuelle ethische oder organisatorische Fragen, die den Rektor eines Vereins für Innere Mission wohl beschäftigt haben müssen, werden allerdings völlig ausgespart.[48] Kommentare zum Zeitgeschehen finden sich bis auf wenige wohl unerlässliche Huldigungsartikel auf Hitler und Aufrufe zur Opferbereitschaft im Krieg kaum. Wie bereits erwähnt, fehlen aber auch weitestgehend Informationen und Berichte über die Veränderungen, die die Neuordnung in der Arbeit der Inneren Mission bewirkte, sowie Reportagen und Berichte über die alltägliche Arbeit in den Einrichtungen des Werkes.

Konstantinopel, 1925–1949 Pfarrer und Vorsteher der Diakonissenanstalt Kaiserswerth, 1932–1952 Vorsitzender des Kaiserswerther Verbandes und Präsident der Kaiserswerther Generalkonferenz.

45 Schreiben OKR Dr. Eder an Graf v. Lüttichau vom 9. Mai 1940. Archiv OKR IM06.

46 *Der Gallneukirchner Bote* 6–7/1939, 35.

47 *Der Gallneukirchner Bote* 11–12/1939, 68.

48 Dass es auch anders geht, zeigt zum Beispiel, wenn auch auf sehr problematische Weise, der Artikel von Pfarrer Friedrich Ulrich. Vgl. Friedrich Ulrich, Ist Verhütung erbkranken Nachwuchses unchristlich? *Der Säemann* 1 (1939) 3.

Diese Beobachtungen lassen auf einen Theologen schließen, der seine persönlichen Haltungen und Befindlichkeiten nicht an die Öffentlichkeit bringen will. Deshalb taten sich alle Beteiligten an dem folgenden Konflikt mit Herbst schwer. Sein Verhalten, seine Absichten, seine Gedanken gaben den Anderen Rätsel auf, was dann auch zu Unterstellungen und dem Vorwurf der Unehrlichkeit führte.[49] Er wirkte arrogant und selbstherrlich. Noch in seiner Abschiedspredigt im Herbst 1941[50] ging Herbst auf seine bewegte Amtszeit in Gallneukirchen mit keinem Wort ein.

Schwer ist es auch, die persönliche Haltung des Rektors zu den Fragen der Zeit auszuloten. Dass Herbst sehr wohl auf dem Boden der nationalsozialistischen Wohlfahrtspolitik stand, zeigen seine Aussagen in der von Auguste Mohrmann 1940 herausgegebenen Schrift »Die Lehre vom Beruf. Dargelegt für Schwestern«:[51]

> »[...] das Ziel aller diakonischen Arbeit ist ja nicht, zu pflegen um des Pflegens willen, als sei das ein verdienstliches Werk für sie selbst. Nein, die Diakonie will gesund machen an Leib und Seele. Sie hat das Ziel, den Hilflosen zu helfen, wieder auf eigenen Beinen zu stehen und zu gehen und nach Möglichkeit wieder brauchbare, nützliche Glieder der Volksgemeinschaft zu werden. Wo das nicht in dem wünschenswerten Umfange geht, will sie verhüten, daß die Hilflosen der Volksgemeinschaft zur Last fallen oder, daß die Not andere schädigend, behindernd, hemmend um sich greift und weitere Kreise zieht.«[52]

Mit dieser Haltung stand Herbst in der vom Nationalsozialismus geprägten und von vielen vor allem deutschchristlichen kirchlichen Repräsentanten übernommenen Denkrichtung, derzufolge die Erhaltung der »gesunden Volksgemeinschaft« als eines der höchsten Ziele auch christlichen Handelns galt.[53]

Inwieweit diese Positionierung für die offenbar spürbare Distanz des Rektors gegenüber schwerstbehinderten Pflegebefohlenen in den Gallneukirchner Anstalten eine Rolle spielte, lässt sich aus den Quellen nicht ersehen. In späteren Vorwürfen[54] gegen Herbst wurde jedenfalls behauptet, dass Herbst offenbar nur widerstrebend und selten seelsorgerliche Besuche bei Schwerstbehinderten machte. Viel lieber hielt er Vorträge und Bibelarbeiten, zum Beispiel im Kreis der Schwestern. Auch zur Euthanasieaktion in Gallneukirchen sind von ihm (jedenfalls mir) nur sachliche, emotionslose Reaktionen bekannt (siehe Kapitel V.).

Allerdings deutet die erwähnte Auswahl der Kollegen, die Herbst um Mitarbeit im »Gallneukirchner Boten« bat, und die dann auch für ihn Partei ergreifen sollten, darauf hin, dass Herbst sehr bewusst als Gegengewicht gegen die von Deutschen

---

49 Schreiben Sen. Fischer an Bischof Eder vom 29. Juni 1940, Archiv Diakoniewerk, Nachlass Fischer.

50 Archiv Diakoniewerk Gallneukirchen, Bestand Schiedsspruch.

51 Wilhelm Herbst, Die Lehre vom Beruf. Dargelegt für Schwestern. Sonderdruck aus der Zeitschrift »Dienst am Leben« (Heft 5/6, 1940) (Kleine Schriften zur Fortbildung der evangelischen Schwester, Heft 2, hg. von Auguste Mohrmann, Berlin 1940).

52 Ebenda 8.

53 Herwart Vorländer, Die NSV. Darstellung und Dokumentation einer nationalsozialistischen Organisation (Schriften des Bundesarchivs 35, Boppard am Rhein 1988) 24.

54 Schreiben Fischer (wie Anm. 49).

Christen dominierte bisherige Linie der Inneren Mission wahrgenommen werden wollte. Wie sehr er damit zum Spielball in dem erbitterten Ringen um die Zukunft der Kirche und der Inneren Mission zwischen der Kirchenleitung unter Oberkirchenrat (später Bischof) Eder einerseits und den deutschchristlichen Leitern der Inneren Mission, Pfarrer Meyer und den Gallneukirchner Funktionsträgern Wirtschaftsdirektor Kragler und Senior Fischer, andererseits wurde, war ihm wohl nicht bewusst.

IV.3 Der Beginn des Konflikts

Anfang Juni 1939 nahm der neue Rektor seine Arbeit auf. Ob von Auguste Mohrmann instruiert oder nicht, jedenfalls ging Herbst sofort daran, seine Position als alleinverantwortlicher Leiter des Gauvereins und als Rektor im Sinne der Kaiserswerther Statuten klar zu stellen. Damit war der Konflikt mit Wirtschaftsdirektor Kragler unausweichlich. Kragler hatte durch seine enge Freundschaft mit dem verstorbenen Rektor Kornacher und Senior Fischer sowohl im Verein als auch im Mutterhaus eine Stellung erworben, die über die statutengemäße Funktion des Wirtschaftsdirektors weit hinausging. In der rektorlosen Zeit hatte Kragler, wie bereits erwähnt, an den Besprechungen über die Neuordnung der Inneren Mission mit Pfarrer Meyer teilgenommen und dabei Ergebnisse mitgetragen, die jedenfalls nach Meinung Bischof Eders, wohl auch Auguste Mohrmanns, den NS-Wünschen zu weit entgegengekommen waren.

Bereits die erste Besprechung beider Herren endete mit einem heftigen Streit. Kragler sah sich in seiner Ehre gekränkt, drohte mit Rücktritt und forderte von Herbst eine Entschuldigung. Infolge der freundschaftlichen Bindungen hatte Herbst damit sofort den gesamten Vorstand gegen sich, vor allem aber den als Kämpfer bekannten Senior Fischer und die Oberin v. Dincklage.

Selbstverständlich waren alle Beteiligten bestrebt, den ausgebrochenen Konflikt vor der kirchlichen Öffentlichkeit und der Schwesternschaft geheim zu halten, allerdings dürfte Kragler gegenüber seinen Gesprächspartnern in der »Arbeitsgemeinschaft der Freien Wohlfahrtspflege« darüber geredet haben, was die Gefahr für das Gallneukirchner Werk sicher erhöhte. Während Kragler, Fischer und ihre Freunde bemüht waren, den Konflikt als Auseinandersetzung um Ehre und Wahrheit darzustellen, der durch das Fehlverhalten und die Arroganz des Rektors verursacht worden war, sah Bischof Eder in den Differenzen sehr wohl einen Konflikt um grundsätzliche Fragen, ja um »Schicksalsfragen der Inneren Mission«.[55]

In diesem Zusammenhang tauchte bereits jene Frage auf, die die Innere Mission bis etwa 1943 beschäftigen sollte, die Frage nach der Stellung des Mutterhauses, das ja rein rechtlich nur eine Einrichtung neben anderen innerhalb des Gauvereins für Oberdonau, Salzburg und Tirol war, tatsächlich aber die Ausbildung und Begleitung der Diakonissen in der ganzen Ostmark und darüber hinaus zu leisten hatte und als Mitglied des Kaiserswerther Verbandes eine in der Neuordnung der Inneren Mission

55 Schreiben Bischof Eder (wie Anm. 45).

rechtlich nicht verankerte Eigenständigkeit beanspruchte. In einem Memorandum[56] im August 1939 wies Herbst auf die Problematik hin, dass der Gauverein seine eigentliche diakonische Arbeit – und, unausgesprochen, auch die soziale Absicherung der Diakonissen – durch gewinnbringende »werbende« Betriebe (vor allem die Diakonissenkrankenhäuser Linz und Salzburg und das Hospiz Helenenburg in Badgastein) finanzierte. Möglicherweise hatte Herbst damals schon erkannt, dass der Gauverein durch diese gewinnorientierten Unternehmen erpressbar war.

Die schroffe Ablehnung des neuen Rektors durch den Vorstand des Gauvereins verhinderte aber jegliche Grundsatzdiskussion. Die enge freundschaftliche Verbindung zwischen Kragler, Fischer und dem Zentralvereinsobmann Meyer und deren relativ gutes Verhältnis zu dem für die Kontrolle der konfessionellen Vereine zuständigen Revisor der »Arbeitsgemeinschaft der Freien Wohlfahrtspflege«, Kurt Tammoscheit, gaben dem neuen Rektor keine Chance.

Nur ein halbes Jahr nach dem Amtsantritt Rektor Herbsts waren seine Gegner entschlossen, ihn zu entmachten und in der Folge zum Rücktritt zu zwingen. Die neue Ordnung der Inneren Mission bot dazu eine einfache Handhabe, die Pfarrer Meyer als eine seiner letzten Amtshandlungen (er starb am 1. Jänner 1940 nach schwerer Krankheit) nutzte. Ohne mit Herbst Rücksprache gehalten zu haben,[57] verfügte er Ende Dezember 1939 die Absetzung von Herbst als Leiter des Gauvereins und bestimmte Senior Fischer zum neuen Gauvereinsleiter. Auch aus dem »Führerrat« wurde Herbst ausgeschlossen.

Damit waren Herbst sämtliche Kompetenzen für Verhandlungen mit staatlichen Behörden, aber auch die Richtlinienkompetenz im Gauverein entzogen. Als Rektor, also als Seelsorger und verantwortlicher Leiter des Mutterhauses, blieb Herbst aber im Amt. Diese Funktion war in der Gauvereinsordnung nicht geklärt worden. Damit war eine Situation entstanden, die durch ungeklärte Verantwortungsbereiche, Misstrauen und den Vorwurf der Einmischung und der Ehrabschneidung bis hin zur gegenseitigen Anschuldigung der Denunziation bei der NSV eine konstruktive Weiterarbeit unmöglich machte. Versöhnungsversuche scheiterten.

Im Frühjahr 1940 eskalierte die Krise. Senior Fischer als Gauvereinsobmann betrieb offen die Abberufung von Herbst und nützte beispielsweise eine Reise nach Berlin im April 1940, um dort nach einer Stelle für Herbst zu suchen.[58] Der Ton in den erhaltenen Briefen zwischen Herbst und Fischer wurde immer schärfer. Herbst zeigte durch sein Verhalten auch gegenüber Behördenvertretern, dass er seine Entmachtung nicht zu akzeptieren bereit war. Schließlich wurde im Führerrat die Kündigung des Rektors beschlossen, aber aus Rücksicht auf übergeordnete kirchliche Stellen zurückgehalten.

56 Memorandum zur Lage der Diakonie in der Ostmark, Mitte August 1939. Archiv Diakoniewerk, Bestand Schiedsspruch.

57 Schreiben Oberin v. Dincklage an den Zentralverein vom 26. Dezember 1939. Archiv Diakoniewerk, Bestand Schiedsspruch.

58 Schreiben Herbst an Bischof Eder vom 30. April 1940. Archiv OKR IM06.

Inzwischen beobachtete auch die deutsche Diakonie die Entwicklung mit Sorge, schließlich hätte die Kündigung des Rektors durch den Gauverein einen massiven Eingriff in die Ordnung der Mutterhäuser bedeutet.

Trotz des Versuchs der Geheimhaltung blieb der Konflikt nicht verborgen. In der Schwesternschaft, vor allem bei den jüngeren Schwestern, war Herbst beliebt. Die Oberin und die leitenden Schwestern fürchteten aber, dass der Konflikt zu einer Ablösung Direktor Kraglers führen könnte. Auf Kragler meinten sie unter keinen Umständen verzichten zu können, zumal er versprochen hatte, eine der größten Sorgen der Schwesternschaft zu lösen, die finanzielle Absicherung der Feierabendschwestern. Zwar durfte über den Konflikt nicht geredet werden, trotzdem kam es in der Schwesternschaft zu Unruhe und Gerede, für das Fischer Rektor Herbst verantwortlich machte.[59]

Auch in der Pfarrerschaft löste der Konflikt Unruhe aus. Seit im Herbst 1939 Personalvikar Ernst August Gehrke als Pfarrer nach Eferding berufen worden war, übte Herbst praktisch das Amt eines Pfarrers in Gallneukirchen aus. Offiziell bestätigt wurde er in dieser Funktion vom Oberkirchenrat im Februar 1940.[60] Eine feierliche Amtseinführung wurde aber durch den zuständigen Senior Pfarrer Fischer immer wieder verzögert. Deshalb solidarisierten sich auf Initiative von Pfarrer Wilhelm Dantine (Wallern) die Pfarrer Hubert Taferner, Wilhelm Mensing-Braun (beide Linz) und Ernst August Gehrke (Eferding), die auch in theologischer und kirchenpolitischer Hinsicht Fischer misstrauisch gegenüberstanden, mit Pfarrer Herbst und forderten vom Senior eine offene Aussprache in Gegenwart von Herbst und Oberkirchenrat Dr. Eder.[61] Diese fand auch statt, wobei Eder das Fehlverhalten von Herbst ausdrücklich zur Sprache brachte, ihm aber grundsätzlich zur Seite stand.

Alle diese Auseinandersetzungen geschahen zu einer Zeit, in der auf die Innere Mission ganz andere Herausforderungen zukamen. Am 1. September 1939 hatte der Zweite Weltkrieg begonnen. Eine unmittelbare Auswirkung unter anderem auf kirchliche Einrichtungen war die im Hitler-Stalin-Pakt vereinbarte Übersiedlung der deutschen Bevölkerung aus den von der Sowjetunion besetzten Gebieten. Nach Oberösterreich kamen vor allem Umsiedler aus Bessarabien. Zu ihrer Unterbringung wurden kirchliche Gebäude (z. B. Stifte) beschlagnahmt. Auch Gallneukirchen bekam die Folgen der so entstandenen Raumnot zu spüren, als Druck auf den Verein ausgeübt wurde, Räume für eine TBC-Station zur Verfügung zu stellen. Dass Herbst, dem in derartigen Fragen die Kompetenzen entzogen waren, angeblich dem Landrat gegenüber eine positive Stellungnahme abgegeben hatte, verschärfte das Misstrauen weiter und zeigte auf, wie groß die Gefahren für das Werk durch den Konflikt waren.[62]

---

59 Schreiben Fischer an den Oberkirchenrat vom 4. September 1940. Archiv Diakoniewerk, Nachlass Fischer.

60 *Amtsblatt der Evangelischen Kirche in Österreich* (1940) 17.

61 Schreiben an Fischer vom 1. Juli 1940. Archiv Diakoniewerk, Nachlass Fischer.

62 Vgl. dazu Schreiben Franck an Fischer vom 5. Juli 1940. Archiv Diakoniewerk, Nachlass Fischer.

Zur gleichen Zeit, Anfang Juli, trafen die Meldebögen der Euthanasieaktion in Gallneukirchen ein. Das Schreiben[63] war an den Leiter der Diakonissenanstalt gerichtet. Wer die Bögen ausgefüllt hat, ist mir nicht bekannt.

Inzwischen war es im Zentralverein zu wichtigen Personalentscheidungen gekommen. Nach dem Tod von Pfarrer Meyer am 1. Jänner 1940 hatte Kirchenrat Johann Wetjen provisorisch die Leitung des Vereins übernommen. Im Juli wurde der Kärntner Gauvereinsobmann Pfarrer Erwin Schlachter vom Oberkirchenrat nach Rücksprache mit dem Gauleiter von Wien zum Leiter des Zentralvereins bestellt. Von ihm erwarteten alle Beteiligten eine Lösung der Führungskrise in Gallneukirchen.

IV.4 Der Schiedsspruch

Gemäß den im Zuge der Neuordnung am 2. Dezember 1938 verordneten Satzungen des Gauvereins ist der Leiter des Zentralvereins »Schiedsrichter bei Streitigkeiten« in den Gauvereinen (§ 8). Nachdem der Streit im Gauverein für Oberdonau auch nach einem Jahr kein Ende gefunden hatte, sahen alle Beteiligten nach einer Aussprache in Wien am 3. Oktober 1940[64] die einzige Lösung des Konflikts darin, dass der neu bestellte Leiter des Zentralvereins, Pfarrer Erwin Schlachter, einen Schiedsspruch fällen sollte.

Damit lastete auf Schlachter eine große Verantwortung. In einem Brief an seinen engsten Vertrauten, den Kanzleileiter im Jugendreferat des Oberkirchenrats und Schatzmeister des Kärntner Gauvereins, Eduard Bernhardt,[65] drückte er schon im August 1940 seine Gedanken aus. Schlachters Ziel war es, den gemeinsam mit Bischof Eder beschrittenen Weg weiterzugehen, Rektor Herbst zu halten und das Ausscheiden der dem Nationalsozialismus nahestehenden Funktionäre in Kauf zu nehmen. Allerdings musste jede Provokation der Partei vermieden werden. Deshalb ging Schlachter so weit, den deklarierten Nicht-Nationalsozialisten Bernhardt zu fragen, ob er nicht um der Sache willen der Partei beitreten und das Amt des Schatzmeisters im Zentralverein übernehmen wolle.

Den Schiedsspruch sollte Schlachter allerdings unter Mithilfe des prominentesten Vertreters der deutschen Diakonie, des Leiters der Anstalten in Bethel, Pastor

63 Schreiben Reichsminister des Innern an den Leiter der Diakonissenanstalt (Abschrift) vom 7. Juni 1940. Archiv Diakoniewerk.

64 Schreiben Schlachter an v. Bodelschwingh vom 28. Oktober 1940. Archiv Diakoniewerk, Bestand Schiedsspruch.

65 Brief vom 24. August 1940. Archiv Diakoniewerk, Bestand Schiedsspruch. Eduard Bernhardt (1908–1984), Schatzmeister des Gauvereins Kärnten, seit 1. August 1939 Kanzleileiter im Jugendreferat des Oberkirchenrats, seit 1941 Schatzmeister des ostmärkischen Gauvereins für Innere Mission, seit 1944 auch des Wiener Gauvereins. 1944 Kriegsverdienstkreuz II. Klasse, 1945 Schatzmeister für die gesamte Innere Mission in Österreich. 1946 vorübergehend in amerikanischer Haft, obwohl er nie Mitglied der NSDAP war. 3. September 1946 einvernehmliche Lösung des Dienstverhältnisses mit Gallneukirchen, der Dienst an der Inneren Mission in Wien blieb aufrecht. 1947–1955 spurlos verschwunden (in die Sowjetunion verschleppt).

Friedrich v. Bodelschwingh,[66] fällen. Die Idee dazu kam von Senior Fischer, der mit Bodelschwingh seit einem Praktikumsjahr als Student in Bethel in Kontakt stand und schon am 2. September 1940 in einer Vorstandssitzung den Vorschlag gemacht hatte, Bodelschwingh als Schiedsrichter anzurufen.[67] Durch Fischer war Bodelschwingh über die Vorgänge in Gallneukirchen informiert. Allerdings kam die Bitte um Mithilfe für Bodelschwingh zu einem besonders schwierigen Zeitpunkt. Am 19. September 1940 wurde Bethel bei einem englischen Luftangriff getroffen. Auch im Oktober gab es immer wieder Fliegeralarm. In dieselbe Zeit fielen die für Bodelschwingh »schwierigen und schmerzlichen Verhandlungen«, »bei denen es um die immer weiter fortgehende Ausmerzung des ›lebensunwerten Lebens‹ geht«.[68]

Trotzdem war Bodelschwingh bereit, sich mit dem Gallneukirchner Streit zu befassen. Eine Reise nach Gallneukirchen kam für ihn aber unter den gegebenen Umständen nicht in Frage. Stattdessen reiste Schlachter nach Bethel und beriet mit Bodelschwingh die Situation. Anschließend fuhr Schlachter nach Berlin, wo er die Lage mit dem Leiter des Kaiserswerther Verbandes, Pastor von Lüttichau, besprach.

Am 13. November trat der Führerrat in Linz zu einer Sitzung zusammen. Bei dieser Gelegenheit verkündete Pfarrer Schlachter seine Entscheidung, den Schiedsspruch:[69] Rektor Herbst, Wirtschaftsdirektor Kragler und Gauvereinsobmann Senior Fischer werden von ihren Ämtern abberufen. »Beim Ausscheiden der Herrn soll ihr Übergang auf ein neues Arbeitsfeld bedacht und die Weiterführung der notwendigen Arbeiten in Gallneukirchen sichergestellt werden.«

Schlachters Entscheidung wirkte wie ein »Keulenschlag«.[70] Als einziger der Betroffenen erklärte sich Rektor Herbst bereit, den Schiedsspruch anzuerkennen. Kragler verweigerte zunächst die Anerkennung, Oberin v. Dincklage, Gauvereinsobmann Fischer und sein Stellvertreter in dieser Funktion, Walter Franck, legten Berufung ein. Als Begründung führten sie an, dass Bodelschwingh eine solche Entscheidung nicht mitgetragen haben konnte, zumal es zu keiner persönlichen Begegnung mit Fischer, Kragler und Herbst gekommen war. Auch wurde der Verdacht geäußert, dass Schlachter sich im letzten Augenblick von einer »höheren Macht«, gemeint war der Oberkirchenrat, zur radikalen Lösung umstimmen habe lassen. Offensichtlich hatten alle Vorstandsmitglieder fest damit gerechnet, dass nur Herbst abberufen werden sollte. Vor allem für die Oberin kam eine Abberufung Kraglers nicht in Frage:

66 Friedrich v. Bodelschwingh (1877–1946), geb. in Bethel, wichtigster Repräsentant und Sprecher der deutschen Diakonie, seit 1910 Leiter der v. Bodelschwingh'schen Anstalten in Bethel, 1933 zum Reichsbischof designiert, trat das Amt nicht an; im Juni 1940 verweigert er das Ausfüllen der Meldebögen, setzt sich erfolgreich für die Bewahrung der (nichtjüdischen) Bewohner der Anstalten Bethel ein.

67 Schreiben Fischer an den Oberkirchenrat vom 24. September 1940. Archiv Diakoniewerk, Nachlass Fischer.

68 Schreiben Bodelschwingh an Schlachter vom 21. Oktober 1940. Archiv Diakoniewerk, Bestand Schiedsspruch.

69 Schiedsspruch vom 12. November 1940. Archiv Diakoniewerk, Bestand Schiedsspruch.

70 Schreiben Franck an Schlachter vom 17. November 1940. Archiv Diakoniewerk, Bestand Schiedsspruch.

»Der Abgang Kragler's ist eine Gefährdung der Existenz unserer Anstalten und der Versorgung unserer Schwestern.«[71] In einer weiteren Führerratssitzung unter Anwesenheit von Oberkirchenratspräsident Liptak und Bischof Eder am 22. November[72] erklärten sich Kragler und Fischer zwar zum Rücktritt bereit, worauf Schlachter den vor allem von Kragler als ehrenrührig empfundenen Schiedsspruch zurücknahm, beide blieben aber vorläufig im Verein tätig. Vor allem für die Oberin und den einflussreichen Fabrikanten Walter Franck war mit der Rücktrittserklärung Kraglers und Fischers noch nicht das letzte Wort gesprochen. Schon am 26. November erklärte der Schwesternrat (Oberin, ihre Stellvertreterin und sechs leitende Schwestern) in einem Schreiben an Bischof Eder kategorisch: »Kragler muss wieder in sein Amt eingesetzt werden.«[73]

Damit hatte der Schiedsspruch den Konflikt nicht gelöst, sondern eine neue, noch viel gefährlichere Situation geschaffen. Denn während Herbst sich ins Abseits zurückzog und sich im Wesentlichen auf seelsorgerliche und gottesdienstliche Tätigkeiten beschränkte (er blieb aber bis Herbst 1941 in Gallneukirchen), standen sich nun Kragler, Fischer und die Oberin auf der einen Seite, Schlachter, Bischof Eder und der neu berufene Gauvereinsobmann Superintendent Wilhelm Mensing-Braun auf der anderen Seite, gegenüber.[74] Die Schwesternschaft war gespalten. Damit hatte sich aus dem Konflikt eine Krise entwickelt, die die Innere Mission in der Ostmark in ihrer Existenz bedrohte und selbst der deutschen Diakonie gefährlich wurde. Wie dramatisch die Situation gesehen wurde, lässt sich daraus schließen, dass jetzt, 1941, massiv von außen in den Konflikt eingriffen wurde, auf der einen Seite durch die NSV in der Person ihres Leiters, SS-Oberführer Franz Langoth,[75] und auf der anderen Seite durch

71 Schreiben v. Dincklage an Schlachter vom 16. November 1940. Archiv Diakoniewerk, Bestand Schiedsspruch.

72 Protokoll, Archiv Diakoniewerk.

73 Schwesternrat an Bischof Eder am 26. November 1940. Archiv Diakoniewerk, Bestand Schiedsspruch.

74 Zwischen Fischer und Mensing-Braun war es darüber hinaus Ende 1940 zu einem heftigen Konflikt gekommen, weil Fischer sich bei der Superintendentenwahl um die Nachfolge Bischof Eders von Mensing-Braun und dem Oberkirchenrat hintergangen und diskriminiert fühlte.

75 Franz Langoth (1877–1953), geb. in Linz, Lehrer, 1909–1934 deutschnationaler Abgeordneter zum oberösterreichischen Landtag, 1918–1934 Mitglied der Landesregierung (Sicherheitsreferent, bis 1931 Landeshauptmannstellvertreter), ab 1933 bemüht um Bündnis zwischen Großdeutschen und Nationalsozialisten, ab 1934 Leiter des »Hilfswerks Langoth« für inhaftierte Nationalsozialisten, seit 1938 offiziell Mitglied der NSDAP, 1938–1945 Reichstagsabgeordneter, 1938 SS-Oberführer (ehrenhalber), Leiter der NSV und ständiger Vertreter Hilgenfeldts in der »Arbeitsgemeinschaft der Freien Wohlfahrtspflege«, 1940–1944 Richter beim Volksgerichtshof, 1944–1945 Oberbürgermeister von Linz, 1945–1947 Internierung (Glasenbach), 1950 Amnestierung, 1951 Mitinitiator und Ehrenmitglied des VdU. Obwohl kirchlich uninteressiert, sah Langoth in der evangelischen Kirche eine Verbündete und registrierte für ihn günstige Äußerungen genau. So gibt er in seinem Buch »Kampf um Österreich« [Franz Langoth, Kampf um Österreich. Erinnerungen eines Politikers (Wels 1951)] den Hirtenbrief Superintendent Heinzelmanns anlässlich der Ermordung von Engelbert Dollfuß wieder (S. 176–177), ebenso die Denkschrift von Univ. Prof. Dr. Gustav Entz zur Entnazifizierung (S. 355–362).

die Leiterin der deutschen Diakoniegemeinschaft, Schwester Auguste Mohrmann, und den Leiter des Kaiserswerther Verbandes, Pastor von Lüttichau.

IV.5 Die Lösung der Führungskrise durch das Eingreifen von außen

Durch den Schiedsspruch und seine Folgen wurde das Chaos an der Spitze des Gauvereins für Oberdonau, Salzburg und Tirol nicht behoben. Stattdessen wurde auch der Zentralverein in eine schwere Krise gestürzt, weil nun auch die Autorität und Kompetenz des Leiters, Pfarrer Schlachter, in Frage gestellt wurden. Zur gleichen Zeit geriet die Innere Mission durch Bestrebungen der NSV unter Druck, mithilfe von Statutenänderungen ihren Wirkungsbereich weiter einzuschränken. Und in Gallneukirchen begann die Abholung beeinträchtigter Menschen zur Ermordung in den nahegelegenen Euthanasieanstalten (Hartheim, Niedernhart). Nicht vergessen werden darf auch, dass sich Anfang 1941 die gesamte Evangelische Kirche in Österreich durch den Streit um das Pfarrergesetz, die Ernennung Dr. Eders zum Bischof und die drohende Abspaltung mehrerer deutschchristlicher Gemeinden in einer schweren Krise befand, die sich auch auf den Konflikt in Gallneukirchen auswirkte.[76] Senior Fischer trat zwar nicht offen auf die Seite der opponierenden Gemeinden, sympathisierte aber mit ihnen und geriet damit in weiteren Gegensatz zu Bischof Eder und Superintendent Mensing-Braun, während Rektor Herbst als Schriftleiter im »Gallneukirchner Boten« für Eder Partei ergriff.[77]

Im Februar 1941[78] schien sich eine Lösung der Krise abzuzeichnen. Kragler gab sein Ausscheiden mit 15. März bekannt, zu seinem Nachfolger wurde Diplomkaufmann Eduard Bernhardt bestimmt. Allerdings sollte Kragler Bernhardt in den folgenden drei Monaten unterstützen. Nach dem Abgang Kraglers sah auch Rektor Herbst die Zeit als gekommen an, sich um eine neue Stelle umzusehen. In derselben Sitzung brachte der Vorsitzende, Superintendent Mensing-Braun, auch die Rektorenfrage zur Sprache und schlug eine Zusammenlegung der Funktionen des Rektors mit

Entz nannte ihn dafür 1954 den »allgemein hochgeachtete[n] frühere[n] Oberbürgermeister von Linz [Vgl. dazu Karl Schwarz (Hg.), Gustav Entz. Ein Theologe in den Wirrnissen des 20. Jahrhunderts (Wien 2012) 46]. Als Landespolitiker trat Langoth gelegentlich für die Rechte der Evangelischen gegenüber der dominierenden katholischen Kirche ein, besonders im Schulwesen, und er trat als Vertreter der Landesregierung bei evangelischen Festen auf (z. B. Einweihung des Kriegerdenkmals an der evangelischen Kirche in Linz, 1928). Im Rahmen des »Hilfswerks Langoth« muss es zur Zusammenarbeit mit evangelischen Pfarrern gekommen sein, besonders mit Pfarrer Fleischmann (Steyr) und Senior (später Bischof) Eder (Gosau, als Senior auch zuständig für Salzburg, wo die evangelische Gemeinde in besonderer Weise mit dem Nationalsozialismus verbunden war). Zur Person vgl. Walter Schuster, Deutschnational. Nationalsozialistisch. Entnazifiziert. Franz Langoth. Eine NS-Laufbahn (Linz 1999).

76 Vgl. dazu Karl Schwarz, Ein Kirchenkampf in Österreich?, in: Glaube – Freiheit – Diktatur in Europa und den USA. Festschrift für Gerhard Besier zum 60. Geburtstag, hg. von Katarzyna Stokłosa/Andrea Strübind (Göttingen 2007) 141–158; Leeb, Die Deutschen Christen (wie Anm. 5).

77 Z. B. Bericht über Amtseinführung Eders. Vgl. *Der Gallneukirchner Bote* 11/1940, 3.

78 Protokoll Beirat vom 16. Februar 1941.

der Funktion des Leiters des Zentralvereins vor. Tatsächlich wurde Schlachter Ende März durch Mensing-Braun zum kommissarischen Rektor berufen.

Wieder folgte darauf ein heftiger Protest des Schwesternrates,[79] der für sich in Anspruch nahm, gemäß den Statuten des Kaiserswerther Verbandes bei der Bestellung des Rektors entscheidend mitzureden, und der Schlachter das Misstrauen aussprach. Eine Anerkennung der durch die Neuordnung der Inneren Mission 1938 geschaffenen Situation lehnten die Schwestern ab. Unterstützt wurden sie in ihrer Argumentation von Walter Franck,[80] der sich dabei auf Aussagen von Graf v. Lüttichau vom Juni 1933, also nach der Machtergreifung Hitlers in Deutschland, berief. Diese Position macht deutlich, dass selbst so sehr mit der Sache vertraute Persönlichkeiten wie Franck und die Oberin das wahre Ausmaß der durch das NS-Regime in der Ostmark geschaffenen Fakten und Ziele nicht begreifen wollten.

Um das Werk nicht noch mehr in Gefahr zu bringen, legte Schlachter der Oberin nahe, von ihrem Amt zurückzutreten, ein Ansinnen, das diese empört zurückwies.

Von den Akteuren in Gallneukirchen wenig beachtet, beobachtete der Leiter der »Arbeitsgemeinschaft der Freien Wohlfahrtspflege« und der NSV für die Ostmark, SS-Oberführer Franz Langoth, die Vorgänge genau. Schon im Dezember 1940 hatte Langoth in einem Bericht[81] die Absicht geäußert, Statutenänderungen für die Innere Mission zu veranlassen. Der Konflikt zwischen Schlachter und dem Schwesternrat bot ihm nun die Gelegenheit, seine Macht zu demonstrieren. In einem Schreiben am 31. März 1941[82] ordnete Langoth an, dass die Befugnisse Schlachters als Leiter des Zentralvereins und als kommissarischer Rektor »bis auf weiteres ruhen«. Mit der Leitung des Zentralvereins beauftragte er Walter Franck. Wie Langoth später in einer Aussprache mit Bischof Eder zugab, hätten Gespräche mit Kragler, in denen Schlachter Fehlverhalten vorgeworfen wurde und behauptet wurde, dass wegen Schlachter Schwestern aus dem Dienst ausscheiden würden,[83] diese Entscheidung mitverursacht.[84]

In einer folgenden Aussprache mit Schlachter[85] machte Langoth deutlich, dass es auch unter den Schwestern »solche Revolutionen nicht geben dürfe« und drohte, dass ja die »ganze Arbeit aufgelöst werden könnte. Es sei ihm ein Leichtes, auf Grund dieser inneren Verhältnisse einen Auflösungsantrag zu stellen«. Aber »Langoth will, dass ein Verein für Innere Mission besteht«.

---

79 Schreiben Schwesternrat an SI Mensing-Braun vom 20. Februar 1941. Archiv Diakoniewerk, Bestand Schiedsspruch.

80 Schreiben Franck an Mensing-Braun vom 10. März 1941. Archiv Diakoniewerk, Bestand Schiedsspruch.

81 Bericht Langoth vom 10. Dezember 1940. OÖLA, NSV 75,4.

82 Schreiben Langoth an Schlachter vom 31. März 1941. Archiv Superintendentur OÖ, Diakonie 1939–1943.

83 Protokoll Führerrat vom 18. Juni 1941. Archiv Diakoniewerk.

84 Internes Rundschreiben OKR vom 10. April 1941. Archiv OKR, IM06.

85 Gedächtnisprotokoll über die Aussprache zwischen SS Oberführer Langoth und Pfarrer E. Schlachter in Linz, NSV-Haus, am 8. April 1941. Archiv Diakoniewerk, Bestand Schiedsspruch.

In der Praxis brachte die Abberufung Schlachters wenig Veränderung. Franck hatte mit Langoth vereinbart, dass Schlachter weiter die Geschäfte des Zentralvereins führen sollte. Das Amt des Rektors blieb vakant, bis Anfang Mai Bischof Eder selbst auf Bitten der Leiterin der deutschen Diakoniegemeinschaft, Auguste Mohrmann, das Amt übernahm.[86]

Die kritische Situation, die durch den Widerstand des Schwesternrates einerseits und die Forderung Langoths nach Statutenänderungen andererseits entstanden war, veranlassten nun auch Auguste Mohrmann und den Leiter des Kaiserswerther Verbandes v. Lüttichau, sich persönlich in die Entwicklungen in Gallneukirchen einzuschalten. Bei einem Treffen mit Bischof Eder in Gosau am 5. April[87] vereinbarten sie eine radikale Lösung des Konflikts. Mohrmann erklärte sich bereit, Oberin v. Dincklage abzusetzen und als Nachfolgerin die in Wien tätige Diakonisse Anna Köhnen[88] zu berufen. Schlachter sollte zum Rektor berufen werden. Mit Oberin v. Dincklage vereinbarte Mohrmann eine Neuwahl des Schwesternrates und die Bereitschaft der Oberin, einen längeren Urlaub anzutreten, damit die Stimmung sich beruhigen könne.

Doch die Oberin war noch nicht bereit aufzugeben. Gemeinsam mit Franck brachte sie eine neue Variante ins Spiel: Senior Fischer sollte Rektor werden und Kragler zurückgerufen werden. Diese Variante wurde auch Langoth unterbreitet. Doch die Entscheidung war gefallen: Am 10. Mai traf Mohrmann neuerlich in Gallneukirchen ein und forderte die Oberin im Auftrag von Kaiserswerth und Bischof Eder ultimativ zum Rücktritt auf. Wenige Tage später wiederholte der Bischof diese Aufforderung. So blieb der Oberin nur noch, in einem Rundbrief[89] an die Schwesternschaft ihre Abreise bekannt zu geben und das ihr angetane Unrecht zu beklagen. Dass sie damit noch einmal heftige Reaktionen unter den Schwestern auslöste, ist verständlich. Von Sturz und Hinauswurf der Oberin aus kirchenpolitischen Gründen war da die Rede. Dennoch blieb die Entscheidung aufrecht. Mit 1. Juli 1941 wurde Oberin v. Dincklage pensioniert. Bereits Mitte Mai war Bischof Eder auf ausdrücklichen Wunsch Mohrmanns, v. Lüttichaus und des Führerrates und mit Zustimmung Langoths zum kommissarischen Rektor bestimmt worden. Ihm gelang es in einer intensiven Aussprache mit dem Schwesternrat am 28. Juni, die Weichen für die Zukunft des Werkes zu stellen. Nach heftiger Diskussion erklärte sich der Schwesternrat bereit, Schlachter als provisorischen Rektor zu akzeptieren und Schwester Anna Köhnen als neue Oberin zu begrüßen.[90]

86 Schreiben Bischof Eder an Langoth vom 12. Mai 1941. Archiv OKR IM06.

87 Bischof Eder, Internes Rundschreiben vom 10. April 1941. Archiv OKR IM06.

88 Schwester Anna Köhnen (1889–1983), geb. in Lentholt (Deutschland), 1918 Eintritt ins Diakonissen-Mutterhaus Duisburg, 1931–1933 und ab 1935 Wechsel nach Wien, Leiterin des Diakonissenkrankenhauses und der Schwesternschaft, 1939 Eingliederung der Wiener Schwestern ins Gallneukirchner Mutterhaus, seit 20. Mai 1941 Oberin des Gallneukirchner Mutterhauses, Amtseinführung am 17. Mai 1942, seit 1. Mai 1958 im Ruhestand. Zur Person vgl. Fürstler, Der Glaube (wie Anm. 33) 108–125.

89 Oberin v. Dincklage, Rundbrief an die Schwestern, 20. Mai 1941. Archiv Diakoniewerk, Bestand Schiedsspruch.

90 Bischof Eder, Gedächtnisprotokoll vom 4. August 1941. Archiv OKR IM06.

Damit war nach zwei Jahren die Führungskrise beendet. In den folgenden Monaten gelang es allen Verantwortungsträgern Vertrauen aufzubauen. Im Jänner 1942 wurde Schwester Anna Köhnen vom Kaiserswerther Verband offiziell bestätigt, im März 1942 akzeptierten der Kaiserswerther Verband und die »Arbeitsgemeinschaft der Freien Wohlfahrtspflege« die Berufung Schlachters zum Rektor.[91] Die feierliche Amtseinführung beider erfolgte am 17. Mai 1942. Walter Franck musste auf Wunsch Langoths bis 1. März 1944 Leiter des Zentralvereins bleiben. Dann konnte er das Amt endlich an Schlachter übergeben. Inzwischen hatte sich zwischen beiden, wie überhaupt im ganzen Vorstand und sogar gegenüber Langoth, ein Klima gegenseitigen Vertrauens entwickelt, wodurch es gelang, das Werk sicher und wirtschaftlich erfolgreich durch die Kriegsjahre zu führen.

V. Die Vernichtung »lebensunwerten Lebens«

Im Sommer 1940 erreichte die Aktion zur Vernichtung »lebensunwerten Lebens« die Gallneukirchner Anstalten.[92] Schon 1939 war im Schloss Hartheim die Tötungsanstalt eingerichtet worden. Trotz strengster Geheimhaltung blieb, was dort geschah, nicht gänzlich verborgen, schon gar nicht unter den Verantwortungsträgern eines Werkes der Inneren Mission.

Es gibt leider keine eindeutige Aussage eines Mitglieds der 1940 amtierenden Leitung des Gallneukirchner Werkes zu Fragen der Eugenik. Es ist aber doch davon auszugehen, dass die meisten Mitglieder des Vorstands zwar nicht der Tötung Behinderter, sehr wohl aber den Bestimmungen des Erbgesundheitsgesetzes positiv gegenüber standen, wie das etwa der Grazer Pfarrer Friedrich Ulrich, ein Freund Senior Fischers, in dem Artikel im »Säemann«[93] zum Ausdruck brachte. Auch Rektor Herbst hat in seiner Lehrschrift für die Schwestern[94] hervorgehoben, dass der Nutzen für die Volksgemeinschaft bei der Arbeit der Schwestern im Vordergrund zu stehen hat. Es geht nicht um das Pflegen um des Pflegens willen. Zu den später gegen ihn erhobenen Vorwürfen[95] gehörte auch, dass Herbst offenbar Schwierigkeiten im Umgang mit Schwerstbehinderten hatte.

Jedenfalls wurden die im Juni 1940 in Gallneukirchen eingetroffenen Meldebögen ausgefüllt und am 1. August 1940 an das Reichsinnenministerium zurückgeschickt.[96]

91 Schreiben der Arbeitsgemeinschaft an Superintendentur Oberdonau vom 19. März 1942. Archiv OKR IM06.

92 Aus der Vielzahl an Literatur zu diesem Thema sei verwiesen auf: Götz Aly, Die Belasteten. »Euthanasie« 1939–1945. Eine Gesellschaftsgeschichte (Frankfurt a. M. 2013); Kepplinger/Marckghott/Reese, Tötungsanstalt Hartheim (wie Anm. 1).

93 Vgl. Anm. 48.

94 Herbst, Die Lehre vom Beruf (wie Anm. 51).

95 Schreiben Fischer (wie Anm. 49).

96 Diese Aussage gründet sich auf eine Notiz aus dem Jahr 1941 (Beilage zu einem Schreiben Schlachters an das Reichsinnenministerium, 14. März 1941, Archiv Diakoniewerk). Allerdings

Aber schon im Juli wurde, wie aus den erhaltenen Briefen an Schwester Justine Schubert[97] hervorgeht, eine Frau ohne Meldung an ihre Mutter in die Landesheil- und Pflegeanstalt Linz, Niedernhart, verlegt, von wo kurz danach die Todesmeldung an die Mutter gesandt wurde. Ein weiteres Opfer, Sofie Unterberger, wurde am 17. September 1940 offiziell ins Gaufürsorgeheim Linz-Waldegg, eine andere Bezeichnung für Niedernhart, verlegt. Sie starb nach nur 13 Tagen am 30. September 1940.[98] Bemerkenswert ist, dass als Wohnort auf dem Totenschein »Linzerberg 1, Gallneukirchen«, also das Martinsstift, angegeben wurde, woraus zu schließen ist, dass Frau Unterberger in Linz-Waldegg nie aufgenommen wurde.

Wie erwähnt, trat der Obmann des Zentralvereins, Pfarrer Schlachter, im Oktober 1940 mit Pastor v. Bodelschwingh in Verbindung. Bodelschwingh begründet am 21. Oktober 1940 seinen Mangel an Zeit für die Gallneukirchner Streitereien mit dem Satz: »Sie werden von den schwierigen und schmerzlichen Verhandlungen gehört haben, bei denen es um die immer weiter fortgehende Ausmerzung des ›lebensunwerten Lebens‹ geht.«[99] Schlachter antwortete darauf am 28. Oktober 1940:[100]

> »Ich verstehe völlig, dass Sie unter diesen Umständen für uns keine Zeit haben konnten. Vermutlich müssen Sie in den erwähnten Verhandlungen stellvertretend die Sache ausfechten, die schwer und schmerzlich auf uns allen auch hierzulande liegt. Ich will nicht ablassen zu hoffen, dass der Weg, der schon beschritten wurde, wieder verlassen wird.«

Diese Aussage beweist, dass die Euthanasieaktion unter den Verantwortungsträgern der Inneren Mission bekannt war und wohl auch besprochen wurde. Auch den für die Häuser Verantwortlichen kann die Vorgangsweise der Behörden nicht verborgen geblieben sein. Aber wie beim Führungsstreit galt auch hier: Es wurde darüber nicht geredet.

Am 13. Jänner 1941 wurden 60 Personen mit den berüchtigten Bussen der Gekrat (Gemeinnützige Krankentransportgesellschaft m. b. H.) zur Tötung abgeholt, darunter alle Bewohner des Elise Lehner-Hauses, des Heims für geistig behinderte Kinder und Jugendliche. Die Aktion traf, so Zeugenaussagen,[101] die Schwestern und die Angehörigen völlig unerwartet.

---

deuten erhaltene Mahnschreiben an die Leitung des Friedenshorts (Archiv Diakoniewerk) darauf hin, dass dort die Abgabe der Meldungen bis Oktober verzögert wurde. Insgesamt wurden bis 31. August 1941 211 Meldebögen an die Aktion T4 geschickt. Vgl. Kepplinger, NS-Euthanasie (wie Anm. 1) 56.

97 Neuhauser/Pfaffenwimmer, Hartheim (wie Anm. 2) 11–19.

98 Der Name befindet sich auf der Liste der weiblichen Personen, die vom 1. August 1940 bis 28. Februar 1941 die Anstalt verlassen haben. Beilage 3 zum Schreiben an den Reichsminister des Inneren, Kanzlei (Zl. 77/Schl.), 14. März 1941, Archiv Diakoniewerk. Die Daten finden sich in der Pfleglingskartei, Archiv Diakoniewerk, (nur Abgangsdatum) und in den Totenscheinen der Anstalt Niedernhart (Auskunft Dokumentation Schloss Hartheim vom 30. März 2011).

99 Schreiben Bodelschwingh an Schlachter (wie Anm. 68).

100 Schreiben Schlachter an Bodelschwingh vom 28. Oktober 1940. Archiv Diakoniewerk, Bestand Schiedsspruch.

101 Publiziert erstmals in: Gnadentod 1941. Eine Denkschrift. *Der Gallneukirchner Bote*, Sonderfolge (1981) 58–68.

1961 wurde im Nachlass von Schwester Justine Schubert, der ehemaligen Leiterin des Elise Lehner-Hauses, ein Briefwechsel mit Angehörigen gefunden, der den Schmerz und die Hilflosigkeit von Angehörigen, aber auch die Haltung der Behörden im Umgang mit Angehörigen dokumentiert. Später tauchten weitere Briefwechsel mit Angehörigen auf, vor allem mit Opfern aus dem Männerheim »Friedenshort«. In dem Buch »Hartheim, wohin unbekannt«[102] wurde der Briefwechsel zwischen Schwestern und Angehörigen veröffentlicht. Die Briefe verraten nicht nur, dass die Angehörigen, darunter auch ein höherer steirischer NS-Funktionär,[103] auf eine derartige Aktion nicht vorbereitet waren, sondern auch, dass bei manchen der Verdacht, dass hier brutal gemordet wurde, aufkam. Mehrfach wird auch der Empörung darüber Ausdruck verliehen, dass die Angehörigen von Gallneukirchen über die angebliche Verlegung nach Sonnenstein bei Pirna nicht informiert wurden. Erst eine Postkarte aus Sonnenstein gab darüber Auskunft. Versuche von Angehörigen, nach Sonnenstein zu reisen, wurden von den Behörden abgeblockt.

In kirchlichen Kreisen aber war die NS-Euthanasie sehr wohl bekannt. Das beweist die Nachfrage des evangelischen Pfarrers von Rottenmann, Karl Schiefermair, der die Nachricht vom Tod eines der Opfer zu überbringen hatte. Am 27. Jänner 1941 schrieb Schiefermair an Rektor Herbst:[104] »Kommt das seltsamer Weise öfter vor, dass Pfleglinge abgeholt werden und dass sie dann, wenn sie von Gallneukirchen weg sind, plötzlich versterben und dass sie dann wegen Ansteckungsgefahr sofort verbrannt werden müssen?« Die Antwort des Rektors fiel denkbar knapp aus: »Es tut mir sehr leid, dass wir laut Weisung nicht in der Lage sind, nähere Auskunft zu geben. Eine Benachrichtigung der Eltern war ebenfalls laut Weisung unmöglich.«

Am 31. Jänner wurden weitere vier Personen abgeholt. Doch inzwischen wusste man in Gallneukirchen durch die Todesnachrichten und die Briefe der Angehörigen Bescheid. 19 Personen sollten nach einer im Archiv des Diakoniewerks erhaltenen Liste abgeholt werden. Diesmal waren einige Schwestern offenbar handlungsfähig. 15 Personen haben überlebt, unter ihnen auch jene Frauen, die nach Aussagen von Zeugen[105] von der damals 74-jährigen Schwester Irma Gindelhumer (1867–1962) im Fliednerhof gerettet wurden.

Insgesamt wurden am 13. und 31. Jänner 64 Menschen im Alter von 2 bis 77 Jahren abgeholt. Obwohl sie offiziell in die »Pflege- und Heilanstalt Sonnenstein bei Pirna« in Sachsen verlegt wurden, vermerkten die Schwestern auf den Karteikarten als Zielort der Abgeholten »unbekannt« oder »wohin unbekannt«. Auch der Heimleiter des Friedenshortes, von wo 23 Männer abgeholt wurden, schrieb am 22. Jänner 1941 in einem kurzen Brief an die Angehörigen,[106] dass die Abholung »ohne unsern Willen,

102 Vgl. Anm. 2.

103 Regierungsdirektor Dr. Josef Papesch, Leitung der Hauptstelle Kultur der NSDAP, Gauleitung Steiermark.

104 Ebenda 44–45.

105 Gnadentod (wie Anm. 101) 59.

106 Archiv Diakoniewerk, Bestand Friedenshort.

Ziel unbekannt«, erfolgt sei. Dagegen scheint in der Liste aller »Pfleglinge«,[107] die die Anstalt vom 1. August 1940 bis 28. Februar 1941 »verlassen« haben »und in andere Anstalten verlegt« wurden, bei den 64 Abgeholten vom 13. und 31. Jänner Sonnenstein als Zielort auf.

Am 12. Februar 1941 wurde ein Mann, Heinrich Kaffender, nach Linz-Niedernhart verlegt. Er starb dort laut Totenschein am 29. Oktober 1941.[108]

Am 28. Februar 1941 ging ein weiterer Transport mit zehn Kindern aus Gallneukirchen nach Linz-Waldegg ab. Dieser Transport stand im Zusammenhang mit der Verlegung der Gauhilfsschule, die von der NSV zunächst im ehemaligen Kinderheim Gottesgarten, danach im Ludwig-Schwarz-Haus in Gallneukirchen untergebracht war und am 28. Februar nach Linz-Waldegg verlegt wurde.[109] Die Chronik der heutigen Peter-Petersen Landesschule in Leonding St. Isidor bestätigt, dass am 28. Februar 1941 14 (!) Kinder im Zuge der Verlegung der Gauhilfsschule von Gallneukirchen nach Linz-Waldegg kamen.[110] Zwei Mädchen kehrten im Oktober 1942 mit der Rückverlegung der Gauhilfsschule nach Gallneukirchen zurück und wurden im März 1943 mit der Gauhilfsschule nach Baumgartenberg verlegt.[111] Über das Schicksal der anderen Kinder ist nichts bekannt.

Spätestens nach den Jännerereignissen war den Schwestern und anderen Mitarbeitern des Werkes der Ernst der Lage bewusst. Das beweist die mehrfach publizierte Tagebucheintragung von Schwester Charlotte von Francois.[112] Schwester Paula Schlachter, die im Büro des Mutterhauses arbeitete, schrieb am 14. Februar an Superintendent und Gauvereinsobmann Wilhelm Mensing-Braun von der »Erregung dieses Vormittags (es war der Tag an dem zum zweitenmal Pfleglinge aus unserer Anstalt abgeholt wurden)«.

Oberin Elisabeth v. Dincklage drückte in einem Rundbrief an die Schwestern am 11. März 1941[113] nach ihrer Rückkehr von einer längeren Reise ihre Gefühle so aus:

> »Ihr könnt Euch wohl denken, wie bewegt mein Herz war über die Veränderungen in den Häusern und noch immer denke ich, wenn ich jetzt hingehe, muss es doch wieder sein wie vorher.« Und weiter: »Wir könnten uns ja gewöhnen oder gleichgültig sein gegenüber all den erschütternden Ereignissen unserer Zeit, aber Gott will uns doch wecken und anrufen, damit wir unser Leben ändern.«

Offen bleibt die Frage, wo sich die Vorstandsmitglieder am 13. Jänner 1941 befanden. Nach Erinnerungen der Schwestern waren Rektor und Oberin nicht anwesend. Die

---

107 Archiv Diakoniewerk (wie Anm. 98).

108 Auskunft Dokumentation Schloss Hartheim vom 30. März 2011.

109 Chronik, Archiv Diakoniewerk, 49.

110 URL: http://peter.petersen.eduhi.at/index.php?id=233 [Abfragedatum: 19. 10. 2014] Peter-Petersen Landesschule | Isidor 5 | 4060 Leonding, Homepage, Geschichte.

111 Archiv Diakoniewerk, Pfleglingskartei.

112 Neuhauser/Pfaffenwimmer, Hartheim (wie Anm. 2) 205–209. Vgl. auch Fürstler, Der Glaube (wie Anm. 33) 304–317.

113 Archiv Diakoniewerk, Bestand Schiedsspruch.

Oberin war vermutlich auf einer Reise, der Rektor soll in Weikersdorf gewesen sein.[114] Allerdings wurde die Abholung von Todeskandidaten von den zuständigen Behörden angekündigt, wie auch ein späterer Schriftwechsel zwischen Anstaltsleitung und Behörden zeigt. Tatsächlich war Wirtschaftsdirektor Kragler informiert und auch anwesend. Kragler hat sich, wie aus einer Notiz vom 3. Mai 1941[115] zu schließen ist, absolut regimetreu verhalten. Er hielt fest: »Die Pfleglingsabteilung hatte von mir den Auftrag bekommen, bis zum Spätnachmittag [des 13. Jänner] alle Wertgegenstände und Papiere für die Kommission, die die Abholung besorgte, bereit zu legen.« Diese Notiz verdanken wir einem Versehen: Ein Sparbuch, das einer der abgeholten Frauen gehört hatte, wurde im Kassenschrank übersehen. Im Mai 1941 schimpfte Kragler, der inzwischen als Wirtschaftsdirektor abgelöst war, darüber, dass das Sparbuch immer noch in Gallneukirchen lag: »Man hätte es nur nach Entdeckung nach Niedernhart geben brauchen.« Es war offenbar in Ordnung, dass das Vermögen der Abgeholten (sofern es eines gab) den NS-Behörden zustand.

Auch der Rektor kannte und befolgte die amtlichen Anweisungen. Das zeigen der zitierte Antwortbrief an Pfarrer Schiefermair[116] sowie die knappe Aussage in Briefen an Angehörige, wonach eine Verständigung der Angehörigen »laut Weisung unmöglich« war. Von Rektor Herbst und Wirtschaftsdirektor Kragler ist keine weitere Aussage zu diesem Thema bekannt.

In den Wochen nach dem 31. Jänner bemühten sich vermutlich Schwestern um die Rettung von »Pflegebefohlenen«. Der beste Weg dazu war, den Pfleglingen Arbeitsfähigkeit zu attestieren. Sieben Frauen, deren Meldebögen 1940 abgegeben worden waren, wurden mit 1. März 1941 ins Angestelltenverhältnis übernommen und damit aus der Liste der Gefährdeten gestrichen.[117] Gleichzeitig wurden allerdings auch 13 Meldebögen der im zweiten Halbjahr 1940 eingetretenen Pflegebefohlenen an das Innenministerium übersandt.

Am 9. Mai 1941 folgte der nächste Anschlag auf die Behindertenarbeit: In einem Bescheid der Gesundheitsbehörde des Reichsstatthalters in Oberdonau[118] hieß es:

> »Da die Einrichtung und der Betrieb Ihrer Anstalten in Gallneukirchen bezüglich der Betreuung von Geisteskranken und Gemütskranken derart mangelhaft sind, dass sie den Vorschriften der Verordnung vom 14. 5. 1874 (RGBL Nr. 71) für Privat-Irrenanstalten fast in keiner Weise entsprechen, sehe ich mich veranlaßt, Ihnen die Pflege von Geistes- und Gemütskranken auf Grund des § 19(2) dieser Verordnung zu untersagen. Hinsichtlich Entfernung der in Ihren Anstalten noch befindlichen Kranken werde ich das Nötige veranlassen.«

---

114 Gnadentod (wie Anm. 101) 65.

115 Sachliche Darlegung, Beilage zum Schreiben Franck an Mensing-Braun, 5. Mai 1941 Archiv Superintendentur OÖ.

116 Wie Anm. 104.

117 Beilage 2 zu Schreiben Schlachters an das Reichsinnenministerium vom 14. März 1941. Archiv Diakoniewerk.

118 Schreiben Reichsstatthalter in Oberdonau an Evangelischen Verein für Innere Mission, Gallneukirchen vom 9. Mai 1941. Archiv Superintendentur OÖ.

Der neue Wirtschaftsdirektor Eduard Bernhardt sprach daraufhin beim Leiter der Gesundheitsbehörde, dem berüchtigten Arzt Dr. Johann Hager, vor.[119] Grundsätzlich, so teilte Hager seinem Gesprächspartner mit, sollten in Hinkunft Geistes- und Gemütskranke nur mehr in staatlichen Anstalten untergebracht werden dürfen. Offen gab Hager zu, dass die im Bescheid vom 9. Mai genannten Mängel nur ein Vorwand seien, um dem Werk das Recht auf Betreuung Schwerstbehinderter zu entziehen. Aus dem erhaltenen Gedächtnisprotokoll geht auch hervor, dass von einem drohenden Abtransport nur wenige Fälle betroffen seien, weil die meisten Pfleglinge für arbeitsfähig erklärt wurden. Einen Tag nach diesem Gespräch legte der Vorstand in scharfer Form beim Reichsstatthalter Berufung gegen den Bescheid vom 9. Mai ein.[120]

Doch die Reichsstatthalterei war nicht die einzige Gefahr: Am 10. Juli 1941 forderte die »Arbeitsgemeinschaft der Heil- und Pflegeanstalten«, also die Aktion T4, zehn Krankengeschichten an. Aus der Antwort des Evangelischen Vereins geht hervor, dass drei Personen bereits verstorben und eine Person nach Baumgartenberg verlegt worden waren. Die Krankenakten der übrigen sechs Personen wurden befehlsgemäß nach Berlin geschickt.[121] Dennoch haben alle sechs Personen in Gallneukirchen im Haus Zoar überlebt und sind dort viele Jahre später gestorben. Möglicherweise wurde ihr Leben durch den Stopp der Tötungsaktion auf Befehl Hitlers vom 24. August 1941 gerettet.

Es zeigt sich an diesen Vorgängen, dass die neue Leitung unter Bischof Eder, Pfarrer Schlachter und Direktor Bernhardt entschlossen war, Wege zum Schutz der anvertrauten Menschen zu suchen. Zunutze machten sie sich dabei Rivalitäten innerhalb des NS-Systems zwischen der NSV und ihrem Chef Langoth, der dem Werk grundsätzlich gewogen war, und der Gesundheitsbehörde unter Dr. Hager. So berichtete Bernhardt an den Vorstand am 18. Juni 1941:[122] »Durch eine Absprache mit der NSV sollen in Hinkunft, soweit es der Platz erlaubt, auch wieder sieche und verkrüppelte Kinder in die Pflege unserer Heime aufgenommen werden.« Auf der nächsten Seite heißt es in dem Bericht: »Ein neuer Angriff gegen die Pflegebefohlenen des Martinsstifts konnte zunächst abgeschlagen werden.«

Leider traf das Wort »zunächst« zu: Das Ministerium wies die Berufung gegen den Bescheid vom 9. Mai 1941 am 12. September 1941[123] mit der Begründung zurück,

119 Niederschrift der Unterredung vom 20. Mai 1941. Archiv Diakoniewerk, publiziert in Gnadentod (wie Anm. 101) 50–51. Dass es sich bei dem Verfasser der Niederschrift um Bernhardt handelt, geht aus einer Notiz auf einer Abschrift im Archiv der Superintendentur Oberösterreich hervor. Dr. Johann Hager (1888–1944), Arzt, 1926–1939 oberösterreichischer Landessanitätsinspektor, 1939–Mai 1940 Leiter des Gesundheitsamtes beim Landrat in Linz, danach Leiter der Unterabteilung IIIa (Gesundheitswesen und Leibesübungen) in der Reichsstatthalterei Oberdonau. OÖLA, NS-Biographien, Sch.7.

120 An den Reichsstatthalter in Oberdonau, 21. Mai 1941, publiziert in Gnadentod (wie Anm. 101) 47–49.

121 Schreiben an die Reichsarbeitsgemeinschaft Heil- und Pflegeanstalten vom 19. Juli 1941. Archiv Diakoniewerk.

122 Protokoll Führerrat (Beilage) vom 18. Juni 1941. Archiv Diakoniewerk.

123 Schreiben des Reichsministers des Innern vom 12. September 1941. Archiv Diakoniewerk.

dass die ärztliche Versorgung in der Anstalt mangelhaft sei. Daraufhin erteilte das Gesundheitsamt den Auftrag, »die im Martinsstift untergebrachten Geisteskranken in die Heil- und Fürsorgeanstalt Niedernhart« zu überstellen.[124] Als Frist für die Räumung wurde das Ende des Jahres genannt.

Darauf reagierten Rektor Schlachter und Wirtschaftsdirektor Bernhardt am 6. November mit einem ausführlichen Protestbrief an das Reichministerium des Inneren in Berlin.[125] Neben formalen Argumenten ging der Brief offen auf die Euthanasieaktion und ihre Auswirkungen in der Öffentlichkeit ein:

> »Durch die im Jänner dieses Jahres erfolgte Entfernung von 65 Pfleglingen aus der Abteilung für Geisteskranke unserer Anstalten in die staatliche Anstalt Niedernhart und die Zusendung von Todesanzeigen dieser Weggeführten an ihre Angehörigen kurze Zeit nach der Wegführung ist bei diesen Angehörigen, bei deren Verwandten und Bekannten, und damit bei einem großen Kreis in der Öffentlichkeit, eine starke Beunruhigung entstanden. [...] Es ist nun einmal durch die angeführte Aktion die Meinung entstanden, dass eine solche Überführung der erste Schritt zur Auslöschung nicht mehr lebenswerter Personen bedeutet.«

Bemerkenswert ist die klare Sprache: Da ist von Niedernhart als Ziel der Aktion im Jänner die Rede, nicht von Sonnenstein. Die Tötung unmittelbar nach der Abholung wird als Faktum hingestellt. Am Ende des Briefes vergessen die Autoren nicht darauf hinzuweisen, dass die Reichsleitung der NSV wieder wegen Unterbringung eines Pfleglings angefragt hat. Der Brief schließt mit der »dringendsten« Bitte, dass, sollte den Anregungen nicht entsprochen werden, dem Verein eine neue Konzession zur Aufnahme von Geistesschwachen gegeben werde.

Diesen Brief sandte Schlachter an den Central-Ausschuss für Innere Mission in Berlin mit der Bitte an Pastor Hagen,[126] ihn bei Verhandlungen mit Ministerialrat Dr. Linden[127] zu überreichen.[128]

Trotz dieser Bemühungen konnte der Vorstand die Verlegung eines Teils der Bewohner des Martinsstifts nicht verhindern. Am 23., 29. und 30. Dezember 1941 wurden 14 Personen nach Niedernhart abgeholt. Zwei von ihnen starben noch im Jänner in Niedernhart, bei den übrigen ist ein Todesdatum nicht bekannt. Es muss davon ausgegangen werden, dass sie Opfer der »dezentrale Anstaltseuthanasie«[129] wurden. Sie starben durch absichtlich schlechte Pflege.

---

124 Schreiben des Landrats in Linz, Gesundheitsamt, vom 29. September 1941. Archiv Diakoniewerk.

125 Schreiben an den Reichsminister des Innern, Berlin, vom 6. November 1941. Archiv Diakoniewerk.

126 Willi Ernst Hagen (1885–1952), 1941 kommissarischer geschäftsführender Direktor des Central-Ausschusses für die Innere Mission.

127 Dr. Herbert Linden (1899–1945), geb. in Konstanz, Ministerialrat im Reichsministerium des Innern (Referent für das »Irrenwesen«), seit 1939 maßgeblich an der Planung der Euthanasieaktion beteiligt, 1941 Reichsbeauftragter für die Heil- und Pflegeanstalten, 1945 Selbstmord.

128 Schreiben Schlachter an Hagen vom 10. November 1941. Archiv Diakoniewerk.

129 Dazu ausführlich: Starzengruber, »Zum Heile der Irren«? (wie Anm. 3); Kepplinger/Marckghott/Reese, Tötungsanstalt Hartheim (wie Anm. 1) 58–60.

Dabei gab es Versuche, einzelne Personen zu retten. Es ist ein Brief erhalten,[130] in dem Schlachter oder Bernhardt den Bruder einer betroffenen Frau bat, die Schwester nach Hause zu nehmen oder woanders zu versorgen, um sie vor der drohenden »Überführung« nach Niedernhart zu bewahren. Der Versuch blieb erfolglos. Erfolgreich war dagegen wieder Diakonisse Irma Gindlhumer, die Leiterin des Fliednerhofes. Sie erklärte eine Frau zu ihrem »Privatpflegling«, strich sie aus der Liste der Anstaltspfleglinge und bewahrte sie so vor dem bereits verfügten Abtransport.[131]

Das Schicksal der nach Niedernhart verlegten Menschen war Pfarrer Schlachter und den Schwestern wohl bewusst. In einer Art Nachruf schrieb Schlachter in einem Rundbrief an die Schwestern am 5. Jänner 1942, dass

> »unsere Weihnachtsfeier zugleich ein Abschied von 14 Pfleglingen war, die nach höherer Anordnung in staatliche Anstalten abgegeben werden mussten. Die Pfleglinge wussten ja noch nichts von diesem Scheiden, aber für uns war diese Stunde dadurch überschattet und wir waren doch alle wieder froh, dass diese Kranken noch einmal gerade diese Feier mit uns erleben konnten. Wir hoffen, dass noch einmal ein Strahl von der ganz großen Liebe den Weg durch das Dickicht verworrener menschlicher Gedanken gefunden hat und den Herzen auf dem neuen Weg, den sie nun gehen müssen, ein Licht und ein Trost bleibt. Am schwersten ist der Abschied für unsere Schwester Johanna geworden. Auch aus dieser Stunde mussten wir den Ruf heraushören ›Wirket, so lange es Tag ist, es kommt die Nacht, da niemand wirken kann‹.«[132]

Am 9. Februar 1942 schließlich teilte das Innenministerium[133] mit, dass es keine Entscheidung über die Zulassung der Aufnahme von Geistesschwachen im Heim in Gallneukirchen trifft. Am 17. Februar 1942 wurde eine weitere Person nach Graz-Feldhof abtransportiert. Danach sind keine Verlegungen nachweisbar, die auf beabsichtigte Ermordung schließen lassen. Möglicherweise hat die klare Sprache in dem Schreiben vom 6. November 1941 ihre Wirkung nicht verfehlt.[134]

In den folgenden Jahren gab es immer wieder Auseinandersetzungen mit verschiedenen Behörden, die die Räumlichkeiten in Gallneukirchen für verschiedene Zwecke beanspruchten. Aber Rektor Schlachter bestand darauf, dass das Werk seine Häuser mit »Siechen« (so die neue Sprachregelung) belegen durfte.

1943/1944 musste das Martinsstift auf Grund der Kriegserfordernisse geräumt werden. Zum Zufluchtsort für die Überlebenden wurde das Altenheim Haus Zoar, das damit auch seinem biblischen Namen in beklemmender Weise gerecht wurde:

---

130 Schlachter an Dr. Pildner am 9. Dezember 1941. Archiv Diakoniewerk.

131 Schreiben P. Holter an Oberin und Rektor vom 21. Dezember 1941, publiziert in: Gnadentod (wie Anm. 101) 55, dazu auch Vermerke auf der Karteikarte Erna Holter.

132 Rundbrief an die Schwestern vom 5. Jänner 1942. Archiv Diakoniewerk und Archiv OKR IM06.

133 Schreiben Reichsstatthalter in Oberdonau vom 9. Februar 1942. Archiv Diakoniewerk.

134 Dass eine klare Sprache durchaus Eindruck machte, beweisen prominente Beispiele wie Friedrich v. Bodelschwingh. Vgl. dazu Jochen-Christoph Kaiser, Innere Mission und »Euthanasie«. Die Aktion T4 in den diakonischen Einrichtungen, in: »Euthanasie«. Zum Umgang mit vergehendem menschlichen Leben. Historische Einsichten – ethische Sondierungen, hg. von Hermann Schoenauer (Stuttgart 2013) 23–46, hier 37.

Zoar war in der Bibel die Zufluchtsstätte der Familie Lots während des Untergangs von Sodom und Gomorra.

Von den 39 Pflegebefohlenen, die im September 1941 im Martinsstift waren, lebten 1945 16 in den Gallneukirchner Anstalten,[135] zunächst im Haus Zoar, später im Friedenshort und wieder im Martinsstift, darunter mindestens zehn Personen, die am 31. Jänner 1941 aus den Häusern Zoar und Fliednerhof abgeholt werden sollten, und auch jene sechs Frauen, deren Akten von der »Arbeitsgemeinschaft der Heil- und Pflegeanstalten« im Juli angefordert worden waren. In seinem Brief an Pfarrer Beran (siehe Anhang) gibt Rektor Schlachter die Gesamtzahl der Euthanasieopfer mit 85 an.

VI. Neuordnung und Satzungen

VI.1 Die Problematik der Neuordnung der Inneren Mission

Wie schon beschrieben, war ein erstes Ziel der nationalsozialistischen Behörden, alle die »Volksgemeinschaft« betreffenden Bereiche unter das Diktat der NSDAP zu stellen. Ein Werkzeug dafür bildete das Gesetz über die Überleitung und Eingliederung von Vereinen, Organisationen und Verbänden vom 14. Mai 1938.[136] Für die Innere Mission folgte daraus die bereits dargestellte Neuordnung des Zentralvereins und der ihm untergeordneten vier Gauvereine.

Auf eine solche Entwicklung war der oberösterreichische Verein nicht vorbereitet. Am 31. März 1938 fasste der Vorstand den einstimmigen Beschluss, dass die Selbstständigkeit des oberösterreichischen Vereins »auf keinen Fall angegriffen« werden dürfe.[137] Noch im August 1938 glaubte der Vorstand, diesen Beschluss durchhalten zu können. Deshalb wurde eigens ein Jurist als Vertreter Gallneukirchens zur konstituierenden Sitzung der »Arbeitsgemeinschaft der Freien Wohlfahrtspflege« entsandt, die am 17. August 1938 im Parlament in Wien stattfand.[138] Die Bemühungen blieben erfolglos. Im Herbst 1938 handelte Pfarrer Meyer mit dem Stillhaltekommissar die Neuordnung aus, auch Gallneukirchen musste sich dem Diktat beugen.

Allerdings zeigte sich sehr schnell, dass die neuen Statuten den Gallneukirchner Verhältnissen nicht entsprachen. Das größte Problem war, dass die Stellung des Mutterhauses und seiner Funktionsträger ungeklärt blieb. Als Glied des Kaiserswerther Verbandes galt für das Mutterhaus die Ordnung des Verbandes mit Vorstand, Hausvorstand aus Rektor und Oberin und Schwesternrat (sechs Vertreterinnen der verschiedenen Arbeitsbereiche sowie die Oberin und deren Stellvertreterin). Darüber hinaus erstreckte sich die personelle Zuständigkeit des Hausvorstandes auf alle zum Mutterhaus gehörenden Diakonissen, auch wenn deren Einsatzorte unter fremder Trägerschaft (andere Missionsvereine, Pfarrgemeinden, ab 1939 auch staatliche und

135 Angaben laut Kartei. Archiv Diakoniewerk.
136 Wie Anm. 4.
137 Protokoll, Vorstand, 31. März 1938. Archiv Diakoniewerk.
138 Protokoll Vorstand, 16. August 1938. Archiv Diakoniewerk.

NSV-Einrichtungen) standen. Das Mutterhaus sorgte für die Ausbildung, Fortbildung und Begleitung der Schwestern und für deren Versorgung bei Krankheit und im Alter.

Obwohl sich das Mutterhaus als Teil des oberösterreichischen Vereins für Innere Mission verstand, stand es diesem auch als autonome Größe gegenüber. Die neue Gauvereinsordnung nahm darauf allerdings keine Rücksicht. Das Amt des Rektors war darin nicht genannt. Zwar sahen die Statuten des Zentralvereins vor, dass dessen Leiter den »Bruderpfarrer« und die Oberin zu berufen hatte, aber deren Funktion war ungeklärt. Ebenso ungeklärt war in der Praxis die Zuständigkeit in wirtschaftlichen Fragen und bei Rechtsgeschäften. Denn mit der formalen Klarheit, dass alle diese Zuständigkeiten bei dem vom Zentralvereinsleiter ernannten Gauvereinsleiter lagen, konnte und wollte sich das Mutterhaus nicht abfinden. Dass ab Ende 1939 der wohl bei den Planungen der Neuordnung nicht überlegte Fall eintrat, dass der Rektor nicht gleichzeitig Gauvereinsleiter war, verschärfte Kompetenzstreitigkeiten und führte zu rechtlicher Unsicherheit.

Die großen Mängel der in der Neuordnung der Inneren Mission beschlossenen Satzungen boten den NS-Machthabern reichlich Gelegenheit einzugreifen und nach weiteren Satzungsänderungen und einer radikalen Neuorganisation der Inneren Mission zu rufen. Dabei arbeitete die NSV auf jene Ziele hin, die sie schon von ihren Anfängen 1933 an angestrebt hatte.[139] Am Ende sollte die konfessionelle Wohlfahrtspflege zur Gänze in der NSV aufgehen. Die Mutterhäuser sollten in die kirchliche Organisation eingegliedert werden und nur mehr der Ausbildung und sozialen Versorgung der Schwestern dienen. Als Fernziel sollten auch sie verschwinden, wenn der Bedarf an Pflegepersonal durch staatliche Ausbildungsstellen gesichert sein würde.

Die neu zum Reich gekommenen Gebiete sollten dabei als Vorreiter und Experimentierfeld für Maßnahmen dienen, die dann auch im »Altreich« verwirklicht werden sollten.[140]

VI.2 Franz Langoth und der Protestantismus

Schlüsselfigur in dem Ringen um die Organisation der Inneren Mission und Gegenüber der kirchlichen Verhandler war vom 6. Dezember 1938 bis zum Ende der NS-Herrschaft der Leiter der »Arbeitsgemeinschaft der Freien Wohlfahrtspflege«, SS-Oberführer Franz Langoth.[141]

Langoth war Mitglied der katholischen Kirche, stand aber ganz in der antiklerikalen Tradition der Schönererbewegung. Der evangelischen Kirche stand er distanziert gegenüber, allerdings sah er im Protestantismus einen politischen Verbündeten. Viele seiner politischen Weggefährten waren evangelisch oder waren im Zuge der Los-von-Rom-Bewegung zur evangelischen Kirche übergetreten. In der Ablehnung des politischen Katholizismus traf sich Langoth mit dem deutschnational gesinn-

139 Vorländer, Die NSV (wie Anm. 53) 148.
140 Ebenda 149 f.
141 Vgl. Anm. 75.

ten protestantischen Bürgertum und später mit den Sympathisanten der illegalen NSDAP. Zwischen dem »Hilfswerk Langoth«, das zwischen 1934 und 1938 verhaftete österreichische Nationalsozialisten und deren Angehörige, aber auch Familien der ins Deutsche Reich geflohenen Nationalsozialisten unterstützte, und nationalsozialistisch gesinnten Pfarrern gab es vermutlich enge Verbindungen. Das gilt in besonderer Weise für den Pfarrer von Steyr, Hugo Fleischmann, einen Deutschen Christen, der als Seelsorger im Gefängnis in Garsten inhaftierte Nationalsozialisten betreute und zum evangelischen Glauben »bekehrte«.[142] Auch mit dem Leiter des Evangelischen Zentralvereins der Inneren Mission, Pfarrer Meyer, wird es eine Zusammenarbeit gegeben haben. Jedenfalls hatten sowohl Meyer als auch Langoth schon vor dem »Anschluss« Kontakt zu den Spitzen der NSV.[143] Für die Innere Mission in der Ostmark war diese grundsätzlich positive Einstellung Langoths gegenüber dem Protestantismus wichtig, besonders aber auch die langjährige Bekanntschaft Langoths mit Persönlichkeiten wie Walter Franck oder Bischof Eder. Und so fanden die schwierigen Verhandlungen 1941 zwischen Bischof Eder und Langoth »in alter Freundschaft, Vertrautheit und Offenheit«[144] statt.

Obwohl Langoth verpflichtet war, die Ziele der NSV-Zentrale, des braunen Hauses in Berlin, in der Ostmark umzusetzen, zeigte sich doch, dass er nicht unter Einsatz aller ihm zu Gebote stehender Mittel an die Sache heranging, sondern den kirchlichen Stellen mit einem gewissen Respekt begegnete, sodass letztlich die Bemühungen um eine über die Anfang 1939 erzielte Neuordnung hinausgehende Ordnung der Inneren Mission im Sinne der NSV im Sande verliefen.

VI.3 Die Ausgangslage

Die Entwicklung in Gallneukirchen im Jahr 1940 macht deutlich, wie unbefriedigend die rechtliche Situation des Werkes nach der Neuordnung war. Das Führerprinzip passte zu dem an kollektive Leitung gewöhnten Verein nicht. Auch das »Einvernehmen« zwischen kirchlichen Stellen und Parteistellen funktionierte nicht, wenn es hart auf hart ging. Selbst überzeugte Nationalsozialisten wie der seit Ende 1939 als Gauvereinsobmann wirkende Senior Gerhard Fischer standen im Konfliktfall klar zu den Interessen der Kirche und ihrer Vereine.[145] Deshalb stieß das Diktat der Partei auf hinhaltenden Widerstand. Das wurde bei der Führungskrise ebenso deutlich wie bei

142 Hugo Fleischmann, Begrüßungsschreiben an neue Gemeindeglieder, September 1939. Archiv Evangelisches Pfarramt Linz-Innere Stadt. Darin schreibt er: »Auch die 1934–38 in der Männerstrafanstalt Garsten eingekerkerten Nationalsozialisten (weit über 200 Freiheitskämpfer) haben sich insgesamt unserer evang. Kirche angeschlossen.«

143 Bookhagen, Die evangelische Kinderpflege (wie Anm. 5) 217 f.

144 Eder, Rundschreiben im OKR vom 10. April 1941. Archiv OKR.

145 Beispiele bei Merz, »Im Streite zur Seite ist Gott uns gestanden« (wie Anm. 27). Durchaus glaubwürdig ist Fischers Erklärung vor der Senioratsversammlung am 12. Mai 1941 in Linz (Archiv Evang. Pfarramt Linz-Innere Stadt). »Als seinerzeitiger Gauvereinsleiter für Innere Mission habe ich nicht geschwiegen, sondern in entscheidender Stunde ein klares Wort unter 4 Augen gesprochen. Ebenso ists auch im Altreich von verantwortlicher Stelle geschehen. Nicht

der Euthanasieaktion und auch, als es um die Neuordnung von Arbeitsbereichen, die Nutzung von Gebäuden und dergleichen ging. Dabei nützten die kirchlichen Stellen die oft bestehende Rivalität zwischen verschiedenen NS-Behörden aus.

Obwohl sie in den Statuten gar nicht genannt wurde, diktierte die »Arbeitsgemeinschaft der Freien Wohlfahrtspflege«, was im Bereich der Inneren Mission wie auch der Caritas zu geschehen hatte. Ende 1940 konnte Franz Langoth in seinem Jahresbericht feststellen: »Im allgemeinen muss ich sagen, daß die Verbände willig sich den Anordnungen fügen und in einigen Fällen sogar dankbar sind, daß eine Arbeitsgemeinschaft besteht und sie von dieser geführt werden.«[146] Die Überwachung der Verbände besorgte im Auftrag Langoths der Revisor Kurt Tammoscheit. Seine Aufgabe bestand in monatlicher Kontrolle der Bilanzen und in regelmäßigem persönlichen Besuch der einzelnen Verbände »zur fallweisen Beratung und direkten Einsichtnahme in die Bücher und zur Nachschau in den einzelnen Anstalten«. Die Kosten dafür mussten die Vereine durch eine Verwaltungsgebühr aufbringen (Im Fall der Inneren Mission: RM 2.500.– pro Jahr).[147] Tatsächlich übte Tammoscheit massiven Druck auf die jeweiligen Wirtschaftsdirektoren allein schon durch die Forderung, monatliche Bilanzen aller Einrichtungen zu erstellen, aus. Er griff auch in Personalfragen[148] ein.

VI.4 Verhandlungen über Satzungsänderungen 1940/41

Von Anfang an war die Zentrale der NSV in Berlin mit der von Pfarrer Meyer und Stillhaltekommissar Hoffmann ausgehandelten Neuordnung unzufrieden. Anstoß nahm man zunächst an der in den Satzungen festgeschriebenen Verbindung zwischen dem ostmärkischen Zentralverein und dem Central-Verein der DEK. 1940 erhielt Langoth von Reichsamtsleiter Althaus[149] die Weisung, diese Beziehung aus den Statuten des Zentralvereins zu streichen. Langoth sagte die Änderung zu,[150] durchgeführt wurde sie nicht. Tatsächlich hatte die Bestimmung ohnehin keine Auswirkungen, weil die Berufung des Leiters des Zentralvereins, wie sich zeigte, durch Langoth nach Rücksprache mit dem Oberkirchenrat in Wien erfolgte.

Ein weiterer Punkt, der zur Statutenänderung zwang, war die Änderung des Steueranpassungsgesetzes, das die Besteuerung wohltätiger Einrichtungen regelte und auch dafür sorgte, dass bei Auflösung eines Verbandes die NSDAP zum Erben bestimmt wurde. Ende 1940 setzten Langoth und Tammoscheit auf Weisung aus Berlin in diesem Sinne Statutenänderungen durch, die mit 31. Jänner 1941 in Kraft traten.

---

in Verständnislosigkeit für die Schwierigkeit der Lage, aber aus der Verantwortung vor Gott heraus.«

146 Bericht Langoth vom 10. Dezember 1940. OÖLA NSV 75,4.

147 Ebenda.

148 Z. B. bei der Berufung Bernhardts zum Kassier des Wiener Gauvereins 1943. Vgl. Schreiben Langoth an Franck vom 18. Oktober 1943. Archiv OKR IM06.

149 Hermann Althaus (1899–1966), Pfarrerssohn, Mitarbeiter der NSV, Stellvertreter Hilgenfeldts.

150 Schreiben Langoth (wie Anm. 148).

In den Statuten vom 2. Dezember 1938 hatte es geheißen, dass bei Auflösung eines Gauvereins die Liquidierung durch den Zentralverein nach Anhörung des zuständigen Superintendentialausschusses zu erfolgen hatte

> »in der Art, dass das Gesamtvermögen des Vereines vorerst zur Erhaltung und Fortführung der bestehenden Anstalten des Vereines und weiterhin im Aufgabengebiet des früheren Vereinszweckes verwendet wird, soweit sie nach den Bestimmungen der §§ 17 – 19 des Steueranpassungsgesetzes steuerbegünstigt sind. Eine besondere Obsorge hat er bei der Abdeckung der Vereinsverbindlichkeiten zuerst dem Unterhalt der Schwestern im Mutter- bzw. Feierabendhaus, den Vereinspensionisten und Angestellten-Witwen zuzuwenden und nötigenfalls für deren Sicherstellung Vorkehrungen zu treffen«.[151]

Ab 31. Jänner 1941 hieß es:

> »[F]ür den Fall der Auflösung des Vereins, ob freiwillig oder auf Grund einer behördlichen Verfügung, und ebenso für den Fall der Änderung und des Zweckes des Vereines (§ 2 dieser Satzungen) ist das vorhandene Vereinsvermögen für gemeinnützige und mildtätige Zwecke im Sinne der § 17 und 18 des Steueranpassungsgesetzes zu verwenden.«[152]

Damit war vor allem die soziale Absicherung, bzw. Altersversorgung der Schwestern nicht mehr gewährleistet. In den folgenden Monaten arbeiteten Wirtschaftsdirektor Kragler und sein Nachfolger Bernhardt an der Absicherung der Schwestern. In zähen Verhandlungen gelang es Bernhardt schließlich 1943[153] einen Schwestern-Pensionsfonds als Gläubigervermögen im Grundbuch einzutragen. 1944 machte dieser Fonds mit rund RM 460.000,– mehr als ein Drittel des Gesamtwertes aller Liegenschaften des Vereins (RM 1.231.000,–) aus.[154]

Eine solche Lösung war aber im Frühjahr 1941 noch in weiter Ferne. Das Chaos an der Spitze des Gauvereins und des Zentralvereins und die gleichzeitig gesetzten Aktionen der Gesundheitsbehörden zur Euthanasie lasteten schwer auf den Verantwortungsträgern, besonders auf Bischof Eder, der ja zur gleichen Zeit auch an anderen Fronten zu kämpfen hatte. Die NSV erkannte ihre Chance und drängte Langoth dazu, mit Eder eine Neuordnung der Inneren Mission nach dem Vorbild des Elsass[155] umzusetzen. Als Vorwand wurde wieder eine Anpassung an geltende Steuergesetze genannt, weil nach den geltenden Statuten die Innere Mission für gewinnbringende Bereiche hohe Steuern zu zahlen hätte.

Wegen der Führungskrise und der grundlegenden Bedeutung der Sache für die Kirche kam für Langoth als Verhandlungspartner nur der Bischof in Frage, obwohl

151 Statuten des Evangelischen Gauvereins für die Innere Mission in Oberdonau (wie Anm. 10).

152 Statuten des Evangelischen Gauvereins für die Innere Mission in Oberdonau, Salzburg und Tirol, 31. Jänner 1941. OÖLA NSV 75,5.

153 Protokoll Vorstand, 29. Mai 1943. Archiv Diakoniewerk.

154 Monatsbilanz per 30. September 1944. OÖLA NSV 97,2.

155 Das Elsässer Modell bedeutete, dass die gesamte diakonische Arbeit von der NSV übernommen wurde, während die Mutterhäuser als Ausbildungsstätten und geistliche Heimat der Schwestern der Landeskirche eingegliedert wurden. Dieses Modell wurde auch von Auguste Mohrmann gewürdigt. Vgl. Auguste Mohrmann an Bischof Eder am 17. Mai 1941. Archiv OKR IM06.

eigentlich Franck als Zentralvereinsobmann zuständig war. Das Modell der »Arbeitsgemeinschaft der Freien Wohlfahrtspflege« sah eine Lösung des Mutterhauses aus der Organisation der Inneren Mission und Eingliederung in die Evangelische Kirche in Österreich vor. Die Schwestern sollten damit kirchliche Angestellte werden, die Finanzierung und Altersversorgung sollte durch die Gehaltsrefundierungen für die außerhalb des Mutterhauses arbeitenden Schwestern gesichert werden. Die übrigen Einrichtungen der Inneren Mission sollten in einen neu zu gründenden »Evangelischen Verein für Wohlfahrtspflege« eingebracht werden, der der Aufsicht der »Arbeitsgemeinschaft der Freien Wohlfahrtspflege« unterstellt war.

Anfang Mai 1941 legte Eder diese Pläne seinen engsten Mitarbeitern vor. Am 26. Mai schrieb er an die Spitzenvertreter der deutschen Diakonie, Pastor Frick, Pastor v. Bodelschwingh und Pastor v. Lüttichau, wobei er ausdrücklich festhielt, dass Langoth »uns sehr wohlgesinnt« sei.[156] Mit Mohrmann besprach er die Fragen persönlich. Die Reaktionen waren unterschiedlich: Der Leiter des deutschen Central-Vereins, Pastor Frick, äußerte die Vermutung, dass die »Arbeitsgemeinschaft der Freien Wohlfahrtspflege« den Werken der Inneren Mission zwar den »evangelischen, geistlich-religiösen Charakter« erhalten, sie aber an den »planwirtschaftlichen Zügel« nehmen wolle.[157]

Friedrich v. Bodelschwingh wies darauf hin, dass die Entwicklung in der Ostmark »für den Gang der Dinge im Altreich von erheblicher Bedeutung« seien.[158] Anfang Juni reiste Eder nach Berlin, um Gespräche mit den deutschen Amtsträgern zu führen.

Auguste Mohrmann als oberste Vertreterin der Diakonissen im Reich scheint das Projekt auf Grund ihrer Erfahrungen im Elsass positiv beurteilt zu haben.[159]

Allerdings wusste Eder zu diesem Zeitpunkt längst, dass er mit erbittertem Widerstand aus den eigenen Reihen rechnen musste, einem Widerstand, der Eder wohl zutiefst verunsicherte: Am 9. Mai 1941 schrieb Wirtschaftsdirektor Bernhardt an den Oberkirchenrat einen kurzen Brief: »Nach der letzten Entwicklung der Dinge scheint mir der Gesamtbestand der Inneren Mission in der Ostmark aufs Äußerste gefährdet zu sein. Das besondere Augenmerk müsste dem Weiterbestand eines kirchlichen Diakonissenwerkes geschenkt werden.«[160] Eine Woche später schrieb er an Eder, dass sich die Innere Mission »in Selbstauflösung« befinde.[161]

In einer ausführlichen Stellungnahme zu einem Briefentwurf Eders, die den klaren Blick des Wirtschaftsdirektors beweist, legte Bernhard seine Argumente dar:

156 Gleichlautende Schreiben Bischof Eders an Bodelschwingh, Frick und Lüttichau vom 5. Juni 1941. Archiv OKR IM06.

157 Schreiben Frick an Eder vom 29. Mai 1941. Archiv OKR IM06.

158 Schreiben Bodelschwingh an Eder vom 28. Mai 1941. Archiv OKR IM06.

159 Schreiben Mohrmann (wie Anm. 155).

160 Schreiben Bernhardt an den OKR vom 9. Mai 1941. Archiv OKR IM06.

161 Schreiben Bernhardt an Bischof Eder vom 14. Mai 1941. Archiv OKR IM06.

»1. Darf die Eingabe begründet werden: Um den verwirrten Zuständen in der Inneren Mission ein Ende zu machen …? Muss nicht zum Ausdruck gebracht werden, dass die Innere Mission, bzw. Kirche hier handelt, um den Forderungen der Arbeitsgemeinschaft zu entsprechen, oder, milder ausgedrückt, um die durch die Lage der Dinge geforderte Satzungsänderung durchzuführen? Unsere Eingabe wird auch für die Innere Mission des Altreiches von Bedeutung sein! Man wird der inneren Mission des Altreiches vorhalten: Seht, der Bischof der Evangel. Kirche in der Ostmark hat selbst diese Neuordnung gewünscht.
2. Unsere Lage gegenüber den Anhängern des Kurses des seinerzeitigen Leiters des Zentralvereins Pfr. E. G. Meyer, ist misslich. Man wird nun vorbringen: Pfr. Meyer hat der Inneren Mission noch so viel erhalten. Wir geben nun neue Werte preis und willigen ein, oder ermöglichen, dass die Arbeit der Inneren Mission in Krankenpflege, Altersversorgung durch den neuen Verein mit dem Namen ›Evangel. Verein für Wohlfahrtspflege‹ in eine Bahn gerät, die folgerichtig zur schliesslichen Ausscheidung auch noch des ›Evangelischen‹ führen wird.
3. Dürfen wir unter dem Druck der Arbeitsgemeinschaft, die sagt: ›wir könnten uns das was wir wollen, ja nehmen unter den jetzigen Umständen‹, über haupt verhandeln und uns zu einer Eingabe, die den Wünschen der NSV entspricht, nötigen lassen? Es entsteht so aufs Neue die Lage, dass die NSV ihre Forderungen durchdrückt und dabei noch die Deckung hat vor der Öffentlichkeit, dass sie sagen kann, sie hätte ja nur unsere Wünsche erfüllt. Dieses Argument wird besonders in der Haltung der NSV gegenüber der Inneren Mission des Altreiches ausschlaggebend sein.
4. Bei der Übernahme des Mutterhauses durch die Kirche auf der Basis der Erhaltung durch die monatlich eingehenden Stationsgelder der Schwestern ist zu bedenken: Da Oberführer Langoth selst [sic!] zugegeben hat, dass die konfessionellen Krankenhäuser verschwinden werden, kann bald der Zeitpunkt kommen, dass die Diakonissen aus den Krankenhäusern herausmüssen. Es fallen dann mit einmal viele Stationsgelder aus. Diese Möglichkeit müsste in Rechnung gezogen werden.
5. […]
6. Sind nicht Langoths Drohungen mit dem, was bezüglich der Inneren Mission des Reiches bevorsteht, nur Drohungen, um hier etwas durchzudrücken, was dann wieder gegen die Innere Mission des Altreiches ausgenützt werden kann? Sollen wir hier nur gefügig gemacht werden, um dann Mittel zum Zweck zu sein? Sollen wir nicht von da her gesehen, uns von jeder Verhandlung zurückziehen. Durch geführt [sic!] wird dann allein die Satzungsänderung, die um der Steuer willen nötig ist; im Übrigen bleiben die jetzigen Satzungen der Inneren Mission in Geltung.
7. […]
8. Werden die Verhandlungen, die zu einer Einigung über die Satzungsänderung führen sollen, in absehbarer Zeit zu einem Ende führen können. Normaler

> Weise muss dabei um jeden Fußbreit Boden der Inneren Mission gerungen werden. Es sind Widerstände aus dem Gauverein Wien (Tammoscheit) zu erwarten, es sind neue Schwankungen der NSV zu erwarten.«[162]

Auch der kommissarische Leiter des Zentralvereins, Walter Franck, mahnte zur Vorsicht.[163] Sein Vorschlag war, einzelne ertragreiche Häuser, vor allem die Helenenburg in Badgastein, beim Mutterhaus zu belassen, um damit die Altersversorgung der Schwestern zu sichern. Franck verwies dabei auf ein entscheidendes Problem, die hohen Steuern, die bei solchen Transaktionen fällig wären, und die weder von der Kirche, noch vom Verein bezahlt werden könnten. Mit diesem Hintergrundwissen musste Eder in die weiteren Gespräche mit Langoth gehen. Geschwächt war seine Position durch die von Langoth weiterhin verweigerte Berufung Schlachters zum Rektor und Zentralvereinsleiter, wodurch sich der Abschluss der Führungskrise verzögerte. Immer wieder drängte Langoth im Sommer und Herbst 1941 auf eine Lösung in seinem Sinn. Doch Eder und Schlachter, die dahinter Druck Tammoscheits und des Braunen Hauses[164] vermuteten, zögerten Entscheidungen hinaus. Bernhardt arbeitete intensiv an Alternativen.

Es zeigte sich aber auch, dass Langoth von der Möglichkeit nicht Gebrauch machen wollte, eine gewaltsame Lösung in seinem Sinn zu erzwingen. Der erfahrene »Netzwerker« blieb dem Stil treu, mit dem er dreißig Jahre lang mit beachtlichen Ergebnissen in Oberösterreich Politik gemacht hatte. Davon konnte ihn auch der vermutete Druck aus der NSV-Zentrale nicht abhalten.

Obwohl Eder und Langoth im Lauf der Verhandlungen immer wieder ihre grundsätzliche Einigung betonten, brachte die kirchliche Seite immer neue Probleme vor, die einen von beiden Seiten akzeptierten Abschluss der Verhandlungen verhinderten. War es zunächst das Problem der Vermögenssteuern, so spießte es sich dann bei der Einweisung des Schwesternfonds in die Kirche, weil der Fonds aus Erträgen der Häuser gespeist wurde, die künftig dem eigenständigen Verein gehören sollten. Das nächste Problem, über das in den Verhandlungen offenbar »unklar« geredet wurde, war die von der »Arbeitsgemeinschaft der Freien Wohlfahrtspflege« geforderte Einweisung von Stadtmission, Volksmission und Evangelisation in den Aufgabenbereich der Kirche. Allerdings bestand Bischof Eder darauf, dass damit auch die Häuser und Vermögenswerte, etwa Häuser des CVJM, die 1938 auf Weisung des Stillhaltekommissars der Inneren Mission eingewiesen worden waren, an die Kirche gehen sollten, was aber wegen der dann fälligen Vermögenssteuer unfinanzierbar schien. Auf diese Arbeit (und das sie sichernde Vermögen) könne die Kirche aber nach Überzeugung des Bischofs nicht verzichten. Ein weiterer Konfliktpunkt war die Schließung der Kirche im Waisenhaus Weikersdorf durch die NSV, die kirchlicherseits abgelehnt wurde.[165]

---

162 Bernhardt, Gedanken und Bedenken (wie Anm. 25).
163 Walter Franck, Stellungnahme vom 12. Mai 1941. Archiv Diakoniewerk.
164 Schreiben Schlachter an Bischof Eder vom 13. November 1941. Archiv OKR IM06.
165 Briefwechsel Eder – Langoth, besonders Eder an Langoth, 19. Dezember 1941. OÖLA, NSV, 75,4.

Damit blieb die Neuordnung der Inneren Mission offen. Im Herbst 1942 wiederholte sich die Diskussion. Wieder forderte Langoth Statutenänderungen auf Grund des Steueranpassungsgesetzes von 1941, wonach nun entweder hohe Steuern auf gewinnbringende Betriebe (Krankenhäuser, Helenenburg) zu zahlen oder die NSV als Erbe bei Vereinsauflösung einzusetzen sei. Obwohl sich Bischof Eder in einer Sitzung am 8. Dezember 1942 dafür aussprach, lieber die Steuern zu zahlen, als die NSV als Erbe einzusetzen,[166] mussten sich die Vereine der Inneren Mission dem Diktat beugen. Am 11. Dezember 1942 verordnete Langoth, dass die Statutenänderung bis Anfang 1943 zu erfolgen habe.[167] Zentralvereinsobmann Franck sah darin kein Problem, weil ja nach der allfälligen Auflösung der Vereine der Inneren Mission »sowieso die NS-Volkswohlfahrt sich als Universalerbe melden«[168] werde.

Die Neuordnung der Inneren Mission aber blieb liegen. Langoth dürfte erkannt haben, wohin die Absichten der Berliner Führung gingen und tat nichts, was der Kirche weiter Schaden zufügte. Möglicherweise verfehlten auch gezielte Äußerungen hoher Vertreter der Kirche in der kirchlichen Öffentlichkeit ihre Wirkung auf Langoth nicht. So sprach der Wiener Superintendent Johannes Heinzelmann vor der Superintendentialversammlung am 27. Oktober 1942 das Thema an:

> »Möge das Bestreben des Oberkirchenrates, die Arbeit der Inneren Mission noch enger, als es bisher der Fall war, mit der Kirche zu verbinden, ihr womöglich einzuverleiben oder doch wenigstens anzugliedern, von vollem Erfolge begleitet sein. Die Verluste an Gebäuden und Anstalten, die sie bisher hat hinnehmen müssen, sind schmerzlich genug; sie wird es schwer haben, was sie jetzt noch besitzt, behüten und bewahren zu können.«[169]

Auch Bischof Eder sprach in dem Amtsbrüderlichen Rundschreiben Nr. 39 am 1. Mai 1943 die Verhandlungen an. In seinem darin enthaltenen Vorschlag einer amtsbrüderlichen Fürbitte stellte er die Innere Mission an die erste Stelle. Am Schluss der Bitte heißt es, dass Gott »die Verhandlungen des Oberkirchenrates wegen der Neuordnung der Inneren Mission ihr und der Kirche zum Segen leite«.[170]

Trotz des für sie unbefriedigenden Verlaufs der Verhandlungen gab es seitens der »Arbeitsgemeinschaft der Freien Wohlfahrtspflege« versöhnliche Signale. Anfang Oktober 1943 wurde Direktor Bernhardt auch zum Schatzmeister des Gauvereins für Wien und Niederdonau berufen. Sogar Revisor Tammoscheit war für diese Besetzung,[171] die die Position der Inneren Mission stärkte. Direktor Bernhardt erreichte beim Revisor Tammoscheit sogar, dass er für die Missionsarbeit Mittel aus

166 Gedächtnisprotokoll Eder vom 8. Dezember 1942. Archiv OKR IM06.

167 Arbeitsgemeinschaft an Eder am 11. Dezember 1942. Archiv OKR IM06, Abschrift: Archiv Superintendentur OÖ, Diakonie 1939–1943.

168 Schreiben Franck an Bischof Eder vom 17. Dezember 1942. Archiv Superintendentur OÖ, Diakonie 1939–1943.

169 Zit. nach: Gustav Reingrabner/Karl Schwarz, Quellentexte zur österreichischen evangelischen Kirchengeschichte zwischen 1918 und 1945. *JGPrÖ* 104/105 (1988/1989) 457.

170 Ebenda 609.

171 Schreiben Franck an Gauvereinsobmann Pfarrer Rieger vom 13. Oktober 1943. Archiv OKR IM06.

dem Verein abschreiben konnte,[172] ein Vorgang, der zwei Jahre zuvor undenkbar gewesen wäre.

Nach alldem löste die Berufung Langoths zum Oberbürgermeister von Linz im Dezember 1943 in Kirche und Innerer Mission größte Sorge aus. Franck begab sich sofort zu Langoth und konnte nach dem Gespräch beruhigen.[173] Langoth erklärte ihm, dass er Leiter der »Arbeitsgemeinschaft« bleiben werde und versprach, dass er keine Zustimmung geben werde, dass sein Nachfolger in der NSV in den Verein »gaumäßig« eingreifen könnte. Franck und Langoth kamen überein, den »Schwebezustand« zu erhalten.

Anfang 1944 kam Langoth im Gespräch mit Bernhardt noch einmal auf die Neuordnung zu sprechen. Bernhardt erklärte ihm, dass von der Inneren Mission »Stillstand« bei den Verhandlungen gewünscht sei, was Langoth akzeptierte.[174] Mit 1. März 1944 nahm Langoth die Verfügung von 1941 gegen Schlachter zurück und setzte ihn wieder als Obmann des Zentralvereins ein.[175] Damit waren die Versuche der NSV, sich die Innere Mission einzuverleiben, beendet.

VII. Überblick über die Situation des Werkes 1939–1945[176]

1937 gehörten zum Gallneukirchner Mutterhaus 244 Schwestern, darunter 160 eingesegnete Diakonissen.[177] In einem undatierten Überblick aus 1938 oder 1939[178] werden 227 aktive und 16 arbeitsunfähige Diakonissen genannt. In den folgenden Jahren schwankte die Zahl der Schwestern stark. Leider liegt mir keine genaue Statistik vor. 1939 wurde das Diakonissen-Mutterhaus Wien im Zuge der Neuordnung in das Mutterhaus Gallneukirchen eingegliedert. Seit 1939 war die Schwesternschaft Mitglied der deutschen Diakoniegemeinschaft im Fachausschuss für Schwesternwesen. Damit verbunden war die Verpflichtung, dass ausgebildete Krankenschwestern unter den Diakonissen, wenn sie nicht in den eigenen Häusern des Vereins eingesetzt wurden, in den Dienst der NSV treten mussten. Auch diese Schwestern blieben aber im Mutterhaus verankert. Nach 1945 kehrte nur eine einzige Schwester nicht in ein kirchliches oder diakonisches Dienstverhältnis zurück.[179]

Bemerkenswert ist, dass es nur einzelne Austritte[180] aus der Schwesternschaft gab. Andererseits konnte am 14. Mai 1944 die Einsegnung von 13 Diakonissen gefeiert

172 Schreiben Schlachter an Bischof Eder vom 11. Dezember 1943. Archiv OKR IM06.
173 Bericht an den Vorstand vom 4. Dezember 1943. Archiv OKR IM06.
174 Protokoll Vorstand vom 12. Februar 1944. Archiv Diakoniewerk.
175 Protokoll Vorstand vom 22. März 1944. Archiv Diakoniewerk.
176 Die folgenden Angaben stammen, wenn nicht anders angegeben, aus der im Archiv des Diakoniewerks erhaltenen Chronik und einem Überblick über die Ereignisse 1940 bis 1947.
177 Chronik Diakoniewerk, zit. nach Fürstler, Der Glaube (wie Anm. 33) 86.
178 OÖLA, NSV 75,4.
179 Schwester Anna Stiegler. Vgl. dazu: Reiner, Das Amt der Gemeindeschwester (wie Anm. 17) 65.
180 Zum Beispiel Schwester Lina Miehl, die aber im Gespräch mit Bischof Eder erklärte, dass sie der diakonischen Arbeit treu bleiben wollte. Archiv OKR IM06.

werden.[181] Gegen Ende des Krieges fanden Diakonissen aus Pressburg, Kreuzburg/Oberschlesien und Kronstadt Aufnahme in Gallneukirchen. Sie übernahmen Aufgaben im Mühlviertel (Altersheim Altenhof bei Neufelden durch Kreuzburger Schwestern, Krankenhaus Freistadt durch Pressburger Schwestern).

Durch die Eingriffe der NSV und anderer nationalsozialistischer Behörden sowie durch die Auswirkungen des Krieges gab es in den Arbeitsbereichen und den zum Werk gehörenden Gebäuden gravierende Veränderungen. Im Frühjahr 1939 musste die Arbeit im Säuglingsheim Mühle in Gallneukirchen sowie im Waisenhaus Weikersdorf an die NSV übergeben werden. Im ebenfalls geschlossenen Kinderheim Gottesgarten und ab August 1940 bis Februar 1941 im Ludwig-Schwarzhaus wurde die Gauhilfsschule untergebracht. Die Liegenschaften und das Inventar der Häuser blieben im Eigentum des Gauvereins für Innere Mission und wurden unentgeltlich an die NSV verliehen.[182] Aus Mangel an eigenem Personal musste die NSV bis April 1941 in Weikersdorf Diakonissen weiterbeschäftigen. Die Kapelle im Haus Weikersdorf blieb weiter Gottesdienststätte für die evangelische Gemeinde.

Durch die Euthanasieaktion im Jänner 1941 wurde das EliseLehner-Haus, bis dahin Heim für »geistesschwache Kinder«, geleert. Es wurde in der Folge als Wohnhaus vermietet. Ein Teil der Bewohner des Männerheims Friedenshort fiel ebenfalls der Euthanasie zum Opfer. Die Überlebenden kamen ins Martinsstift. Der Friedenshort wurde bis Jänner 1944 von der NSV genutzt (TBC-Station, Gauhilfsschule), danach von der Inneren Mission als Unterkunft für »Sieche« und Flüchtlinge.

Im Martinsstift, dessen Schließung von den NS-Behörden bereits im Mai 1941 gefordert worden war, wurde die »geschlossene Abteilung für Geistesschwache« Ende 1941 behördlich geschlossen. Schwerstbehinderte Menschen wurden »in andere Anstalten verlegt«, arbeitsfähige übersiedelten in andere Häuser des Werkes (Zoar, Fliednerhof ...). Danach wurde das Martinsstift von der NSV genutzt (Gauhilfsschule, vorübergehend TBC-Station). Im Jänner 1945 wurde die Gauhilfsschule aufgelöst und ein Fürsorgeheim für Frauen eingerichtet.

Immer wieder sah sich die Leitung des Werkes mit weiteren Begehrlichkeiten, sei es der Ortsgemeinde,[183] des Militärkommandos[184] oder anderer Stellen konfrontiert. Es gelang aber, den Bestand an Häusern zu erhalten. Bereits 1943 nahm das Mutterhaus Bombengeschädigte aus Deutschland auf und brachte sie im Feierabendhaus unter.

Ab Ende 1944 wurde Gallneukirchen Ziel oder vorübergehender Aufenthaltsort für Flüchtlinge aus Südosteuropa (Rumänien, Ungarn, Kroatien, Slowakei ...).

Einen Schock löste am 12. Februar 1945 der Brand der Helenenburg in Badgastein aus. Das Gebäude, das zu diesem Zeitpunkt als Lazarett diente, wurde völlig zerstört.

---

181 Protokoll Vorstand vom 22. März 1944 und 28. Juli 1944. Archiv Diakoniewerk.

182 Die Verleihung wurde »vollzogen in vollkommen freundschaftlicher Form«. Vgl. Protokoll Beirat vom 1. Mai 1939. Archiv Diakoniewerk.

183 Beispiel Ludwig-Schwarzhaus: Protokoll Vorstand vom 28. März 1942. Archiv Diakoniewerk.

184 Beispiel Fliednerhof: Protokoll Vorstand vom 29. Mai 1943. Archiv Diakoniewerk.

Wegen des Bombenkrieges wurde das Diakonissenkrankenhaus Linz im Februar 1945 evakuiert und im Mutterhaus Bethanien untergebracht. In Linz-Steg wurde ein weiteres Krankenhaus eingerichtet, das ebenfalls von Diakonissen geleitet wurde. Im April 1945 wurde auch das Krankenhaus in Freistadt übernommen. Nach Kriegsende betreute das Werk auch Kriegsgefangene und befreite KZ-Häftlinge. Trotz der großen Herausforderungen, nicht zuletzt durch die Zonengrenze (Gallneukirchen lag nach Abzug der Amerikaner am 30. Juli 1945 in der russischen Zone), gelang es, das Werk in seinem Bestand zu bewahren und auszubauen.

Anhang

Auszug aus einem Brief (25. Mai 1946) von Rektor Schlachter an Pfarrer Beran in Göteborg in Zusammenhang mit der Schwedenhilfe 1946 (Archiv Diakoniewerk):

»[…] Der politische Umschwung von 1938 brachte wie für die gesamte Innere Mission in Oesterreich so auch für Gallneukirchen durch die Masslosigkeit und Ueberheblichkeit der neuen politischen Machthaber den Verlust aller Arbeit an Kindern. Weikersdorf und das Säuglingsheim Mühle mussten an die NSV, der Gottesgarten an die staatliche Fürsorge übergeben werden. Es blieben uns die Krankenhäuser, die Alten und die Siechenheime, hier also Zoar, der Friedenshort, das Martinstift, die Waldheimat. Die Haushaltungsschule allerdings musste aufgegeben werden. 1941 im Frühjahr wurden aus dem Eliselehnerhaus, wo die schwachsinnigen Kinder noch geblieben waren, aus dem Friedenshort und aus dem Martinstift 85 Pfleglinge weggeholt, zum Teil mit Ueberfallswagen und unter Androhung von Gewalt gegen die Anstaltsleitung. Diese Pfleglinge sind bald darauf gestorben – keines natürlichen Todes. Für das Martinstift wurde unter Vorwand fadenscheiniger Gründe die Konzession zur Führung der schwachsinnigen Abteilung entzogen, so dass wir die ganze Abteilung dort oben räumen mussten. Um ähnlichen Eingriffen vorzubeugen, haben wir allen Pfleglingen, bei denen dies halbwegs möglich war, ein Arbeitsbuch ausstellen lassen und sie als Angestellte geführt. Gleichfalls 1941 verpflichtete uns die Gaugesundheitsführung im Friedenshort ein Fürsorgeheim für unheilbare Tuberkulose einzurichten. Wir taten dies unter ziemlichen Kostenaufwand. An sich war dies eine schöne Aufgabe, die dem Dienst der Inneren Mission durchaus entsprach. Schwierig bei der Sache war aber, dass wir zwar die rein pflegerische Arbeit tun mussten, aber auf die Aufnahme der Kranken gar keinen Einfluss nehmen konnten. Auch die geistliche Betreuung des Hauses war bis zu einem Mindestmass unterbunden und wegen den dort gehaltenen Andachten hatten wir verschiedentlich Anstände. Dieselbe Linie, die in der gesamten Gesundheitsverwaltung zu beobachten war, Verdrängung der geistlichen, christlichen Betreuung und Seelsorge, war auch hier bei uns festzustellen, und das im eigenen Hause! Die gesamte Innere Mission und mit ihr auch Gallneukirchen, war ja überhaupt 1938 unter die Kontrolle und Beaufsichtigung der Partei gestellt worden. Sie wurde, natürlich durch Befehl, in eine Arbeitsgemeinschaft der freien Wohlfahrtspflege eingegliedert, in der die NSV das erste Wort zu sagen hatte. Ein Finanzrevisor der NSDAP beaufsichtigte unsere Wirtschaft. Jeden Monat mussten Bilanzen über jedes Haus und jeden Landesverein der I.M. eingesandt werden. Der Sinn und Zweck dieser Kontrolle war, zu verhindern, dass Gelder der Inneren Mission weiterhin der Kirchlichen Arbeit zuflössen. Sie sollten nur mehr der sogenannten wohlfahrtspflegerischen Arbeit dienen. Das Endziel war auch hier deutlich zu erkennen: Säkularisierung. Als mich unser heimgegangener Bischof Dr. Eder 1940 zur Leitung des Zentralvereins für Innere Mission in Oesterreich berief, gab er mir als Aufgabe mit auf den Weg, diesen Kräften, die von aussen her immer wieder in unser Werk hineinwirken wollten, entgegen zu arbeiten. Dieser Auftrag musste zu Reibungen und Zusammenstössen mit den Partei und staatlichen Stellen führen, die denn auch nicht ausgeblieben sind. Auch hier in Gallneukirchen, in das ich 1941 als Rektor berufen wurde, mussten wir uns gegen die immer wieder erhobenen Forderungen nach Abgabe von Raum aus unseren Anstalten wehren. Auch dabei ging es manchmal hart auf hart, und auch eine Bestrafung mit Arrest oder Geld blieb nicht aus. 1943, als die Kriegssituation in Linz mehr Lazarette erforderte, wurde uns die Aufnahme der Gauhilfsschule aufdiktiert. Auch dies war an sich eine schöne und unserem Dienst entsprechende Aufgabe. Aber die Art, wie man dies forderte und durchführte, brachte Schwierigkeiten über Schwierigkeiten mit sich. 1944 im Herbst setzte der Flüchtlingsstrom aus dem Osten ein und brachte Hunderte von Heimatlosen in unsere Häuser. Wir nahmen evangelische Volksdeutsche aus Südungarn und aus der Slovakei auch. Auch ein großer Teil des Diakonissenmutterhauses in Pressburg suchte hier Zuflucht. Der Flüchtlingsstrom schwoll im Frühjahr mehr und mehr an. Was waren das für erschütternde Züge, die hier ankamen und dann wieder weiter wanderten. Un[d] zu dem allen die immer näherkommenden Front aus dem Osten, die auch uns nötigte ernsthaft Vorbereitungen zu einer vielleicht noch nötigen Flucht oder für eine uns auferlegte Evakuierung zu treffen. Jeder heim Insasse hatte schon sein Säckchen mit einer eisernen Ration an Lebensmittel und ein Bündel mit den nötigsten Kleidern bereit und die Massnahmen für den Ernstfall waren besprochen. […]«

Die Situation der Heimatvertriebenen in Österreich nach 1945

Von Barbara Gugl

Im Rahmen meiner Diplomarbeit[1] habe ich mich intensiv mit der Lage der Evangelischen Kirche in Oberösterreich unmittelbar nach 1945 auseinandergesetzt. Diese war von einem großen Zuwachs an Mitgliedern und Pfarrern geprägt. Sie kamen aus verschiedenen Teilen Südosteuropas und erreichten Österreich als Evakuierte, Heimatvertriebene und Flüchtlinge. Oberösterreich war als Bundesland besonders stark von den Flüchtlingsströmen 1944/1945 betroffen und die Kirche in Oberösterreich wurde maßgeblich von den Heimatvertriebenen mitgeprägt. Im folgenden Artikel werden die Ergebnisse der Diplomarbeit zusammengefasst und es wird aufgezeigt, inwieweit die evangelischen Flüchtlinge ihre kirchliche Identität in die Evangelische Kirche in Österreich miteinbrachten und wo es in diesem Bereich zu Spannungen zwischen Einheimischen und Heimatvertriebenen kam.

I. Die Lage der Evangelischen Kirche in Oberösterreich vor dem Zweiten Weltkrieg

Betrachten wir die evangelischen Gemeinden in Oberösterreich vor dem Zweiten Weltkrieg, so lassen sich viele unterschiedlich geprägte Gemeinden in dem von einer starken Reformation und einer ebenso starken Gegenreformation beeinflussten Land feststellen. Zuerst sind die Toleranzgemeinden zu nennen, die sich »um drei Brennpunkte«[2] befanden: Das Gebiet südwestlich von Linz (Wallern, Eferding, Scharten, Thening, Wels, Neukematen), das Gebiet um Rutzenmoos mit Traunsee sowie dem Attergau und schließlich das Salzkammergut (Goisern, Gosau). Diese Gemeinden entstanden unter anderem in Gebieten, von denen uns Ausweisungen unter Karl VI. und Maria Theresia bekannt sind.[3] Dies ist insofern auch für das im Aufsatz behandelte Thema interessant, als die Transmigrierten auch in Ungarn und Siebenbürgen eine neue Heimat fanden – gerade also in jenen Gebieten, aus denen

1 Barbara Gugl, Die Integration der Heimatvertrieben in die Evangelische Kirche in Oberösterreich nach 1945 und ihre Auswirkungen (Dipl. Arb. Wien 2014).

2 Karl Eichmeyer, Die Evangelische Kirche in Oberösterreich, in: Evangelisches Museum Oberösterreich Rutzenmoos, hg. vom Verein »Evangelisches Museum Oberösterreich« (Linz o. J.) 101–105, hier 103.

3 Vgl. dazu Andreas Hochmeir, Geheimprotestantismus im Land ob der Enns, in: Geheimprotestantismus und evangelische Kirchen in der Habsburgermonarchie und im Erzstift Salzburg (17./18. Jahrhundert), hg. von Rudolf Leeb/Martin Scheutz/Dietmar Weikl (Veröffentlichungen des Instituts für Österreichische Geschichtsforschung 51, Wien-München 2009) 155–185, hier 160–167.

1945 Flüchtlingsströme Oberösterreich erreichten. Darauf wird auch in Festschriften aufmerksam gemacht, in welchen Heimatvertriebene daran erinnern, in das Land ihrer Vorfahren zurückgekommen zu sein.[4]

Die Toleranzgemeinden waren meist ländlich geprägte Gemeinden mit pietistischer Prägung. Neben diesen Toleranzgemeinden sind noch die im Umkreis der katholischen frühen Erweckungsbewegung entstandene Gemeinde in Gallneukirchen sowie die Tochtergemeinden und neuen Pfarrgemeinden zu nennen. Zu diesen zählen Gmunden (1870), Vöcklabruck (1870), Steyr (1875), Bad Ischl (1881) und Braunau/Inn (1899).[5] Viele dieser Gemeindegründungen fallen in die Zeit der Los-von-Rom Bewegung. Hierzu ist anzumerken, dass diese Bewegung in Oberösterreich nicht im gleichen Maße Fuß fassen konnte wie in anderen Bundesländern, wenngleich es immer Kontakte zum Deutschen Reich gab, wie etwa die Geschichte der Pfarrgemeinde Bad Ischl zeigt.[6] Die im 19. Jahrhundert neu gegründeten Pfarrgemeinden waren meist im städtischen Raum angesiedelt und zählten hauptsächlich Arbeiter, Offiziere und Beamte zu ihren Gemeindegliedern, etwa in Steyr.[7]

In der ersten Hälfte des 20. Jahrhunderts kam es zu wenigen Gemeindegründungen. Schärding wurde 1921 zur Predigtstation erhoben, Schwanenstadt 1925 mit einem Betsaal ausgestattet und 1939 zur Tochtergemeinde von Rutzenmoos erhoben. Diese Gemeinden oder Predigtstationen waren anfangs meist klein und erfuhren bedeutende Zugänge nach 1945, sodass es oft erst dann zum Kirchenbau bzw. zur Verselbstständigung kam.[8] Die oberösterreichische evangelische Kirche war in jener Zeit stark von den Auseinandersetzungen mit den Vorgängen in den deutschen Landeskirchen geprägt – sowohl die Deutschen Christen als auch die Jungreformatorische Bewegung fanden in Oberösterreich Anhänger. Auf Seiten der Deutschen Christen sind hier vor allem die Pfarrer Gerhard Fischer, Hugo Fleischmann und

---

4 Vgl. dazu Evangelische Gnadenkirche Lenzing-Kammer (Hg.), Festschrift zum 25-jährigen Jubiläum unserer Evangelischen Gnadenkirche Lenzing-Kammer (Vöcklabruck o. J.) 2; Volker Petri, Die evangelische Gnadenkirche Seewalchen-Rosenau (o. O. o. J.) 29; Mathias Schuster, Heimat in der Fremde (St. Georgen 1992) Kap. 1, o. S.; Ders., Wie wir in Österreich Heimat fanden. Ein Modell kirchlicher Eingliederung. *LKW* 32 (1985) 167–187, hier 174 f. Pfarrer i. R. Volker Petri machte mich darauf aufmerksam, dass es in der Rosenau nur eine Familie gibt, von der bekannt ist, dass die Vorfahren dieser Heimatvertriebenen als Landler nach Siebenbürgen kamen.

5 Vgl. Leopold Temmel, Evangelisch in Oberösterreich. Werdegang und Bestand der Evangelischen Kirche (Linz 1982) 83.

6 In Bad Ischl wurde die Gründung einer Pfarrgemeinde dadurch notwendig, dass deutsche evangelische Adelige als Kurgäste nach Bad Ischl kamen. Die engen Kontakte der Pfarrgemeinde Bad Ischl zeigen sich auch in der Benennung der Glocken, wo die Glocken nach Franz Joseph I., Joseph II. und Wilhelm I. benannt wurden. Vgl. Karl-Reinhart Trauner, Die Los-von-Rom-Bewegung. Gesellschaftspolitische und kirchliche Strömung in der ausgehenden Habsburgermonarchie (Szentendre 1999) 427.

7 Vgl. Temmel, Evangelisch in Oberösterreich (wie Anm. 5) 220 f.

8 So gilt dies etwa für Ebensee, Enns, Grieskirchen-Gallspach, Schärding sowie auch für Linz-Süd, wo es doch schon vor dem Zweiten Weltkrieg 4.500 Evangelische und konkrete Pläne für die Gründung einer evangelischen Gemeinde gab (vgl. ebenda 130 f., 137 f., 156 f., 182–184).

Julius Leibfritz zu nennen, auf Seiten der jungreformatorischen Bewegung der Schartener Pfarrer Viktor Reinprecht sowie der spätere Senior Hubert Taferner (damals Pfarrer in Judenburg).[9]

II. Die Evangelische Kirche in Oberösterreich von 1938–1945

Diese Uneinigkeit innerhalb der Evangelischen Kirche Oberösterreichs blieb auch in den ersten Jahren nach dem »Anschluss«, wobei die Stimmen jener, die die Vorkommnisse von 1938 positiv als Anschluss an das »Mutterland der Reformation« deuteten, lauter waren.

Die Evangelische Kirche in Oberösterreich erlebte in der Zeit von 1938 bis 1945 zahlreiche Veränderungen, die die »Entkonfessionalisierung des öffentlichen Lebens«[10] mit sich brachte. Es kam zu Verboten und Einschränkungen kirchlichen Lebens: Schon 1938 erfolgte die Übergabe der evangelischen Schulen an den Staat, was die Kirche in Oberösterreich besonders stark traf.[11] Darüber hinaus wurden kirchliche Vereine (bis auf das Diakoniewerk Gallneukirchen) aufgelöst – womit auch ihr Vermögen beschlagnahmt wurde – und der Religionsunterricht eingeschränkt.[12] Zu den Schwierigkeiten der Zeit zählten auch die Einstellung der kirchlichen Presse 1941 und das Einschmelzen der Glocken.[13] Das führte in den oberösterreichischen Gemeinden zu einer ab 1938 erkennbaren »Ernüchterung«.[14] In der zweiten Hälfte des Jahres 1938 setzte eine Kirchenaustrittsbewegung ein und die Kirche begann, sich immer mehr auf ihre Kernaufgaben zu konzentrieren. So kam es zur »Spiritualisierung ihres Selbstverständnisses«,[15] greifbar etwa in der Lebensordnung von 1940.[16]

9 Vgl. dazu Rudolf Leeb, Die Deutschen Christen in Österreich im Lichte neuer Quellen. *JGPrÖ* 124/125 (2008/2009) 39–101, hier 51.

10 Karl W. Schwarz, Bejahung – Ernüchterung – Verweigerung: Die Evangelische Kirche in Österreich und der Nationalsozialismus. *JGPrÖ* 124/125 (2008/2009) 18–38, hier 32.

11 Die evangelischen Schulen waren in Oberösterreich bis dahin sehr wichtig, auch wenn sie für die Pfarrgemeinden oft eine große finanzielle Belastung darstellten. Beispiele für die Bedeutung der Schulen finden sich in Gosau und Traun. Vgl. Leopold Temmel, Hans Eder (1890–1944). Erster Bischof der Evangelischen Kirche Österreichs, in: Oberösterreicher. Lebensbilder zur Geschichte Oberösterreichs, hg. von Alois Zauner (Linz 1991) 94; Evangelische Pfarrgemeinde A. B. Traun (Hg.), Festschrift 100 Jahre Evangelische Kirche Traun (Traun 2013) 29.

12 Zur Lage des Religionsunterrichts vgl. den Runderlass des Evangelischen Oberkirchenrates A. u. H. B. vom 21. Oktober 1940, in: Quellentexte zur österreichischen evangelischen Kirchengeschichte zwischen 1918 und 1945, hg. von Gustav Reingrabner/Karl Schwarz. *JGPrÖ* 104/105 (1989) 410–412 (= Nr. 187).

13 Vgl. Bericht bei der am 31. Juli 1947 in Gmunden abgehaltenen 34. Senioratsversammlung des Evang. Oberländer Seniorates A. B. OÖLA, Archiv Superintendentur, Sch. *113*, 6.

14 Schwarz, Bejahung – Ernüchterung – Verweigerung (wie Anm. 10) 34.

15 Ebenda 35.

16 Vgl. die von Bischof Eder erarbeitete und 1940 erlassene kirchliche Lebensordnung »Lebe mit deiner Kirche«, in: Quellentexte (wie Anm. 12) 402–405 (= Nr. 183).

Verschärft wurde die Situation für die evangelischen Pfarrgemeinden durch »zwei staatliche Gesetze, das Gesetz über die Erhebung von Kirchenbeiträgen im Land Österreich (1939) und das Gesetz über die Rechtsstellung des Oberkirchenrates (1939)«.[17] Dies veränderte vor allem die Finanzlage der Kirche und traf diese empfindlich, denn ab nun sollte die Kirche selbstständig die Kirchenbeiträge einheben und die kirchlichen Amtsträger bezahlen.[18] Neben der dadurch entstandenen finanziellen Belastung war die personelle Situation in der Kriegszeit sehr angespannt. »Zeitweise waren über 50 % der Pfarrer eingerückt«;[19] diejenigen Gemeindeschwestern, die ein Krankendiplom hatten, mussten »für die Arbeit in der NSV freigestellt werden«.[20] Deshalb wurden pensionierte Pfarrer, Vikarinnen, Gemeindeschwestern[21] und engagierte Laien[22] für die Betreuung der Gemeinden eingesetzt.

Bis 1945 verschlechterte sich die Lage der Gemeinden in Oberösterreich, wie sich in den Jahresberichten der Pfarrgemeinden zeigt. »Der Gottesdienstbesuch ging weiter zurück. Der Religionsunterricht hörte fast ganz auf. Die Zahl der Konfirmanden sank.«[23]

Schon in dieser Zeit, vor den großen Flüchtlingsströmen 1944/45, gab es in Oberösterreich einen, wenngleich auch vergleichsweise geringen, Zustrom an sogenann-

---

17 Ebenda. Vgl. dazu auch Maximilian Liebmann, Von der »Kirchensteuer« zum Kulturbeitrag. Zur Geschichte des Kirchenbeitrages in Österreich, in: 60 Jahre Österreichisches Konkordat, hg. von Hans Paarhammer (Veröffentlichungen des internationalen Forschungszentrums für Grundfragen der Wissenschaften, Salzburg-München 1994) 529–544, hier 529–531.

18 Die Haushaltspläne und Abrechnung mussten dabei dennoch gleichzeitig dem Staat gegenüber offengelegt werden. Vgl. ebenda 531.

19 Gerhard May, Bericht über das geistliche Leben, in: Bericht über die gemeinsame dritte Generalsynode der Evangelischen Kirche A. u. H. B. in Österreich, zweite Session vom 18.-26. Jänner 1949, hg. von der Evangelischen Kirche A. u. H. B. in Österreich (Wien 1949) 12–21, hier 17. Temmel berichtet von folgenden eingerückten Pfarrern, die im Krieg fielen: Herz (Braunau), Gehrke (Eferding), Kirchmeir (Rutzenmoos), Schühle (Neukematen). Vgl. Temmel, Evangelisch in Oberösterreich (wie Anm. 5) 92.

20 Hannelore Reiner, Das Amt der Gemeindeschwester am Beispiel der Diözese Oberösterreich. Entstehung, Funktion und Wandel eines Frauenberufes in der Kirche. *JGPrÖ*, Sonderband 1 (1992) 64.

21 So etwa für die Gemeinden Rutzenmoos, Gmunden, Gallneukirchen belegt bei ebenda 67.

22 Ab 1941 wurden Laien vermehrt für (Lese-)Gottesdienste eingesetzt. 1945 wurden Gemeindehelfer ehrenamtlich eingesetzt und dazu befähigt, Lesegottesdienste zu halten, Kasualien durchzuführen und die Sakramente bei Verhinderung des Pfarrers zu verwalten. Vgl. den Runderlass des Evangelischen Oberkirchenrates A. u. H. B. zur Einrichtung von Lesegottesdiensten vom 1. Dezember 1941, in: Quellentexte (wie Anm. 12) 438 f. (=Nr. 205) sowie den Runderlass zum Thema Gemeindehelfer vom 13. Februar 1945, in: ebenda 481 f. (= Nr. 236).

23 Günter Merz, Die evangelische Gemeinde Wels und ihre Nachbarn 1930–1945 – Eine Annäherung. *JGPrÖ* 119 (2003) 154–165, hier 161. Bischof May berichtet 1949 von den »Klagen der Pfarrer, Senioren und Superintendenten über den Rückgang des Besuches in der Kriegs- und Nazizeit«, wenngleich es dazu keine klaren Zahlen gäbe. Vgl. May, Bericht (wie Anm. 19) 14.

ten Volksdeutschen,[24] die durch Umsiedlungsaktionen[25] in das Gebiet des damaligen Gaues Oberdonau kamen. Die Umsiedler wurden größtenteils in Lagern untergebracht.

III. Die Flüchtlingssituation im Oberösterreich der Nachkriegszeit

Ab Herbst 1944 setzten regelrechte Flüchtlingsströme aus dem Südosten Europas ein, die bis 1947 andauern sollten. Die Flüchtlinge kamen aus unterschiedlichen Ländern; die Umstände ihrer Flucht unterschieden sich deutlich. Während in Nordsiebenbürgen nach der Kapitulation Rumäniens eine geplante und geordnete Evakuierung in oftmals von Pfarrern geleiteten Trecks einsetzte,[26] kam es in anderen Teilen Südosteuropas zu eigens organisierten, teils überhasteten Fluchtversuchen[27] und regel-

24 Dieser Begriff wurde seitens der Behörden zu jener Zeit für alle Deutschsprachigen, die außerhalb der Grenzen des Deutschen Reiches lebten, verwendet. Ich verwende diesen Begriff wohlwissend um die mit ihm zusammenhängende Problematik (nationalsozialistische Prägung, Instrumentalisierung, Pauschalbezeichnung etc.) im folgenden Aufsatz, da alle unter diesem Begriff subsumierten Personen in Österreich vor den gleichen Problemen standen.

25 1940 kam es zu Umsiedlungen aus Bessarabien und der Bukowina, 1941 aus Jugoslawien. Vgl. Hermann Volkmer, Die Volksdeutschen in Oberösterreich. Ihre Integration und ihr Beitrag zum Wiederaufbau des Landes nach dem Zweiten Weltkrieg (Edition Geschichte der Heimat, Grünbach 2003) 33.

26 Die Evakuierung war im ungarischen Verwaltungsteil Nordsiebenbürgen schon im Vorfeld unter Einbeziehung von Generaldechant Dr. Carl Molitoris im Geheimen geplant und durchgeführt worden. Vgl. Ernst Wagner, Evakuierung, Flucht, Rückkehr und Aussiedlung. *Zeitschrift für Siebenbürgische Landeskunde* (1994) 16–31, hier 19; Ders., Geschichte der Siebenbürger Sachsen. Ein Überblick (Thaur bei Innsbruck [6]1990) 80–82; Volker Petri, Österreich – deine Siebenbürger Sachsen (Dresden 2001) 81–98. Molitoris nahm selbst an der Evakuierung teil und kam nach Ried im Innkreis, wo er das Amt des Generaldechanten weiterführte. Auch in Siebenbürgen übliche Ausschüsse (27er-Ausschuss, 100er-Ausschuss) wurden hier weitergeführt, »um auch künftig als Gruppe handeln zu können«. Vgl. Wagner, Evakuierung (wie Anm. 26) 28. Die Fortführung des Generaldekanates A. B. Nordsiebenbürgen in Ried/Innkreis überlebte bis 1953, als viele Siebenbürger Sachsen, unter ihnen auch Molitoris, nach Nordrhein-Westfahlen übersiedelten. Die Akten des Generaldekanates befinden sich heute im Archiv des Siebenbürgen-Institutes auf Schloss Horneck in Gundelsheim/Neckar und sind noch bis 2016 gesperrt. Ein Einblick in diese Akten wäre für die weitere Beschäftigung mit der Frage der Integration wichtig, gab es doch seitens des Generaldekanates Pläne, eine siebenbürgische, eigenständig verwaltete Exilskirche zu errichten. Diese Bemühungen wurden seitens der Evangelischen Kirche in Österreich negativ aufgefasst und erwiesen sich »rasch als Fiktion«. Vgl. Rudolf Leeb, Die Heimatvertriebenen und Flüchtlinge nach 1945 und die evangelische Kirche in Österreich: Auswirkungen der Migration auf eine Diasporakirche, in: Migration und Konfession. Konfessionelle Identitäten in der Flüchtlingsbewegung nach 1945, hg. von Uwe Rieske (LKGG 27, Gütersloh 2010) 167–201, hier 193; Protokoll über die vom Ev. Oberkirchenrat A. u. H. B. einberufene Flüchtlingstagung in St. Andrä bei Villach vom 15.-18. März 1950. Archiv des Evangelischen Oberkirchenrates (=OKR), A52, 3 f.

27 So etwa im Süden Siebenbürgens oder im rumänischen Banat.

rechten Vertreibungen.[28] Schon bis November 1944 – weit vor dem Höhepunkt der Flüchtlingsströme – erreichten fast 51.000 Personen den damaligen Gau Oberdonau und benötigten Unterkunft und Verpflegung, was »immer größere Schwierigkeiten«[29] bereitete und zu Zwangszuteilungen zu Privatquartieren sowie zum Bau von Notquartieren führte. Dass die Unterbringung in Oberösterreich so große Probleme bereitete, lag daran, dass viele unterschiedliche Gruppen bereits während des Krieges nach Oberösterreich gekommen waren: Angehörige der deutschen Wehrmacht, Fremdarbeiter, Kriegsgefangene, Bombenflüchtlinge, ab Kriegsende auch die amerikanischen und russischen Soldaten sowie ehemalige KZ-Häftlinge. Außerdem kamen mit Kriegsende etwa 60.000 österreichische Flüchtlinge aus den von den Russen besetzten Gebieten nach Oberösterreich.[30] Deshalb wurden die Flüchtlinge nicht nur in Baracken untergebracht, sondern auch in Privatquartieren. In der Maßnahme der Zwangszuteilung zu Privatpersonen lag ein gewaltiges Konfliktpotential, erhielten die Bauern doch für die Unterbringung kein Geld seitens des Staates, sondern lediglich Arbeitsleistung.[31] Da die Lebensmittelknappheit im Oberösterreich der Nachkriegszeit ein schwerwiegendes Problem war, wurden die Flüchtlinge auf der einen Seite als Belastung wahrgenommen.[32] Auf der anderen Seite wurden sie als Arbeitskräfte im Bereich der Landwirtschaft, Industrie und zur Beseitigung von Kriegsschäden[33] dringend gebraucht.

Oberösterreich nahm vor allem in der amerikanischen Besatzungszone überdurchschnittlich viele deutsch- und fremdsprachige Flüchtlinge unterschiedlicher Herkunftsländer auf (zu Spitzenzeiten etwa knapp 200.000 Flüchtlinge,[34] davon ca.

---

28 Vertreibungen fanden nach Kriegsende vor allem in Polen, der Tschechoslowakei, Rumänien, und Jugoslawien statt. Vgl. Eduard STANEK, Verfolgt, verjagt, vertrieben. Flüchtlinge in Österreich (Wien 1985) 22; Jiri PESEK, Die NS-Herrschaft im Protektorat Böhmen und Mähren und die Aussiedlung der Deutschen nach 1945, in: Alte Spuren – Neue Wege. Katalog zur Oberösterreichischen Landesausstellung 2013, hg. von Dietmar LOIDOL/Norbert LEITNER (Linz 2013) 211–218, hier 216; Brunhilde SCHEURINGER, Das Schicksal der Volksdeutschen in den Nachfolgestaaten der Habsburgermonarchie nach dem Zweiten Weltkrieg, in: Wellen der Verfolgung in der österreichischen Geschichte, hg. von Erich ZÖLLNER/Hermann MÖCKER (Schriften des Institutes für Österreichkunde, Wien 1986) 155–172, hier 160, 166.

29 VOLKMER, Die Volksdeutschen in Oberösterreich (wie Anm. 25) 49.

30 Vgl. ebenda 192.

31 Volkmer geht von einem Anteil von etwa 20 % an Arbeitsfähigen unter den Flüchtlingen aus. Vgl. ebenda 54.

32 Vgl. Harry SLAPNICKA, Für deutschsprachige Heimatvertriebene: Erste Raststätte auf der Weiterwanderung. Eingliederung in Österreich, in: Prinzip Hoffnung. Linz zwischen Befreiung und Freiheit. Ausstellung 22. April bis 30. Juli 1995 (Katalog der Stadtmuseums Nordico), hg. von Willibald KATZINGER/Fritz MAYRHOFER (Linz 1995) 191–202, hier 194.

33 Hier sind unter anderem Bombenschäden entlang der Bahnlinien und in den Ballungszentren zu nennen. Vgl. Berthold FOLBERTH, Treckführer wurden zu Kirchengründern. Zwischenbilanz über die Sesshaftmachung der Siebenbürger Sachsen in Österreich. Österreichische Begegnung (1960) 27–35, hier 27.

34 Vgl. ebenda 84; VOLKMER, Die Volksdeutschen in Oberösterreich (wie Anm. 25) 67 f. Anders bei Kristöfl. Er geht von 700.000 Flüchtlingen mit Stichdatum Mai 1945 aus. Vgl. Siegfried

73 % Volksdeutsche).[35] Im Mühlviertel (sowjetische Besatzungszone) gab es anfangs auch viele Flüchtlinge – allein in Freistadt geht man von etwa 8.000 Flüchtlingen im Jahr 1945 aus.[36] Hierbei handelte es sich vor allem um Vertriebene aus Südböhmen. Gerade gegenüber diesen Flüchtlingen herrschten aber weniger Vorurteile als gegenüber anderen, gab es doch oft familiäre Verbindungen nach Böhmen. Neben den Vertriebenen aus Böhmen gab es viele Flüchtlinge aus Südosteuropa, deren Flüchtlingstrecks »auf Seitenstraßen, vor allem über das Mühlviertel, verwiesen«[37] wurden und die im Mühlviertel endeten.

Den deutschsprachigen Flüchtlingen drohte mit dem Abzug der Amerikaner aus dem Mühlviertel eine ungewisse Zukunft. Zuerst sollten sie alle in ein Sammellager nach Melk zusammengezogen werden.[38] Einige kamen bald in die amerikanische Besatzungszone Oberösterreichs südlich der Donau, andere wurden nach Deutschland transportiert. Viele flüchteten bereits vor der Teilung Oberösterreichs, als Gerüchte um die sowjetische Besatzungszone aufkamen, nach Oberösterreich südlich der Donau. Denen, die im Mühlviertel blieben, drohte die Repatriierung, begann die sowjetische Besatzungsmacht doch bereits 1945 mit Zwangsrückführungen, die von Anfang an »wesentlich radikaler als in der amerikanischen Zone durchgeführt wurden«.[39]

Aufgrund der großen Umsiedlungsaktionen von Volksdeutschen nach Deutschland[40] und einer großen Fluchtbewegung von repatriierungsgefährdeten Flüchtlingen in die amerikanische Besatzungszone blieben nur wenige Volksdeutsche im Mühlviertel. Diese Flüchtlinge wurden vom Flüchtlingsgeistlichen Erich Schneider betreut, der an mehreren Predigtstationen wirkte. Schneider wurde im Laufe seiner Tätigkeit von den Russen verhaftet, bald darauf freigelassen und dann in der ameri-

---

Kristöfl, Heimatvertriebene, in: Land der Hämmer. Heimat Eisenwurzen, Katalog der Oberösterreichischen Landesausstellung 1998, hg. von Julius Stieber (Salzburg 1998) 221–229, hier 226. Exakte Zahlen für diese erste Zeit zu erhalten ist nahezu unmöglich. Immer wieder kamen neue Flüchtlinge, andere zogen weiter.

35 Vgl. Volkmer, Die Volksdeutschen in Oberösterreich (wie Anm. 25) 85.

36 Vgl. Niklas Perzi, Zwei (Lebens-)Welten? Österreich und die Tschechoslowakei 1945–1989, in: Alte Spuren (wie Anm. 28) 223–236, hier 225. Auch die Häuser des Diakoniewerkes Gallneukirchen nahmen vorübergehend Flüchtlinge auf. Vgl. Anna Köhnen, Erinnerungen an die Zeit nach 1941, in: Auf dein Wort hin. 100 Jahre Evangelische Arbeit – Diakonische Arbeit Gallneukirchen, hg. von der Evangelischen Pfarrgemeinde und dem Evangelischen Diakoniewerk Gallneukirchen (Linz 1973) 51–55, hier 51 f.

37 Slapnicka, Erste Raststätte (wie Anm. 32) 191.

38 Vgl. Eduard Stanek, Flüchtlinge, Vertriebene und Fremde nach Ende des Zweiten Weltkrieges in Österreich, in: Prinzip Hoffnung (wie Anm. 32) 203–212, hier 206.

39 Volkmer, Die Volksdeutschen in Oberösterreich (wie Anm. 25) 70.

40 1945 und zu Beginn des Jahres 1946 wurden die sogenannten Volksdeutschen aus Österreich in die westlichen Besatzungszonen Deutschlands übersiedelt, was aufgrund der großen schon aufgenommenen Menschenmassen zum Erliegen kam. Nun wurde Österreich zur Eingliederung der Flüchtlinge aufgefordert. Vgl. Gabriela Stieber, Nachkriegsflüchtlinge in Kärnten und der Steiermark (Graz 1997) 27.

kanischen Besatzungszone eingesetzt. Senior Hubert Taferner übernahm die Betreuung der Evangelischen in der sowjetischen Besatzungszone.[41]

Das Kerngebiet der heimatvertriebenen Flüchtlinge, die länger in Oberösterreich bleiben würden, befand sich in der amerikanischen Besatzungszone, überall dort, wo viele Arbeitsplätze vorhanden waren[42] oder die deutsche Grenze nahe war.[43] Auch Attersee, Gmunden und Vöcklabruck waren stark von der hohen Flüchtlingszahl betroffen.[44]

III.1 Die Situation der Flüchtlinge in den ersten Nachkriegsjahren

Die Situation war für die Flüchtlinge sehr unterschiedlich, da die Hilfeleistungen je nach Gruppenzugehörigkeit variierten. So waren die deutschsprachigen Flüchtlinge bis November 1951 in internationale Hilfen nicht eingebunden.[45] Dabei ist zu bemerken, dass die österreichischen Behörden für die Betreuung der Flüchtlinge zuständig waren, den Besatzungsmächten aber die Entscheidungsgewalt oblag. Diese Regelung war nicht im Sinne der österreichischen Behörden. Die oberösterreichische Landesregierung wünschte sich mehr Mitspracherecht, auch, um die wirtschaftlichen Interessen Oberösterreichs vertreten und beruflich besonders qualifizierte Flüchtlinge von Weitertransporten nach Deutschland ausschließen zu können.[46]

Die Lage der Flüchtlinge war vor allem in den ersten Jahren nach der Flucht erbärmlich, unterschied sich aber je nach Wohnsituation und Gruppenzugehörigkeit sowie je nachdem, welcher Besatzungsmacht man zugeordnet war.[47] Generell ist bei

41 Vgl. Hubert Taferner, Evangelisches Leben in Linz von der Toleranzzeit bis zur Gegenwart, in: 125 Jahre Martin-Luther-Kirche Linz. Festschrift anläßlich der 125-Jahr-Feier des Bestehens der Martin-Luther-Kirche zu Linz, hg. von der Evangelischen Pfarrgemeinde A. B. Linz-Innere Stadt (Linz 1969) 47–84, hier 64 f.

42 Namentlich handelt es sich um die Bezirke Linz-Stadt und Linz-Land, Wels, Wels-Land, Vöcklabruck, wo Unternehmen wie die VOEST, die Stickstoffwerke A. G. sowie die EBG viele Arbeitskräfte aufnahmen. Vgl. Folberth, Treckführer (wie Anm. 33) 27.

43 Volkmer, Die Volksdeutschen in Oberösterreich (wie Anm. 25) 88.

44 Sie fanden etwa in der Zellulose- und Papierfabrik (Lenzing), in den Eternitwerken Hatschek (Vöcklabruck) oder der Salinenverwaltung (Schwanenstadt) Arbeit. Vgl. Folberth, Treckführer (wie Anm. 33) 27; Bericht bei der am 31. Juli 1947 in Gmunden abgehaltenen 34. Senioratsversammlung des Evang. Oberländer Seniorates A. B., erstattet von Senior Hans Neumayer, Goisern. OÖLA, Archiv Superintendentur, Sch. 113, 8. Dabei handelte es sich um viele verschiedene Heimatvertriebene aus unterschiedlichen Ländern und Kirchen. Vgl. Karl Eichmeyer, Das Evangelium in Vöcklabruck. 100 Jahre Evangelische Kirche (Weyregg 1975) 135.

45 Vgl. Patrik-Paul Volf, Der politische Flüchtling als Symbol der Zweiten Republik. Zur Asyl- und Flüchtlingspolitik in Österreich seit 1945. *Zeitgeschichte* 22 (1995) 415–436, hier 421; Yvonne von Stedingk, Die Organisation des Flüchtlingswesens in Österreich seit dem 2. Weltkrieg (Wien 1966) 30.

46 Organisatorisch koordinierte diese passive Arbeit der Zuteilung von Wohnung, Lebensmitteln und anderen Gütern das Amt für Umsiedlung, dessen Aufzeichnungen sich im OÖLA finden.

47 Ab 1946 beschränkte sich die Flüchtlingsfrage in Oberösterreich de facto auf die amerikanische Besatzungszone. Vgl. Leeb, Die Heimatvertriebenen (wie Anm. 26) 174 f.

den Flüchtlingsgruppen, die in internationale Hilfen eingebunden waren, eine bessere Situation festzustellen als bei Flüchtlingen, die von dieser Versorgung ausgeschlossen waren. Die evangelischen Flüchtlinge gehörten hauptsächlich der Gruppe der Volksdeutschen an und waren somit von internationalen Hilfen großteils ausgeschlossen. Sie lebten im oft bedrückenden Provisorium[48] und hofften auf baldige Rückkehr in die Heimat oder auf die Weiterreise, wie sie seitens der Alliierten vorgesehen war. Diese Hoffnung drückt Molitoris in einem Schreiben vom 14. Dezember 1945 aus:

> »Zum zweiten Male begehen wir Weihnachten und Neujahr fern von Daheim. Da wollen wir den Gastländern für alle uns bewiesene Freundlichkeit und zuteil gewordene Unterstützung von Herzen danken mit der Bitte [...]: Helft uns auch weiter! Solange, bis wir wieder auf eigenen Füssen stehen dürfen. Wir Siebenbürger Sachsen haben ja den einen Wunsch. Wieder zurückkehren in die alte Heimat. Wann uns die Möglichkeit dazu gegeben werden wird, kann heute freilich niemand von uns sagen.«[49]

Nach und nach stellte sich, oft erst durch Berichte von Heimkehrern, die Erkenntnis ein, dass eine Rückkehr nicht möglich sei. Dann kam für viele zuerst eine Weiterreise eher in Betracht als eine Sesshaftwerdung in Österreich; zu bleiben schien für viele die schlechteste der möglichen Optionen zu sein.[50]

Eine wirkliche Änderung der Lage lässt sich ab den 1950er Jahren feststellen, als viele auswanderten und die Bleibenden begannen, sich in Oberösterreich eine neue Heimat aufzubauen.

III.2 Die rechtliche Lage der deutschsprachigen Flüchtlinge in Österreich

Seitens der österreichischen und alliierten Behörden war – ebenso wenig wie aus Sicht der Heimatvertrieben – eine längerfristige Aufnahme der Flüchtlinge zunächst nicht beabsichtigt und der Weitertransport vorrangige Absicht,[51] was anfangs auch geschah: 1946 wurden 160.000 als Volksdeutsche registrierte Flüchtlinge von Österreich nach Deutschland transportiert. Da Deutschland aber nicht noch mehr Hei-

48 Petri, Österreich (wie Anm. 26) 203.

49 Schreiben von Generaldechant Molitoris an alle Volks- und Glaubensgenossen vom 14. Dezember 1945. OÖLA, Archiv Superintendentur, Sch. 167.

50 Vgl. Gerhard May, Die Verantwortung der Evangelischen Kirche in Österreich für die Flüchtlinge, in: Salzburger Bericht, hg. von der Flüchtlingsabteilung des Ökumenischen Rates der Kirchen (Genf 1950) 38–43, hier 40. Wie negativ Österreich als mögliche Option wahrgenommen wurde, zeigt eine Schätzung der Zahl der Ausreisewilligen (80 %!) nach einer Umfrage der Evangelischen Flüchtlingshilfe. Vgl. Gotthold Göhring, »Versuch eines Überblickes über die Lage der deutschsprachigen Flüchtlinge in Österreich mit besonderer Berücksichtigung der evangelischen Flüchtlinge«. Bericht des Leiters der Evangelischen Flüchtlingsseelsorge in Wien und Niederösterreich Gotthold Göhring vom Jahr 1947. Archiv des OKR, S3, 8 und 20. Dies lag daran, dass die rechtliche Situation in Österreich schlechter als in anderen Ländern war – warteten doch in Deutschland Staatsbürgerschaft und Pensionsansprüche, was in Österreich verwehrt wurde. Vgl. Leeb, Die Heimatvertriebenen (wie Anm. 26) 177. Auch gab es seitens der leitenden Heimatvertriebenen die Sorge, »bereits in der ersten Generation im Österreichertum« aufzugehen. Petri, Österreich (wie Anm. 26) 158.

51 Vgl. Stanek, Flüchtlinge, Vertriebene und Fremde (wie Anm. 38) 206.

matvertriebene aufnehmen konnte, wurde die Aktion mit Oktober 1946 eingestellt. Langsam wurde klar, dass einige in Österreich bleiben und auch gebraucht werden würden:

> »Einerseits war es die eindeutige Erkenntnis, daß die westlichen Besatzungsmächte weder in der Lage noch gewillt waren, alle Volksdeutschen aus Österreich nach Deutschland umzusiedeln; andererseits wurden sich auch die zuständigen Stellen und Politiker in dem inzwischen halbwegs von den Kriegsfolgen erholten Österreich klar darüber, daß diese Volksdeutschen ein wertvolles Element für den weiteren Wiederaufbau und den wirtschaftlichen Aufschwung Österreichs bildeten.«[52]

Deshalb wurde am 8. August 1950 der Beirat für Flüchtlingsfragen ins Leben gerufen, um in diesem Gremium gesetzliche Maßnahmen vorzubereiten.[53]

Sehr bald war es möglich und für den Erhalt von Lebensmittelmarken auch nötig, einer Arbeit, etwa in der Landwirtschaft oder als Hilfsarbeiter,[54] nachzugehen, wenngleich man von manchen Berufen (Arzt, Notar) ausgeschlossen war und für die Ausübung eines selbstständigen Gewerbes eine förmliche Zustimmung seitens des Landeshauptmannes benötigte.[55] Bald wurde es möglich, in einzelnen Bereichen Erleichterungen zu erreichen (Notstandsunterstützung, Mutterschutz, Berücksichtigung der Arbeitszeiten im Ausland).[56] Ab 1954 konnte man durch eine Erklärung österreichischer Staatsbürger werden.[57]

Eine völlige rechtliche Gleichstellung wurde 1961 erreicht, als die Leistungsansprüche in Pensions- und Unfallversicherung sichergestellt wurden.[58] Bis dahin sollten die Heimatvertriebenen noch warten müssen und galten bis 1954 als »Staatenlose oder als Personen mit ungeklärter Staatsbürgerschaft«,[59] was ihnen besonders im Bereich Arbeit und Schule Nachteile brachte. Auch psychisch war die Ungewissheit für die Flüchtlinge sehr belastend.[60] Nicht alle wollten diese Zwischenzeit abwarten,

---

52 Stanek, Verfolgt, verjagt, vertrieben (wie Anm. 28) 27.

53 Vgl. Erwin Machunze, Vom Rechtlosen zum Gleichberechtigten. Die Flüchtlings- und Vertriebenenfrage im Wiener Parlament, I. Band (Donauschwäbische Beiträge 61, Salzburg 1974) 11.

54 Vgl. Volkmer, Die Volksdeutschen in Oberösterreich (wie Anm. 25) 134–136.

55 Vgl. Stanek, Flüchtlinge, Vertriebene und Fremde (wie Anm. 38) 209.

56 Vgl. Arbeitslosenversicherungsgesetz-Novelle, Bgbl. 23/1950 vom 4. Mai 1950. Die Gewährung der Notstandshilfe war besonders deshalb von Bedeutung, da viele Flüchtlinge in den ersten Jahren in Österreich im landwirtschaftlichen Bereich arbeiteten und somit nicht versicherungspflichtig waren. Vgl. Erwin Machunze, Vom Rechtlosen zum Gleichberechtigten. Die Flüchtlings- und Vertriebenenfrage im Wiener Parlament, II. Band (Salzburg 1976) 26, 29, 71–76.

57 Bundesgesetz vom 2. Juni 1954, betreffend den Erwerb der Staatsbürgerschaft durch Volksdeutsche, Bgbl. 33/1954 vom 5. August 1954. Zu den Hintergründen vgl. Erwin Machunze, Vom Rechtlosen zum Gleichberechtigten, III. Band (Salzburg 1977) 104–129, 281.

58 Auslandsrentenübernahmegesetz, Bgbl. 84/1961 vom 15. Dezember 1961.

59 Stanek, Verfolgt, verjagt, vertrieben (wie Anm. 28) 30.

60 Wie belastend diese Phase des Abwartens empfunden wurde, zeigt zum Beispiel ein Brief von Mathias Schuster an Senior Neumayer vom 16. November 1954. OÖLA, Archiv Superintendentur, Sch. 96.

viele wanderten aus.[61] Auf die belastende Situation und die Probleme der Flüchtlinge machten die Landsmannschaften, der »Beirat aus Vertretern der Volksdeutschen«[62] seitens der Regierung ebenso aufmerksam wie ökumenische Organisationen. Die Ökumene ermöglichte darüber hinaus durch ihre internationalen Kontakte Hilfsgüterlieferungen sowie Erholungs- und Auswanderungsprogramme. Des Weiteren leistete sie durch die ökumenischen Flüchtlingskonferenzen einen bedeutenden Beitrag dazu, dass die Probleme der Heimatvertriebenen publik wurden und das Flüchtlingsthema zu einem Kernthema der internationalen Politik der 1950er Jahre wurde.[63]

IV. Die Evangelische Kirche nach 1945 auf der Suche nach einer neuen Identität: »Wir wollen Kirche werden!«[64]

> »Wenn es der Kirche dennoch gelang, bei den staatlichen Behörden auf Respekt zu stoßen, so war es ihr Engagement für die Flüchtlinge, die seit 1944 durch unser Land zogen. [...] Die Kirche erwarb großen Respekt im öffentlichen Leben durch ihre Anwaltschaft für die Flüchtlinge – damals und heute. Die Kirche hatte als Leitgedanken formuliert, keinen Unterschied zwischen Österreichern und Flüchtlingen zu kennen und dies biblisch (Eph 2,19) begründet.«[65]

Im Folgenden soll das in der Literatur und Gesellschaft positiv wahrgenommene Engagement näher dargestellt und mit der allgemeinen Situation der Evangelischen Kirche in Oberösterreich nach 1945 in Verbindung gebracht werden. Diese war von folgenden Themen geprägt: 1. Die Rechtsstellung der Evangelischen Kirche und ihr Verhältnis zum Staat, die es nach dem NS-Regime neu zu ordnen galt.[66] 2. Die Sorge um und die Integration der Flüchtlinge in die Evangelische Kirche, etwa durch Bestellung von (Flüchtlings-)Pfarrern, Organisation des Flüchtlingswesens, Kirchenbau sowie Vertretung der Flüchtlinge nach außen.

Die Evangelische Kirche erlebte in der Zeit von 1938 bis 1945 einen Umbruch bzw. eine tiefgreifende Krise. Dementsprechend lag die große Aufgabe der Kirche in den ersten Nachkriegsjahren darin, sich vom Image der Kirche als »Nazikirche« zu lösen und eine neue kirchliche Identität für die österreichische Diasporakirche zu

61 Vgl. Volkmer, Die Volksdeutschen in Oberösterreich (wie Anm. 25) 77, 81.

62 Machunze, Vom Rechtlosen, II. Band (wie Anm. 56) 43.

63 Wie wesentlich der Beitrag der Ökumene war, zeigt sich u. a. daran, dass Flüchtlingskonferenzen auch außerhalb der kirchlichen Presse beachtet wurden. So etwa bei Machunze, Vom Rechtlosen, I. Band (wie Anm. 53) 228 f.

64 Gerhard May, Zur Einführung. *Amt und Gemeinde* 1/1947, 1 f., hier 2.

65 Klaus Thien/Sigrid Lindeck-Pozza, Erfahrung aber bringt Hoffnung. Erinnerungen evangelischer Zeitzeugen (Wien 1996) 34.

66 Dies galt es neu durch eine Verfassung zu ordnen, die schon länger in Planung war und erst in der Nachkriegszeit beschlossen werden konnte. Vgl. dazu Karl Schwarz, Die evangelischen Kirchen in Österreich von 1945 bis heute, in: Evangelische Kirchen und Europa, hg. von Michael Bünker (Wien ^{2}2006) 123–150.

finden.[67] Schon die Anordnung des Evangelischen Oberkirchenrates, am 13. Mai 1945 in allen evangelischen Kirchen einen Bußgottesdienst abzuhalten, in dem »dankbar der Beendigung des Krieges gedacht werde«,[68] macht dieses Bemühen deutlich. Noch deutlicher wird dies im Vorwort zu der 1947 zum ersten Mal erschienenen Zeitschrift »Amt und Gemeinde«. In ihr schildert Bischof May die Beweggründe und Ziele dieser Zeitschrift: »Ein ausgesprochener Notstand [...] veranlaßt uns, diese Zeitschrift herauszugeben. Der Krieg hat viele Pfarrer ihres Handwerkzeuges beraubt.«[69] Der Notstand zeige sich mehrfach, so May: Es sei einerseits ein Mangel an Büchern und Zeitschriften festzustellen (dem die Zeitschrift durch qualitativ hochwertige und verständliche Artikel Abhilfe schaffen wollte), andererseits sei ein geistiger Notstand zu beobachten. Es brauche wieder eine Neubesinnung. Diese solle »Selbstbestimmung vom Worte Gottes her«[70] sein. Das Wort Gottes soll Bezugspunkt jeglicher Theologie sein:

> »Sie [die Kirche] weiß es, daß sie nicht aus Anleihen bei Weltanschauungen oder Mythologien, politischen oder sozialen Programmen, sondern aus dem Worte Gottes lebt und ihren Bestand hat und nicht durch Anpassung an die Welt und durch die Gunst der Machthaber, sondern durch Gottes Gnade und Gottes Wort und durch das treue Bekennen und Tun dieses Wortes. Ganz anders als je weiß sie sich als Kirche Jesu Christi. Sie weiß sich als solche wesenhaft von der Welt geschieden. Aber sie weiß sich auch ganz anders in missionarischer Verantwortung eben in diese Welt gesendet. Das heißt konkret, daß wir Gottes Wort vor dem jeweils uns gegebenen Ausschnitt unseres österreichischen Volkes kompromißlos zu bezeugen haben und für seine Seele verantwortlich sind.«[71]

Schon in dieser Einleitung machte Bischof May klar deutlich, in welche Richtung die Kirche der Nachkriegszeit steuern sollte: Sie solle sich ganz auf die Bibel beziehen und sich von jeder Politik fernhalten. Die Begründung für diese Position der Propagierung einer »neuen Kirchlichkeit«[72] lag darin, dass die Kirche nicht Teil dieser Welt sei, sondern »wesenhaft von der Welt geschieden«.[73] Eben deshalb seien Parteizugehörigkeit und Nationalität unerheblich in der Kirche. Dieses Gedankengut, das in der Nachkriegszeit massiv propagiert wurde, wurde nicht neu erfunden, sondern findet

67 Vgl. Leonhard JUNGWIRTH, Kirche als Insel oder als protestantisches Abenteuer? Gesellschafts- und kirchenpolitische Diskurse und Auseinandersetzungen in der Evangelischen Kirche in Österreich nach 1945 bis zur Gründung der ›Salzburger Gruppe‹ 1971 (Wien 2013) 28 f.

68 Karl SCHWARZ/Michael STAIKOS/Annemarie FENZL, Die Rolle der Kirchen in der Nachkriegszeit, in: »Österreich ist frei!«. Der Österreichische Staatsvertrag 1955: Beitragsband zur Ausstellung auf Schloss Schallaburg 2005, hg. von Gottfried STANGLER/Stefan KARNER (Horn 2005) 114–118, hier 114.

69 MAY, Einführung (wie Anm. 64) 1.

70 Ebenda.

71 Ebenda.

72 Christian-Erdmann SCHOTT, Flucht – Vertreibung – Vertriebene. Herausforderung für die Deutungskompetenz der Kirche, in: Schweden und die deutschen Landeskirchen. Achtes Symposium der deutschen Territorialkirchengeschichtsvereine, Breslau/Wrocław 5.–8. Dezember 2006, hg. von Dietrich MEYER (Studien zur deutschen Landeskirchengeschichte, Würzburg 2009) 251–269, hier 253.

73 MAY, Einführung (wie Anm. 64) 1.

sich schon in den Texten der Bekennenden Kirche. Wie sehr das Kirchenverständnis und die Theologie der Bekennenden Kirche in der österreichischen evangelischen Kirche rezipiert wurden, zeigt sich auch in der oftmaligen Veröffentlichung und Bezugnahme auf den programmatischen Text der Bekennenden Kirche, die Barmer Theologische Erklärung.[74]

Diese neue Identität bedeutete eine Abwendung vom Politischen – war man doch in der NS-Zeit politisch zu angepasst und involviert gewesen – und eine Hinwendung zum explizit Christlichen. Man sollte sich ganz auf die Gemeindearbeit konzentrieren und diese wieder aufbauen. Die Kriegszeit sah man als Zeit des sittlichen Verfalls innerhalb der Kirche an:

> »Das sittliche Leben der Gemeinden hat sich seit dem letzten Senioratsberichte nicht gehoben. Bei der Jugend ist vielfach Interesselosigkeit am Gemeindeleben zu beobachten. […] Hand in Hand geht damit das Nachlassen der Sonntagsheiligung.«[75]

Mit diesem »sittlichen Verfall« gingen ein Schrumpfen der Kerngemeinde und eine zunehmende »Gleichgültigkeit in den eigenen Reihen«[76] einher. Die vollkommene Abkehr vom Politischen bedeutete aber in der Nachkriegszeit keineswegs, sich ganz aus politischen Themen wie der Flüchtlingspolitik herauszuhalten. Die Hinwendung zu politischen Themen wurde jedoch deutlicher als zuvor theologisch reflektiert und begründet. Gerade in dem Verständnis von Kirche als etwas wesenhaft von der Welt Geschiedenem sah die Evangelische Kirche in Österreich es als ihre Aufgabe an, sich zur Welt hinzuwenden und ihr zu dienen. In der Nachkriegszeit war dies vor allem in ihrem Engagement für die Flüchtlinge erkennbar und »fand […] auch Zustimmung und Anerkennung seitens der Politiker«, was zu einem Abbau des Misstrauens gegenüber der Evangelischen Kirche in Österreich führte. War die Evangelische Kirche früher oft als Fremdkörper ohne Daseinsberechtigung angesehen, wurde sie nun »beachtet und geachtet«.[77]

---

74 Erste Verbreitung fand der Text bereits in der ersten Ausgabe von Amt und Gemeinde 1947. Vgl. *Amt und Gemeinde* 1/1947, 26 f. Zur Rezeption auf Ebene der Kirchenleitung vgl. Rudolf Leeb, Die Evangelische Kirche in Österreich nach 1945 und die Suche der Kirchenleitung nach einer neuen kirchlichen Identität, in: Evangelische Identitäten nach 1945. Tagungsband, hg. von der Evangelischen Akademie Wien (Wien 2012) 47–70, hier 54–56. Die Rezeption der Wort-Gottes-Theologie setzte auch auf Gemeindeebene ein: »An uns liegt es, ob wir sie [die Jugend, Anm. der. Verf.] wieder unsrer Kirche zuführen und dadurch neues Leben aus dem Worte Gottes schöpfen können.« Jahresbericht der evang. Pfarrgemeinde A. B. zu Braunau/Inn für 1945. OÖLA, Archiv Superintendentur, Sch. 88, 1. Diese Barmen-Rezeption reicht bis in die heutige Verfassung der Evangelischen Kirche in Österreich, wo diese als verbindliches Zeugnis aufgenommen ist. Vgl. Verfassung der Evangelischen Kirche A. u. H. B. in Österreich, *ABl.* 295/2012, 110/2013 und 144/2013, 3.

75 Bericht Neumayer bei der 34. Senioratsversammlung (wie Anm. 44) 9; ähnlich auch in: Jahresbericht Braunau/Inn 1945 (wie Anm. 74) 1.

76 Auszug aus dem Protokoll der 5. Synode A. B. 1. Session vom 21.–25. November 1955 und Berichte des Oberkirchenrates A. B. an die Synode A. B. (o. O., o. J.) 22.

77 Gerhard May, Unsere Kirche im Wandel der Gegenwart, Die Evangelische Kirche in Österreich, hg. von Dems. (Göttingen–Zürich–Wien 1962) 5–40, hier 12.

Im Bereich der Politik sah es die Evangelische Kirche in Österreich zunächst als ihre Aufgabe und Verantwortung an, sich für die Rechte der Flüchtlinge einzusetzen und gegen eine Kategorisierung und damit auch Wertung der Flüchtlinge anzukämpfen, wenngleich die Kirche allein »freilich kaum das Gewicht [hatte], in die grosse Politik wirkungsvoll einzugreifen«.[78] Dieses Anliegen wird etwa im Salzburger Bericht sehr deutlich: »1. Die evang. Kirche kennt keinen Unterschied zwischen Österreichern und Flüchtlingen.« »2. Die evang. Kirche macht keinen Unterschied zwischen D. P. s [displaced persons, Anm. d. Verf.] und Volksdeutschen.« In seinen Erläuterungen macht Bischof May deutlich, dass solche Unterscheidungen wieder »eine Gruppe minderen Rechts« schaffen und so der Ideologie des Nationalsozialismus nahe stehen. Außerdem begründet May diese Leitsätze theologisch, wenn er ausführt: »Die Kirche Christi kennt keine Heimatlosen, Vertriebenen, Flüchtlinge, Gäste oder Fremdlinge; hier sind alle ›Bürger mit den Heiligen und Gottes Hausgenossen‹ (Ephes. 2,19).« Einheitsstiftendes Element der Kirche ist nicht Herkunft oder Rechtsstatus, sondern allein die »Zugehörigkeit zu Christus« und die darin gestiftete Einheit. Diese theologische Argumentation begründet gerade eine Verantwortung der Kirche gegenüber den Flüchtlingen.[79] Diese wurde seitens der Kirche als Pflicht, ja sogar als »gottgebene Aufgabe«[80] aufgefasst. Sie ergab sich für die Kirche aus dem »Gebot der christlichen Liebe« und hat »nichts mit Sentimentalität« zu tun.[81]

Aus dieser theologischen Grundsatzentscheidung folgerte die Evangelische Kirche in Österreich ihre Verantwortung gegenüber den Flüchtlingen. In ihrer Rolle als Anwalt und Sprachrohr für die Flüchtlinge[82] erhob die Kirche gegenüber den politisch Agierenden immer wieder Forderungen wie das Einstellen gewaltsamer Repatriierungen 1945, die Einführung einer großzügigen Einwanderungspolitik und das Einhalten der moralischen Verpflichtung der Alliierten, das »Chaos zu ordnen und die Elendsfolgen jener Beschlüsse [die des Potsdamer Abkommens, Anm. d. Verf.] durch politische und wirtschaftliche Maßnahmen zu lindern«.[83]

78 May, Verantwortung (wie Anm. 50) 41.

79 Ebenda 39; ähnlich auch: Protokollauszug der 5. Synode (wie Anm. 76) 22. Wie sehr die Stellungnahme zur Flüchtlingsfrage als Verantwortung wahrgenommen wurde, zeigt sich exemplarisch im *Evangelischen Gemeindeblatt für Oberösterreich*: »Ihre Verantwortung [die der christlichen Kirchen, Anm. d. Verf.] vor Gott ist in der Tatsache begründet, daß Gott alle Menschen zu seiner Kindschaft in Jesus Christus berufen hat; ihre Verantwortung vor den Menschen, daß wir deshalb alle untereinander Brüder und Schwestern sind und keines an der geistlichen und leiblichen Not des anderen vorübergehen darf.« *Ev. Gemeindeblatt für OÖ* 3/1950, 35. Diese Rede von der Verantwortung der Kirche gegenüber den Flüchtlingen als »Verantwortung vor Gott und den Menschen« findet sich mehrmals, u. a. in: *Neuland* 4/1950, 1.

80 *Ev. Gemeindeblatt für OÖ* 6/1949, 86.

81 Göhring, Versuch eines Überblickes (wie Anm. 50) 2.

82 Die Flüchtlinge machten zu dieser Zeit einen erheblichen Prozentsatz der Kirche aus, waren doch ca. 20 % der Flüchtlinge evangelisch Vgl. Leeb, Die Heimatvertriebenen (wie Anm. 26) 172.

83 May, Verantwortung (wie Anm. 50) 42. Diese Maßnahmen schlossen gerade auch die materielle Hilfe mit ein. Vgl. 19. Amtsbrüderliches Rundschreiben (Zl. 1169/45), in: Ein Bischof

Mit dieser neuen Identität versuchte man, sich bewusst vom »Mutterland der Reformation«, dem man sich in der Vergangenheit zugewandt hatte, zu trennen. Die Zeit bis 1945 wurde als »Versuchung« gesehen, in der »das Bekenntnis zu Jesus Christus in Gefahr war« und »der Staat [...] die Rechte der Kirche verkürzt« hatte.[84] Man versuchte, eine »bewusste Standortbestimmung ›in Österreich‹ [...] hin zu einer neuen ökumenischen Orientierung« zu finden.[85] Die Evangelische Kirche in Österreich näherte sich in ökumenischer Arbeit vor allem auch auf dem Gebiet der Flüchtlingsarbeit der römisch-katholischen Kirche an[86] und etablierte sich in der ökumenischen Bewegung, zu der sie nun durch die Flüchtlingsarbeit in ständigem Kontakt stand und auf deren Unterstützung sie angewiesen war. Senior Hubert Taferner berichtet für den Linzer Raum, dass es darüber hinaus vereinzelt Zusammenkünfte ökumenischen Charakters in kleineren Kreisen gab.[87] Allerdings kann man dabei noch nicht von einem weit verbreiteten ökumenischen Gedanken sprechen, die »Erinnerung an die Gegenreformation mit dem grausamen Höhepunkt des Würfelspiels auf dem Haushammerfeld«[88] war in Oberösterreich sehr lebendig. Dennoch: Gerade auf praktischer Ebene ist die Arbeit der Ökumene, gleich ob nationaler oder internationaler kirchlicher Stellen, wohl kaum zu überschätzen. Durch ökumenische Gremien und Tagungen wurde das Flüchtlingsthema überhaupt erst in die Gesellschaft getragen:

> »Der Kongress des Weltkirchenrates war jedenfalls die erste Veranstaltung, in der vor der österreichischen Öffentlichkeit die Flüchtlingsfrage in Gegenwart von Vertretern des Staates, der Ökumene und der Besatzungsmächte behandelt wurde. Die davon ausgehenden Impulse dürften nicht unbeträchtlich gewesen sein.«[89]

Die Identitätsentwicklung in Österreich und die Schaffung eines neuen Verhältnisses zum Staat (wie es auch auf rechtlicher Seite in dieser Zeit geschah) waren gerade in der ersten Zeit nicht einfach, erlebte der Staat Österreich doch mit der Gründung der Zweiten Republik eine »Stunde Null«, die von Vergangenheitsbewältigung und Identitätssuche geprägt war.[90] Gerade in dieser Neuorientierung der Zweiten Republik bestand für die Evangelische Kirche in Österreich eine große Chance, da auch seitens des Staates Österreich nicht mehr als das Österreich »des habsburgisch-katholischen Staates«[91] verstanden wurde.

---

schreibt... Die Amtsbrüderlichen Rundschreiben von Bischof D. Gerhard May 1944–1968, hg. von Gustav Reingrabner (Zurndorf 2005) 5.

84 Der Bischof berichtet über das geistliche Leben (1931–1948). *Ev. Gemeindeblatt für OÖ* 3/1949, 25 f., hier 26.

85 Schwarz/Staikos/Fenzl, Die Rolle der Kirchen in der Nachkriegszeit (wie Anm. 68) 114.

86 Vgl. Jungwirth, Kirche (wie Anm. 67) 47 f. Zur theologischen Begründung dieser Annäherung vgl. *Ev. Gemeindeblatt für OÖ* 6/1949, 82–84, hier 83.

87 Hubert Taferner, Im Dienst der Versöhnung. Lebenserinnerungen eines österreichischen Diasporapfarrers (o. O., o. J.) 124.

88 Ebenda 124 f.

89 Leeb, Die Heimatvertriebenen (wie Anm. 26) 179.

90 Vgl. Jungwirth, Kirche (wie Anm. 67) 17.

91 May, Kirche im Wandel (wie Anm. 77) 6.

Neben dieser neuen Identität, die die Kirchenleitung in den Nachkriegsjahren zu entwickeln versuchte, darf nicht vergessen werden, dass die Heimatvertriebenen ihre eigene kirchliche Prägung mitbrachten, die sich von der österreichischen Diasporaidentität oft wesentlich unterschied. Sie gehörten fest geprägten Volkskirchen mit langer Tradition an, die die Mitglieder oft weit über Flucht bzw. Vertreibung hinaus prägte. Die meisten der Heimatvertriebenen kamen aus überwiegend evangelischen Dörfern und kannten die Kirche als Mittelpunkt des Dorfes, um das sich das ganze kirchliche und gesellschaftliche Leben abspielte. Diese Prägung und Strukturen nahmen sie in die neue Heimat mit und lebten sie in der Öffentlichkeit.[92] Gerade in der ersten Zeit war die Situation in Österreich aber doch ganz anders und herausfordernd: Gottesdienste in Gasthäusern, Schulen, Baracken, katholischen Kirchen – diese Situation war für die volkskirchlich geprägten Flüchtlinge sehr schwierig. Deshalb entstand der Wunsch, so bald wie möglich ein eigenes Gotteshaus zu errichten.[93]

Die Unterschiede zwischen den gewachsenen kirchlichen Identitäten führten auf allen Seiten zu Spannungen und oft zu Unverständnis, aber auch zu gegenseitiger Achtung – jedenfalls aber zu genauer Beobachtung und einem gewissen Gefühl der Befremdlichkeit.[94]

V. Die Antwort der Evangelischen Kirche auf die Flüchtlingsfrage

Die Flüchtlingsströme aus dem Südosten Europas erreichten im Herbst 1944 Österreich. Schon gleich mit der Ankunft der Flüchtlinge besprach sich Bischof May in einem Luftschutzbunker mit den führenden Persönlichkeiten der Kirche »über die Organisierung der Flüchtlingsseelsorge«.[95]

Die Arbeit der Evangelischen Kirche in Österreich für ihre Flüchtlinge beschränkte sich aber nicht auf die reine Organisation der Flüchtlingsseelsorge oder ihre Funktion als kritische Stimme der Gesellschaft, sondern äußerte sich vor allem in Taten: Es wurde beispielsweise eine Kollekte für die Flüchtlingsseelsorge eingeführt.[96] Außerdem konnten durch die vielen internationalen Kontakte der Evangelischen Kirche in Österreich Hilfen unterschiedlicher Nachbarkirchen und -organisationen erzielt

92 Vgl. Wilhelm Wermescher, Riedersbach, in: 100 Jahre Evangelische Kirche Braunau am Inn. 1866–1966, hg. von der Evangelischen Pfarrgemeinde A. B. Braunau am Inn (Braunau am Inn 1966) 36 f., hier 36.

93 Vgl. Elfriede Csallner, Die Geschichte der Evangelischen Pfarrgemeinde A. B. Braunau am Inn, in: 100 Jahre Evangelische Kirche Braunau am Inn (wie Anm. 92) 15–28, hier 25.

94 Vgl. Eichmeyer, Vöcklabruck (wie Anm. 44) 137. Dabei darf davon ausgegangen werden, dass die gegenseitige Vergangenheit für beide Gruppen bekannt war, gab es doch mit der Habsburgermonarchie eine gemeinsame »historische Erinnerung«. Leeb, Die Heimatvertriebenen (wie Anm. 26) 180.

95 May, Bericht über das geistliche Leben (wie Anm. 19) 19.

96 Vgl. zum Beispiel: *ABl.* 3/1949, 19; *ABl.* 3/1950, 22; *ABl.* 3/1954, 22; *ABl.* 3/1955 u. a.

werden: zu nennen wären hier »die norwegische Nothilfe, die Brüdergemeinde, die Mennonitenzentrale, die Norwegische Europahilfe, das schwedische und dänische Hilfswerk ›Rettet die Kinder‹ u. a.«.[97] Die Kirche sah es als ihre Hauptaufgabe an, sich um die Flüchtlinge auf allen Ebenen zu kümmern: »Niemand kann zweifeln, daß Gott mit den Flüchtlingen unserer Kirche die schlechthin große Aufgabe und Bewährungsprobe dieser Jahre gegeben hat.«[98]

So wollte die Kirche den Flüchtlingen ermöglichen, die ersten Jahre der ungewissen Zukunft gut zu überstehen und in dieser zweifellos schwierigen Zeit seelsorgerlichen Beistand zu haben. Da es, wie bereits ausgeführt, für alle Beteiligten unklar war, wie lange die Flüchtlinge in Oberösterreich bleiben würden, kam es anfangs zu keiner Durchmischung von Flüchtlings- und ortsansässigen Gemeinden.[99] Deutlich wird dies unter anderem in Berichten des »Evangelischen Gemeindeblattes für Oberösterreich«, in denen in den Jahren 1946 bis 1948 auffallend ist, dass bei Angaben zu Abendmahlsgästen oder Kasualien die Flüchtlingsgemeinde nicht mitgezählt oder extra angeführt wurde.[100]

Dass sich die hohe Zahl an Flüchtlingen in Oberösterreich auf die Superintendentur auswirkte, zeigt ein Bericht Mays von 1949: »Die Superintendentur Linz hat nunmehr fast 100.000 Seelen, so daß sich für den Fall, daß die Flüchtlinge bleiben, die Notwendigkeit einer Zweiteilung der Superintendentur aufdrängt.«[101] Ein Anwachsen der Superintendentur auf 100.000 Seelen bedeutete ein Wachstum von 186 % im Vergleich zum Jahr 1931. Dieses Anwachsen veränderte auch die konfessionelle Situation in Oberösterreich, da unter den Heimatvertriebenen der Prozentsatz an Evangelischen mit 25 % deutlich über dem der inländischen Bevölkerung (6,5 %) lag.[102] Besonders hoch war in Oberösterreich die Zahl derer, die als Reformierte in Gemeinden der Bekenntniszugehörigkeit A. B. zugeteilt waren: »Oberösterreich, das keine Gemeinde A. u. H. B. hat, weist heute 1.697 Reformierte, vorwiegend Flüchtlinge in Linz, Wels, Wallern und Braunau auf.«[103] Der hier geschilderte Anstieg an Evangelischen war anfangs höher und überschritt die 100.000-Seelen-Marke, sank

---

97 Harry Slapnicka, Große Not, viele Helfer. Hilfsorganisationen, die für Vertriebene arbeiteten, in: Prinzip Hoffnung (wie Anm. 32) 239–248, hier 245.

98 Auszug aus dem Protokoll der 5. Synode (wie Anm. 76) 22.

99 Noch 1955 geht May davon aus, dass es noch eine Generation dauern würde, um die Integration im kirchlichen Bereich als abgeschlossen betrachten zu können. Vgl. ebenda 22.

100 So etwa *Ev. Gemeindeblatt für OÖ* 9–10/1947, 67; 17–18/1947, 102 f.; 4/1948, 46, 48.

101 May, Bericht über das geistliche Leben (wie Anm. 19) 14.

102 Vgl. Slapnicka, Erste Raststätte (wie Anm. 32) 200. Schon damals ließen sich in Oberösterreich gewisse Brennpunkte ausmachen, wie 1944 »im Nordteil der Gemeinde Steyr, um Enns, Wels, Ried, Schärding, bei Braunau«. Schreiben des Evangelischen Oberkirchenrates A. u. H. B., der Bischof vom 15. Dezember 1944, Zl. 352, Betr.: Seelsorge an den Südost-Flüchtlingen. Archiv des OKR.

103 May, Bericht über das geistliche Leben (wie Anm. 19) 14. Dies änderte auch die konfessionelle Situation in Oberösterreich. Waren 1938 noch 252 Evangelische H. B., waren es 1961 schon 1.263 im Gebiet der Bundesländer Oberösterreich, Salzburg und Tirol. Vgl. Seelenstandsberichte 1938 und 1961, *ABl.* 5/1939, 24 f. und 4/1961, 24–26.

dann durch Abwanderung aber wieder ab. Wenn man jedoch die Zahl der Seelen 1961 betrachtet, als dieser Prozess der Zu- und Abwanderung versiegte, waren immer noch 86.261 Evangelische in Oberösterreich in mittlerweile 34 (1946: 22) Gemeinden.[104] Dies zeigt, wie sehr die Flüchtlingsströme Oberösterreich und insbesondere auch die Evangelische Kirche in Österreich beeinflussten.

Dieser Anstieg nötigte zu Neuerungen. Eine solche Neuerung war die Möglichkeit, dass Flüchtlinge in der Kirche ebenso wie die österreichischen Evangelischen wahlberechtigt und kirchenbeitragspflichtig wurden.[105] Die Maßnahme der Aufnahme in die Wählerlisten und somit das Zugeständnis des aktiven und passiven Wahlrechtes war dazu gedacht, die Flüchtlinge in die bestehenden Gemeinden besser zu integrieren und ihnen zu ermöglichen, bald eine neue kirchliche Heimat, etwa durch Gründung neuer Gemeinden, zu finden. 1949 wurden die Gemeinden sogar dazu angehalten, Predigtstationen mit eigener Organisation für die Flüchtlinge zu errichten.[106] Einzige Voraussetzung war laut diesem Erlass der Nachweis von Kirchenbeitragszahlungen in den letzten zwei Jahren, die Erfüllung der Altersgrenze von 21 Jahren und der Eintrag ins Wählerverzeichnis.[107]

Die Bindung an die Bezahlung von Kirchenbeiträgen war mehreren Personen ein Dorn im Auge. So wurde auf der dritten Generalsynode ein Antrag von Flüchtlingsgeistlichen der jugoslawischen deutschen evangelischen Kirche A. B. und des deutschen reformierten Seniorates in Jugoslawien eingebracht, von der Bindung des Wahlrechtes an die Bezahlung von Kirchenbeiträgen abzusehen.[108] Auch wurde seitens der Kirchenbeitragsstelle auf organisatorische Probleme hingewiesen, die sich durch Vorschreibungen und freiwillige Kirchenbeitragszahlungen ergaben.[109]

Auch organisatorisch versuchte die Kirche gemeinsam mit der Ökumene, Strukturen für die Flüchtlingsarbeit zu schaffen. So wurde etwa auf der vom Ökumenischen Rat der Kirchen einberufenen Flüchtlingskonferenz 1950 in Salzburg die Installation einer Flüchtlingskommission beschlossen und bei der Flüchtlingstagung in St. Andrä im selben Jahr ein Flüchtlingsbeirat installiert. Der Flüchtlingskommission gehörten sowohl namhafte Vertreter der österreichischen Kirche als auch Vertreter der einzelnen Volksgruppen an.[110] Der Flüchtlingsbeirat sah auch nicht-kirchliche Fragen als ihre Aufgabe an, etwa die Rechtsberatung.

---

104 Vgl. Gerhard May (Hg.), Die Evangelische Kirche in Österreich (Göttingen–Zürich–Wien 1962) 27.

105 Vgl. *ABl.* 3/1949, 13 f.; *ABl.* 4/1950, 23.

106 *ABl.* 3/1949, 13.

107 Vgl. Entwurf von Pfr. Göhring – Flüchtlingsreferat an die heimatvertriebenen Glaubensgenossen in Österreich. Archiv des OKR, S9, 1 f.

108 Vgl. 1. Verhandlungstag am 20. Jänner 1949 nachmittags, in: Bericht über die gemeinsame dritte Generalsynode (wie Anm. 19) 22–25, hier 22 f.

109 Vgl. Schreiben der Kirchenbeitragsstelle des Evangelischen Oberkirchenrates A. u. H. B. vom 28. November 1948, Zl. 1712/48. Archiv des OKR.

110 Vgl. *ABl.* 4/1950, 26.

V.1 Die Bestellung von Flüchtlingspfarrern

Die Evangelische Kirche in Oberösterreich versuchte möglichst schnell und unbürokratisch, in der konkreten Situation den evangelischen Flüchtlingen zu helfen. Es wurden Flüchtlingspfarrer bestellt, um die Seelsorge vor Ort sicherzustellen und den Flüchtlingen ihren Aufenthalt zu erleichtern.[111] Als Flüchtlingspfarrer wurden jene Pfarrer bezeichnet, die mit den Flüchtlingsströmen oder nach Kriegsgefangenschaft nach Oberösterreich kamen, und nun in Oberösterreich ihre ehemaligen Gemeinden und andere Flüchtlinge betreuten. Hierzu wurde seitens des Oberkirchenrates festgelegt, dass diese in ein provisorisches Dienstverhältnis übernommen wurden. Es handelte sich dabei 1945 um 100 Flüchtlingsgeistliche in Österreich (zum Vergleich: Es gab 1945 140 österreichische Pfarrer).[112] Für die Flüchtlingspfarrer wurden spezielle Rüstzeiten organisiert, wo sie in die Geschichte, in die Besonderheiten und in das Kirchenrecht der Evangelischen Kirche in Österreich eingeführt wurden.

Es wurden sowohl akademische als auch nichtakademische Personen – sie trugen in ihren Heimatgemeinden Titel wie Pfarrlehrer, Prediger oder Pfarrhelfer – in den vorläufigen Dienst übernommen.[113] Sie wurden ab 1945 in Pfarrkonferenzen usw. eingebunden, um gemeinsam die wichtigsten Fragen besprechen zu können.

Seitens der Kirche wurde versucht, möglichst allen Volksgruppen gerecht zu werden und den Amtsbrüdern der unterschiedlichen Kirchen,[114] die sich nun in Österreich aufhielten, wo es ging zu helfen. Die Flüchtlingspfarrer erhielten für die Dauer der Verwendung in Österreich eine Gehaltsbeihilfe und wurden »als ausser-

111 In Gebieten, wo die Flüchtlinge seelsorgerlich nicht von Flüchtlingspfarrern versorgt werden konnten oder wo eine Sprengelaufteilung erfolgte, übernahmen auch die Ortspfarrer die Flüchtlingsarbeit, so z. B. in Wels, wo Pfr. Leibfritz die Flüchtlinge betreute. Vgl. Jahresbericht 1944, Archiv der Evangelischen Pfarrgemeinde A. B. Wels 4–6 sowie Jahresbericht 1945. Archiv der Evangelischen Pfarrgemeinde A. B. Wels, 5–7.

112 Vgl. May, Verantwortung (wie Anm. 50) 40. Leeb spricht hingegen von 110 Flüchtlingsgeistlichen, wovon 85 in den vorläufigen und 25 in den definitiven Dienst der Evangelischen Kirche in Österreich übernommen wurden. Vgl. Leeb, Die Heimatvertriebenen (wie Anm. 26) 182 f., 186. Listen von Flüchtlingspfarrern finden sich im OÖLA, Archiv der Evangelischen Superintendentur, Sch. 96, 59 sowie im Archiv des OKR.

113 Vgl. *Amt und Gemeinde* 4/1947, 51; Bericht über die Rüstwoche in *Amt und Gemeinde* 6/1947, 84. Die nicht akademisch gebildeten Pfarrer stammten vor allem aus Siebenbürgen und Kroatien. Vgl. Betr.: über Flüchtlinge, Zl. 255/46. Archiv des OKR, 8. Nach der Auskunft von Pfarrer i. R. Gerhard Grager und Pfarrer i. R. Volker Petri gab es in Siebenbürgen deshalb viele nichtakademische Pfarrlehrer, da man die akademische Ausbildung nur in Deutschland erhielt und es in Siebenbürgen nur die Möglichkeit einer nicht-akademischen Ausbildung am theologisch-pädagogischen Seminar der Kirche gab.

114 Insgesamt handelt es sich um viele verschiedene Herkunftskirchen: die deutsche evangelische Kirche im Banat und Serbien, die deutsche evangelische Kirche in der Batschka-Südungarn, die deutsche evangelische Kirche in Kroatien, die deutsche evangelische Kirche in Rumänien, das deutsche evangelische Generaldekanat in ungarisch-Siebenbürgen, die deutsche evangelische Kirche in Ungarn, die deutsche Evangelische Kirche in der Slowakei, das deutsche reformierte Seniorat in der Batschka-Südungarn und das deutsche reformierte Seniorat in Kroatien. Vgl. Betr.: über Flüchtlinge (wie Anm. 113) 6.

ordentliches Mitglied der landeskirchlichen Krankenkasse aufgenommen«.[115] Dies war etwa im Jahr 1945 ein Betrag von 187.015,89 Schilling für die Flüchtlingsgeistlichen in Österreich! (im Vergleich: Im gleichen Zeitraum wurden für aktive Geistliche 830.998,66 Schilling ausgegeben).[116] Dies war aufgrund der angespannten finanziellen Situation der Kirche eine beträchtliche Leistung der Evangelischen Kirche in Österreich, die nur möglich war, indem die österreichischen Pfarrer auf einen Teil ihres Gehaltes verzichteten.[117] »Abgesehen von allen sonstigen Schwierigkeiten bedeutet die Erhaltung dieser Flüchtlingspfarrer, auch wenn sie niedrigere Gehälter als die Geistlichen der Landeskirche beziehen, eine schwere Last für die Kasse der Kirchenleitung.«[118] Deshalb wurden die Pfarrer dazu aufgefordert, die bei Flüchtlingsgottesdiensten eingenommenen Kollekten nach Abzug der Fahrtkosten an den Evangelischen Oberkirchenrat zu überweisen, um davon die Flüchtlingsgehälter zumindest teilweise bezahlen zu können.[119] Dennoch konnte die Evangelische Kirche in Österreich nicht garantieren, diese finanzielle Belastung länger tragen zu können. Deshalb hieß es immer wieder: »Eine dauernde Uebernahme in den österreichischen Kirchendienst kommt infolge der wirtschaftlich schwierigen Lage der Landeskirche nicht in Betracht.«[120] Dies führte zu einem Arbeitsverhältnis auf unbestimmte Zeit, in der die Flüchtlingspfarrer aus österreichischer Sicht den Status eines Gastes[121] einnahmen, wenngleich von offizieller Seite immer wieder betont wurde, dass

115 Schreiben des Evangelischen Oberkirchenrates A. u. H. B. Wien vom 5. April 1946 (Zl. 2274/46) an Herrn Pfarrlehrer Johann Barth. OÖLA, Archiv Superintendentur, Sch. 88.

116 Vgl. *ABl.* 7/1946, 41 f.; Für den Zeitraum von 1945–1952 gibt die Evangelische Flüchtlingshilfe einen Betrag von 2.301.060,37 S an. Vgl. Bericht über die Lage der Heimatvertriebenen in Österreich und über die Hilfsarbeit der Evang. Kirche A. u. H. B. in Österreich für die Heimatvertriebenen Glaubensgenossen, 8 (Beilage zu *Ev. Flüchtlingshilfe* 10-11/1953).

117 Konkret handelte es sich um eine Gehaltskürzung von 15 % für die österreichischen Pfarrer, die Flüchtlingsgeistlichen erhielten 60 % der Bezüge der Österreicher, ab 1948 durch Zuschuss der Ökumenischen Flüchtlingsabteilung 100 %. Vgl. May, Verantwortung (wie Anm. 50) 40 f.; Ders., Evangelische Kirche (wie Anm. 104) 27. Wie angespannt die finanzielle Situation der Kirche war, zeigt sich in den Quellen immer wieder. Vgl. Bericht über Gehalte und Kirchenbeitragsaufkommen. Runderlass des Evangelischen Oberkirchenrates A. u. H. B. vom 2. November 1945, Zl. 4668/45, in: Quellentexte (wie Anm. 12) 493–494 (Nr. 252); 19. Amtsbrüderliches Rundschreiben (Zl. 1169/45), in: Ein Bischof schreibt (wie Anm. 83) 6.

118 Bericht Neumayer 34. Senioratsversammlung, (wie Anm. 44) 8. Vgl. auch 6. Amtsbrüderliches Rundschreiben, in: Ein Bischof schreibt (wie Anm. 83) 2.

119 Vgl. *ABl.* 6/1945, 35; Schreiben des OKR an Rudolf Wehlmann, Zl. 4791/45 vom 18. Dezember 1945. OÖLA, Archiv Superintendentur, Sch. 88. Diese Regelung dürfte gut funktioniert haben, doch war unklar, ob die Fahrtgelder für Kasualien abgezogen werden dürfen. Vgl. Schreiben des Seniors an den Evangelischen Oberkirchenrat A. B. Wien, Zl. 42/47 vom 21. Jänner 1947. OÖLA, Archiv Superintendentur, Sch. 88 und Schreiben der Evangelischen Pfarrgemeinde Braunau/Inn vom 4. März 1946, Zl. 95/41/1946. Archiv des OKR.

120 Schreiben vom 5. April 1946 (Zl. 2274/46) an Pfarrlehrer Johann Barth (wie Anm. 115).

121 »Bei aller Anerkennung […] habe ich doch das sehr deutliche Empfinden, dass Herr Pfarrer Folberth sich dessen nicht mehr bewusst ist, dass er Gast in unserem Lande und in unserer Kirche ist …« Schreiben des Oberländer Seniorates A. B. Goisern, OÖ vom 8. Juli 1946 an den Evangelischen Oberkirchenrat A. u. H. B., Zl. 327/46. OÖLA, Archiv Superintendentur, Sch. 88.

man sie nie nur als Gäste, sondern immer »als Bürger mit den Heiligen und Gottes Hausgenossen«[122] sah. Nicht alle Flüchtlingspfarrer behielten diesen Status des Gastes lange, schon 1946 wurden einige in den definitiven Dienst der Evangelischen Kirche in Österreich übernommen.[123] Viele jedoch blieben länger in einem provisorischen Dienstverhältnis. Man sollte dabei aber nicht denken, dass diese vorläufige, provisorische Übernahme für die Flüchtlingspfarrer nur negativ war. Manche der Flüchtlingspfarrer wollten sich die Möglichkeit der Weiterreise offen lassen. So schreibt etwa Pfarrer Folberth an den Evangelischen Oberkirchenrat auf das Angebot der definitiven Übernahme verneinend zurück: »Ich fühle mich verpflichtet, meiner Gemeinde gerade in dieser aussichtslosen Zeit meinen Dienst zu leisten und bei ihr zu verbleiben, selbst wenn wir weiter abgeschoben werden sollten.«[124] Diese Möglichkeit ließen sich mehrere offen und nutzten diese auch, sodass der Bischof 1955 berichten musste:

> »Noch weniger hatten wir damit gerechnet, daß eine so große Zahl aus dem Dienst unserer Kirche scheiden oder ins Ausland gehen würde. Es waren 28 in sechs Jahren. 13 Flüchtlingsgeistliche sind nach Deutschland, USA, Kanada ausgewandert. [...] Die Abwanderung nach Deutschland wäre noch erheblich stärker gewesen, wenn nicht die deutschen Kirchenleitungen [...] weitere Bewerbungen österreichischer Pfarrer abgelehnt oder sich zunächst mit uns in Verbindung gesetzt hätten.«[125]

Neben der Bestellung von Flüchtlingspfarrern und deren Arbeit in den Lagern und provisorischen Gottesdienstorten ist die Arbeit der einheimischen Pfarrer sowie zusätzlicher Vikare oder (Hilfs-)Pfarrer aus Deutschland,[126] der zahlreichen Diakone,[127] Diakonissinnen und Gemeindeschwestern[128] zu nennen. Die Gemeindeschwestern waren ebenso wie die Flüchtlingspfarrer nicht nur für die ersten Jahre in den Lagern prägend, sondern waren beim Aufbau neu entstandener Gemeinden von wesentlicher

---

122 May, Evangelische Kirche (wie Anm. 104) 27. Auch zeigt sich in den Archivalien, dass diese Lage der Flüchtlingspfarrer seitens der Evangelischen Kirche in Österreich als Provisorium, dessen baldige Aufhebung Ziel sein sollte, wahrgenommen wurde. Als nicht aus eigener Kraft erreichbar scheinendes Ziel wurde schon 1947 formuliert: »Anstrebung einer Normalisierung und eines festen Einbaues der Flüchtlingspfarrer in den kirchlichen Dienst«. Vgl. Betr.: über Flüchtlinge (wie Anm. 113) 5.

123 Vgl. May, Verantwortung (wie Anm. 50) 40.

124 Schreiben des Evangelischen Pfarramtes A. B. Braunau am Inn an den Evangelischen Oberkirchenrat, Zl. 81/36/1946. OÖLA, Archiv Superintendentur, Sch. 88.

125 Auszug aus dem Protokoll der 5. Synode (wie Anm. 76) 14.

126 Von solchen Pfarrern wird etwa im Raum Mauerkirchen sowie Gmunden berichtet. Vgl. auch Evangelische Pfarrgemeinde A. B. Gmunden (Hg.), 100 Jahre Evangelische Pfarrgemeinde A. B. Gmunden. 1870–1970 (Gmunden 1970) 35.

127 Erich Bartholomäus, ehemaliger Missionsschüler, etwa diente in Bad Ischl als Diakon und Kirchendiener. Vgl. Jahresbericht der Evangelischen Pfarrgemeinde A.B. in Bad Ischl für das Jahr 1947. OÖLA, Archiv Superintendentur, Sch. 96, 59 f.

128 Unter den Gemeindeschwestern fanden sich Absolventinnen der Wiener Frauenschule oder der Salzburger Missionsschule. Vereinzelt gab es aber auch Gemeindeschwestern, die mit den Pfarrgemeinden mitgeflüchtet waren und die nun durch Hilfe und Nachsicht der Kirchenleitung in Österreich eine Anstellung erhielten, etwa als Religionslehrerinnen oder Gemeindeschwestern.

Bedeutung. Dabei kamen in der Zeit der Gemeindegründungen auch Schülerinnen der Salzburger Missionsschule zum Einsatz, so etwa in Vöcklabruck, Linz-Süd und Linz-Urfahr.[129]

Der Bericht von Pfarrer Hösch gibt ein Beispiel für die Aufgaben der Flüchtlingsseelsorge:

> »Dieses ganze Gebiet [...] wurde in Predigtstationen und Predigtstellen eingeteilt und jedem Mitarbeiter eine – oft auch zwei oder drei Predigtstationen zugeteilt. Vorrang hatte die Erteilung des Religionsunterrichtes. Der Sonntagsgottesdienst wurde auf allen Stationen nach Möglichkeit Sonntag für Sonntag am Vormittag, an manchen Stellen, weil nicht anders möglich, am Nachmittag abgehalten. Nach Abhaltung des Gottesdienstes wurden Kasualhandlungen vollzogen und Krankenkommunionen gehalten. Es wurde auch Konfirmandenunterricht erteilt und dann in der Osterzeit wurden Konfirmationsfeiern gehalten. [...] Als die Verhältnisse sich mehr geklärt und gebessert hatten, wurde auch mit der Abhaltung von Bibelstunden, auch Frauengebetsstunden, begonnen. Der Besuch war [...] überwältigend. Der Hunger nach Gottes Wort war groß. ›Herr, meine Seele verlangt nach dir.‹ Das war wirklich so! – Später wurden auch Freizeiten in Kampesberg bei Kirchham abgehalten und erfreuten sich eines regen Besuches. Die erwachsene Jugend wurde in die einheimische evangelische Jugendarbeit eingebaut. [...]. So konnte diese Flüchtlingsjugend, die in der alten Heimat in Bruder- und Schwesternschaften zusammengefasst war, [...] in die größere Gemeinschaft eingereiht werden.«[130]

Dieser Bericht zeigt, dass die Betreuung der Flüchtlinge besondere Herausforderungen bot.[131] Unter den Flüchtlingen bestand neben der großen materiellen Not und dem Hunger ein großes Bedürfnis nach kirchlichen Angeboten aller Art. Pfarrer Sepp Scheerer beschreibt in einem Bericht über seine Arbeit 1945 eindrücklich:

> »Als ich meinen ersten Gottesdienst abhielt, auf einem Rasenplatz hinter den Baracken und sich da an die 1500 Männer sammelten, ausgemergelt und verhungert, zum Teil konnten sie nicht stehen bleiben, sondern mußten sich setzen, als ich merkte, wie ihrem leiblichen Hunger ein seelischer entsprach, da war ich auf das tiefste erschüttert. Noch erschütterter war ich, als ich im Anschluß an den Gottesdienst von Hungerten umringt wurde und gebeten wurde, ihnen das Hl. Sakrament zu verabreichen. Ebenso wurde ich gebeten,

---

129 So etwa in Schwanenstadt und Lenzing-Kammer. Vgl. Reiner, Das Amt der Gemeindeschwester (wie Anm. 20) 140, 198 f.

130 Evangelische Pfarrgemeinde A. B. Gmunden, 100 Jahre (wie Anm. 126) 35 f.

131 Dies wird immer wieder an den Berichten der Flüchtlingspfarrer deutlich. Noch 1954 schreibt Pfr. Mathias Schuster: »Man kommt ja aus der Unruhe gar nicht mehr heraus und es fällt einem die Seelsorge und bes. das Amt des Tröstens so unheimlich schwer. Wenn ich nicht selbst Flüchtling wäre und alle diese Dinge miterleben würde, ich hätte schon längst kapituliert.« Schreiben an Senior Hans Neumayer, 16. November 1954 (wie Anm. 60). Die Flüchtlingspfarrer standen vor der Aufgabe, »die Ungeheuerlichkeit der Vorgänge von Flucht und Vertreibung mit dem Glauben an Gott in eine sinnvolle Beziehung zu setzen«. Schott, Flucht (wie Anm. 72) 252. Auch Pfarrer Flachbart schreibt, er habe nur vier leere Wände übernommen und müsse »Aufbauarbeit ganz von vorne« leisten. Erschwerend kam hinzu, dass die Flüchtlingsgemeinde »in mehrere Gruppen gespalten« war und sich diese »voller Misstrauen und Missgunst gegenüberstehen«. Schreiben von Pfarrer Rudolf Flachbart an das Presbyterium der Evangelischen Pfarrgemeinde A. B. in Linz vom 28. November 1949, Zl. 354/1949. Archiv der Evangelischen Pfarrgemeinde A. B. Linz-Innere Stadt, Schriftenwechsel 1949.

doch öfters zu kommen, Bibelstunden abzuhalten. Wieder andere baten mich, eine Art ›Glaubensunterweisung‹ vorzunehmen […]. Außerdem kamen viele und baten mich um persönliche Aussprache.«[132]

Zur Bewältigung dieser Aufgaben wurde seitens der Kirche versucht, den Pfarrern das notwenige Handwerkszeug zu geben, waren ja nicht in allen Gemeinden und Predigtstationen Gesangbücher und Bibeln in der notwendigen Menge vorhanden.

Die Anzahl der Flüchtlingspfarrer war in Oberösterreich sehr hoch. Sie waren jeweils einer Pfarrgemeinde zugeordnet und versorgten die Flüchtlinge im Pfarrsprengel ungeachtet ihrer Herkunft.[133] Sie hatten monatlich einen Bericht über ihre Arbeit an den Evangelischen Oberkirchenrat zu senden, der Einblick in ihre Arbeit bieten und einen Überblick über die unübersichtliche, sich stets ändernde Situation der Flüchtlingsgemeinden geben sollte.[134] Ohne sie wäre eine seelsorgerliche Versorgung kaum möglich gewesen, da in den ersten Nachkriegsjahren ein akuter Pfarrermangel herrschte. Zudem war es gerade in der allerersten Zeit schwer, die einzelnen Orte zu erreichen. Teilweise war die Dienstverrichtung nur zu Fuß, eventuell noch mit dem Fahrrad möglich.[135] Hier war der Einsatz von Flüchtlingspfarrern eine geeignete Möglichkeit, möglichst viele Evangelische zu versorgen. Zudem waren die Flüchtlingspfarrer ja oft mit ihrer Pfarrgemeinde geflüchtet, kannten diese schon lange und teilten mit dieser ihr Schicksal, verwendeten dasselbe Liedgut usw.[136]

Dabei stellte sich die Arbeit im Provisorium der ersten Nachkriegsjahre nicht immer als einfach dar, waren die Flüchtlingspfarrer doch aus unterschiedlich geprägten, meist stark volkskirchlich orientierten Landeskirchen, die oft einen anderen Charakter hatten als die österreichische. Gerade auf der Ebene der Ortsgemeinden, wo

132 Bericht über die seelsorgerliche Betreuung in den Gefangenenlagern der Waffen-SS, erstattet von Pfarrer Sepp Scheerer aus Botsch (Siebenbürgen), derzeit Linz, O.Österreich. OÖLA, Archiv Superintendentur, Sch. 170, 3 f. Dass dieses Bedürfnis anhielt, schreibt Sepp Scheerer noch 1950. Vgl. *Amt und Gemeinde* 6/1950, 61–63 u. 7–8/1950, 77–79.

133 Vgl. *ABl.* 6/1945, 35. Diese Anweisung wurde allerdings nicht immer beachtet bzw. von den Flüchtlingen selbst nicht unbedingt gerne gesehen. Vgl. Schreiben des Evangelischen Oberkirchenrates an die Evangelische Pfarrgemeinde A. B. Braunau vom 5. Jänner 1946, Zl. 5897/45. OÖLA, Archiv Superintendentur, Sch. 88, 30.

134 Solche Berichte sind von einigen Pfarrgemeinden erhalten, so z. B. OÖLA, Archiv Superintendentur, Sch. 88 (Berichte der Braunauer Flüchtlingspfarrer).

135 Dies führte auch dazu, dass trotz des Einsatzes der Flüchtlingspfarrer und Pfarrer im Ruhestand nicht alle Gebiete gut versorgt werden konnten. Vgl. 8. Amtsbrüderliches Rundschreiben, in: Ein Bischof schreibt (wie Anm. 83) 2; Antwortschreiben an die Evangelische Superintendentur A. B. Linz/Donau auf das Rundschreiben vom 5. Oktober 1946. OÖLA, Archiv Superintendentur, Sch. 88. Welch große Erleichterung Fahrrad und später Motorrad bei der Dienstverrichtung waren, zeigen die Wünsche an den Oberkirchenrat, solche zu besorgen bzw. den Ankauf mittels Ratenzahlung zu ermöglichen. Vgl. Schreiben an die Evangelische Superintendentur A. B. Linz/Donau (Zl. 401/b [LIII]) vom 30. September 1946. OÖLA, Archiv Superintendentur, Sch. 88.

136 Pfr. i. R. Volker Petri erzählte, dass die siebenbürgischen Gesangbücher teils sehr lange in Verwendung waren, etwa bei Beerdigungen.

die Flüchtlingsgeistlichen jeweils einem österreichischen Pfarrer zugeteilt wurden, zeichnen sich in den Quellen einige Konflikte und Vorurteile ab:

- Die Unterordnung der Flüchtlingspfarrer unter die Pfarrer vor Ort als ihre Vorgesetzten: Manchen Flüchtlingspfarrern fiel es schwer, sich nach dem bisher von ihren Gemeinden entgegengebrachten Respekt und der zugesprochenen Autorität dem Ortspfarrer unterzuordnen und in die Rolle des vorübergehenden Gastes hineinzufinden. Da die Pfarrer ihnen vorgesetzt waren und diese auch die Amtsführung innehatten, lag darin ein gewaltiges Konfliktpotential, etwa, wenn das Gehalt über den amtsführenden Pfarrer ausgehändigt werden sollte.[137]
- Die Bestellung der Flüchtlingspfarrer: Hier gab es auch seitens der Heimatvertriebenen Wünsche, einen Pfarrer ihrer Volksgruppe einzusetzen, was aber nicht immer möglich war.[138]
- Eng damit zusammenhängend der Einsatz der Flüchtlingspfarrer: Seitens der Kirchenleitung waren die Flüchtlingspfarrer für ein bestimmtes Gebiet vorgesehen, und nicht nur für ihre Volksgruppe. Die Quellen legen jedoch nahe, dass dies nicht immer funktionierte und die Flüchtlingspfarrer gerne »ihre« Flüchtlinge weiterbetreuten.[139]
- Vorurteile seitens der österreichischen Pfarrer: Sie warfen den Flüchtlingspfarrern vor, sich nur schwer einzufügen und mit den örtlichen Gegebenheiten wie der Ordnung und Führung der Kirchenbücher ihre Schwierigkeiten zu haben. Auch wurde unerwünschtes Verhalten mit dem »Volkscharakter dieser Leute«[140] begründet. Zudem standen die Volksdeutschen unter dem Generalverdacht, politisch und ideologisch der NS-Ideologie nahe zu stehen.[141]
- Frage nach den Vorgesetzten: Die Flüchtlingsgeistlichen fühlten sich trotz der Bestellung und Besoldung durch die Evangelische Kirche in Österreich nicht nur dieser Kirche verpflichtet, sondern auch und vor allem ihren Heimatkirchen. Deshalb wurden Absprachen zwischen den Pfarrern nicht nur mit dem Senior, Superintendenten oder Oberkirchenrat getroffen, sondern auch mit den Kirchenoberen der Heimatkirchen, namentlich mit Generaldechanten Dr. Carl Molitoris und Bischof Franz Hein. Dies zeigte sich in Urlaubsgesuchen ebenso wie in Bestellungsfragen.

Die Ursachen für diese Konflikte werden wohl auf beiden Seiten zu suchen sein. Darüber hinaus darf nicht vergessen werden, dass sich die Kirche in einer Zeit des Um-

---

137 Vgl. Schreiben des Oberländer Seniorates (wie Anm. 121).

138 Vgl. Schreiben vom 2. Februar 1950 an den Superintendenten Linz/D. OÖLA, Archiv Superintendentur, Sch. 88.

139 Vgl. Schreiben des Evangelischen Oberkirchenrates A. B. Wien an das Evangelische Pfarramt A. B. Braunau am Inn vom 26. Oktober 1945, Zl. 4267/45. OÖLA, Archiv Superintendentur, Sch. 88; Jahresbericht der Evangelischen Pfarrgemeinde Braunau/Inn für 1946. OÖLA, Archiv Superintendentur, Sch. 88.

140 Schreiben des Oberländer Seniorates (wie Anm. 121).

141 Schreiben der Evangelischen Superintendentur Linz/Donau an alle Pfarrämter vom 22. Jänner 1946, in: Petri, Österreich (wie Anm. 26) 161 f.

bruches befand und die Situation für alle eine neue war. So wussten beispielsweise die volksdeutschen Pfarrer anfangs ebenso wenig mit der österreichischen Matrikenführung umzugehen wie die österreichischen Pfarrer mit Anfragen zur Ausstellung von Urkunden aus nicht-österreichischen Matrikenbüchern.[142] Auch war zunächst nicht klar, wie mit den provisorischen Anstellungen umzugehen sei – in den Akten von Bad Ischl etwa findet sich eine Anfrage, ob für den vorläufig eingesetzten Pfarrer eine Amtseinführung vorgesehen sei oder lediglich eine Abkündigung des Dienstantrittes reiche.[143]

Würde man die Zuteilung der Flüchtlingspfarrer auf die ganze Superintendentur graphisch darstellen, so würden sich zwar Konzentrationspunkte der Arbeit mit Flüchtlingen feststellen lassen. Es fällt aber auf, dass es kaum Gemeinden gab, denen kein Flüchtlingspfarrer zugeteilt war. In fast allen Gemeinden gab es in unterschiedlicher Intensität und für unterschiedliche Dauer Flüchtlinge, die es zu betreuten galt.

Betrachtet man die Biographien der Flüchtlingspfarrer, so fallen zwei Dinge besonders auf:

1. Unter den Flüchtlingspfarrern waren sowohl akademisch ausgebildete Pfarrer als auch Pfarrhelfer, die eine theologisch-pädagogische oder missionarische Ausbildung absolviert hatten. Viele davon hatten bereits in ihren Heimatkirchen Karriere gemacht. Unter den Flüchtlingen befanden sich so neben vielen Ortsgeistlichen auch Bischof Hein, Generaldechant Molitoris[144] sowie Oberpfarrer Bolz, die allesamt in ihren Heimatkirchen kirchliche Autoritäten gewesen waren und von der österreichischen Kirche als solche wahrgenommen wurden. So sind etwa Anfragen des Oberkirchenrates zu einzelnen Personen und ihrer Eignung für den Dienst eines Flüchtlingsgeistlichen an Bischof Hein belegt,[145] und auch die Weiterleitung wichtiger Briefe an Generaldechant Molitoris betreffend siebenbürgischer Pfarrer ist aus dem Archivgut ersichtlich. Da Molitoris von den siebenbürgischen Pfarrern als Autorität anerkannt wurde, gab es seitens Senior Neumayers die Forderung an Molitoris nach einem Machtwort, um Konflikte anzusprechen oder gar nicht erst aufkommen zu lassen.[146] Die ehemaligen örtlichen kirchlichen Autori-

---

142 Vgl. Schreiben des Evangelischen Oberländer Seniorates an den Evangelischen Oberkirchenrat A. u. H. B. Wien vom 23. Februar 1949, Zl. 78/49. OÖLA, Archiv Superintendentur, Sch. 96.

143 Vgl. Schreiben des Evangelischen Oberländer-Seniorates A. B. an den Evangelischen Oberkirchenrat A. B. in Wien vom 20. November 1944, Zl. 782. OÖLA, Archiv Superintendentur, Sch. 96.

144 Molitoris versuchte, seine Aufgaben wie in der Heimat weiterzuführen und führte etwa auch den Rundstempel des Generaldekanates Nordsiebenbürgen weiter, wie im Schreiben von Generaldechant Molitoris an alle Volks- und Glaubensgenossen vom 14. Dezember 1945. OÖLA, Archiv Superintendentur, Sch. 167.

145 Vgl. Schreiben des Evangelischen Oberkirchenrates an Bischof Franz Hein vom 24. April 1945, Zl. 1897/45. OÖLA, Archiv Superintendentur, Sch. 96; Schreiben des Evangelischen Oberkirchenrates Wien an Bischof Franz Hein vom 23. April 1945, Zl. 1894/45. OÖLA, Archiv Superintendentur, Sch. 96.

146 Vgl. Schreiben des Oberländer Seniorates (wie Anm. 121).

täten wurden als moralische Autorität anerkannt und als Vertreter der jeweiligen evangelischen Kirchen, die für ihre teils nicht mehr bestehenden Kirchen sprechen und entscheiden konnten.[147] Darüber hinaus versuchte der Oberkirchenrat jedoch, Separationsbestrebungen zu unterbinden und die Heimatvertriebenen in die schon bestehenden Strukturen der Kirche zu integrieren.[148]

2. Es zeigt sich, dass bei vielen Pfarrern aus dem Provisorium eine feste Anstellung wurde. Viele der zuerst als Flüchtlingspfarrer einstweilig übernommenen Pfarrer wurden, nachdem eine längerfristige Planung möglich und eine Lösung der Staatsbürgerschaftsfrage in Sicht war, gänzlich in den Dienst der Evangelischen Kirche in Österreich übernommen. Die Pfarrer mussten dafür allerdings noch ein Colloquium über »österreichisches Kirchenrecht, Kirchenverfassung, Matrikenführung und Führung des Pfarramtes sowie [...] die österreichische Kirchengeschichte«[149] ablegen. Außerdem hatten sie den Nachweis der ihnen verliehenen Staatsbürgerschaft dem Oberkirchenrat beglaubigt zukommen zu lassen.[150]

V.2 Die Arbeit Evangelischer Hilfsorganisationen

V.2.1 Das Christliche Hilfswerk für die Heimatlosen

Das Christliche Hilfswerk für die Heimatlosen wurde am 5. Juli 1945 in Bad Ischl gegründet und war somit die älteste Hilfsstelle für Heimatlose in Österreich.[151] Seine Aufgabe beschrieb das Hilfswerk folgendermaßen:

> »Die besondere Aufgabe des Christlichen Hilfswerkes für die Heimatlosen wird es sein, die Aufmerksamkeit des Weltprotestantismus auf die seelische und leibliche Notlage der durch den Krieg heimatlos gewordenen Menschen zu lenken und den Anstoß zu christlicher Liebestätigkeit zu geben. Aber auch innerhalb unserer Pfarrgemeinden kann das christliche Hilfswerk weitgehendst gefördert werden, es können in verläßlichen Familien Kostplätze für elternlos gewordene Flüchtlingskinder gesucht werden, es können Kollekten für die Hilfsleistung an den Heimatlosen abgehalten werden, und es kann vor allem und am wichtigsten darauf hingearbeitet werden, daß nicht örtliche Stellen im Widerspruch mit wiederholten Weisungen der Militärdienststellen zwangsweise Abtransportierungen der Heimatlosen durchführen.«[152]

---

147 »Bischof Hein, Bischof d. ehem. dt. evang. Kirche A. B. im jugoslawischen Banat, dzt. Bad Ischl – OÖ, er vertritt die evang. Kirche A. B. im ehem. Staat Croatien. Evang. Kirche A. B. in Rumänien vertritt Generaldechant Molitoris, dzt. Ried/Innviertel, OÖ, vertritt nun d. Siebenbürger Sachsen [...] andere schlossen sich donauschwäbischen Kirchengruppen an.« GÖHRING, Versuch eines Überblickes (wie Anm. 50) 2.

148 Vgl. Protokoll über Flüchtlingstagung in St. Andrä (wie Anm. 26) 3 f.

149 *ABl.* 9/1947, 46.

150 Vgl. *ABl.* 6/1947, 35.

151 Vgl. *Neuland* 10/1949, 3.

152 *ABl.* 4/1945, 19.

Als Männer der ersten Stunde sind Bischof Hein (Bad Ischl), »der ehemalige weltliche Landeskirchen-Präsident Franz Hamm«[153] (Salzburg) und Senior Heinrich Meder (Wien) zu nennen.

Das Christliche Hilfswerk arbeitete eng mit den einzelnen Pfarrgemeinden zusammen und lieferte Lebensmittel- und Wäschepakete, Medikamente und Kleider, die direkt von den Pfarrgemeinden an Bedürftige (egal ob Flüchtlinge oder Österreicher) verteilt wurden.[154] Diese Kleiderspenden kamen beispielsweise vom Lutherischen Weltbund.[155] Auch vermittelte es Hilfen, die von Seiten des Auslands angeboten wurden: 1949 etwa wird Kindern ein Erholungsaufenthalt in den Niederlanden ermöglicht.[156] 1951 wird davon berichtet, dass evangelische Flüchtlingskinder aus Österreich über das kirchliche Nothilfswerk Norwegen adoptionsbereiten Familien in Norwegen vermittelt wurden.[157]

Das Hilfswerk wurde vorerst von Pfarrern, die diese Aufgabe ehrenamtlich zusätzlich übernahmen, geleitet. Durch die Teilung Österreichs in mehrere Besatzungszonen war die Aufteilung der Arbeit unter mehreren Personen notwendig, und so wurde Pfarrer Erich Wilhelm zum Generalsekretär über die russisch besetzten Gebiete berufen (Sitz: Wien) und Pfarrer Friedrich Kaufmann zum Generalsekretär des übrigen Österreich mit Sitz in Salzburg. Das Christliche Hilfswerk versuchte unter anderem auch, gegen die bevorstehenden Repatriierungen zahlreicher Heimatvertriebener anzukämpfen und konnte auf diesem Gebiet auch erste Erfolge erzielen. So konnte erreicht werden, »daß kein Flüchtling gegen seinen Willen repatriiert«[158] wurde. Auch trieb der Gründer des Christlichen Hilfswerkes Bischof Hein bis zu seinem Wegzug die Führung einer Kartei voran, die die Familienzusammenführung erleichterte.

Das Christliche Hilfswerk arbeitete zunächst überkonfessionell und »in nur loser Verbindung mit unserer Kirche«,[159] dann wurde ihm aber ein Pfarrer als Direktor zugeteilt und so die Bindung zur Evangelischen Kirche in Österreich fester.

153 Hartmut Rudolph, Evangelische Kirche und Vertriebene 1945 bis 1972. Die Aufnahme von Pfarrern und Gemeindegliedern aus dem Osten im westlichen Nachkriegsdeutschland: Nothilfe, Seelsorge, kirchliche Eingliederung (AKIZ.B 11, Göttingen 1984) 58.

154 Vgl. *ABl.* 4/1945, 19 f.; loses Blatt mit dem Titel »Evangelisches Hilfswerk«. Archiv der Evangelischen Pfarrgemeinde A. B. Traun; *Amt und Gemeinde* 5/1947, 66.

155 Vgl. Schreiben von Direktor Hans Schager an das Evangelische Pfarramt Traun vom August 1959, Form. 29/1959. Archiv der Evangelischen Pfarrgemeinde Traun.

156 Vgl. *Ev. Gemeindeblatt für OÖ* 6/1949, 94.

157 *ABl.* 10/1951, 68. Einige Briefe des Christlichen Hilfswerkes sind noch im OÖLA. Archiv Superintendentur, Sch. 96 erhalten. Einen genauen Einblick in Arbeit und Spendenauskommen gibt der Bericht von Dir. Hans Schager, 10 Jahre Evangelisches Hilfswerk in Österreich. *Amt und Gemeinde* 6/1955, 3–5.

158 Vgl. Erich Wilhelm, »Über die Flüchtlingsseelsorge der Evang. Kirche A. u. H. B. in Österreich«, in: Quellentexte (wie Anm. 12) 505–509, hier 506 (= Nr. 259).

159 Ebenda 507. Es wurde 1949 der Evangelischen Kirche A. u. H. B. in Österreich unterstellt, war aber weiterhin für alle Flüchtlinge ungeachtet ihrer Nationalität und Konfession da. Vgl. *Neuland* 10/1949, 3.

V.2.2 Linzer Stadtmission

Ursprünglich als Evangelische Stadtmission vom Kurator-Stellvertreter Mayrzedt ins Leben gerufen, begann die Linzer Stadtmission mit Missionaren und freiwilligen Helfern 1945 die Arbeit. 1945/1946 wurden viele Mitarbeiter eingestellt, unter ihnen waren Missionare und Gemeindeschwestern bzw. Personen, die die Arbeit einer Gemeindeschwester übernahmen.[160] Die Linzer Stadtmission leistete diakonische Arbeit im Gebiet von Linz und sah es als ihre Aufgabe an, »dort helfend einzugreifen, wo sich auch nur eine geringe Möglichkeit für Hilfe bietet«.[161] Sie war sowohl für Einheimische als auch für Flüchtlinge tätig und war bis zur Gründung der Flüchtlingshilfe »die Brücke vom örtlichen Pfarramt, deren Diakoniearm sie ist, zum Lagerpfarramt«.[162] Sie übernahm bis zur Gründung der Flüchtlingshilfe die Verteilung von Kleidern, Lebensmitteln, Medikamenten und Geld, aber auch Haus- und Krankenbesuche sowie Rechtsberatung. Auch die Leitung und Verwaltung des Schülerheimes lag in den ersten Jahren in den Händen der Stadtmission. Die Linzer Stadtmission war im Gegensatz zu den anderen Einrichtungen keine Einrichtung nur für die Flüchtlinge, sondern eine Hilfsstelle für »Witwen und Waisen, Arme, Alte und Kranke, Heimat- und Obdachlose«,[163] die alle Hilfsleistungen an Leib und Seele zusammenfasste.

Auch nach der Gründung der Evangelischen Flüchtlingshilfe führte die Linzer Stadtmission ihre Arbeit fort, es wurde für die Gemeinde Linz-Süd eine eigene Zweigstelle errichtet.[164]

V.2.3 Die Arbeit der Evangelischen Flüchtlingshilfe

Die Evangelische Flüchtlingshilfe der Evangelischen Kirche A. u. H. B. in Österreich wurde 1952 als diakonische Sonderorganisation der Kirche gegründet und am 21. Februar 1952 als solche oberkirchenbehördlich genehmigt. Durch sie sollte die Koordination der einzelnen Initiativen ermöglicht werden, da man bei den Flüchtlingskonferenzen erkannte, »dass bis dahin die diversen Organisationen offensichtlich unkoordiniert bzw. mehr oder weniger unabhängig voneinander arbeiteten«[165] und die Kirche in diesem Bereich Handlungsbedarf sah. Gleich zu Beginn wurden neben der Hauptstelle in Wien auch Landesstellen gegründet. Die Landesstelle Oberösterreich wurde anfangs mit zwei Hauptmitarbeitenden in Linz eingerichtet: als Leiter der Flüchtlingshilfe Oberösterreich wurde Sepp Scheerer bestellt, seine Hauptmit-

160 Eine genaue Auflistung findet sich im Tätigkeitsbericht der Evang. Stadtmission Linz für 1946 (OÖLA, Archiv Superintendentur, Sch. 169). Vgl. auch Evangelische Pfarrgemeinde A. B. Linz-Innere Stadt (Hg.), Festschrift 150 Jahre Martin-Luther-Kirche Linz. 1844–1994 (Linz 1994) 94 f.

161 Jahresbericht 1945. Archiv der Evangelischen Pfarrgemeinde A. B. Linz-Innere Stadt, 4.

162 Protokoll der Sitzung des Zentralausschusses für Flüchtlingshilfe der Diözese Linz am 2. September 1947 im Landhaus. OÖLA, Archiv Superintendentur, Sch. 170, 1.

163 Evangelische Pfarrgemeinde A. B. Linz-Innere Stadt, 150 Jahre (wie Anm. 160) 94.

164 Vgl. *Linzer Kirchenbote* 11–12/1957, 7. Dieser berichtete über deren Arbeit in »Die Ecke der Stadtmission«.

165 Vgl. Leeb, Die Heimatvertriebenen (wie Anm. 26) 185.

arbeiterin war bis September 1952 Vikarin Margarethe Hoffer. Ihr folgte die Absolventin der sozialen Frauenschule Susi Schmidt nach.[166] Mit diesen Mitarbeitern war es möglich, Sachspenden zu verteilen, Geldbeihilfen auszuzahlen, Kinderlager sowie Volksküchen zu organisieren und auch Heime für Alte, Kinder und Jugendliche zu errichten und zu führen.[167]

Eine weitere wichtige Aufgabe war die Ausstellung von Ersatzscheinen. Viele Flüchtlinge hatten bei Evakuierung, Flucht oder Vertreibung wichtige Dokumente verloren. Da aber die Kirchenbücher großteils mit nach Österreich genommen wurden, war es durch die Flüchtlingshilfe möglich, Ersatzscheine ausgestellt zu bekommen, die auch staatlicherseits anerkannt wurden.[168]

Neben dieser materiellen Hilfe ging es um ideelle Hilfe. Dafür wurden Rechtsberatungen angeboten und ein Besuchsdienst eingerichtet.[169] Göhring spricht von dem »wichtigen Anliegen[,] der moralischen Diffamierung der Flüchtlinge entgegenzutreten«[170] und der »ideelle[n] Stärkung der noch vorhandenen gesunden charakterlichen und sittlichen Kräfte der Flüchtlinge«.[171] Diese umfasste das Eintreten für die Anliegen und Erwartungen der Flüchtlinge. So versuchte die Flüchtlingshilfe, dem Drängen auf ein menschenwürdiges Leben und rechtliche Gleichstellung Gehör zu verschaffen.[172]

Die Arbeit der Evangelischen Flüchtlingshilfe in Österreich wurde großteils durch Spenden ermöglicht.[173] Hier sind vor allem der Lutherische Weltbund, der Ökumenische Rat der Kirchen sowie das Hilfswerk der Evangelischen Kirchen in der Schweiz zu nennen. Auch das Evangelische Hilfswerk und die Evangelische Kirche in Österreich stellten Mittel zur Verfügung, die über die Landesstellen der Flüchtlingshilfe verteilt wurden. Wie an diesen vielen Organisationen ersichtlich ist, wurde die Evangelische Flüchtlingshilfe von den kirchlichen Organisationen als Netzwerk genutzt, um die Arbeit vor Ort zu koordinieren und die Hilfe vor Ort richtig zu verteilen. Die genauen Arbeitsschwerpunkte spiegeln sich im Arbeitsprogramm der Evangelischen Flüchtlingshilfe 1953 wider:

---

166 Vgl. *Ev. Flüchtlingshilfe* 8/1952, 4; 9/1952, 4.

167 Vgl. Leeb, Die Heimatvertriebenen (wie Anm. 26) 185.

168 Vgl. Schreiben des Evangelischen Pfarramtes A. B. Wallern an die Evangelische Superintendentur A. B. Linz, an das Evangelische Unterländer Senioratsamt A. B. Linz, an das Evangelische Pfarramt Linz und die Evangelische Flüchtlingshilfe Linz vom 5. September 1950, Zl. 606/1955. Archiv der Evangelischen Pfarrgemeinde A. B. Linz-Innere Stadt.

169 Vgl. *Ev. Flüchtlingshilfe* 3/1952, 2.

170 Die Mitarbeit der freiwilligen Wohlfahrtsorganisationen in der Flüchtlingsfürsorge. Vortrag von Pfarrer Gotthold Göhring (Leiter der evangelischen Flüchtlingsseelsorge in Wien), gehalten im Rahmen der Österreichischen Bischofskonferenz für Wohlfahrtswesen am Freitag, dem 23. Juli 1948 um 17.00 Uhr im auditorium maximum der Wiener Universität. Archiv des OKR, S3, 4.

171 Ebenda 5.

172 Vgl. *Ev. Flüchtlingshilfe* 3/1952, 2.

173 Zahlreiche Spendenaufrufe und -zusagen sind im OÖLA, Archiv Superintendentur, Sch. 151 erhalten.

»Das weitere Arbeitsprogramm der Evangelischen Flüchtlingshilfe wie überhaupt der Fürsorge an den Heimatvertriebenen evangelischen Glaubens umfaßt:
1. Individuelle Hilfe mit Lebensmitteln, Kleidung, Medikamenten und Geldbeihilfe
2. Unterbringung der Alten unter den VD [Volksdeutschen, Anm. d. Verf.] und DP in evangelischen Altenheimen
3. Unterbringung gefährdeter Kinder und Jugendlicher in evang. Jugendheimen
4. Materielle Hilfe bei der Seßhaftmachung der Vd und damit Förderung der Tätigkeit der Evangelischen Baugemeinde und des Hilfsfonds für Existenzgründung
5. Durchführung von Flüchtlingskindererholungslagern 1953
6. Sicherung des einzigen evangelischen Flüchtlingsschülerheimes in Linz
7. Studentenhilfe (Mensa und Stipendien),
8. Aufbringung der Geldmittel für die Finanzierung des Betriebes und des Arbeitsstabes der Landesstellen der Evangelischen Flüchtlingshilfe in Oesterreich.«[174]

Über die Arbeit der Evangelischen Flüchtlingshilfe informierte der Nachrichtendienst der Evangelischen Flüchtlingshilfe, der die Berichte aller Landesstellen sammelte und publizierte und alles die Flüchtlingsarbeit Betreffende publizierte.

Für die Situation in Oberösterreich ist hinsichtlich der Evangelischen Flüchtlingshilfe besonders zu bedenken, dass Letztere ein Werk beider Kirchen war. Es wurde deshalb – gerade im Raum Linz und Umgebung – notwendig, genaue Absprachen zu treffen. Pfarrer Bolz war als der reformierte Flüchtlingspfarrer auch »Mitglied des Arbeitsausschusses der Evangelischen Flüchtlingshilfe für Oberösterreich«[175] und zuständig für die Zuweisung der Hilfen an die reformierten Flüchtlinge. Sie umfasste unter anderem die Führung einer gesonderten Kartei, in der alle reformierten Flüchtlinge verzeichnet wurden.

1956 wurde die Arbeit der Evangelischen Flüchtlingshilfe als Sonderorganisation der Evangelischen Kirche in Österreich eingestellt.

V.3 Die Siedlungsgenossenschaft Neusiedler

Vor allem in den ersten Nachkriegsjahren war die Wohnungssituation der Heimatvertriebenen eines der größten Probleme. Wer nicht in Privatunterkünften unterkam, lebte in Erdhütten oder Lagerbaracken. Die Lager zeichneten sich durch ihre Abgeschiedenheit aus – es gab eigene Kindergärten und Schulen, ja sogar eigene Gottesdienste, sodass die Heimatvertriebenen in den Lagern wenig Kontakt zur einheimischen Bevölkerung hatten.[176] Nicht zuletzt aufgrund dieser Abgeschiedenheit (und

174 *Ev. Flüchtlingshilfe* 7/1952, 1 f.

175 *Ev. Flüchtlingshilfe* 5/1952, 1.

176 Allein für den Linzer Raum sind evangelische Gottesdienste in 12 Lagern belegt. Vgl. Jahresbericht 1947. Archiv der Evangelischen Pfarrgemeinde A. B. Linz-Innere Stadt, 1; Jahresbericht 1948. Archiv der Evangelischen Pfarrgemeinde A. B. Linz-Innere Stadt, 4. Interessant ist, dass sich in den Lagergemeinden auch eigene Strukturen herausbildeten, um die Administration und die Einbindung der Flüchtlinge in die Gesamtgemeinde durchführen zu können. Vgl. Evangelische Flüchtlingsseelsorge – Pfarrer Rudolf Flachbart an das Presbyterium der Evangelischen Pfarrgemeinde A. B. in Linz vom 28. November 1949 (wie Anm. 131); Schreiben des Presbyteriums der Evangelischen Pfarrgemeinde Linz an die Leitung der evang. Predigtstation

der prekären Wohnverhältnisse) galten die vorurteilsbehafteten Lager als größtes Problem der Integration.

Diese Wohnformen stellten allesamt Provisorien dar und waren unbefriedigend.[177] 1950 wurde dieser Punkt auch am Salzburger Flüchtlingskongress angesprochen und das Vorantreiben der Sesshaftmachung gefordert.[178] Es war notwendig, längerfristige Wohnformen zu schaffen. Das Bedürfnis nach einer eigenen Bleibe war groß, es wurde als erster Schritt weg vom Provisorium hin zum Schlagen von Wurzeln in der neuen Heimat wahrgenommen. Allerdings war dies anfangs nur schwer möglich, da die bestehenden öffentlichen Wohnbaufonds für als Volksdeutsche Registrierte keine Hilfsmittel gewährten. Deshalb begannen ab etwa 1950 »die ersten geplanten Selbsthilfeaktionen in Oberösterreich und Salzburg, die mit sehr extensiver Hilfe einzelner Organisationen und zumeist nach Grundbereitstellungen durch kirchliche Stellen entstanden sind«.[179] Schon 1955 bezeichnet May diese Hilfe durch kirchliche Stellen als »Gebot der Stunde«.[180] Viele Siedlungsgenossenschaften, darunter die evangelische Siedlungsgenossenschaft Neusiedler, wurden durch Programme zur Schaffung von Eigenheimen aktiv, in denen auch bestehende Bindungen in die Planungen miteinbezogen wurden und diese so intakt blieben.[181]

Auch staatlicherseits versuchte man in den 1950er Jahren, das Provisorium der Lager zu beenden und die Lager aufzulösen, was sich aber durch die Ungarnflüchtlinge 1956 stark verzögerte. 1958 wurde ein Lagerauflösungsprogramm gestartet. Zu jenem Zeitpunkt lebten noch 19.500 Menschen in 51 Lagern in ganz Österreich. »Erst 1965 wurde das letzte Flüchtlingslager in Österreich aufgelöst. Fast 20 Jahre lang hatten Flüchtlingsbaracken zum Erscheinungsbild so mancher österreichischen Gemeinde gehört.«[182]

Die Gründungsgeschichte der Siedlungsgenossenschaft Neusiedler beginnt im bombengeschädigten Hotel »Europe«, das damals in ein Flüchtlingslager umfunktioniert wurde. Hier wurde die bundesweite Genossenschaft als »unpolitischer Verein«[183] mit gemeinnützigen Zwecken am 1. Juni 1950 gegründet, Vorstand und Auf-

---

im Lager 65 in Linz, Niedernhartstraße vom 29. Dezember 1949. Archiv der Evangelischen Pfarrgemeinde A. B. Linz-Innere Stadt, Schriftenverkehr 1949; Die Evangelische Flüchtlingsseelsorge Linz und Umgebung, Zl 1334/47 (dat. 13. Oktober 1947). Archiv des OKR, 1. Ebenso ist im Archiv des OKR ein Verzeichnis der Lagerkuratoren erhalten.

177 Vgl. Sepp Scheerer, Die geistige und seelische Lage der Heimatvertriebenen in Österreich. *Amt und Gemeinde* 7–8/1950, 77–79, hier 79.

178 *Neuland* 4/1950, 3; *Neuland* 5/1950, 2.

179 Adalbert K. Gauss/Bruno Oberläuter (Hg.), Das zweite Dach. Eine Zwischenbilanz über Barackennot und Siedlerwillen 1945–1965 (Donauschwäbische Beiträge 72, Salzburg 1979) 6.

180 May, Verantwortung (wie Anm. 50) 39.

181 Vgl. Adalbert K. Gauss/Bruno Oberläuter, Lagerauflösungsprogramm 1958, in: Das zweite Dach (wie Anm. 179) 18–21. Vgl. Leeb, Die Heimatvertriebenen (wie Anm. 26) 187 f.

182 Gabriela Stieber, Die Lösung des Flüchtlingsproblems 1945–1960, in: Österreich in den Fünfzigern, hg. von Thomas Albrich (Innsbrucker Forschungen zur Zeitgeschichte, Innsbruck 1995) 67–94, hier 67.

183 *Ev. Gemeindeblatt für OÖ* 3/1951, 37.

sichtsrat wurden gewählt sowie die Mitgliedsbeiträge festgelegt. Ihr erstes Büro bezog die Genossenschaft in der Baracke des Christlichen Hilfswerkes in Salzburg. 1955 übersiedelte das Büro nach Wien.

Ihre Aufgabe sah die Baugenossenschaft darin, den Siedlern (vorerst wurden nur Heimatvertriebene berücksichtigt) Bauland und Baumaterial zu günstigen Konditionen zur Verfügung zu stellen und Maschinen für den Hausbau anzuschaffen. So konnten zunächst zahlreiche Ein- und Zweifamilienhäuser erbaut werden, später auch viele Reihenhäuser und Wohnblocks. Neben der Schaffung von Eigenheimen wurden Gemeindezentren und Pfarrhäuser gebaut. Schon am 17. Juni 1950 konnte der Spatenstich für die ersten Häuser in Morzg (Salzburg) vorgenommen werden.[184]

Die Siedlungsgenossenschaft Neusiedler verstand sich als dezidiert christlicher Verein, der eine Aufgabe der Kirche verfolgte:

> »Die Kirche muß überall helfen, wo sie der Not begegnet. Sie darf nicht und will auch nicht der Not ausweichen. Sie hat ihrem Herrn zu gehorchen [...]. Neben der Verkündigung des Wortes muss die helfende Liebe stehen! [...] Die Kirche will und muß den sozialen Wohnungsbau fördern. Wer die Wohnungsnot kennt, weiß, daß ein gesundes Familienleben einfach nicht möglich ist, wenn zwei oder mehrere Familien in einem Raum leben oder wenn Großeltern, Kinder und Enkelkinder in einem einzigen Raum leben müssen.«[185]

Folgende Projekte wurden in Oberösterreich verwirklicht: Gemeindezentren und Pfarrhäuser in Linz-Innere Stadt (Konrad-Vogel-Straße), Kammer a. Attersee (Rosenau), Mattighofen, Mauerkirchen und Schwanenstadt,[186] 245 Eigenheime und 300 Wohnungen in Haid, Kammer, Kirchdorf, Linz-Franckviertel, Linz-Kleinmünchen, Leonding, Mauerkirchen, Mattighofen, Ried, Rüstdorf, Schwanenstadt, Steyr, Traun-St. Martin, Vöcklabruck, Wallern und Wels wurden erbaut. Die Wohnungen und Eigenheime wurden zu 50 % von Donauschwaben, zu 30 % von Siebenbürger Sachsen, zu 15 % von Altösterreichern und zu 5 % von fremdsprachigen Flüchtlingen errichtet und bewohnt.[187]

Die Projekte wurden durch öffentliche Mittel (Wohnbaufonds, Fonds der Länder), Hypotheken, Eigenmittel und Spenden finanziert. In Oberösterreich hieß das konkret, dass je 30 % durch Eigenmittel, öffentliche Darlehen und Bankdarlehen sowie 10 % durch ausländische Hilfen finanziert wurden. Namentlich sind hier »das Evangelische Hilfswerk in Frankfurt [...]; das Hilfswerk der Evangelischen Kirchen der Schweiz [...]; der Lutherische Weltbund [....]; die Norwegische Europahilfe [...]; die Schweizer Auslandshilfe [...]; der Weltkirchenrat [...]; die Flüchtlingsorganisation der UNO in Wien [...]«, »die Quäker und das Brethren-Service«[188] zu nennen. Über die Arbeit und den Fortschritt der Wohnprojekte wurde in der Zeitschrift »Evangelische Flüchtlingshilfe« unter der Rubrik »Evangelische Baugemeinde« informiert.

---

184 Vgl. *Ev. Gemeindeblatt für OÖ* 8–9/1950, 126.

185 *Ev. Gemeindeblatt für OÖ* 3/1951, 37 f.

186 Vgl. Adalbert K. Gauss/Bruno Oberläuter, Die Bautätigkeit der Neusiedler, in: Das zweite Dach (wie Anm. 179) 26–31, hier 26–29.

187 Vgl. Dies., Neusiedler-Projekte, in: Das zweite Dach (wie Anm. 179) 32 f.

188 Gauss/Oberläuter, Bautätigkeit (wie Anm. 186) 30.

Mit ihrer Arbeit trug die Siedlungsgenossenschaft dazu bei, die Sesshaftwerdung der Heimatvertriebenen schneller voran zu treiben und so einen weiteren, wichtigen Schritt in Richtung Integration zu machen: Durch die Zuschüsse und Hilfen konnten geschlossene Siedlungen mit evangelischen Flüchtlingen entstehen, teils mit Kirche, Kindergarten, Altersheim und/oder Friedhof. Die Bauphase selbst wurde als eine Phase der engen Zusammenarbeit zwischen den ehemaligen Flüchtlingen erlebt, da jeder jedem half und die Nachbarschaftshilfe aufs Neue aufblühte.

V.4 Die Errichtung neuer Predigtstellen, Tochtergemeinden und Pfarrgemeinden

Die Nachkriegszeit war in Oberösterreich vor allem eine große Zeit des Bauens innerhalb der Evangelischen Kirche: »*Unsere Kirche hat noch nie so viel gebaut.*«[189] Allein in der Amtszeit von Superintendent Wilhelm Mensing-Braun fielen »die Eröffnung bzw. Einweihung von 26 Kirchen und 7 Pfarr- bzw. Gemeindehäusern«.[190] Dabei ist zu bemerken, dass die große Zahl von Gemeindegründungen, Kirchen- und Gemeindebauten notwendig wurde, da es durch die Ansiedlung der Heimatvertriebenen zu einer geographischen Neuverteilung[191] der Evangelischen und einem Anstieg der Evangelischen in Oberösterreich kam.[192]

Gerade Gemeinden, die vor der Kriegszeit schon zu bauen beginnen wollten, wurden durch die Kriegsereignisse oft daran gehindert.[193] Auch gab es Neubauten, die nicht auf Flüchtlingsbewegungen zurückzuführen waren, wie etwa in St. Wolfgang.

Dennoch waren durch die vielen neu zu betreuenden Seelen an verschiedenen Orten neben der Betreuung in bestehenden Gemeinden auch viele Neugründungen und -bauten notwendig. Schon bald bildeten sich eigene Flüchtlingsgemeinden, die sich oftmals zunächst einmal in der Kirche im Lager zusammenfanden. Dabei ist festzustellen, dass sich die eingewanderten Volksgruppen in den ersten Jahren noch nicht mischten. Die neu errichteten Predigtstellen, Tochtergemeinden und Pfarrgemeinden wurden durch die Siedlungsgenossenschaft Neusiedler ebenso finanziert

---

189 May, Evangelische Kirche (wie Anm. 104) 32. Vgl. auch Statistik in: Schuster, Heimat in der Fremde (wie Anm. 4) Kap 1, o. S.

190 Rudolf Zinnhobler/Josef Birmili (Hg.), Kirche in Linz. Die Inhaber der Pfarren (1785–1990) (Linz 1990) 188.

191 Vgl. Leeb, Die Heimatvertriebenen (wie Anm. 26) 197 f.

192 Die Superintendentur Oberösterreich, die die Evangelischen A. B. der Bundesländer Oberösterreich, Salzburg und Tirol umfasste, machte 1938 nur etwa 12,89 % der Evangelischen in Österreich aus. 1946 waren es bereits 14,10 %, 1960 sogar 20,66 %. Vgl. Seelenstandsberichte von 1938 (*ABl.* 5/1939, 24 f.), 1946 (*ABl.* 7/1947, 39–41) und 1960 (*ABl.* 4/1961, 23–26).

193 Für Linz bestand durch den Zuzug von Arbeitern schon lange vor dem Zweiten Weltkrieg der Wunsch, die Kirchengemeinde Linz in Einzelgemeinden aufzugliedern. Sogar ein Grund war bereits vorhanden. 1938 wurde der Grund enteignet und es musste von einem Bau abgesehen werden. Vgl. *Linzer Kirchenbote* 1 (1953) 3. In Windischgarsten wurde in den 1890er Jahren ein Baugrund gespendet. Die Gemeinde wuchs infolge des Baus der Phyrntal-Strecke in der ersten Hälfte des 20. Jahrhunderts stetig. Der Bau der Kirche war nun in der Nachkriegszeit möglich, schließlich zählten nun auch einige hundert Flüchtlinge zur Gemeinde.

wie durch den Gustav-Adolf-Verein, Spenden aus dem In- und Ausland sowie Eigenleistungen der Pfarrgemeinden – auch und vor allem in Form von Arbeitskraft. Seitens der Evangelischen Kirche in Österreich gab es einen Baufonds, für den es jährlich eine empfohlene Kollekte gab und der ein Projekt gezielt unterstützte.[194] Meist war der Bau einer Kirche, eines Gemeindehauses oder Friedhofes Ausdruck für die Sesshaftwerdung und das Ende einer Übergangszeit. Für die volkskirchlich geprägten Flüchtlinge war die Übergangssituation mit dem Halten von Gottesdiensten in Gasthäusern, katholischen Kirchen usw. unbefriedigend und ungewohnt, war es doch in den Herkunftsländern selbstverständlich, »die Kirche im Dorf zu haben«.[195] Eine eigene Kirche mit allem, was für die Heimatvertriebenen dazugehörte bzw. notwendig schien (Gemeindezentrum, Friedhöfe, Kindergarten, Altenheim), war für sie von besonderer Bedeutung.[196] Mit der Vollendung der Kirchen- und Gemeindebauten kam es »zu einer gewissen organisatorischen Stabilisierung«.[197]

Die Kirchenbauten aus der Zeit nach 1945 zeigen klar, dass viele Evangelische, die einst als Flüchtlinge nach Oberösterreich gekommen waren, sich in den Kirchen eine neue Heimat schufen. Da die Flüchtlingstrecks nicht immer dort endeten, wo bereits Gemeinden entstanden, waren viele Neubauten notwendig. So blieben viele Toleranzgemeinden in ihrem Kerngebiet von Flüchtlingen unberührt oder wenig betroffen. Meist bekamen sie zunächst neue Predigtstationen dazu, die dann zu Tochtergemeinden oder späteren Pfarrgemeinden wurden.[198] Beim Bau der neuen Kirchen und Gemeindehäuser wurden auch eigene Traditionen und Wünsche der Flüchtlinge berücksichtigt, was der Oberkirchenrat oft aufgrund des finanziellen Rahmens ein wenig einzudämmen versuchte.[199]

194 Vgl. z. B. *ABl.* 4/1949, 23; *ABl.* 4/1950, 26; *ABl.* 4/1951, 26; *ABl.* 5/1954, 29.

195 Schuster, Heimat in der Fremde (wie Anm. 4) Kap. 1, o. S. Für die Siebenbürger Sachsen galt dies im Besonderen deshalb, da die Kirche nicht nur Zentrum ihrer Religion, sondern auch ihrer Kultur in Siebenbürgen war. Vgl. Hans Mayr, Geschichte und Probleme der evangelischen Flüchtlings- und Diasporagemeinde Mauerkirchen. *Südostdeutsches Archiv* 12 (1969) 245–274, hier 246.

196 Pfr. i. R. Volker Petri betonte im Gespräch vom 5. April 2014, wie wichtig vor allem die Friedhöfe für die Sesshaftwerdung waren. Wurden auf der Flucht Verstorbene am Straßenrand oder auf einem fremden Friedhof begraben, so wurde mit dem Friedhof eine Verbundenheit mit der neuen Heimat geschaffen. Ähnlich auch bei Grünn: »Mit den Gräbern der lieben toten Anverwandten wurde das fremde Land zur Heimat.« Helene Grünn, Volkskunde der heimatvertriebenen Deutschen im Raum von Linz (Veröffentlichungen des Österreichischen Museums für Volkskunde XIII, Wien 1968) 31.

197 Temmel, Evangelisch in Oberösterreich (wie Anm. 5) 98.

198 Wo dies nicht so war, brachten die Flüchtlinge kaum eine eigene Prägung in die Gemeinde ein, sondern assimilierten sich, so etwa in Eferding und Scharten. Eine Ausnahme unter den Toleranzgemeinden stellt Wels dar, wo die Siebenbürger Sachsen etwa 30 % ausmachten. Vgl. Petri, Österreich (wie Anm. 26) 250, 256, 262.

199 Vgl. Auszug aus dem Protokoll der 5. Synode (wie Anm. 76) 12 f.. Vgl. auch: 92. Amtsbrüderliches Rundschreiben (Zl. 1124/57), in: Ein Bischof schreibt (wie Anm. 83) 1.

VI. Zusammenfassung und Schlussfolgerungen

Die Zeit nach 1945 stellte für die Evangelische Kirche in Österreich eine Zeit großer Umbrüche und Veränderungen auf allen Ebenen dar. Sie sollen nun zusammenfassend thesenartig dargestellt werden:

1. Auf gesamtkirchlicher Ebene lässt sich ein Suchen der Kirchenleitung nach einer neuen Identität feststellen. Man löste sich vom Gedankengut der völkischen Theologie und wandte sich der Wort-Gottes-Theologie zu, Gottesdienst und Gemeindeaufbau wurden zentral. Dieser Hinwendung auf Gottes Wort entsprach aber auch eine Zuwendung zur Welt. Die Kirche erhielt in ihrer Funktion als Fürsprecherin für die Angelegenheiten der Flüchtlinge viel Respekt und Anerkennung und nutzte ihre zahlreichen internationalen Kontakte, um auf Flüchtlingsprobleme aufmerksam zu machen, rechtliche Klärung der Flüchtlingsfragen einzufordern und auch Hilfen an Land zu ziehen.
2. Auf gesamtkirchlicher Ebene fand eine Veränderung der konfessionellen Landschaft statt. Durch die Flüchtlinge aus dem ehemaligen Jugoslawien kamen auch Reformierte nach Oberösterreich, die in Linz-Leonding die erste Gemeinde der Evangelischen Kirche H. B. im Bundesland Oberösterreich gründeten.[200]
3. Auf diözesaner Ebene lassen sich für die Zeit zwischen 1945 und 1960 zahlreiche Veränderungen feststellen. Die Superintendentur wurde durch die vielen neuen Gemeindegründungen und die neuen Gemeindemitglieder in eine Superintendentur Oberösterreich und eine Superintendentur Salzburg-Tirol geteilt. Wenngleich sich gesamtösterreichisch gesehen an der demographischen Situation wenig änderte und es insgesamt prozentuell immer in etwa gleich viele Evangelische gab, lässt sich feststellen, dass die Zahl der Evangelischen in Oberösterreich anstieg. Machte die Evangelische Superintendentur A. B. Oberösterreich 1938 nur 12,89 % der Evangelischen in Österreich aus, waren es 1946 schon 14,10 % und 1960 20,66 %.
4. Die nach Oberösterreich gekommenen Evangelischen brachten unterschiedliche kirchliche Identitäten mit nach Oberösterreich und gaben diese nicht einfach auf, sondern lebten vieles zunächst weiter, was oft auch kritisch beobachtet wurde. Manche Bräuche leben bis heute in einzelnen Gemeinden weiter und prägen so das kirchliche Leben der Pfarrgemeinden.
5. Auf der Ebene der einzelnen Kirchengemeinden lässt sich feststellen, dass viele Pfarrgemeinden neue Predigtstationen und Tochtergemeinden erhielten. Es konnte zu unterschiedlichen Situationen kommen:
   - Die Heimatvertriebenen kamen in ein Gebiet, in dem es noch keine Evangelischen bzw. kaum Evangelische gab und gründeten eine eigene Gemeinde (so z. B. in der Rosenau, in Mauerkirchen oder in Kirchdorf/Krems).
   - Eine starke Migrantengruppe kam in ein Gebiet, wo es bereits eine evangeli-

200 Der Geschichte dieser Gemeinde wird in der Diplomarbeit näher nachgegangen. Vgl. Gugl, Integration der Heimatvertrieben (wie Anm. 1), Kap. 5.2.

sche Pfarrgemeinde gab. Durch das Zusammentreffen der unterschiedlichen Traditionen kam es zu Konflikten, die oft durch Kompromisse gelöst wurden (so z. B. in Schwanenstadt oder Traun).

- Die Heimatvertriebenen kamen in ein Gebiet, wo es bereits zahlreiche Evangelische gab, die fest in ihren Traditionen verwurzelt waren. Sie assimilierten sich dort und prägen die Gemeinden heute kaum (z. B. Eferding, Bad Ischl). Dabei ist zu erinnern, dass die meisten Heimatvertrieben sich dort ansiedelten, wo es noch Baugrund gab und wo sie Arbeit fanden, also entlang der Bahnlinien und in der Nähe der Ballungszentren.

6. Die vielen Flüchtlinge prägten die Evangelische Kirche in Oberösterreich über die Gemeindeneugründungen hinaus. Sie brachten ihr volkskirchliches Kirchenverständnis und ihre gelebte Frömmigkeit mit und belebten so die Evangelische Kirche nachhaltig. Das führte einerseits zu Spannungen und Konflikten, andererseits aber auch zu gegenseitigem besseren Kennenlernen. Man war aktiv bemüht, miteinander einen gemeinsamen Weg zu finden, ohne die eigene kirchliche Identität aufzugeben. Dies führte dazu, dass die ehemaligen Flüchtlingsgemeinden die Evangelische Kirche in Oberösterreich bis heute nachhaltig prägen.

Rezensionen

Harald Uhl,
Robert Kauer – Ein Kirchenpräsident in den Konflikten seiner Zeit. Mit einem Vorwort von Bischof Michael Bünker (Wien 2014)

Von Karl W. Schwarz

In den Jahren 1938/1939 bildete das Triumvirat Robert Kauer (1901–1953), Hans Eder (1890–1944) und Heinrich Liptak (1898–1971) die Kirchenleitung der Evangelischen Kirche in Österreich. Während aus der Perspektive Eders und Liptaks bereits mehrere Darstellungen vorliegen,[1] rückt das vorliegende Buch von Harald Uhl den kommissarischen Präsidenten des Oberkirchenrates Robert Kauer in den Mittelpunkt, der als Mitglied der »Arbeitsgemeinschaft deutschchristlicher Kirchenregierungen« von der kirchlichen Zeitgeschichtsforschung sorgsam registriert wurde.[2] Die Publikation ist ausdrücklich zu begrüßen, denn diese neue Perspektive stürzt unser bisheriges Wissen über die thematisierte schwierige und unerquickliche Epoche zwischen 12. März 1938 und 15. April 1939 zwar nicht um, sie erweitert aber doch den Kenntnisstand, indem sie erstmals persönliche Dokumente aus dem Familienarchiv Kauer auswertet und Photographien bereitstellt, die den Kommunikationsrahmen Kauers illustrieren: Er stand in Kontakt mit Auslandsbischof Theodor Heckel (1894–1967), mit dem Präsidenten der Kirchenkanzlei der DEK Friedrich Werner (1897–1955) und dessen Mitarbeitern, den Konsistorialräten Günther Fürle (1899–1978) und Hans Wahl (1900–1946) sowie mit Eugen Gerstenmaier (1906–1986), der mit Wahl im Kirchlichen Außenamt als Referent wirkte.

---

1 Karl Schwarz, Kirchenrechtliche Weichenstellungen im Krieg – Dr. Hans Eder, der erste »Bischof der Evang. Kirche A. u. H. B. in Österreich«. *Österreichisches Archiv für Kirchenrecht* [*ÖAKR*] 41 (1992) 297–333; Ders., »dem wir mit vorbehaltlosem Vertrauen folgen können«: Heinrich Liptak (1898–1971) zum Gedenken. *Standpunkt* 160 (2000) 3–52; Ders., »Wie verzerrt ist nun alles!« Die Evangelische Kirche und der Anschluß Österreichs an Hitlerdeutschland im März 1938, in: Zwischen »nationaler Revolution« und militärischer Aggression. Transformationen in Kirche und Gesellschaft 1934–1939, hg. von Gerhard Besier (München 2001) 167–191; Ders., Bejahung – Ernüchterung – Verweigerung: Die Evangelische Kirche in Österreich und der Nationalsozialismus. *JGPrÖ* 124/125 (2008/09) 18–38.

2 Heinz Boberach/Carsten Nicolaisen/Ruth Pabst (Bearb.), Handbuch der Deutschen Evangelischen Kirchen 1918 bis 1949. Organe – Ämter – Verbände – Personen, Bd. 1: Überregionale Einrichtungen (Göttingen 2010) 102; Gertraud Grünzinger/Carsten Nicolaisen (Bearb.), Dokumente zur Kirchenpolitik des Dritten Reiches, Bd. 4 (1937–1939) (Gütersloh 2000) 439.

I.

Robert Kauer, einer traditionsreichen altösterreichischen Beamtenfamilie römisch-katholischer Konfession entstammend, fand erst im Sommer 1933 zur Evangelischen Kirche. Ob sich ihm die Evangelische Kirche schon als »Sammelbecken politisch Missvergnügter« darstellte, wie es im darauffolgenden »Bürgerkriegsjahr« 1934 angesichts einer überdimensionalen weitgehend politisch motivierten Eintrittsbewegung von einem Anhänger des katholischen Ständestaates, Pfarrer Jakob Ernst Koch (1897–1966), gemutmaßt wurde, mag in seinem Falle außer Betracht bleiben. Er war zwar 1932 der NSDAP beigetreten, doch dürfte seine Konversion neben politischen Motiven durchaus auch auf ein wachsendes Interesse an der Heiligen Schrift (S. 24) zurückzuführen sein. Vor allem zeigte er sich fasziniert von der Hochschätzung des Laienamtes im Protestantismus, von der dort hochgeschätzten synodal-presbyterialen Kirchenordnung, wie sie in Österreich seit der zweiten Hälfte des 19. Jahrhunderts praktiziert wurde.[3] Im Evangelischen Bund fand er gleichgesinnte »Neuprotestanten«, die, wie es in einem Aufruf in der »Wartburg« hieß (zit. S. 25), sich gerufen sahen, sich »zu gemeinsamer Arbeit für deutsches Volkstum und evangelisches Glaubenstum zu vereinigen, ehrlich in Luthers Geist einzutreten für evangelisches Christentum, für die sittliche Erziehung und geistige Erneuerung unseres deutschen Volkes in der Ostmark«. Mit solchen Gleichgesinnten, von denen der Wiener Praktologe Gustav Entz (1884–1957) besonders hervorgehoben zu werden verdient,[4] wirkte Kauer in der Evangelischen Akademikergemeinschaft des Evangelischen Bundes.[5] Diese allwöchentlich in den Räumlichkeiten der Evangelischen Gemeinde Wien-Innere Stadt zusammentretende Gruppierung illustriert vielleicht am besten die Symbiose politischer, kirchenpolitischer und konfessioneller Motive und Intentionen. Nach außen bediente sie sich des Schutzes einer evangelischen Pfarrgemeinde, sie verstand sich aber als Agentur des Anschlusses an das Deutsche Reich und war eine »nationalsozialistische Tarnorganisation« (S. 35). In diesem Umfeld konnte sich der Jurist Robert Kauer als Kronjurist des Evangelischen Bundes etablieren,[6] zumal er 1936 wegen Hochverrats inhaftiert, aus dem Justizdienst entlassen und mit Berufsverbot belegt wurde (S. 39). Seine Vorstandstätigkeit im »nationalsozialistischen« Beamtenbund

3 Christoph Link, Der Protestantismus in Österreich. *ZevKR* 52 (2007) 425–463, hier 450; Ders., Kirchliche Rechtsgeschichte (München [2]2010) 146; Gustav Reingrabner, Um Glaube und Freiheit. Eine kleine Rechtsgeschichte der Evangelischen in Österreich und ihrer Kirche (Frankfurt a. M. 2007) 108–110.

4 Karl W. Schwarz (Hg.), Gustav Entz – ein Theologe in den Wirrnissen des 20. Jahrhunderts (Wien 2012).

5 Karl-Reinhart Trauner, Eine »Pressure-Group in der Kirche«. Die Evangelische Akademikergemeinschaft des Evangelischen Bundes in Österreich. *Kirchliche Zeitgeschichte* 16 (2003) 346–367.

6 Robert Kauer, Was braucht die Evangelische Kirche in Österreich in rechtlicher Hinsicht?, in: Der erste evangelische Gemeindetag Österreichs. Graz 28.–29. 6. 1937 (Graz 1937) 57–71; Ders., Zur Rechtslage bei Übertritten, in: Ders./Gustav Entz/Fritz Brand, Die Übertrittsbewegung (Wien 1938) 18–24.

wurde als Betätigung für die seit 1934 verbotene NSDAP bewertet und sämtliche finanzielle Leistungen an ihn wurden eingestellt. Die Evangelische Kirche wurde von den Behörden des klerikalen Ständestaates genau observiert und deren Bemühungen um eine Novellierung des Protestantenpatents von 1861 auf die lange Bank geschoben. Kauer sammelte die zutage getretenen Verletzungen der Religionsfreiheit und stellte im Auftrag des NS-Propagandaministeriums anonym die zentrale Beschwerdeschrift der Protestanten zusammen, die von einem Schweizer Herausgeberkollegium mit fingierter Zürcher Verlagsanschrift herausgegeben wurde (S. 38).[7] Dieses Buch »über die Verfolgung Evangelischer in Österreich« wurde zweifelsfrei von Kauer verfasst (S. 35 f.), der selbst das Motiv offenlegte: »um das katolische [sic!] System im neutralen Ausland zu diskreditieren.«[8] Ähnliche Publikationen zeigen dieselbe Tendenz und Absicht.[9] Sie gehen aber auch davon aus, dass der klerikale Ständestaat, der 1933/34 mit dem Hl. Stuhl ein Konkordat abgeschlossen hatte, die anderen Kirchen und Religionsgemeinschaften an den Rand drängte und sich Paritätsverletzungen zuschulden kommen ließ, obwohl die Christlichsozialen ihrem Koalitionspartner, dem »Landbund« unter Vizekanzler Franz Winkler (1890–1945), noch 1933 zusicherten, dass mit der Evangelischen Kirche eine mit dem Konkordat übereinstimmende Vereinbarung getroffen werde (S. 48). Deren Exponenten, ihr »juristischer Sprecher« (S. 43) Robert Kauer und ihr »Vertrauensmann« Superintendent Johannes Heinzelmann (1873–1946), weigerten sich allerdings, mit dem Beitritt zur »Vaterländischen Front«, der politischen Einheitsorganisation des Ständestaates, ein Bekenntnis zum »neuen Österreich« abzulegen und wurden deshalb nur als Angehörige eines »Trutzprotestantismus« wahrgenommen.[10] Kauer verfasste eine Denkschrift[11] mit einem scharfen Protest gegen den vom Oberkirchenrat angeordneten Beitritt zur Vaterländischen Front, der in dem Satz gipfelte, dass es die (von Kauer vertretenen) Beamten

7 K[urt] Aebi/Th[eodor] Bertheau/H[einrich] Glarner/E. Geyer/R[udolf] Grob (Hg.), Die Gegenreformation in Neu-Österreich. Ein Beitrag zur Lehre vom katholischen Ständestaat (Zürich 1936).

8 Zit. aus dem Personalakt (Reichsgericht PA 433) bei Karl Schwarz, Der »Fall Reisner«. Eine Wiener Hörfunksendung (1936) ruft Widerspruch hervor, in: ... und über Barmen hinaus. Festschrift für Carsten Nicolaisen zum 4. April 1994, hg. von Joachim Mehlhausen (Göttingen 1995) 318–333, hier 325.

9 Kurt Aebi, Die Glaubens- und Gewissensfreiheit in Österreich. *Schweizerische Monatshefte* 14 (1934/35) 594–605; Norbert Gürke, Die Bekenntnisfreiheit in Österreich. *Verwaltungsarchiv* 40 (1935) 329–346; A.G.H. van Hoogenhuyze, De Protestanten in Oostenrijk in onze dagen vervolgd (Amsterdam 1936).

10 Sowohl die Aufforderung des Oberkirchenrates an die Adresse der Pfarrerschaft, der Vaterländischen Front beizutreten, als auch die kritischen und ablehnenden Stellungnahmen sind dokumentiert bei Gustav Reingrabner/Karl Schwarz (Hg.), Quellentexte zur österreichischen evangelischen Kirchengeschichte zwischen 1918 und 1945 (=*JGPrÖ* 104/105) (Wien 1989); Karl Schwarz, Die »Trutzprotestanten« im »christlichen« Ständestaat: Eine zeitgenössische Situationsanalyse von Johannes Heinzelmann, in: Scientia canonum. Festschrift für Franz Pototschnig, hg. von Hans Paarhammer/Alfred Rinnerthaler (München 1991) 101–124.

11 (Robert Kauer), Denkschrift zum Beitritt zur VF, 28. Juni 1935. Österreichisches Staatsarchiv Wien, Allgemeines Verwaltungsarchiv, Bestand Kultus B 14, Nr. 16.396 – K/b 1938.

»mit ihrem Gewissen als treue Bekenner des reinen evangelischen Glaubens nicht vereinbaren [können], der VF anzugehören«. Sie müssten sich aber dagegen verwahren, »wegen der treuen Befolgung ihrer religiösen Überzeugung der Gefahr ausgesetzt zu sein [...], als Staatsbürger oder Staatsbeamte zweiter Klasse, als nicht vaterlandstreu [...] verdächtigt oder [...] benachteiligt zu werden«. Der Oberkirchenratspräsident, Sektionschef Dr. Viktor Capesius (1867–1953), der unverzüglich der Vaterländischen Front beigetreten war, musste jenes von Kauer verfasste und von Heinzelmann als »Vertrauensmann der Kirche« unterfertigte Operat dem Bundeskanzler vorlegen. Er hielt der Denkschrift entgegen, dass die bekanntgegebenen Ziele der VF, namentlich das damit verknüpfte »Bekenntnis zu einem freien, unabhängigen, christlichen, deutschen Österreich«, auch den Evangelischen den Beitritt ermögliche. Von seiner Seite sind dann auch regelmäßig Beitrittsaufforderungen an die Pfarrerschaft ergangen.[12]

Wie sehr sich die Ständestaatbehörden über diese Denkschrift ärgerten, zumal über die mehr beiläufige Androhung einer Minderheitenbeschwerde vor dem Völkerbund wegen zahlreicher Verstöße gegen die Minderheitenschutzbestimmungen des Staatsvertrags von St. Germain, ersieht man an den stenographischen Notizen des ranghöchsten Kultusbeamten, der seiner Empörung Luft machte:[13] Eine »schwere Überheblichkeit«, wehrt er den Inhalt der Denkschrift ab. »Die Evangelischen übersehen bei allem, dass sie eine ganz verschwindende Minderheit sind und daher nicht immer im Einzelnen das Gleiche verlangen können. Die sogenannte Gleichberechtigung, die es überhaupt nicht gibt, ist natürlich eine relative.« Mit dieser hermeneutischen Feststellung zum Paritätsgrundsatz durch den Leiter des Kultusamtes, Sektionschef Dr. Egon Loebenstein (1872–1962), scheint aber auch ein Indiz für das erhebliche Desinteresse der Kultusverwaltung an einer geordneten Rechtsbeziehung zur Minderheitskirche vorzuliegen. Am Beispiel des verschleppten Protestantengesetzes hat sich dies erhärtet.

Der Staat hielt am Protestantenpatent mit seinen kirchenhoheitlichen Aufsichtsrechten fest, insbesondere am Oberkirchenrat als einer staatlichen Behörde, die er politisch instrumentalisieren konnte. So berief er den erwähnten Präsidenten Capesius,[14] Kauers unmittelbaren Amtsvorgänger, in den Staatsrat, das höchste legislative Organ des Ständestaates. Erst im Herbst 1937 gerieten die Verhandlungen in Bewegung,[15] sie wurden aber vom »Anschluss« eingeholt.

---

12 Helmut Gamsjäger, Evangelische Kirche und »Vaterländische Front«. *Zeitgeschichte* 6 (1978/79) 165–176.

13 Vgl. Anm. 11, zit. bei Karl W. Schwarz, Vom Exercitium religionis privatum zur Privatisierung des Religionsbekenntnisses. Der Protestantismus im Spiegel seines Ringens um Religionsfreiheit zwischen 1848 und 1938, in: Mensch, Staat und Kirchen zwischen Alpen und Adria 1848–1938. Einblicke in Religion, Politik, Kultur und Wirtschaft einer Übergangszeit, hg. von Werner Drobesch/Reinhard Stauber/Peter G. Tropper (Klagenfurt 2007) 29–50, hier 49.

14 Karl W. Schwarz, Dr. jur. Viktor Capesius. Ein protestantischer »Laie« und Präsident des Evangelischen Oberkirchenrates, in: Laien gestalten Kirche. Festgabe für Maximilian Liebmann zum 75. Geburtstag, hg. von Michaela Sohn-Kronthaler/Rudolf K. Höfer (Innsbruck–Wien 2009) 391–409.

15 Karl Schwarz, Der Anti-Rosenberg-Hirtenbrief 1937/38 des evangelischen Superintendenten

II.

Am 12. März 1938 wurde Kauer von dem für Kultusfragen zuständigen Unterrichtsminister mit der kommissarischen Leitung des Oberkirchenrates beauftragt (S. 84)[16] oder wie es in einer Pressemitteilung hieß: Der Minister habe »auf Grund des Protestantenpatents vom Jahre 1861 den Parteigenossen und Mitglied des Obersten Parteigerichts Staatsanwalt Dr. Robert Kauer mit den Geschäften des Präsidenten des Evangelischen Oberkirchenrates [...] mit sofortiger Wirkung betraut« (S. 72). Ihm unterstellt wurde als geistlicher Rat der oberösterreichische Superintendent Dr. Hans Eder, dem ebenfalls eine Neigung zum Nationalsozialismus nachgesagt wurde (S. 71), wofür ein später retouchiertes Hakenkreuzabzeichen im Anzugsrevers spricht.[17] Über ihn wird aber auch glaubhaft berichtet, dass ihn aufgrund einer äußerst demütigenden Behandlung des Wiener Erzbischofs Theodor Innitzer (1875–1955) und antikatholischer Exzesse im März 1938 ein politisches »Damaskuserlebnis« einholte.[18] Das hinderte ihn allerdings noch nicht, bei der Begegnung mit Hitler das Selbstverständnis seiner Kirche als einer deutschen Volkskirche zum Ausdruck zu bringen, die auf der Seite der im Ständestaat Entrechteten und Verfolgten gestanden war.[19]

Dieser Kirche wurde auch attestiert, dass sie aufgrund ihrer politischen Zuverlässigkeit »im deutschen Protestantismus eine große Mission« habe (S. 114), ein Diktum,[20] das Kauer richtiggehend beflügelte; er rechnete sich sogar Chancen aus, den deutschen Kirchenkampf von Wien aus zu befrieden und die verfahrenen Positionen der Kirchenkampfparteien zu überwinden. Dazu inszenierte er ein nicht ungeschicktes Doppelspiel der österreichischen Landeskirche. Er selbst vertrat diese in der Konferenz der DC-Landeskirchenleiter und unterstützte die Verständigungspolitik des Reichskirchenministers Hanns Kerrl (1887–1941) mit der Nationalkirchlichen Einung »Deutsche Christen«.[21] Den geistlichen Leiter der Kirche schickte er hingegen zur Kirchenführerkonferenz, sodass sich Eder der Bekennenden Kirche annäherte und in dem etwas älteren bayerischen Landesbischof Hans Meiser (1881–1956) seinen Vertrauten und Mentor fand. Ein unbestechlicher Beobachter von außen, Hans Freiherr von Campenhausen (1903–1989), der als Dozent den Lehrstuhl für Kirchengeschichte in Wien ab 1940 supplierte, notierte über Eder:[22]

D. Johannes Heinzelmann, in: Kirche in bewegter Zeit. Festschrift für Maximilian Liebmann, hg. von Rudolf Zinnhobler u. a. (Graz 1994) 355–368.

16 Dazu Reingrabner, Um Glaube und Freiheit (wie Anm. 3) 134–136.

17 Walter Endesfelder (Hg.), Evangelische Pfarrer im völkischen Freiheitskampf der Ostmark und des Sudetenlandes (Berlin 1939) Abb. zwischen S. 32 und S. 33.

18 Schwarz, Bejahung – Ernüchterung – Verweigerung (wie Anm. 1) 29.

19 Hans Eder, Die evangelische Kirche der Ostmark und der 13. März 1938 (Wien 1938).

20 Es wurde auch von Minister Kerrl zitiert: Grünzinger/Nicolaisen, Dokumente zur Kirchenpolitik des Dritten Reiches, Bd. 4 (wie Anm. 2) 244.

21 Leonore Wenschkewitz, Politische Versuche einer Ordnung der DEK durch den Reichskirchenminister 1937 bis 1939, in: Zur Geschichte des Kirchenkampfes. Gesammelte Aufsätze II (Göttingen 1971) 121–138, hier 125.

22 Hans von Campenhausen, Die »Murren« des Hans Freiherr von Campenhausen. »Erinne-

»Da er sich auf die Nazis eingestellt hatte, ist sein Andenken heute völlig verfemt, ich zweifle aber ob mit Recht. Ich habe ihn als einen sehr energischen, gewiss auch ehrgeizigen, aber doch ernsten und wohl auch frommen Menschen kennen gelernt und in Erinnerung behalten.«

Im Übrigen aber blieb die österreichische Landeskirche, die noch in der Nacht vom 12. zum 13. März 1938 programmatisch ihre Angliederung an die Deutsche Evangelische Kirche beschlossen hatte, neutral und bemühte sich, den Kirchenkampf aus Österreich fernzuhalten (S. 65). Der kirchliche Anschluss an die DEK erfolgte freilich erst am 24. Juni 1939 (S. 138), nachdem im Zuge der »Entkonfessionalisierung des öffentlichen Lebens« der Wiener Evangelische Oberkirchenrat im Gesetzweg entstaatlicht wurde[23] und Kauers Plan gescheitert war. In Umkehrung der langjährigen kirchlichen Bemühungen, den Oberkirchenrat aus der staatlichen Umklammerung zu befreien, setzte sich Kauer vehement für die Beibehaltung der staatlichen Behördeneigenschaft des Oberkirchenrates ein (S. 93, 135), musste aber zur Kenntnis nehmen, dass die Münchener Parteikanzlei, von der ein Sachbearbeiter, Kurt Krüger (1906–1987), Verfasser eines Kommentars zum Reichskonkordat, zur Dienstleistung nach Wien versetzt wurde,[24] ihr radikales Trennungsprogramm von Staat und Kirche umsetzte (S. 121). Österreich galt als konkordatsfreier Raum und diente gewissermaßen als religionsrechtliches »Laboratorium«, in dem eine »kumulative Radikalisierung« (Hans Mommsen) Platz greifen konnte: Die Kirchen sollten vom Staat getrennt werden mit dem Ziel, sie »als private Vereine verkümmern zu lassen und sie zu gegebener Zeit zu liquidieren«.[25] Die in Wien und späterhin im Warthegau inaugurierte Religionspolitik sollte nach Ende des Krieges auch im »Altreich« realisiert werden.

Als politischer Gewährsmann einer solchen Verfahrensweise galt neben dem erwähnten Ministerialrat Krüger der ebenfalls am Wiener Minoritenplatz wirkende Staatskommissar Friedrich Plattner (1896–1950). Mit beiden gab es permanent Konflikte, weil sie die staatliche Kirchenhoheit extensiv ausdehnten und Kauers Pläne torpedierten und auf die Einhaltung des »Dienstweges« pochten. Kauer versuchte nämlich, durch einen engeren Anschluss an die Berliner Kirchenkanzlei der DEK und das Reichskirchenministerium seine Wiener Kontrahenten auszuspielen. Er verfolgte eine Doppelstrategie, die freilich nicht aufging, mochte er auch noch so sehr die kämpferische Bewährung der Kirche in der Ära des katholischen Ständestaates betonen, ihre politische Zuverlässigkeit durch das Singen der Lieder der NS-Bewegung

rungen, dicht wie ein Schneegestöber«. Autobiografie, hg. von Ruth Slenczka (Norderstedt 2005) 196.

23 Gesetzblatt für das Land Österreich Nr. 562/1939. Dazu Karl Schwarz, Der Anschluß 1938 und seine unmittelbaren staatskirchenrechtlichen Folgen für die Evangelische Kirche. *ÖAKR* 38 (1989) 268–284.

24 Heinz Boberach, Organe der NS Kirchenpolitik. Kompetenzverteilung und Karrieren in Reich und Ländern, in: Staat und Parteien. Festschrift für Rudolf Morsey zum 65. Geburtstag, hg. von Karl Dietrich Bracher u. a. (Berlin 1992) 305–331, hier 328.

25 Klaus Scholder, Österreichs Konkordat und nationalsozialistische Kirchenpolitik 1938/39. *ZevKR* 20 (1975) 230–243, hier 237.

(S. 117), durch die angeordnete »freiwillige« Vereidigung der Pfarrer auf den »Führer« (S. 118) und die Einführung des Arierparagraphen in die Kirchenordnung unterstreichen oder die Segnungen des zivilen Eherechts einschließlich seiner judenfeindlichen Bestimmungen preisen (S. 100 f., 124 f.), die Vorteile einer »entkonfessionalisierten« Ostmark aus der Perspektive einer Minderheitskirche begeistert gutheißen (S. 122). Er konnte mit seinem taktischen »Bündnis« mit dem Reichskirchenministerium aber die Entstaatlichung des Oberkirchenrates nicht verhindern. Es war keine »Flucht aus der Kirche«, wie Kerrl vermutete,[26] dessen staatskirchliche Überlegungen in Kauer einen überzeugten Protagonisten gefunden hatten, sondern das Scheitern dieses Konzepts, das diesen veranlasste, mit Wirkung vom 13. April 1939 (S. 140) ins Justizressort zurückzukehren und an die Reichsanwaltschaft beim Reichsgericht in Leipzig zu wechseln.

Was freilich den Weg der verordneten Neutralität im Kirchenkampf betrifft, so war es Kauer selbst, der ihn über Bord warf und seine Kirche gegen den dezidierten Widerstand von Eder durch seine Unterschrift unter die »Godesberger Erklärung« (4. April 1939) präjudizierte (S. 139).[27] Ob dies tatsächlich auf den Einfluss des DC-Leiters der Berliner Kirchenkanzlei Werner zurückzuführen war, zu dem Kauer vertrauten Zugang hatte (S. 136), oder dem Diktat des Kirchenministers Kerrl entsprach, ist belanglos gegenüber deren Absicht, den Nationalsozialismus als »Fortführung und Vollendung der Reformation Luthers« in weltanschaulicher und politischer Hinsicht zu verstehen und als erste daraus abzuleitende Maßnahme die »Gründung eines Instituts zur Erforschung und Beseitigung des jüdischen Einflusses auf das kirchliche Leben des deutschen Volkes« zu beschließen.[28] Als Eder mit der Unterschrift Kauers konfrontiert wurde, von der er ihn in Berlin vergeblich abzuhalten versucht hatte, trachtete er ihre Publizierung wenigstens in Österreich zu verhindern oder die Unterschrift als eine völlig private Aktion Kauers hinzustellen, denn sie wirbelte Staub auf und führte zu heftigen Irritationen in den Gemeinden.[29] In der »Godesberger Erklärung« spiegelte sich die nationalkirchlich inspirierte These,[30] »dass das Erbe Luthers in der Partei besser aufgehoben ist, als in der evangelischen Kirche von heute«.

26 Robert KAUER, Bericht über Sitzung im Reichskirchenministerium am 4. April 1939. AEvOKR Fasz. 433, Z. 2195/39.

27 GRÜNZINGER/NICOLAISEN, Dokumente zur Kirchenpolitik des Dritten Reiches, Bd. 4 (wie Anm. 2) 341.

28 Oliver ARNHOLD, »Entjudung« – Kirche im Abgrund. Die Thüringer Kirchenbewegung Deutsche Christen 1928–1939 und das »Institut zur Erforschung und Beseitigung des jüdischen Einflusses auf das deutsche kirchliche Leben« 1939–1945 (Berlin 2010) 432.

29 Karl SCHWARZ, Aus der Geschichte lernen: Die Evangelische Kirche im Jahr 1938 – eine Nazikirche?, in: Kirche: Lernfähig in die Zukunft? Festschrift für Johannes Dantine zum 60. Geburtstag, hg. von Michael BÜNKER/Thomas KROBATH (Innsbruck–Wien 1998) 165–191, hier 188; Rudolf LEEB, Die Deutschen Christen in Österreich im Lichte neuer Quellen. *JGPrÖ* 124/125 (2008/09) 39–101, hier 73.

30 Zitat eines DC-Arbeitskreises in Bruck/Mur (1941) bei LEEB, Die Deutschen Christen in Österreich (wie Anm. 29) 63.

Eder kommentierte am 17. April 1939 den Weggang Kauers mit den Worten:[31]

> »Mir ist ein Stein vom Herzen gefallen. Damit sind viele Gebete unserer Kirche erhört. Nun ist eine kirchliche Linie in der Arbeit des OKR gewährleistet – der Einfluss der DC ist damit ziemlich ausgeschlossen. [...] Damit ist eine nicht leichte Episode im OKR abgeschlossen.«

III.

Die kirchenverfassungsrechtlichen und staatskirchenrechtlichen Details bleiben vage angedeutet,[32] Kauers vehementer Einsatz für eine präsidiale Kirchenleitung mag auch aus seinen »antikatholischen« Vorbehalten gegen eine »Klerikalisierung der Kirchenleitung« herrühren, wie sie nach seinem Ausscheiden Platz greifen konnte. Denn Eder gelang es, das episkopale Element der Kirchenverfassung zu stärken und den leitenden geistlichen Amtsträger mit dem Amtstitel »Bischof der Evangelischen Kirche A. u. H. B.« auszustatten. Im Bischofsamt sah er ein Schutzschild gegen außengesteuerte Verfremdung der Kirche – oder, wie er es in seinem Abschiedsbrief an seine Kirche formulierte:[33] »Das Gemeindeprinzip, das wir jetzt haben, ist unbiblisch, es ist das Einfallstor des Teufels in unsere Kirche.«

Diese krasse Formulierung war dem Konflikt geschuldet, den Eder mit DC-Gemeinden durchzustehen hatte, als diese gegen seine mit dem Pfarrergesetz von 1940 initiierte Kirchenverfassungsreform Sturm liefen und sich sogar an den geistlichen Vertrauensrat der DEK wandten, um die beklagte Veränderung einer synodal-presbyterialen Kirche in eine bischöfliche Kirche zu verhindern.[34] Eders Abschiedsbrief kurz vor seinem Tod trägt die Spuren einer großen persönlichen Enttäuschung. Seine bitteren Erfahrungen des Angefochtenseins als leitender geistlicher Amtsträger hatten geradezu eine kirchenrechtliche »Konversion« zur Folge, denn in seiner Dissertation von 1924 ist noch ein bemerkenswert gegenteiliger Satz im Blick auf die anzustrebende »Verfassung der kommenden Volkskirche« nachzulesen:[35] »Es lässt sich nicht leugnen, dass das Gemeindeprinzip der reformierten Kirche eine viel gesündere Grundlage bildet als das Episkopalsystem der lutherischen Kirche.« Und weiter heißt es, »dass presbyterial-synodal verfasste Kirchenwesen die Erschütterungen der jüngsten Vergangenheit [i.e. 1918] viel leichter ertragen und überstanden haben,

---

31 Tagebucheintragung, 17. April 1939. AEvOKR Wien, Nachlass Eder.

32 Dazu eingehend Gustav Reingrabner, Strukturelle Probleme der Leitung der Evangelischen Kirche in Österreich in den Jahren 1938 bis 1945. *JGPrÖ* 107/108 (1991/92) 193–204.

33 Karl Schwarz, Das Vermächtnis eines Bischofs. Ein bisher unbekannter Abschiedsbrief von Bischof Dr. Hans Eder (1944), in: Die Kirche als historische und eschatologische Größe. Festschrift für Kurt Niederwimmer zum 65. Geburtstag, hg. von Wilhelm Pratscher/Georg Sauer (Frankfurt a. M. 1994) 325–337, hier 335.

34 Karl Schwarz, Ein »Kirchenkampf« in Österreich. Zum Konflikt um das Bischofsamt (1940), in: Glaube – Freiheit – Diktatur in Europa und den USA. Festschrift für Gerhard Besier zum 60. Geburtstag, hg. von Katarzyna Stokłosa/Andrea Strübind (Göttingen 2007) 283–301.

35 Hans Eder, Kirche und Sozialdemokratie in Vergangenheit und Gegenwart (Wernigerode ^{4}o. J.) – beide Zitate auf S. 122.

als die episkopal organisierten«. Im Abschiedsbrief ringt sich Eder zur konträren Aussage durch – mit der besonderen Pointe, dass er das herrschende Gemeindeprinzip als unbiblisch denunzierte. Man wird Eder zugutehalten dürfen, dass in seiner Amtszeit dieser Transformationsprozess der Kirche durch die nötige Zentralisierung der kirchlichen Finanzen und die Vereinheitlichung der Pfarrerbesoldung, schließlich durch die Anpassung an reichskirchliche Vorgegebenheiten mehr oder weniger erzwungen wurde und in diesem Zusammenhang kongregationalistische Fehlentwicklungen zugunsten landeskirchlicher Eingriffsvollmachten korrigiert werden konnten. Das betraf namentlich das freie Wahlrecht der Gemeinden bei der Pfarrer-, Senioren- und Superintendentenwahl, das durch den Oberkirchenrat einerseits im Interesse der wirtschaftlichen Sicherheit der Landeskirche, andererseits um kirchenpolitische Fremdsteuerung auszuschalten, eingeschränkt wurde.

Die scharfe Aussage über das Gemeindeprinzip als »Einfallstor des Teufels« lässt sich nur vor diesem konkreten kirchenpolitischen Hintergrund verstehen. Natürlich ist der synodal-presbyteriale Verfassungstypus nicht biblisch geboten und birgt die Gefahr einer Säkularisierung des Kirchenrechts, aber auch der episkopale Weg zur Wahrung der Einheit der Kirche und, damit verbunden, ein bischöflicher Verfassungstypus trägt die Gefahr des Abusus in sich: die Gefahr der Hierarchisierung, Klerikalisierung und Sakralisierung der Kirchenordnung. Im Kirchenkampf ist es zur Pervertierung aller kirchenrechtlichen Strukturen gekommen, der Teufel war nie um ein »Einfallstor« verlegen: sowohl Presbyterien und Synoden als auch Präsidenten und Bischöfe sind ihm erlegen.

Es ist zu vermuten, dass Eder beim Stichwort »Fremdsteuerung« an seinen Dienstvorgesetzten gedacht hat, an Kauer, der nicht müde wurde, gegen die beabsichtigte Einführung des »Bischofstitels« zu polemisieren, und der offenbar im Reichskirchenministerium die Vorbehalte dagegen schürte. Im Tagebuch Eders findet sich unter dem 8. März 1939 eine illustrative Bemerkung:[36]

> »Kauer fährt heute nach München zu [Julius] Stahn (1898–1945), der ihm über unsere Gesetze [Kirchenbeitragsordnung 1939, Pfarrergehaltsordnung 1939, Kirchenbeamtenordnung 1939, Ordnung des geistlichen Amtes 1940][37] geschrieben hat. Sie finden scheinbar die Zustimmung des Reichskirchenministeriums mit Ausnahme des Bischofstitels. Das sagte er mir mit einer gewissen Schadenfreude. Ich zweifle keinen Augenblick, dass er dahinter steckt und Liptak hat mir das bestätigt.«

In dieser Gegnerschaft der beiden Kirchenleiter mit ihren unterschiedlichen Verfassungsoptionen lag ein beachtliches Problem der österreichischen Diasporakirche, die sich zudem als Kirche A. u. H. B. verstand und auf gewisse konfessionelle Vorbehalte Rücksicht nehmen musste. Wenn sich Eders Option gegen heftigen Widerstand der Deutschen Christen durchsetzen konnte, so war dies wohl nur möglich geworden, weil er in Heinrich Liptak, dem Nachfolger Kauers in der präsidialen Kirchenleitung,

36 Tagebucheintragung, 8. März 1939. AEvOKR Wien, Nachlass Eder.

37 Heinrich Liptak, Die neue Rechtslage der Kirche, in: Die Evangelische Kirche in Österreich. Blüte, Not und neuer Aufbau, hg. von Hans Eder (Berlin 1940) 140–173.

einen ihm freundschaftlich verbundenen Partner besaß, der sich auch theologisch dem Anliegen Eders zu nähern vermochte, wie an der gemeinsam erarbeiteten Lebensordnung »Lebe mit deiner Kirche« (1940)[38] zu ersehen ist. Gemeinsam wehrten sie den Vorschlag des Geistlichen Vertrauensrates der DEK ab, eine Verständigung in der Form eines Berliner Schiedsspruches zu suchen. Im Mai 1942 lag ein Gutachten des Vizepräsidenten Fürle vor, der eine Erweiterung der Synodalausschüsse unter Beteiligung der DC-Rechtsverwahrergemeinden verlangte. Diese hatten sich im Herbst 1942 zu einem Gemeindeverband zusammengeschlossen, für den sie ursprünglich die Bezeichnung »Bewegung zur Vollendung Deutscher Reformation« gewählt hatten. Dadurch wird auch ihr deutschchristliches Engagement unterstrichen, das durch die Rezeption der Godesberger Beschlüsse von 1939 zutage trat. Eder äußerte sich peinlich berührt über die zu schmal gewordene Basis der kirchlichen Gesetzgebung mit einem heftigen Non possumus.[39] Der schwerkranke Eder argumentierte mit der Verantwortung für seine Kirche, die ihn dazu nötige, die Vorschläge rundweg abzulehnen. Als »ein Mann, der vor den Toren der Ewigkeit stand und dem Ernst der Verantwortung vor dem Gerichte Gottes ins Auge sah«, müsse er so handeln. Diese kompromisslose Haltung nahmen Liptak und Eder auch vor dem Forum des geistlichen Vertrauensrates (19. Jänner 1943) ein. Der Aufruf zur »Sammlung aller Kräfte zur Selbstbehauptung des deutschen Volkes« (27. Jänner 1943) führte zu einer Art Burgfrieden zwischen Oberkirchenrat und dem »Verband der Rechtsverwahrungsgemeinden« und zur Vertagung der kirchenrechtlichen Grundsatzentscheidung auf die Zeit nach dem Krieg. Sie wurde im Kontext der Kirchenverfassung 1949 getroffen.[40]

IV.

Das Buch ist ein lesenswerter Kommentar zu dieser schwierigen Periode der Evangelischen Kirche in Österreich, es dokumentiert nicht nur Kauers kirchenpolitisches Scheitern, sondern auch dessen persönliche Niederlage und Demütigung nach 1945. In Leipzig wirkte er als Reichsgerichtsrat. Aufgrund seiner Weigerung, politische Todesurteile zu verhängen, wurde er 1944 zur Wehrmacht einberufen, am 17. April 1945 in Bad Ischl aus dem Wehrdienst entlassen und zum Oberlandesgericht Innsbruck abgeordnet (S. 155). Nach dem Krieg wurde er in lange Untersuchungshaft (1946–1948) genommen, ohne dass ein Strafverfahren gegen ihn durchgeführt wurde. Für die Evangelische Kirche verfasste er 1949 noch ein Gutachten über die 1949 verabschiedete Kirchenverfassung (S. 158), das bedauerlicherweise nicht mehr aufzufinden ist.

---

38 Reingrabner/Schwarz, Quellentexte (wie Anm. 10) 402–405.

39 Schreiben Eder, Z. GL 806/42, 22. September 1942. Ev. Zentralarchiv Berlin, Bestand 1/C2, Nr. 101, zit. bei Schwarz, Das Vermächtnis eines Bischofs (wie Anm. 33) 332.

40 Gustav Reingrabner, Zur Entstehung der Verfassung der Evangelischen Kirche A. u. H. B. in Österreich vom 26. Jänner 1949. *JGPrÖ* 99 (1983) 109–158, hier 154–156.

Das vorzustellende Buch bietet eine ausgezeichnete politische Biographie, es erweist sich auch in kirchenpolitischen Sachfragen als zuverlässig, wenngleich seine Grundtendenz darauf abzielt, Kauer in seiner deutlich ideologiegeleiteten Tätigkeit als Kirchenpräsident zu entlasten. Es basiert auf umfangreichen Recherchen des früheren Leiters der Evangelischen Akademie Wien, Professor Ulrich Trinks (1930–2008),[41] fand aber in Professor Harald Uhl, dem emeritierten Ministerialdirigenten in Bonn und Mitarbeiter beim Deutschen Evangelischen Kirchentag, dem die österreichische Protestantengeschichte einige Beiträge zur kirchlichen Erwachsenenbildung und Akademiearbeit,[42] aber auch zur Arbeit der Bibelgesellschaft zu verdanken hat,[43] einen verdienstvollen Bearbeiter und zielstrebigen Vollender. Dass dieser das dargelegte Juristenleben sogar als einen »unverzichtbaren Teil der protestantischen Kirchengeschichte in Österreich, ja Teil ihrer Identität« (S. 162) bewertete, scheint mir freilich etwas übertrieben. Dem letzten Satz aber, mit dem das zweifellos anregende Buch schließt, kann ich durchaus zustimmen, auch wenn seine gewundene Stilisierung ein wenig verklärt: Kauer bleibe

> »mit seinen Vorhaben, seinem Einsatz für die Ev. Kirche in Österreich [...], aber auch seinem konzeptionellen Scheitern Mahnung und erinnernder Hinweis für die Volkskirche in einer neuen demokratischen, ökumenischen und internationalen Gesellschaft und deren immer wieder neu auszurichtende Positionierung des bleibenden Auftrags, die frohe Botschaft des Evangeliums glaubwürdig zu vermitteln und als Kirche glaubwürdig zu verkörpern«.

---

41 Karl W. Schwarz, In memoriam Ulrich Trinks (26. 2. 1930–29. 5. 2008). *JGPrÖ* 124/125 (2008/09) 14–17.

42 Harald Uhl, Evangelische Akademien und die Diasporaexistenz der Kirchen, in: Protestantisch – Weltoffen – Streitbar. Fünfzehn Zeitzeichen anlässlich des 50jährigen Jubiläums der Evangelischen Akademien in Deutschland, hg. von Franz Grubauer/Wolfgang Lenz (Bad Boll 1999) 235–260, erheblich überarbeitet: Harald Uhl, Evangelische Akademie und Diaspora (Wien 2006).

43 Harald Uhl, Ein Gestapo-Dokument zur Geschichte der Bibelverbreitung in Österreich während der NS-Zeit. *JGPrÖ* 120 (2004) 277–282; Ders., Die Bibelgesellschaft im Österreich des 19. Jahrhunderts. *JGPrÖ* 127/128 (2011/2012) 167–203. Vgl. auch seine Bearbeitung der Lebenserinnerungen seines Vaters: Karl Uhl, Gottes Wort kann niemand hindern. Aus den Lebenserinnerungen von Karl Uhl, hg. von Robert Kauer (Wien 2007).

Franz Zimmermann,
Zeitbuch. Autobiographische Aufzeichnungen eines Hermannstädter Archivars (1875–1925), hg. von Harald Zimmermann (Schriften zur Landeskunde Siebenbürgens 34, Köln–Weimar–Wien 2013) 262 Seiten

Monica Vlaicu (Hg.),
Jakob Rannicher im Zeichen seiner Zeit. Briefe und Reden (1846–1874). Mit einer Einleitung von Thomas Nägler (Sibiu-Hermannstadt, 2 Teile, 2008–2010) 662 Seiten

Von Karl W. Schwarz

»Ein Stück Erinnerung an dieses Siebenbürgen vor hundert und mehr Jahren, an das Leben damals und dort, an Freude und Ärger, Nichtiges und eben auch Wichtiges will die Publikation von Franz Zimmermanns ›Zeitbuch‹ (samt weiterführendem Kommentar) heute vermitteln.« Mit diesen Worten schließt die Einleitung des Herausgebers und entfernten Verwandten Harald Zimmermann, dessen Urgroßvater, der Schäßburger Arzt Friedrich Wilhelm Zimmermann (†1868), ein Vetter zweiten Grades des Autors Franz Zimmermann (1850–1935) gewesen ist (Anm. 10). Die Lektüre der Einleitung ist nicht nur selbstverständlich, sondern zum Verständnis der Aufzeichnungen unerlässlich, weil sie den Duktus der Aufzeichnungen klärt und in die Biographie ihres Verfassers einordnet, diese aber in den Verlauf der siebenbürgischen und der allgemeinen Gesellschaftsgeschichte einzeichnet. Die kundige Hand des Herausgebers ist weiterhin in 492 erläuternden Anmerkungen zum Text zu ersehen, die stupende Kenntnis der Lebensumstände des Verfassers, dessen weit verzweigter Familiengeschichte, aber auch der siebenbürgischen Intrigen erkennen lässt.

Franz Josef Zimmermann war der Sohn des habsburgtreuen (deshalb die beiden Vornamen) Rechtshistorikers und Kirchenrechtlers Josef Andreas Zimmermann, Professor an der Rechtsakademie in Hermannstadt, der seit 1850 im Kabinett des Kultusministers Leo Thun-Hohenstein in Wien mit den Agenden des protestantischen Kultus betraut war und als solcher auch ein unverzichtbarer Experte für die Kirche der siebenbürgischen Nation und dessen Bischof Georg Daniel Teutsch war. Der Sohn erbte das historische Interesse seines Vaters, dem es bei allen rechtsgeschichtlichen Arbeiten um die juristische Selbstvergewisserung der Sachsen im Blick auf ihre Selbständigkeit und Unabhängigkeit gegangen war. Der Sohn, der am Wiener Institut für Österreichische Geschichtsforschung ausgebildet wurde und die Archivarslaufbahn in Hermannstadt einschlug, widmete sich den Quellen für dieses Ansinnen. Als Archivar der Nationsuniversität und der Stadt Hermannstadt war er zwischen 1875 und 1908 für dieses Archiv verantwortlich und erstellte als solcher nicht nur die noch heute gültige Ordnung, sondern regte auch das Urkundenbuch zur Geschichte der Deutschen in Siebenbürgen an und gab die ersten drei Bände über die Jahre 1191 bis 1415 heraus (1892–1902). Mit seinen quellengeleiteten Studien ist er gewissermaßen als »der Anti-Teutsch« (Konrad Gündisch) in die Geschichte eingegangen, mit seiner Kritik an der »heldischen« Historiographie von Vater und Sohn Teutsch hat er auch nie zurückgehalten (S. 214 ff.). Das Verhältnis zur Bischofsfamilie war denkbar gespannt (S. 155 ff.). In Hermannstadt fühlte er sich zunehmend isoliert, auf seine Kritik an der Archivpolitik der politischen Verwaltung ging niemand ein, deshalb reichte er schon als 57-Jähriger seinen Rücktritt ein, der durch ein Disziplinarverfahren (»Kampf mit einer Gaunerbande« S. 174 ff.) beschleunigt wurde. Bei der Lektüre stellt sich der Eindruck ein, dass Zimmermann gemobbt wurde, dass die verantwortlichen Stellen froh darüber waren, einen mehr als unangenehmen Kritiker los geworden zu sein. Zimmermann, der 1906 endgültig Hermannstadt verlassen hatte und nach Österreich übersiedelt war, wurde mit 29. Jänner 1908 in den Ruhestand versetzt. Die Abwicklung dieses Verfahrens dauerte noch bis 1910 und »macht einen widerlichen Eindruck« (S. 193). Das Buch endet aber nicht mit diesem Misston, der Herausgeber fügt im Anhang neben Zimmermanns Apologie von 1908 und dessen Analyse des Disziplinarverfahrens noch weitere Texte hinzu, die nicht dem Zeitbuch entnommen wurden, sondern an anderer Stelle erschienen sind, etwa zur siebenbürgisch-deutschen Geschichtsschreibung oder zum Verein der Siebenbürger Sachsen in Wien. Dem einleitend zitierten Befund des Herausgebers ist zuzustimmen: Das Buch bietet ein Stück Erinnerung an Siebenbürgen vor hundert und mehr Jahren – mit Nichtigem und Wichtigem, exzellent aufbereitet und vorbildlich ediert.

Monica Vlaicu, der wir schon eine Edition der Briefe an Georg Daniel Teutsch (1994) verdanken (vgl. meine Rezension im JGPrÖ 113/1997, S. 131–133), hat eine wichtige Edition der Briefe und Reden Jakob Rannichers vorgelegt, wobei sie Briefe von und an Bedeus von Scharberg, Georg Paul Binder, dessen Nachfolger Bischof Teutsch, Metropolit Andrei von Şaguna, den Sachsenkomes Konrad Schmidt, Friedrich Schuler-Libloy und Josef Andreas Zimmermann, um nur die wichtigsten Korrespondenzpartner zu nennen, berücksichtigt. Es ist dasselbe bürgerliche siebenbürgische Milieu, das hier dokumentiert vorliegt, wie es in der oben besprochenen Zimmermann-Edition der Fall ist. Rannicher entstammte einer Kärntner Landlerfamilie in Großpold, besuchte die Schulen in Hermannstadt und gehörte zur ersten Generation der Studenten der Hermannstädter Rechtsakademie. Dort prägte ihn vor allem sein Lehrer Josef Andreas Zimmermann, dessen rechtspolitische Absichten er weitgehend teilte und rechtshistorisch untermauerte. So konnte er schon als Student eine Studie über das Recht der Komeswahl vorlegen (1846), die den rechtsgeschichtlichen Nachweis ihrer Legitimität erbrachte. Praxiserfahrungen holte er an der Königstafel in Neumarkt als »Tabularkanzelist«, als der er sich eingehend mit der Lage von Kirche und Schule zu beschäftigen hatte. Als Jurist und Verwaltungsbeamter bestens vorbereitet, scheute er vor dem Schritt in die Politik nicht zurück, als 1848 die Frage der Union Siebenbürgens mit Ungarn anstand. Wie Zimmermann lehnte er diese Union ab und hielt bei einer Versammlung eine feurige Rede für die Einheit Österreichs. Als Gegner der Union wechselte er 1850 nach Wien, wo er in den unterschiedlichen Ministerien, darunter auch im Kultusministerium in der Nähe seines

Mentors Zimmermann, Dienst versah. Später wurde er an die k. k. Statthalterei nach Hermannstadt versetzt, um vor Ort die juristische Reorganisation seiner Kirche in die Wege zu leiten. Dabei war er in engem Kontakt mit Georg Daniel Teutsch und mit Zimmermann. Während diese die kirchliche Autonomie aufs Schärfste profilierten, scheint er staatliche Eingriffe in den kirchlichen Organismus nicht kategorisch abgelehnt zu haben, ohne sich freilich dabei durchzusetzen. Als Mitglied im Landeskonsistorium und als Sekretär der Landeskirchenversammlung hat er diese Phase der siebenbürgischen Kirchengeschichte aktiv gestaltet. Zu seiner politischen Laufbahn sei vermerkt, dass er im Landtag von 1863 die Selbständigkeit Siebenbürgens und seine Zugehörigkeit zum Gesamtreich, nicht zu Ungarn, vertrat und sich für die Gleichberechtigung der Rumänen einsetzte (Rede am 29. 8. 1863, S. 521 ff.). In der Folge wurde er zum Reichsrat nach Wien abgeordnet, gehörte aber auch dem Landtag 1865 in Klausenburg an, wo er die Gesetzmäßigkeit des Unionsbeschlusses 1848 mit Ungarn bestritt. Rannicher hielt zwei als glänzend beurteilte Reden gegen die Union (2. 12. 1865, S. 528 ff.), ihm wurde von den Magyaren das Stimmrecht aberkannt. Einsprüche gegen die Union bei Kaiser und König Franz Joseph brachten nicht den erhofften Umschwung, sondern bestätigten die Union und die politische Niederlage Rannichers, dem auch die Jungsachsen nicht gefolgt waren. Mit dem 1867 gewählten Bischof Teutsch kämpfte er um die Autonomie für Siebenbürgen, die sukzessive eingeschränkt wurde, indem die alten siebenbürgischen Landtagsbeschlüsse (»Approbatae« und »Compilatae«) neuen Bestimmungen der ungarischen Regierung zu weichen hatten. Beide konzentrierten sich auf Sprache und Schule. Sachsengraf und Sächsische Nationsuniversität verloren ihre historische Stellung (Rede zur Comesfrage am 7. 4. 1868 in Pest, S. 536 ff.). Rannicher, der auch den siebenbürgischen Metropoliten Andrei von Şaguna mit seiner juristischen und kirchenrechtlichen Expertise unterstützte (siehe Briefe vom 5. 3. 1865, S. 388 ff.; 7. 1. 1866, S. 401 f.; 21. 1. 1866, S. 404 ff.; 10. 7. 1866, S. 410 f.; 26. 9. 1866, S. 411 ff.; 21. 10. 1866, S. 413 ff.; o. D. S. 518), blieb im ungarischen Parlament, als nach der Auflösung der Nationsuniversität die sächsischen Abgeordneten aus Protest aus der liberalen Partei Franz Déaks (»moderaten« Partei [S. 630]) austraten. Er widersetzte sich diesem Schritt, weil Politik nicht außerhalb des Parteiensystems betrieben werden könne (Offener Brief an die sächsischen Reichstagsabgeordneten 4. 4. 1874, S. 571 ff.). Durch diesen innersächsischen Zwist verlor er aber auch seine Wählerstimmen. Doch einen Rücktritt von seinem parlamentarischen Sitz lehnte er kategorisch ab. Der Zwist konnte nicht gelöst werden, da Rannicher 1875 überraschend 52-jährig verstarb. Im Jahr darauf wurde das »Sachsenland« zerschlagen und in Komitate eingeordnet.

Die Einleitung »Jakob Rannicher und seine Zeit« gibt den unterschiedlichen chronologisch geordneten Briefschaften einen ausgezeichnet orientierenden Rahmen (S. I–XVII) und stellt Jakob Rannicher als »politischen Fachmann des 19. Jahrhunderts in seiner europäischen Größe« (S. XVII) auf dieselbe Stufe wie Stephan Ludwig Roth. Da und dort blitzt auch eine spirituelle Note in seinen Briefen auf, sein Eingewurzeltsein in der christlichen und kirchlichen Tradition, seine starke Bindung an Bibel und Bekenntnisschriften, sodass ein heutiger Leser seiner kirchenrechtlichen Studien zu dem Ergebnis gelangte, dass Rannicher nicht nur über ein beachtliches theologisches Wissen verfügte, sondern es auch anzuwenden verstand. Er habe, so schreibt Thomas Pitters in seiner Dissertation,[1] »nirgends in der theologischen Literatur des 19. Jahrhunderts eine so knappe, wohlfundierte und einwandfreie ekklesiologische Darstellung der evangelischen Kirche gefunden, als in Jakob Rannichers erstem Heft seines Handbuchs für evangelisches Kirchenrecht, 1859«. Rannicher hat demnach kirchenrechtstheologische Prämissen erkannt, an denen die Kirchenrechtspraxis Maßstab zu nehmen hätte. Eine bemerkenswerte Aussage, die in seinen Briefen wenigstens in Ansätzen (S. 240 ff. mit Bezugnahme auf den bayerischen Konsistorialrat Höfling; S. 248 ff. zur Einleitung seines Handbuchs) anklingt.

Die in zwei Teile gegliederte Edition enthält in chronologischer Reihe zunächst Familienbriefe an seine Frau und Kinder aus den Jahren 1857–1874 (Nr. 1–38, S. 1–91) sowie Briefe von Rannicher an unterschiedliche Empfänger zwischen 1846 und 1874 (Nr. 39–129, S. 92–327), schließlich im 2. Teil Briefe an Rannicher zwischen 1846 und 1874 (Nr. 130–244, S. 333–520). Es folgen ein Anhang mit ausgewählten Reden Rannichers (S. 521–578), ein umfangreicher Anmerkungsapparat (S. 579–613), biobibliographische Angaben zu den Briefschreibern (S. 615–623) sowie ein Personen- (S. 627–651) und ein Ortsregister (S. 653–662).

Beide Quellen sind für die siebenbürgische Geschichte wichtig, ja unverzichtbar. Sie korrespondieren geradezu, auch wenn sie tatsächlich nichts miteinander zu tun haben. Und doch hängen sie durch die handelnden Persönlichkeiten eng zusammen und sie werfen jeweils einen Lichtkegel auf Kirche und Gesellschaft in der zweiten Hälfte des 19. Jahrhunderts.

1 Thomas Pitters, Das Kirchenverständnis der Evangelischen Kirche A. B. in Siebenbürgen unter besonderer Berücksichtigung der Literatur des 19. Jahrhunderts (Diss. Klausenburg/Hermannstadt 1998) 116–126, hier 120.

Karl W. Schwarz,
Von Leonhard Stöckel bis Ruprecht Steinacker. Biographische Perspektiven der Protestantismusgeschichte im Karpatenbogen (Studien zur deutsch-slowakischen Kulturgeschichte, hg. von J. Meier, Bd. 3, Berlin 2014) 232 Seiten

Von Christoph Link

Der Autor dieses schönen Buches bedarf hier keiner Vorstellung, wohl aber verdient sie das Buch selbst. Es gliedert sich in 16 Einzelbeiträge, fast durchweg biographische Skizzen, die meist aus Vorträgen entstanden sind. Der zeitliche Rahmen spannt sich vom Melanchthonschüler Leonhard Stöckel (1510–1560), dem Kirchen- und Schulreformator im Karpatenraum, bis hin zum schul- und kulturpolitischen Wirken des deutsch-slowakischen Pädagogen Ruprecht Steinacker (1914–2009) in der Nachkriegszeit. Es handelt sich dabei aber eben nicht nur um eine Sammlung liebevoller literarischer Porträts – der besondere Reiz des Buches liegt darin, dass sich diese Porträts insgesamt zu einer Entwicklungsgeschichte des Protestantismus im Karpatenraum verbinden, dass es (in der historischen Abfolge) immer wieder um die gleichen Probleme und Konflikte geht, die sich aber in den Einzelschicksalen unterschiedlich spiegeln. Durch die von Schwarz beschriebenen, mitunter gegenläufigen, Motivationen seiner Akteure gewinnen diese Konflikte immer neue Facetten und fügen sich erst so zu einem Gesamtbild zusammen, einem Gesamtbild, das dem Historiker die Vieldeutigkeit, ja Widersprüchlichkeit der Wahrnehmung durch die (damaligen) Zeitgenossen erschließt. Es sind natürlich die allgemeinen Entwicklungen: das Vordringen der Reformation, deren gewaltsame Unterdrückung durch die habsburgische Spielart der Gegenreformation, die immer wieder brüchige und halbherzige Toleranz, die in die revolutionären Strömungen des 19. Jahrhunderts gesetzten Emanzipationshoffnungen und deren in Trippelschritten voranschreitende Realisierung unter kaiserlich-katholischem Summepiskopat, schließlich das Vordringen nationalistischer und anderer säkularer Ideologien (Antisemitismusstreit). Daneben – wenn auch vielfach damit verbunden – sind es die innerkirchlichen Gegensätze von Luthertum und Calvinismus, von Orthodoxie, Pietismus und Rationalismus, von liberaler und streng bekenntnisgebundener Theologie, die auch im österreichischen Protestantismus virulent werden. Aber sie überlagern sich im habsburgischen Vielvölkerstaat und besonders im Karpatenraum noch mit den immer akuter werdenden Nationalitäten- und Sprachenkonflikten, die die Fronten verhärten, indes auch zu eigentümlichen Allianzen führen. All das ist bei Schwarz spannend nachzulesen, gerade weil es im Handeln (und oft im Scheitern) seiner Protagonisten konkret erfahrbar wird. Immer wieder sind es die (durch intensive Archivstudien und seine stupende Kenntnis der vielsprachigen Literatur penibel recherchierten) Details, die erst die großen kulturellen, (kirchen-)politischen, rechtlichen und theologischen Entwicklungslinien des südosteuropäischen Protestantismus klar hervortreten lassen.

Dabei zeigen die Biographien in ihrer Verflochtenheit eines sehr deutlich: Ungeachtet ihrer Minderheit waren die Protestanten in den kulturellen Eliten weit überrepräsentiert, nicht zuletzt durch ihr nach Abflauen der Gegenreformation aufblühendes Bildungswesen. Das gab ihnen Gewicht, machte sie aber auch zum integralen Bestandteil einer Kultur, die bei allen nationalen, sprachlichen und konfessionellen Spannungen gerade in diesem Raum ihre besondere Prägung durch wechselseitigen Austausch und die überwölbende Erfahrung einer gemeinsamen Geschichte erhielt. Davon ist vieles verloren gegangen. Man liest mit Wehmut, welchen wesentlichen Beitrag einst die Deutschen zu dieser Kultur geleistet haben (nicht nur die protestantischen) – etwa in den schönen Beschreibungen der (heute slowakischen) Zips, die an mehreren Stellen eingestreut werden. Eine ferne Ahnung davon vermitteln noch die durchweg von Schwarz den slawischen und magyarischen hinzugesetzten alten deutschen Ortsnamen, die längst von den amtlichen Landkarten verschwunden sind.

Auch sonst erfährt man viel Wissenswertes. So etwa, dass der Pietismus die gegenreformatorischen Intentionen konterkarierte, indem er die protestantische Frömmigkeit gerade dort stärkte, wo allein Hausgemeinden zugelassen waren; dass eine lutherisch-reformierte Union nach dem Vorbild Preußens nicht primär an theologischen Widerständen scheiterte, sondern vor allem an Magyarisierungsängsten der mehrheitlich lutherischen (slawischen) Slowaken; dass die innerkirchlichen Kontroversen um die kirchenleitende Stellung des geistlichen Amtes – in Deutschland mit den Namen Stahl und Höfling verbunden – in Ungarn die traditionelle kirchenpolitische Dominanz der Magnaten bedrohten, die sich unter Berufung auf das allgemeine Priestertum aller Gläubigen gegen die Superintendentialverfassung zur Wehr setzten (»Hierarchie versus Kyriarchie«); dass die Pläne zur Schaffung einer protestantischen Reichskirche in der Gesamtmonarchie in der Mitte des 19. Jahrhunderts als Teil einer Wiener (cisleithanischen) Zentralisierungsstrategie beargwöhnt und torpediert wurden – um nur einige Beispiele zu nennen.

Und man erfährt, welche bedeutende Rolle die Wiener Theologische Fakultät in den verschiedenen Etappen ihrer Entwicklung gerade im Donauraum spielte. Ihre Gründung in der Zeit der Restauration hatte ja erklärtermaßen zum Ziel, durch Monopolisierung der protestantischen Theologenausbildung im Inland dem Import »gefährlicher« und »schädlicher« politischer Ideen zu wehren. Zuvor – und das zeigt Schwarz an zahlreichen Einzelbeispielen – hatten die angehenden Theologen ihre Ausbildung an derjenigen deutschen Fakultät gesucht, die in der theologischen Ausrichtung ihren religiösen Vorstellungen entsprach (das »rationalistische« Heidelberg oder Jena und – eher orthodox – Rostock). Die Folge war, dass durch die zurückkehrenden Absolventen diese Richtungskämpfe in den relativ kleinen Heimatkirchen relativ unvermittelt aufeinanderprallten. Nun aber war es Sache der Wiener Lehranstalt (später Fakultät), die kirchenpolitischen und theologischen Gegensätze in ihrem Kollegium auszutragen und zu integrieren. Dass dies nicht immer spannungsfrei gelang, zeichnet Schwarz besonders an den Querelen der Berufungspolitik nach. Hier zeigt er sich nicht nur als exzellenter Kenner der österreichischen Protestantismusgeschichte, sondern auch der spannungsreichen Geschichte der kleinen, aber weit ausstrahlenden Wiener Fakultät.

Insgesamt wird in der Zusammenschau dieser sechzehn Kabinettstücke ein Teil des alten Europa lebendig, ein thematisch und regional begrenzter Ausschnitt zwar, aber umso eindrucksvoller durch die Vielfalt der kulturgeschichtlichen ebenso wie der kirchen- und verfassungsgeschichtlichen Perspektiven. Kurzum: ein informatives, immer wieder berührendes, gut geschriebenes und deshalb vor allem: ein wichtiges Buch.

Maria Heinke-Probst, Die Deutsche Evangelische Kirche in Böhmen, Mähren und Schlesien 1918–1938 (–1946). Identitätssuche zwischen Nationalität und Bekenntnis (Leipzig–Berlin 2012) 237 Seiten

Von Karl W. Schwarz

Am 25. Oktober 1919 kam es auf dem Kirchentag in Turn bei Teplitz-Schönau/ Teplice-Šanov zur Gründung der Deutschen Evangelischen Kirche in Böhmen, Mähren und Schlesien. Die Initiatoren setzten diesen Schritt, nicht ohne die Zwangslage zu benennen, aus der heraus die Gemeinden zu handeln veranlasst waren, eine »Kirche wider Willen« zu gründen:

> »Da die Regierung der tschechoslowakischen Republik die Aufrechterhaltung der kirchlichen Gemeinschaft der in ihr liegenden Gemeinden mit der evangelischen Kirche der österreichischen Republik nicht zulässt, sind die deutschen evangelischen Gemeinden, die bisher der evangelischen Kirche A. u. H. B. in Österreich angehörten und nunmehr im Gebiete der tschechoslowakischen Republik liegen [...] vom evangelischen Oberkirchenrat A. u. H. B. in Wien losgetrennt und begründen unter Aufrechterhaltung ihrer Ansprüche an das Vermögen der evang. Kirche A. u. H. B. in Österreich eine selbständige Kirchengemeinschaft, der sie den Namen geben: Deutsche evangelische Kirche in der tschechoslowakischen Republik.«

1924 musste sie den Namen modifizieren: Deutsche Evangelische Kirche in Böhmen, Mähren und Schlesien.

Wenige Jahre später, mit 30. Jänner 1922, schlossen sich die vier Gemeinden im Ascher-Distrikt (mit 30.000 Seelen) an. Diese hatten eine historische Sonderstellung eingenommen, weil sie als Reichslehen der Grafen Zedtwitz von der Gegenreformation der Habsburger weitgehend verschont geblieben waren und in einer (fast) ungebrochenen Kontinuität zur Reformationszeit standen. 1926 schloss sich auch die Gemeinde in Tschechisch-Teschen/Česky Těšín an. Auch wenn auf das A. B. in der Kirchenbezeichnung verzichtet wurde, war es doch eine lutherische Kirche – mit einigen A. u. H. B.-Gemeinden (wie sie in der österreichischen Tradition vorkamen) –, die auch reformierte Gemeindeglieder mit umfasste.

Die Kirche spannte sich von Asch im Westen bis Teschen im Osten und gliederte sich in sechs Kirchenkreise: 1. Asch, 2. Westböhmen, 3. Mittelböhmen, 4. Ostböhmen, 5. Mähren, 6. Schlesien, die jeweils von Senioren geleitet wurden. An der Spitze der Kirche stand als Kirchenpräsident der Pfarrer von Gablonz/Jablonec Dr. Erich Wehrenfennig (1872–1968). Eine Angliederung der deutschen lutherischen Gemeinden in der Slowakei, in Pressburg/Bratislava und Umgebung sowie in der Zips/Spiš gelang nicht, sie scheiterte am Widerspruch der tschechoslowakischen Regierung.

Um die kirchengeschichtliche Aufarbeitung dieser Entwicklung hat sich vornehmlich die Johannes-Mathesius-Gesellschaft bemüht. Hier sind zahlreiche Arbeiten aus der Feder von Oskar Sakrausky (1914–2006) zu nennen, der vor allem das

Amtstagebuch von Kirchenpräsident Wehrenfennig herausgab und in sechs Bänden kommentierte. Er lieferte damit einen bemerkenswerten chronistischen Abriss der Erlebnisgeschichte, wobei er sich weitgehend auf die Zeitschrift »Deutscher Glaube«, die von Pfarrer Otto Waitkat in Rumburg bzw. Joachimsthal herausgegeben wurde, stützte. Im Rahmen der Jahrestagungen der Mathesius-Gesellschaft konnte Maria Heinke-Probst bereits über den Fortgang ihrer wissenschaftlichen Arbeit berichten (Erbe und Auftrag der Reformation in den böhmischen Ländern 35–38/2000, 67–105), wie sie auch den ganz wichtigen Handbuchartikel (Die Deutsche Evangelische Kirche in Böhmen, Mähren und Schlesien) im Handbuch der Religions- und Kirchengeschichte der böhmischen Länder und Tschechiens im 20. Jahrhundert (München 2009, 165–186) verfasste.

2012 ist schließlich die gedruckte Fassung ihrer von der Universität Leipzig approbierten Dissertation erschienen, auf die hier hingewiesen werden soll. Sie wurde berufsbegleitend erarbeitet, also eingespannt zwischen einem Pfarramt und einer vielköpfigen Familie. Deshalb wird man das quellengesättigte Ergebnis doppelt schätzen und nachsehen dürfen, dass sie sich auf das Biographisch-Bibliographische Kirchenlexikon stützte und auf weiterführende Literatur weitgehend verzichtete. Unter den benützten Quellen ragt neben dem Archiv der Mathesius-Gesellschaft vor allem der Bestand »Deutsche Evangelische Kirche in Böhmen, Mähren und Schlesien« im Zentralarchiv der Evangelischen Kirche der Böhmischen Brüder hervor, der erstmals ausgewertet werden konnte.

Die Gliederung in sieben Abschnitte ist klug und einleuchtend: Maria Heinke-Probst berücksichtigt wichtige Entwicklungslinien seit 1848 (S. 16 ff.) und die altösterreichische Protestantismustradition, der Wehrenfennig entstammte, (S. 21 ff.) sowie die Sonderentwicklung im schlesischen Seniorat (S. 32 ff.). Sie erörtert die Suche nach einer neuen Identität (1920–1922), »Aufbaujahre in Annäherung und Abgrenzung« (1923–1926), wobei sie exkursmäßig auch die Beziehung zum Gustav-Adolf-Verein behandelt. Einen deutlichen Schwerpunkt bildet die spannungsreiche Beziehung zur Evangelischen Kirche der Böhmischen Brüder (S. 50 ff.). Der 5. Abschnitt 1933–1939, »Zerreißprobe zwischen Volk und Staat – oder: ›Heimgeholt‹ und mitgegangen« (S. 92 ff.), thematisiert den Kirchenkampf und als theologische Frage »Kirche, Volk und Staat«, wie sie nicht zuletzt auf der Weltkirchenkonferenz in Oxford verhandelt wurde (S. 148 ff.), aber auch im kirchlichen Alltag zu erleben war. Am Beispiel der Zeitung »Evangelisches Leben« dokumentiert die Arbeit die Annäherung zur Sudetendeutschen Partei und die politisch-theologische Radikalisierung innerhalb der Kirche (S. 162 ff.). Im 6. Abschnitt 1939–1944, »Unter der Herrschaft der NSDAP« (S. 169 ff.), verdient die Haltung der Pfarrerschaft gegenüber dem Nationalsozialismus besondere Beachtung, exemplarisch dargestellt am Beispiel eines aus dem Kirchendienst aus ideologischen Gründen ausgeschiedenen Pfarrers (Dr. Ernst Lehmann, S. 193 ff.) bzw. eines deutschnationalen Pfarrers, der von seiner Gesinnung zu einer christlichen Bußhaltung geführt wurde (Hugo Gerstberger, S. 196 ff.). Ähnliches wird auch Kirchenpräsident Wehrenfennig zugeschrieben (S. 220). Als die Deutsche Evangelische Kirche nach dem Zweiten Weltkrieg ihr »offizielles Ende« beklagen musste, richtete sie an die Evangelische Kirche der Böhmischen Brüder das Ersuchen, in diese eingegliedert zu werden – mit dem Argument, dazu umso mehr sich berechtigt zu halten, »als beide Kirchen während der Österreichisch-Ungarischen Monarchie im Wesen eine Kirche bildeten« (Rundschreiben Oberkirchenrat Hickmann, 17. 5. 1946 – Zitat S. 219). Die Kirche wurde durch Gesetz Nr. 131/6. 5. 1948 rückwirkend mit 4. 5. 1945 aufgelöst. »Abbruch und Neubeginn«, so resümiert die Verfasserin, »dieses Erleben stand am Anfang der DEK i BMS im Jahre 1919; um vieles stärker beschreibt es ihr offizielles Ende im Jahre 1946« (S. 219).

Die Qualität des Bildteiles und der geographischen Karten ist leider nicht besonders geglückt, aber das soll den positiven Gesamteindruck dieser Arbeit nicht schmälern.

Anna Kovács/László Matus (Hg.), Jób megpróbáltatásai – egy evangélikus gyülekezet sorsfordulói. A pesti szlovák evangélikus gyülekezet emlékkönyve / Utrpenia Jóba – peripetie jedneho evanjelického zboru. Pamätnica peštianskeho slovenského evanjelického zboru [Hiobs Prüfungen – die Schicksalswenden einer evangelischen Gemeinde. Gedenkbuch der Pester slowakischen evangelischen Gemeinde] (Budapest 2012) 236 Seiten

Von Juliane Brandt

Das vorliegende mehrsprachige Werk ist eine Quellensammlung, die zum Ziel hat, die gesamte Entwicklung der slowakischen Gemeinde in Pest zu verfolgen. Das Archivmaterial deckt den Zeitraum bis 1974, dem Jahr des Amtsantritts von Pfarrer Ferenc Cselovszky, ab; seine schriftlich formulierten Erinnerungen sowie die von Attila Szpisák und Hilda Fabulya Gulácsi überblicken die Folgejahre bis 2012. Die Quellen stammen aus dem Evangelischen Landesarchiv (dort besonders aus dem Fond Pester Slowakische Kirche) sowie dem Archiv der slowakischen Gemeinde. An erster Stelle steht jeweils der originalsprachige Text, zumeist in slowakischer oder ungarischer Sprache, anschließend die Übersetzung.[1] Die Herausgeber betrachten den Band nicht primär als wissenschaftliches Werk, sondern als Bestandteil der Erinnerungskultur der Gemeinde. Allerdings formulieren sie eine interessante Stellungnahme: sie wollen die Gemeinde nicht vorrangig als »ethnokulturelle« Gemeinschaft mit einer Verortung »im ethnischen oder nationalen Raum« betrachten (S. 5). Eine solche Deutung als homogene Gruppe, als zielgerichtet auftretende Gemeinschaft mit ausgeformter Identität, sei nur eine Lesart der Geschichte der Gemeinde, die im Kontext der nationalen Geschichtsschreibung entstanden sei. Sie gehen daher bewusst von dem »kanonisierten Metanarrativ« ab, das die Entwicklung der Gemeinde als Teil der ungarischen bzw. slowakischen Geschichte liest, entweder als Erzählung einer Assimilation oder auch als »nationale Leidensgeschichte«. Kollektive Identität lasse sich auch als Ergebnis der Identität der die Gruppe konstituierenden Individuen deuten. Die Pester Gemeinde war eine heterogene Gruppe, die in erster Linie durch Glauben und Wohnort verbunden war. Als eine solche Gruppe mit offenem Charakter und verschiedensten Verbindungen niedriger Intensität im Alltagsleben wollen Kovács und Matus sie betrachten (S. 6). Folglich ist die Zusammenstellung darum bemüht, verschiedenste Aspekte des Lebens der Gemeindeglieder zu berücksichtigen und durch die Erinnerungen bzw. Rückblicke mehrerer Pfarrer Überblicke über ihre Entwicklung, aber auch Lesarten derselben, vorzustellen.

1 Die Rezensentin bemerkt an dieser Stelle, dass die Namensnennungen hier der Schreibung in den ungarischsprachigen Texten folgen und aus Platzgründen keine Varianten wiedergegeben werden.

Auf die »Invokation« der Herausgeber (S. 5–7/S. 8–10) folgt zunächst ein thematischer Block mit Sichtweisen der Gemeindegeschichte seitens ihrer Pfarrer (S. 11–55). Texte aus der Zeit »Auf dem Weg zur Selbständigkeit (1787–1854)« (S. 56–95) über »Die Kirche und die Gemeinschaft des Luther-Hofs (1955–1918)« (S. 96–161) sowie ein »Zurück zu den Anfängen (1919–1974)« und ein Bildteil (S. 217–236) schließen sich an. Auf Register oder textkritischen Apparat wurde mit Blick auf das anvisierte Publikum, in erster Linie die Gemeinde und daneben die slowakischen Gläubigen des Landes, verzichtet (S. 7).

Da von Ján Kollár, Josef Podhradski und Daniel Bachát im Archiv keine Zusammenfassungen der Geschichte der Gemeinde vorliegen, bilden Texte von Márton Morhács aus dem Jahr 1917 oder 1918, von Jenő Sziládi (1951) sowie Rückblicke auf die eigenen Dienstjahre von Ferenc Cselovszky (2003), Attila Szpisák (2012) und Hilda Fabulya (2012) den Korpus des »Introitus«. Aus der Außenperspektive besonders interessant ist sicher das Kapitel zu den Jahren Kollárs in der Gemeinde. Ausgewählt wurde hier das erste Schreiben, in dem die slowakischen Kirchenmitglieder ihre Forderungen zu Liturgie, Schule und Selbstverwaltung anmelden, hier in der Erstfassung von ca. 1920, vermutlich durch János Dohnányi, 1824 auch erster Inspektor der slowakischen Gruppierung. Ausgewählt wurden auch eine Fassung eines in mehreren Versionen überlieferten Forderungskatalogs von 1820 sowie Briefe aus dem Kontext des Streits um Kollárs Wahl zum Pfarrer durch die slowakischen Gemeindeglieder. Die ungarische Fassung des Forderungskatalogs zeichnet sich dadurch aus, dass das Slowakische dort als »einheimische«, das Deutsche als »fremde« Sprache bezeichnet wird und die Wichtigkeit des Erlernens des Ungarischen betont wird – eine Forderung, die in den slowakischen Versionen fehlt. Zu den gerade erwähnten Briefen gehört das von Kollár formulierte Schreiben der Gemeinde an die Zeitschrift »Hesperus«, in dem die gegen ihn gerichteten Vorwürfe widerlegt werden, das Schreiben mit der Stellungnahme des Komitats in der Angelegenheit – in dem dieses die Rechtmäßigkeit der slowakischen Forderungen konstatierte –, eine Zusammenfassung der gemeindlichen Streitigkeiten durch das Komitat einschließlich einer Einschätzung der materiellen Situation der slowakischen Kirchenglieder, und schließlich eine Rechnung für Kost und Logis Kollárs, die Baron Prónay beglichen hatte. Ein anschließender Briefentwurf Kollárs an ein nicht identifizierbares Gemeindemitglied verdeutlicht die Meinungsunterschiede zwischen den Slowaken selbst bezüglich der Verselbständigung als Gemeinde. Aus der Menge der Verpflichtungserklärungen zu Einzahlungen für einen künftigen Kirchenbau wird der von Kollár geschriebene Bogen mitgeteilt. Darin verweist er auch auf die Bedeutung eines solchen Kirchengebäudes für den Erhalt des »nationalen Geistes«, der »ganz« und »rein« bewahrt werden sollte (S. 89). Auch ihm persönlich gewidmete Spenden zur Behebung des ihm selbst durch das Hochwasser vom Frühjahr 1838 erwachsenen Schadens schlägt er der Summe zu – zu einem Zeitpunkt, als die meisten anderen Gemeindeglieder in den Vorstädten gerade Wohnung und Besitz verloren hatten. Das achte Dokument schließlich bilden Auszüge aus dem Protokoll der Sonntagsschule der slowakischen Gemeinde zu dem Konflikt zwischen Kollár und dem Lehrer Kadávy. Dieser war

Anhänger der von Štur geprägten, an die tatsächliche Sprache der Zeit angelehnten Kodifizierung und er lehnte Kollárs auf Herausstellung der Gemeinsamkeiten mit den Tschechen abzielendes Modell ab.

Die folgenden Jahrzehnte von 1855 bis zur Jahrhundertwende können als Zeit des Ausbaus und der Blüte der Gemeinde beschrieben werden. Schon vor 1918 lassen sich aber auch Anzeichen eines Niedergangs beobachten, die mit der Quellenauswahl angedeutet werden. Der erste Text ist quasi ein Gegenentwurf des auf der Seite des Protestantenpatents stehenden Pfarrers Ján Pravdol'ub Bella (später Lehrer in Békéscsaba), der analog zu der 1866 von Ferenc Kubinyi als Vertreter der Anti-Patentsgemeinde herausgegebenen Quellensammlung gegen Ende seines Lebens eine ähnliche Zusammenstellung erarbeitete, die aber ungedruckt blieb. Der Band präsentiert einen Auszug aus dieser Darstellung. Andere Texte geben Einblick in die Versuche, in den 1870er Jahren einen neuen Pfarrer zu finden, das von der Stadt erhaltene Grundstück zu bebauen sowie Schule, Pfarrhaus und Kirche durch den Bau einiger Mietshäuser zu finanzieren; außerdem geben sie Einblick in die andauernden Schwierigkeiten um den Betrieb der Schule auf mehr als einem Minimalniveau an Ausstattung und Lehrinhalt, in die Zusammensetzung der Gemeinde aus wenigen hundert fest ansässigen Mitgliedern und berichten vom Eintreffen vieler hunderter slowakischer evangelischer Gläubiger zur Saisonarbeit u. v. m. Nach 1919 verließ ein großer Teil der Gemeindemitglieder Budapest, viele bislang betriebene Vereine stellten ihre Tätigkeit ein. 1920–1921 war Pfarrer Morhács zusammen mit seiner Familie interniert. Den neuerlichen Ausbau der kirchlichen Aktivitäten erschwerte der Umstand, dass ein langfristiger Nutzungsvertrag mit einem Bauunternehmer der Gemeinde zwar kaum Einnahmen erbrachte, sie aber als formeller Grundeigentümer 1942 sogar Zwangsanleihen zeichnen und zu diesem Zweck Kredite aufnehmen musste. Belegt wird auch, wie im Ringen um die Sicherung eines Grundbestands an kirchlicher Tätigkeit das Bewusstsein für die Anfänge der Gemeindegründung oder die Leistungen der Amtsvorgänger (etwa Dániel Bacháts) weitgehend verloren ging, ein Prozess, der sich in den Jahrzehnten sozialistischer Herrschaft weiter fortsetzte. 1952 endlich gingen die Gebäude um die Kirche vertragsgemäß an die Gemeinde zurück, wurden jedoch im Folgejahr bereits verstaatlicht. Die Quellenauswahl illustriert diese Vorgänge an einzelnen Schreiben von Gemeinde bzw. staatlichen Stellen und gibt auf diesem Wege auch einen Einblick in die neue Zwangsgemeinschaft von staatlicher Immobilienverwaltung und kirchlichem Leben auf dem sogenannten Lutherhof. Bis Mitte der 1970er Jahre wurde auch das Kirchengebäude in mehreren Schritten verkauft. Die Folgezeit wiederum ist in den im ersten Kapitel mitgeteilten Rückblicken der Pfarrer zusammengefasst.

Den Herausgebern ist es sicher gelungen, auf dem geringen Umfang von je etwa 100 Seiten in slowakischer bzw. ungarischer Sprache mit den ausgewählten Dokumenten die Wechselfälle der Gemeindeentwicklung wie auch die Komplexität ihrer Tätigkeitsfelder zu veranschaulichen. Die Einführungen in die einzelnen Kapitel bzw. die dort mitgeteilten Quellen und deren Kontext lassen sich auch als ein kurzer Überblick über wichtige Punkte in der Geschichte der Gemeinde lesen. Ob es auch möglich war, die Vernetzungen im Alltagsleben der Mitglieder nachzuzeichnen, scheint mir offen, angesichts des knappen Umfangs wäre dies aber auch kaum zu leisten gewesen. So wird z. B. das Leben auf dem Lutherhof außerhalb der kirchlichen Angelegenheiten zwischen Seelsorge und Verwaltung kurz mit dem Statut des »Wohltätigen Frauenvereins« der Gemeinde von 1905 angedeutet. Einen möglicherweise noch vorhandenen einschlägigen Archivbestand weiter zu untersuchen oder den gelegentlich erwähnten Hinweis auf die Zusammensetzung der Gemeinde weiter nachzugehen, wäre sicher ein Weg dorthin, die Frage nach dem Alltagsleben zu einem Forschungsprogramm auszubauen. Andere Veröffentlichungen insbesondere von László Matus lassen hoffen, dass das demnächst geschehen und Ergebnisse zeitigen wird.

Roman Pfefferle/Hans Pfefferle,
Glimpflich entnazifiziert. Die Professorenschaft der Universität Wien von 1944 in den Nachkriegsjahren (Schriften des Archivs der Universität Wien 18, Göttingen 2014) 369 Seiten

Von Karl W. Schwarz

Der Titel »Glimpflich entnazifiziert« charakterisiert das Buch treffend. Wenn nun anlässlich des Universitätsjubiläums ein wichtiges Kapitel der jüngsten Geschichte untersucht wird, dann verwundert es keineswegs, dass im Kontext der Entnazifizierung der Professorenschaft der langjährige Dekan der Evangelisch-Theologischen Fakultät Gustav Entz (1884–1957) an prominenter Stelle zu Wort kommt. Im Grunde genommen ist das ganze Buch eine Auseinandersetzung mit Entzens »Denkschrift über das Problem der Entnazifizierung«,[1] die gleichsam als Beleg für den Versuch einer Beibehaltung des Lehrkörpers der NS-Zeit und für eine bruchlose Kontinuität des Lehrbetriebs bewertet wird (S. 15). Rupert Klieber und ich werden dafür als Zeugen aufgerufen, welche die Geschichte der beiden theologischen Fakultäten nach 1945 »zwischen Rückbruch und Aufbruch« in dem Sammelband »Zukunft mit Altlasten«[2] dargestellt haben (S. 25). Entz selbst hat von 112 Fällen gesprochen, für die er interveniert hätte.[3]

Gerade diese Darstellung, die Entz gleichsam als »Altlast« für den »Rückbruch« der Universität verantwortlich macht, hat in der kirchlichen Öffentlichkeit eine heftige Diskussion ausgelöst und gezeigt, wie stark die Erinnerungskultur bestimmt wird durch die freilich außer Streit stehenden seelsorgerlichen Kompetenzen des langjährigen Professors für Praktische Theologie (1922–1955). Deshalb waren eine erneute Analyse der Fakultätsgeschichte unter Dekan Entz und eine Darstellung seines missglückten Beitritts zur NSDAP, aus dem ein weitläufiger Briefwechsel mit Parteistellen und Ministerien über die Religionspolitik des »Dritten Reiches« resul-

1 Gustav Entz, Denkschrift über das Problem der Entnazifizierung, Wien 27. 11. 1946 – Die Jahreszahl 1947 ist in der rezenten Publikation S. 15 richtig zu stellen. Dass jene Denkschrift im Quellenband nachgedruckt wurde: Gustav Reingrabner/Karl Schwarz (Hg.), Quellentexte zur österreichischen evangelischen Kirchengeschichte 1918–1945 (= *JGPrÖ* 104/105, 1988/89) S. 514–519, ist ebenso nachzutragen.

2 Rupert Klieber/Karl Schwarz, Gerüstet für eine »Neuordnung der gesellschaftlichen Verhältnisse«? Die beiden Theologischen Fakultäten der Universität Wien von 1945–1955 zwischen Rückbruch und Aufbruch, in: Zukunft mit Altlasten. Die Universität Wien 1945 bis 1955, hg. von Margarethe Grandner/Gernot Heiss/Oliver Rathkolb (Innsbruck u. a. 2005) 89–120.

3 Gustav Entz, Erinnerungen aus fünfzig Jahren kirchlicher und theologischer Arbeit (1954). Nachdruck in: Karl W. Schwarz (Hg.), Gustav Entz – ein Theologe in den Wirrnissen des 20. Jahrhunderts (Studien und Texte zur Kirchengeschichte und Geschichte IV/6, Wien 2012) 13–49, hier 47.

tierte, notwendig,[4] zumal daraus nach 1945 ein »Fall Entz« konstruiert wurde.[5] Das hing aber wesentlich damit zusammen, dass jene von ihm verfassten Memoranden »zu einem Zeugnis des evangelischen Widerstands gegen den Nationalsozialismus« hochstilisiert wurden und Entz attestiert bekam, stellvertretend das Wächteramt der Kirche wahrgenommen zu haben (S. 251). Es ist bedauerlich, dass dieser Band von den beiden Autoren nicht zur Kenntnis genommen wurde, denn er rückte zurecht, was mit den Reizworten »Altlast« und »Rückbruch« zu plakativ und zu undifferenziert zum Ausdruck kam.[6] Die problematische Rolle von Gustav Entz bei der Ablösung des gewählten Dekans Karl Beth (1872–1959) am 16. März 1938 (S. 249) hat in der Zwischenzeit eine differenzierte Beurteilung erfahren, die aber nicht alle Fragezeichen klären konnte.[7]

Das Buch ist nach einer knappen Einleitung, in der die methodische Herangehensweise geklärt wird, in neun Abschnitte gegliedert. Im ersten Abschnitt erläutert die Arbeit den allgemeinen gesetzlichen Rahmen der Entnazifizierungsmaßnahmen in Österreich (NS-Verbotsgesetz 1945, Kriegsverbrechergesetz 1945, Nationalsozialistengesetz 1947) und benennt mit Otto Skrbensky (1887–1952), Sektionschef im Unterrichtsministerium, die politische »Schlüsselfigur« (S. 45). Im zweiten Abschnitt wird anhand der Senatssitzungsprotokolle vom Mai 1945 bis Herbst 1947 gezeigt, wie die Universitätsleitung an den Verfahren beteiligt war und die Entnazifizierung praktisch umsetzte, und in welche schwierige Lage der Rektor Ludwig Adamovich (1890–1955) gestürzt wurde, der einerseits als Rektor für die Durchführung des Studienbetriebes verantwortlich war und deshalb dazu geneigt war, belastete Parteigenossen zu pardonieren, andererseits als Verfassungsrechtler dazu verpflichtet war, jene Lehrkräfte nicht mehr an der Hochschule zu beschäftigen, »die im Hinblick auf ihr früher gezeigtes Verhalten für das wiedererstehende Österreich als politisch untragbar gelten mussten« (zit. S. 21).

Die folgenden drei Abschnitte handeln von der Philosophischen Fakultät, sie erörtern den Vorgang der Entnazifizierung der Professorenschaft dieser Fakultät (S. 93 ff.), sie untersuchen den entnazifizierten Teil der Professoren in der Zeit der Amnestien und der Rehabilitierung (S. 123 ff.) und werfen Streiflichter auf deren wissenschaftliche Arbeit (S. 143 ff.).

Hier ist wiederholt von Hans Koch (1894–1959) die Rede, der als lutherischer Theologe und Osteuropahistoriker apostrophiert wird (S. 98 und 162 f.), dessen Curricu-

---

4 Schwarz, Gustav Entz (wie Anm. 3) 46 f. zur erwähnten Denkschrift über das Problem der Entnazifizierung und 111–125 der Beitrag des Rezensenten: Der Fall »Gustav Entz«. Die Evangelisch-theologische Fakultät in der NS-Zeit und im ersten Nachkriegsjahrzehnt (insofern ist die Literaturangabe S. 358 »unveröffentlichtes Manuskript« zu korrigieren).

5 Willi Weinert, Die Entnazifizierung an den österreichischen Hochschulen, in: Verdrängte Schuld, verfehlte Sühne. Entnazifizierung in Österreich 1945–1955, hg. von Sebastian Meissl/Klaus-Dieter Mulley/Oliver Rathkolb (Wien 1986) 254–269.

6 Vgl. die Rezension von Karl-Reinhart Trauner: *JGPrÖ* 129 (2013) 229–232.

7 Karl W. Schwarz, Karl Beths Weg ins Exil. Zur Geschichte der Evangelisch-Theologischen Fakultät der Universität Wien im März 1938. *WJTh* 10 (2014) 169–187, hier 189.

lum Vitae zwar als »abenteuerlich« (S. 162) empfunden, aber keineswegs hinreichend dargestellt wurde. Vor allem wird nicht klar herausgearbeitet, dass Koch zwar 1934 bei seiner Berufung an die Universität Königsberg die deutsche Reichsbürgerschaft annahm, aber vorher (Alt-)Österreicher gewesen ist. Als geborener Österreicher hätte er, der 1937 nach Breslau wechselte, um 1940 an die Alma Mater Rudolphina nach Wien zurückzukehren, 1945 die österreichische Staatsbürgerschaft zurückbekommen müssen, wie dies in vergleichbaren Fällen, etwa beim Theaterwissenschaftler Heinz Kindermann (1894–1985), geschehen ist (S. 100). Dass es 1958 einen bemerkenswerten Versuch seitens des Bundesministers Heinrich Drimmel (1912–1991) gegeben hat, Koch zu rehabilitieren und für eine Professur in Wien zurückzugewinnen, ist S. 162 zu ergänzen.[8] Er scheiterte an einer universitätsinternen Intrige, die den Sachbearbeiter im Unterrichtsministerium zur Aktennotiz veranlasste:[9]

> »Nach alldem […] kann man sich des Eindruckes nicht erwehren, dass alles, was Prof. Koch zum Vorwurf gemacht wird, nicht auf unehrenhaftem Verhalten und charakterlichen Mängel des Genannten eine Grundlage findet, sondern in der nicht immer von allen Seiten richtig gewürdigten Kraft seiner Persönlichkeit, vor der sehr oft die Furcht größer ist als die nur ungern anerkannte überragende Fähigkeit.«

Die folgenden Abschnitte befassen sich mit den Professoren der Medizinischen Fakultät (Abschnitt 6, S. 169 ff.), der Rechts- und Staatswissenschaftlichen Fakultät (7, S. 207 ff.) und der Katholisch-Theologischen Fakultät (8, S. 241 ff.). Unter den Medizinern ist auf den Professor für Kinderheilkunde Franz Hamburger (1874–1954) besonders hinzuweisen, der im evangelischen Wien, vor allem als Vorsitzender der Evangelischen Akademikerschaft im Evangelischen Bund, die als nationalsozialistische »Pressure-Group« in der Kirche galt,[10] eine besondere Rolle spielte[11] und sich als Deutscher Christ zu profilieren versuchte.[12]

Den Leserkreis dieses Jahrbuchs wird vor allem der 9. Abschnitt über die Professoren der Evangelisch-Theologischen Fakultät (S. 249–267) interessieren. Wenn man von den Prämissen des Buches ausgeht, den Karriereverlauf der 1944 im Dienststand der Universität Wien befindlichen Professoren zu untersuchen, so bedeutet dies für die Evangelisch-Theologische Fakultät die Zahl vier, denn die beiden Neutestamentler Richard Adolf Hoffmann (1872–1948) und Gerhard Kittel (1868–1948) gehörten

8 Karl W. Schwarz, Ein Osteuropäer aus »Profession«: Hans Koch. Anmerkungen zu Biographie und Wirken, in: Nation, Nationalitäten und Nationalismus im östlichen Europa. Festschrift für Arnold Suppan zum 65. Geburtstag, hg. von Marija Wakounig/Wolfgang Mueller/Michael Portmann (Münster–Wien 2010) 641–658, hier 642.

9 Quellenzitat ebenda 642.

10 Karl-Reinhart Trauner, Eine »Pressure-Group in der Kirche«. Die Evangelische Akademikergemeinschaft des Evangelischen Bundes in Österreich. *Kirchliche Zeitgeschichte* 16 (2003) 346–367.

11 Rundschreiben vom 6. Mai 1935 mit Bericht über Gründung der Evangelischen Akademikergemeinschaft, abgedruckt in: Reingrabner/Schwarz, Quellentexte (wie Anm. 1) 193–195.

12 »Gedanken (…) betreffend die Kirchenerneuerung«, abgedruckt in: Reingrabner/Schwarz, Quellentexte (wie Anm. 1) 195–200.

1944 nicht mehr dem Lehrkörper an; weiters wurden jene beiden Dozenten nicht berücksichtigt, die seit 1941 mit der Supplierung der Lehrstühle beauftragt waren: der Neutestamentler Gustav Stählin (1900–1985) und der Kirchenhistoriker Hans Freiherr von Campenhausen (1903–1989), die aber schon aufgrund ihrer kritischen Haltung gegenüber dem NS-Regime keine Chancen auf eine Berufung als Ordinarien hatten. So befasst sich dieses Kapitel schwerpunktmäßig mit Entz und dessen abgelehnter Beitrittserklärung zur NSDAP, mit den beiden belasteten Professoren Hans Wilhelm Schmidt (1903–1991) und Fritz Wilke (1879–1957), zu deren Gunsten Entz wiederholt intervenierte, und, gleichsam als Gegenpol und als »Mann des Friedens« apostrophiert, mit Josef Bohatec (1876–1954). Dass dieser in die Untersuchung aufgenommen wurde, hängt mit seiner deutlichen Distanzierung von der NSDAP zusammen, er war »der einzige nicht mit einer NS-Vergangenheit behaftete Ordinarius« (S. 260). Er war übrigens stets Mitglied der Evangelischen Kirche H. B., nicht der »Mährischen Brüder« (so ebenda).

Gustav Entz, der »Eiferer« (so S. 249), wird mit Recht als »begeisterter Nationalsozialist« geschildert, der im Kampf gegen das »gegenreformatorische System des Austrofaschismus« (S. 250) seinen Mann stellte. Die von ihm verfasste Schrift »400 Jahre Protestantismus in Österreich« (1937, Neuauflage 1938), von der er 1940 gegenüber dem Gauleiter Bürckel mit Stolz behauptete, dass sie von »der illegalen SA und SS als Schulungsbehelf in tausenden von Exemplaren verbreitet« (S. 254) wurde, konnte er nicht ableugnen, aber dass sie als NS-Propagandaschrift Verwendung fand, habe er, wie er nach 1945 zu Protokoll brachte, nie gehört. Das rezente Buch listet die Aussagen von Entz in den Fragebögen 1938/1939 und den Personenstandsblättern 1945 auf und stellt sie gegenüber, um so die Unterschiede herauszustellen und damit die Glaubwürdigkeit des Dekans in Zweifel zu ziehen. Natürlich kann man dann die Frage zuspitzen: Entweder war er Mitglied der SS – oder er war es nicht. Die Quellen zeigen vermutlich nur eine Teilwahrheit, wenn sie Entz als *förderndes* Mitglied ausweisen, weiters als Mitglied im Reichsluftschutzbund und in der NSV, obwohl er bei allen Fragen zu seiner NS-Vergangenheit eine solche Mitgliedschaft ableugnete. Er tat es vermutlich, um sich zu schützen und seine Version der Wahrheit zu unterstreichen. Vielleicht hat er aber NSV und Reichsluftschutzbund schlicht verdrängt. Denn er sah selbst schon im Herbst 1938 seine Begeisterung für den Nationalsozialismus als »Irrtum« an (so in einem Schreiben an einen ehemaligen Studenten:[13] »Wir haben uns sehr geirrt!«), erst recht aber, als sein Ansuchen um NSDAP-Mitgliedschaft 1939 zurückgewiesen wurde. Das löste bekanntlich seine erwähnte Korrespondenz aus, die sich zu einem umfassenden Dokumentationswerk auswuchs. Dass er deswegen einer Hausdurchsuchung durch die Gestapo unterzogen wurde, hat er nach 1945 gewissermaßen als »Persilschein« empfinden können. In seinen Interventionen zugunsten seiner belasteten Kollegen bezog er sich jeweils auf deren Mitarbeit an seinen Denkschriften. Bei Wilke gelang es, die 1946 erfolgte Amtsenthebung in eine

13 Zit. bei Peter F. BARTON, Evangelisch in Österreich (Studien und Texte zur Kirchengeschichte und Geschichte II/11, Wien–Köln–Graz 1987) 173.

Ruhestandsversetzung zu verwandeln (S. 258), die es erlaubte, ihn zuerst als N. N. mit der AT-Lehre zu betrauen, ab 1948 als Lektor und von 1949 bis 1954 als Honorarprofessor. Auch im Falle Schmidt konnte erreicht werden, dass er von der Sonderkommission I. Instanz als »tragbar« erklärt wurde, nachdem er vom Ministerium seines Amtes enthoben worden war. Mehrmals intervenierte Entz bei Vizekanzler Schärf, um Schmidts Weiterverwendung über das Wintersemester 1946/47 zu erreichen. Im Sommersemester 1947 wurde er während der Vorlesung von sowjetischen Soldaten verhaftet. Seine Freilassung konnte zwar erwirkt werden, aber Schmidt zog es dann im Herbst 1947 vor, auf seine weitere Lehrtätigkeit zu verzichten und in den Dienst der Bayerischen Landeskirche überzutreten (S. 260).

Das Resumee schließt hier an (S. 263 ff.), es wird durch eine graphische Darstellung der Ergebnisse ergänzt (S. 268–281). Von den 124 Professoren der Universität im Jahre 1944 waren 92 (=74 %) aufgrund ihrer NSDAP-Mitgliedschaft oder -Anwartschaft einem Entnazifizierungsverfahren zu unterziehen. An der Spitze stand die Medizinische Fakultät (83 %), gefolgt von der Philosophischen Fakultät (77 %), der Evangelisch-Theologischen Fakultät (75 %) und der Staats- und Rechtswissenschaftlichen Fakultät (71 %), während die Katholisch-Theologische Fakultät »unbelastet« war (S. 278). Die unmittelbar 1945 einsetzenden Verfahren wurden durch gegenläufige Maßnahmen der Amnestie und Rehabilitierung konterkariert (verstärkt ab 1947/48), die bis in die späten 1950er Jahre wirksam blieben (S. 263). Von den 92 amtsbehinderten Professoren wurden 21 als »Reichsdeutsche« außer Dienst gestellt, während 29 im Wege der Sonderkommission I. Instanz beurteilt wurden, wobei mehrheitlich für »tragbar« votiert wurde, und 20 im Wege des Ministerkomitees im Bundeskanzleramt (sog. »Figlkomitee«) (davon 18 positiv) beurteilt wurden. Von den entnazifizierten 92 Professoren wurden 35 (=38 %) vorzeitig pensioniert (S. 265), an der Evangelisch-Theologischen Fakultät mit Wilke nur 25 %. Was die Rehabilitierung der belasteten Professoren betrifft, so listet die Arbeit 56 auf, also fast zwei Drittel, die ihre Laufbahn an einer österreichischen oder ausländischen Hochschule fortsetzen konnten. Die Aussage, dass die drei belasteten Professoren der Evangelisch-Theologischen Fakultät in den Universitätsbetrieb reintegriert wurden (S. 265), stimmt nur cum grano salis, weil es dem Systematiker Schmidt erst 1962 gelang, »die Rechtsstellung eines an der Universität Erlangen-Nürnberg entpflichteten ordentlichen Professors« zu erreichen,[14] ohne dass er eine Lehrtätigkeit aufnehmen konnte.

Das Buch ist zweifellos eine wichtige Publikation im Rahmen des Universitätsjubiläums. Erwachsen aus einem vom Zukunftsfonds der Republik Österreich und dem Jubiläumsfonds der Österreichischen Nationalbank finanzierten Projekt, das zudem mit dem Theodor Körner-Preis 2010, dem Preis der Bank Austria zur Förderung innovativer Forschungsprojekte an der Universität Wien 2012 und dem Leopold-Kunschak-Wissenschaftspreis 2013 gewürdigt wurde, lässt sich sein Ergebnis folgendermaßen zusammenfassen: »Entnazifizierung und Rehabilitierung liefen ganz

14 Gottfried Michaelis, Hans Wilhelm Schmidt, in: Ders., Der Fall Vischer. Ein Kapitel des Kirchenkampfes (Bielefeld 1994) 140–183, hier 175.

überwiegend als rein juristische, behördlich gesteuerte Prozesse ab, die fast nur die formalen Tatsachen von NSDAP-Mitgliedschaft, -Anwärterschaft und Zugehörigkeit zu Umfeldorganisationen der NSDAP berücksichtigten« (S. 266 f.).

Im Blick auf die Evangelisch-Theologische Fakultät werden aber auch andere Dimensionen anzusprechen sein, die aus dem vorgegebenen Rahmen der Untersuchung herausfallen: die theologische Gewichtung von Schuld und Vergebung/Rehabilitation, beim Langzeitdekan Gustav Entz auch die Frage der politischen Täuschung und Enttäuschung seiner ihm anvertrauten Studierenden, die ihn als prägende Bezugsperson erlebt hatten und weit über ihre Studienzeit hinaus als »Papa Entz« sehr verehrten. Aufgrund dieser Konstellation war es nicht einfach, die zeitnahe Fakultätsgeschichte kritisch zu untersuchen. Das wurde auch – verglichen mit anderen Fakultäten in Österreich und Deutschland – erst verhältnismäßig spät in Angriff genommen. Was die Entnazifizierung betrifft, so zeigt das rezente Buch, dass die Fakultät keine Ausnahmestellung einnahm, sich vielmehr dem statistischen Durchschnitt annäherte.